譯註
禮記類編大全
❶

譯註
禮記類編大全

최석정崔錫鼎 저
정병섭鄭秉燮 역

　본 역서는 조선후기 학자인 최석정(崔錫鼎)의 『예기유편대전(禮記類編大全)』을 번역한 것이다. 최석정은 예학이나 조선사에서 자주 거론되는 인물이므로, 별도로 설명을 덧붙이지는 않겠다. 역자가 이 책을 번역한 것은 최석정의 학문적 업적을 밝히려거나 조선 예학사의 특징을 규명하고자 하는 거창한 의도에 의한 것이 아니다. 또 그럴 만한 그릇도 안 된다. 이 책을 번역하게 된 것은 아주 사소한 이유 때문이다. 모교에 있는 한국유경편찬센터에 잠시 들렀다가 책장에 꽂혀 있는 『예기유편』과 『예기유편대전』을 보게 되었다. 호기심에 책을 뽑아 펼쳐보니 『예기』에 대한 주석서인 것 같은데, 경문(經文) 순서가 내가 알고 있던 것과 전혀 달라서 유심히 살펴보게 되었다. 내용을 읽어나가다 보니 최석정이 자신의 견해에 따라 『예기』 전체 문장을 재배열하였다는 것을 알게 되었다. 그 당시는 때마침이라는 표현이 적합할 정도로 강의가 끝난 방학 중이었고 밀린 일거리도 없어서 약간의 휴식기에 접어들던 참이었다. 휴식이라고 해보았자 한없이 나태해질 것이 뻔하였으므로, 이 책을 펼친 김에 번역을 시작하게 되었다. 이것이 내가 이 책을 번역한 지극히도 사소하고 자잘한 이유이다.
　최석정의 『예기유편(禮記類編)』은 본래 『예기』의 경문(經文)만 수록하고, 간단한 음주(音註) 등을 덧붙인 책이다. 이후 진호(陳澔)의 『집설(集說)』과 최석정의 부주(附註)가 덧붙여져 『예기유편대전(禮記類編大全)』이 편찬되었는데, 역자가 번역한 것은 바로 『예기유편대전』이다. 이 책의 가장 큰 특징은 『예기』 경문의 배열을 재배치했다는 점이다. 권근(權近)의 『예기천견록(禮記淺見錄)』 또한 경문의 배열을 바꾸고 있지만, 하나의 편 안에서만 이루어진 작업이었다. 반면 이 책은 편의 구분에 구애되지 않고 동일한 주제에 따라 경문을 새롭게 배열했다는 점에서, 예학사와 경학사적 측면에서 중요한 자료가 된다. 또 『효경(孝經)』을 『예기』의 부류라고 여겨서, 하나의 편으로 삽입한 것 또한 주목해볼 점이다.

나는 재질도 보잘것없고 성격도 게을러서 학문도 깊지 못하다. 따라서 번역서를 내놓을 때마다 항상 부끄럽고 또 부끄럽다. 이 책에 나온 오역은 모두 역자의 실력이 부족해서이다. 다른 사람에게 도움이 되고자 출판하는 것이 번역서인데, 보잘것없는 재주로 인해 오히려 해를 끼치고 있지 않은가 반성하게 된다. 다만 이 책을 발판으로 더 좋은 번역서가 나왔으면 하는 바람이다. 끝으로 『예기유편대전』을 출판할 수 있도록 허락해주신 학고방의 하운근 사장님께 감사를 전한다.

• 본 책은 역주서(譯註書)로써, 『예기유편대전(禮記類編大全)』을 완역하고, 자세한 주석을 첨부했다.

• 『예기유편대전』은 진호(陳澔)의 『예기집설(禮記集說)』에 대한 주석서로, 『예기』의 경문(經文)과 진호의 『집설』을 수록하고 자신의 견해를 덧붙이고 있다.

• 『예기유편대전』의 가장 큰 특징은 경문 배열을 수정한 것이다. 각 편의 구분에 구애되지 않고, 각 문장들을 주제별로 묶어서 순서를 바꾼 것이 많다. 이러한 점들을 나타내기 위해, 각 편의 첫 부분에는 『예기집설』의 문장순서와 『예기유편대전』의 문장순서를 비교하여 도표로 제시하였고, 각 경문 기록 뒤에는 〈001〉·〈002〉·〈003〉 등으로 표시하여, 이 문장이 『예기집설』에서는 몇 번째 문장에 해당하는지 나타내었다. 또 다른 편에서 가져온 기록인 경우, 숫자 앞에 각각의 편명을 제시하였다.

• 『예기』 경문 해석은 진호의 『집설』에 따랐다. 최석정의 부주(附註)에는 진호의 해석에 대해 이견을 나타낸 것이 많은데, 특별한 경우를 제외하면 주석을 통해 최석정의 경문 해석을 확인할 수 있으므로, 최석정의 주석에 따른 새로운 경문 해석은 별도로 제시하지 않았다.

• 『예기유편대전』은 수권(首卷), 1~40권, 말권(末卷)으로 구성되어 있다. 말권에는 예류혹문(禮類或問)과 부록(附錄)이 수록되어 있다. 그러나 혹문과 부록의 원문이 입력되지 않은 상태여서 번역을 하지 못했다. 따라서 이 책은 수권으로부터 40권까지를 번역한 것이며, 혹문과 부록의 원문이 이후 입력된다면 나중에 보권으로 출판할 계획이다.

- 본 역서의 『예기유편대전(禮記類編大全)』 원문과 표점은 한국유경편 찬센터(http://ygc.skku.edu)의 자료를 사용하였다.

- 『예기유편대전』의 주석 대상이 되는 『예기집설』의 저본은 다음과 같다.

『禮記』, 서울 : 保景文化社, 초판 1984 (5판 1995)

- 經文 으로 표시된 것은 『예기』의 경문 기록이다.

- 集說 로 표시된 것은 진호의 『집설』 기록이다.

- 類編 으로 표시된 것은 『예기유편』의 본래 주석이다.

- 附註 로 표시된 것은 『예기유편』을 『예기유편대전』으로 출판하며 덧 붙여진 최석정의 부주이다.

목차

8

禮記類編大全卷之首

『예기유편대전』 수권

◇ 「서인(序引)」

「집설서(集說序)」

前聖繼天立極之道, 莫大於禮; 後聖垂世立敎之書, 亦莫先於禮. 禮
儀三百, 威儀三千, 孰非精神心術之所寓? 故能與天地同其節. 四代
損益, 世遠經殘, 其詳不可得聞矣. 儀禮十七篇戴記四十九篇, 先儒
表章庸 · 學, 遂爲千萬世道學之淵源. 其四十七篇之文, 雖純駁不同,
然義之淺深同異, 誠未易言也. 鄭氏祖讖緯, 孔疏惟鄭之從, 雖有他
說, 不復收載, 固爲可恨. 然其灼然可據者, 不可易也. 近世應氏集
解, 於雜記 · 大小記等篇, 皆闕而不釋. 噫! 愼終追遠, 其關於人倫世
道非細故, 而可略哉? 先君子師事雙峯先生十有四年, 以是經三領鄕
書, 爲開慶名進士, 所得於師門講論甚多, 中罹煨燼, 隻字不遺. 不肖
孤, 僭不自量, 會華衍繹, 而附以臆見之言, 名曰禮記集說. 蓋欲以坦
明之說, 使初學讀之卽了其義, 庶幾章句通, 則縕奧自見, 正不必高
爲議論而卑視訓詁之辭也. 書成, 甚欲就正于四方有道之士, 而衰年
多疾, 遊歷良艱, 姑藏巾笥, 以俟來哲. 治敎方興, 知禮者或有取焉,
亦愚者千慮之一爾. 後學東匯澤陳澔序.

전대 성인이 하늘을 계승하여 준칙을 세운 도리 중에서 예보다 큰 것이
없고, 후대 성인이 세상에 전하며 가르침을 세운 서적 중에서는 또한 『예』
보다 앞서는 것이 없다. 예의(禮儀) 삼백 가지와 위의(威儀) 삼천 가지
중에서 그 무엇이 성인의 정신과 마음이 깃들지 않은 것이 있겠는가? 그러
므로 천지와 그 법도를 함께 할 수 있는 것이다. 사대(四代)를 거치며
예에 있어서는 덜어내거나 더해진 점이 있는데, 세대가 멀어졌고 경전도
완전하지 못하여 상세한 내용에 대해서는 알 수 없게 되었다. 『의례』
17개 편과 『소대례기』 49개 편 중에서 선대 학자들은 『중용』과 『대학』을
표장하였는데, 그 결과 이 서적들은 영원토록 변치 않는 도학의 연원이
되었다. 나머지 『소대례기』 47개 편에 있어서는 그 문장이 비록 어떤

것은 순일하고 또 어떤 것은 잡다하여 수준이 동일하지 않지만 그 의미의 깊이와 같고 다름에 대해서는 진실로 쉽게 말할 수 없다. 정현은 참위(讖緯)를 본받고 공영달의 소는 단지 정현의 주장만 따르고 있어서 비록 다른 이견이 있었으나 이를 재차 수집하여 『예기정의』에 기록하지 않았으니, 매우 한탄스러운 일이다. 그러나 그 기록 중에서도 의미가 명백하여 논거로 삼을 수 있는 것들에 있어서는 또한 바꿀 수 없다. 근래에 나온 웅씨의 『예기집해』에서는 「잡기」나 「상대기」 및 「상복소기」 등의 편들에 대해서 모두 빼버리고 해석하지 않았다. 아! 상사를 치르고 제례를 지내는 것은 인륜과 세상의 도리에 큰 관련이 되는데도 생략할 수 있단 말인가? 나의 선고께서는 쌍봉선생을 14년 동안 섬기며 이 경전으로 세 차례나 향시에서 장원을 차지하여 개경(開慶) 때의 유명한 진사가 되었고, 문하에서 강론을 통해 얻은 것이 매우 많았으나 중간에 화재를 당해 모두 소실되었다. 불초한 나는 참람되게도 내 도량을 헤아리지도 않고 자료를 모아 설명하고 내 견해를 덧붙여서 『예기집설』이라 지었다. 평이하고 분명한 설명을 통해 초학자라 하더라도 이 글을 읽으면 즉시 그 의미를 깨우칠 수 있도록 하였으니, 아마도 장구를 알고 나면 심오한 뜻도 저절로 드러나게 되는데, 의론을 한 것으로 높이거나 훈고나 한 말로 낮출 필요는 없을 것이다. 책이 완성되어 사방으로 도를 갖춘 선비들에게 찾아가 질정을 하고자 했지만 노쇠하고 병도 많아 여러 곳을 돌아다니기가 여간 곤란한 일이 아니었다. 그래서 잠시 상자에 보관해두어 후대의 현명한 자가 질정해주길 기다린다. 정치와 교화가 흥성하게 되어 예를 아는 자가 혹시라도 이 책을 통해 얻은 것이 있다면, 또한 어리석은 내가 수없이 고심해서 겨우 하나 얻어낸 결과물일 뿐이다. 후학인 동회택 진호가 쓴다.

「유편서(類編序)」

易·書·詩·春秋·禮·樂謂之六經, 皆道之所寓也. 自秦焚書, 經籍亡佚, 而禮樂尤殘缺. 漢·魏以來, 專門訓詁率多迂謬, 後學無以識聖人之意. 子朱子身任斯道, 羽翼聖言, 易有本義, 詩·書有傳, 禮有經傳通解. 於是古經之旨煥然復明. 然以禮經言之, 通解一書, 規橅甚大, 雜取諸經·子·史而成書. 今若取以列於經書, 則體既不倫, 文多重出, 且其卷袠繁委, 初學未易領要. 戴記四十九篇出於漢儒之蒐輯, 雖未若四經之純粹, 要之古聖人言禮之書, 獨此在耳. 又自中朝永樂以來, 立之學官, 以列於五經, 顧惡得以出於漢儒, 而或輕之哉! 特其未經後賢之勘正, 編簡多錯, 而大義因之不章, 箋註多疑, 而微辭以之未闡, 學者病之久矣. 錫鼎自少受而讀之, 中經憂患, 沈潛積久, 似有一斑省悟處, 弗揆愚鹵, 有志纂定. 竊取大學章句之意, 兼據通解·集傳之例, 取各篇章段, 上下移易, 正其亂脫, 惟以文理從順爲主. 凡五易稿而始就, 篇目第次, 略倣通解之規, 首以曲禮·少儀·內則爲家禮, 次以王制·月令·玉藻·明堂位等篇爲邦國禮, 次以大學·中庸及雜論禮樂學行諸篇爲學禮. 其論喪·祭·冠·昏之節者, 又以吉·凶·嘉·賓爲序, 而孝經一篇, 實亦戴記之屬, 今輒編入於其中, 名之曰禮記類編. 昔唐魏徵著類禮二十卷, 朱子有所稱述, 而惜其不傳, 名以類編, 亦此意也. 至於註說, 世皆宗東匯澤陳氏, 觀其義理所關, 間或頗繆於經旨, 不惟微文瑣句之驕駁而已, 輒復疏論竊見, 附註篇下, 以俟知者正焉. 噫! 經書纂定事近刪述, 有非末學謏聞所敢輕議, 然道之費處, 愚夫可以與知, 前脩之所未逮, 固有待於後人, 則編註之成, 蓋不獲已, 僭妄之罪, 實所自知. 後之君子倘或不深誅斥而有取焉, 則操縵博依, 不無少補於弦詩, 而其義之難知者, 庶可因此而得之矣. 癸酉夏四月庚寅, 完山崔錫鼎序.

『역』·『서』·『시』·『춘추』·『예』·『악』을 육경(六經)이라 부르며, 이 모두는 도가 깃들어 있는 서적이다. 진나라의 분서사건으로부터 경적들이 망실되었는데,『예』와『악』은 더욱 온전하지 못하게 없어진 것이 많다. 한나라와 위나라 이래로는 훈고를 전문으로 하여 대체로 우활하고 잘못된 것이 많아져 후학들이 성인의 뜻을 알 수 없게 되었다. 주자께서 몸소 이 학문에 임하시어 성인의 말씀을 보좌하니,『역』에는『본의』가 생겼고,『시』와『서』에는『전』이 생겼으며,『예』에는『경전통해』가 생겨났다. 이에 옛 경전의 뜻이 확연하게 다시 드러났다. 그런데『예경』을 기준으로 말한다면,『통해』라는 한 책은 그 규모가 매우 크며, 여러 경부・자부・사부의 기록들을 이리저리 취합하여 만든 책이다. 지금 만약 이것을 경서에 나열하게 된다면 체제가 이미 맞지 않고 문장도 대부분 중복 출현하며, 또 권질이 번잡하여 초학자들이 그 핵심을 쉽게 깨우치지 못하게 된다.『소대례기』49편은 한나라 유학자들이 찾아 모아 편집한 것에서 나온 것인데, 비록 나머지 네 경전의 순수함만 못하더라도, 요약하자면 옛 성인이 예에 대해 언급한 기록으로는 유독 이것만이 남아있을 따름이다. 또 중조 영락 연간 이래로 이것을 학관에 세워 오경에 나열하였으니, 어찌 한나라 유학자들에게서 도출되었다 하여 경시할 수 있겠는가! 다만 이 서적은 후대 현자들의 감수와 교정을 거치지 못하여 편간이 대부분 잘못되어 있고 대의(大義)도 이로 인해 드러나지 않았으며, 주해들도 대부분 의심스러워 은미한 말씀이 밝혀지지 못했으니, 학자들이 병통으로 여긴 것이 오래되었다. 나는 어려서부터 이 책을 받아 읽었고, 중간에 우환을 겪으며 침잠하여 오랜 시간을 보냈는데, 티끌만하게 깨달은 점이 있는 듯 하여, 어리석음을 헤아리지 못하고 이를 찬정해야겠다는 뜻을 품게 되었다.『대학장구』의 뜻을 남몰래 가져오고 또『통해』와『집전』의 예시에 근거하여 각 편의 장과 문단을 취하고 앞뒤를 바꿔서 어지럽고 누락된 것을 바로잡았는데, 오직 문리에 따르는 것을 위주로 하였다. 모두 다섯 차례 원고를 바꾸고서야 비로서 끝내게 되었는데, 편목의 차례는 대략『통해』의 규범에 따라서, 첫 번째로「곡례」・「소의」・「내칙」편을 '가례(家禮)'로 삼았고, 그 다음으로「왕제」・「월령」・「옥조」・

「명당위」 등의 편을 '방국례(邦國禮)'로 삼았으며, 그 다음으로 「대학」·
「중용」 및 예악과 학행을 잡다히 논한 여러 편들을 '학례(學禮)'로 삼았
다. 그리고 상례·제례·관례·혼례를 논의한 문단들은 또한 길례(吉
禮)·흉례(凶禮)·가례(嘉禮)·빈례(賓禮)로 순서를 정하고, 『효경』 한
편은 사실 『소대례기』의 부류에 해당하므로, 이곳에서는 그 가운데 편입
시켜, '예기유편(禮記類編)'이라 이름했다. 예전 당나라 때의 위징[1]은 『
유례』 20권을 저술하였고, 주자가 그에 대해 칭술한 것이 있었는데, 애석
하게도 전해지지 않았으니, 이 책의 이름을 '유편(類編)'이라 지은 것에는
또한 이러한 의미가 있다. 주석에 있어서 세상에서는 대부분 동안택 진씨
를 종주로 삼고 있는데, 의리와 관련된 것들을 살펴보면 간혹 경문의 뜻
과 자못 어긋나는 점이 있으니, 은미한 말과 자질구레한 구문들이 복잡하
게 뒤엉켜 있을 뿐만이 아니라서, 문득 다시 옹색한 견해를 소론하여 편
뒤에 부주로 달아 지혜로운 자가 바로잡아주기를 기다린다. 아! 경서를
찬정하는 일은 산정과 조술하는 일에 가까워서 말학이자 과문한 자가 감
히 경솔하게 의론할 바가 아닌데, 도의 광대한 측면에 대해서는 어리석은
필부도 참여하여 알 수 있는 것으로, 전대 현인들이 미처 겨를이 없었던
것은 진실로 후인들에 대해 기다린 점이 있으니, 편집하고 주석을 작성한
것은 마지못한 일이며, 참람되고 망령스러운 죄목은 실로 나 스스로도
알고 있는 바이다. 후대의 군자가 혹시라도 깊이 배척하지 않고 취하는
점이 있다면 손에 익도록 연습하고 다양한 비유와 사물의 이치를 연마하
여 현악기를 연주하고 『시』를 읊조림에 있어 조금의 보탬도 없지는 않을
것이고, 그 의리를 깨우치기 어려운 것들에 대해서는 이를 통해서 터득할
수 있을 것이다. 계유년 여름 4월 경인일에 완산 최석정이 서한다.

---

1) 위징(魏徵, A.D.580~A.D.643) : 중국 당나라 때의 학자이다. 자는 현성(玄成)이
   고 시호는 문정(文貞)이다. 저서로는 『유례(類禮)』 등이 있다.

「목록(目錄)」

책수	권 차	항 목	편 명
1	卷之首	序引	
		目錄	
		總論	
	卷之一	家禮	曲禮上
	卷之二		曲禮下
2	卷之三		少儀
	卷之四		內則
	卷之五	邦國禮	王制(上)
3	卷之六		王制(下)
	卷之七		月令(上)
	卷之八		月令(下)
4	卷之九		文王世子
	卷之十		玉藻
	卷之十一		深衣
			明堂位
5	卷之十二	學禮	大學
	卷之十三		中庸
	卷之十四		經解
			學記
6	卷之十五		樂記(上)
	卷之十六		樂記(下)
	卷之十七		禮運(上)
7	卷之十八		禮運(下)
	卷之十九		郊特牲
	卷之二十		禮器
8	卷之二十一		坊記
	卷之二十二		表記
	卷之二十三		緇衣
	卷之二十四		孝經
9	卷之二十五		仲尼燕居
			孔子閒居
			哀公問

책 수	권 차	항 목	편 명
	卷之二十六	吉禮	儒行
			祭法
			祭統
	卷之二十七		祭義
			大傳
10	卷之二十八	凶禮	喪大記
	卷之二十九		喪服小記
	卷之三十		服問
11	卷之三十一		雜記上
	卷之三十二		雜記下
	卷之三十三		檀弓上(上)
12	卷之三十四		檀弓上(下)
	卷之三十五		檀弓下(上)
	卷之三十六		檀弓下(下)
13	卷之三十七		曾子問
	卷之三十八		奔喪
			問喪
			間傳
			三年問
			喪服四制
	卷之三十九	嘉禮	冠義
			昏義
			鄕飮酒義
			射義
14	卷之四十	賓禮	投壺
			燕義
			聘義
	여기까지 50편		
	卷之末	或問	
		附錄	

經文舊本序次, 今存錄于新目之下

경문의 옛 판본 차례를 지금 새로운 목록 뒤에 수록해둔다.

편 차	편 명
1	曲禮上 · 下
2	
3	檀弓上 · 下
4	
5	王制
6	月令
7	曾子問
8	文王世子
9	禮運
10	禮器
11	郊特牲
12	內則
13	玉藻
14	明堂位
15	喪服小記
16	大傳
17	少儀
18	學記
19	樂記
20	雜記上 · 下
21	
22	喪大記
23	祭法
24	祭義
25	祭統
26	經解
27	哀公問
28	仲尼燕居
29	孔子閒居
30	坊記

편 차	편 명
31	中庸
32	表記
33	緇衣
34	奔喪
35	問喪
36	服問
37	間傳
38	三年問
39	深衣
40	投壺
41	儒行
42	大學
43	冠義
44	昏義
45	鄕飮酒義
46	射義
47	燕義
48	聘義
49	喪服四制
여기까지 49편	

◇「범례(凡例)」

집설구본(集說舊本)

一. 경문을 교수한 판본[校讎經文]
　　송대 사천(四川)에서 판각한 대자(大字)본[蜀大字本]
　　송대 옛 국자감본[宋舊監本]
　　흥국의 우씨본[興國于氏本]
　　우군에서 중간한 료씨본[盱郡重刊廖氏本]
　　복건에서 간행한 주소본[建本註疏]
　　남강의 『경전통해』[南康經傳通解]

一. 인용한 서적[援引書籍]
　　한나라 정현의 주[漢鄭氏註]
　　당나라 공영달의 소[唐孔氏疏]
　　옛 『의례주소』[儀禮古註疏]
　　『의례경전통해(儀禮經傳通解)』
　　양씨의 『제례통해』[楊氏祭禮通解]
　　육씨의 『경전석문』(陸氏經典釋文)
　　구경주소(九經註疏)
　　허씨의 『설문』[許氏說文]
　　두씨의 『통전』[杜氏通典]
　　정씨의 『통지』「약」[鄭氏通志略]
　　『이정유서』[程氏遺書]
　　『이정수언』[程氏粹言]
　　『장자어록(張子語錄)』
　　주자의 사서장구집주[朱子四書]

주자의 『소학집주』[朱子小學書]

『주자대전집(朱子大全集)』

『주자어류(朱子語類)』

『춘추찬례(春秋纂例)』

삼산진씨의 『예서』[三山陳氏禮書]

잠실진씨의 『목종집』[潛室陳氏木鐘集]

손씨의 『시아편』[孫氏示兒編]

방씨의 『집해』[方氏集解]

응씨의 『집해』[應氏集解]

찬황호재의 『집해』[贊皇浩齋集解]

채씨의 『서전』[蔡氏書傳]

여씨의 『시기』[呂氏詩記]

엄씨의 『시집』[嚴氏詩緝]

『주관제도(周官制度)』

괄창항씨의 『예설』[括蒼項氏禮說]

용천섭씨의 『기언』[龍泉葉氏記言]

주주한의 『절해』[朱周翰節解]

『원류지론(源流至論)』

마씨의 『예해』[馬氏禮解]

쌍봉요씨의 설[雙峯饒氏說]

우강이씨의 설[盱江李氏說]

석량왕씨의 비[石梁王氏批]

남전여씨의 설[藍田呂氏說]

양헌풍씨의 설[亮軒馮氏說]

항헌유씨의 설[恒軒劉氏說]

一. 주석의 선택[註說去取]

凡名物度數, 据古註正義, 道學正論, 宗程子朱子, 精義詳盡, 則泛取諸家, 發明未備, 則足以己意.

무릇 명칭과 사물 및 도수에 대해서는 옛 정현의 주와 『예기정의』에 근거하였고, 도학의 정론에 대해서는 정자와 주자를 종주로 삼았으며, 정밀한 의미가 상세한 경우에는 제가들에게서 널리 취했으며, 뜻을 드러낸 것이 미비한 경우에는 내 생각으로 보충하였다.

一. 음과 반절음[音文反切]

義同古註, 則依陸氏釋文, 發明新義, 則各據諸家.

뜻이 옛 정현의 주와 같은 경우에는 육씨의 『석문』에 따랐고, 새로운 뜻을 밝힌 경우라면 각각 제가들의 설에 근거하였다.

一. 장구와 문단 나눔[章句分段]

俗本古註, 章斷皆圈, 今依註疏及蜀本·寥本古註, 皆不圈.

속본의 옛 정현 주에서는 문장이 끊어지는 곳에 모두 ○을 표시했는데, 이곳에서는 주소 및 촉본·요본의 고주에 의거하여 모두 ○을 표시하지 않았다.

◈ 「유편신수(類編新修)」

正文編定時所述
경문을 편정할 때 기술한 내용

一. 篇目序次, 舊本始於曲禮, 而終於喪服四制, 其中間諸篇, 漫無
統紀. 故今以家邦及學禮爲次, 其下以吉·凶·嘉·賓爲次.
편목의 차례에 있어 옛 판본에서는 「곡례」편에서 시작하여 「상복사제」편
에서 끝났는데 중간의 여러 편들은 산만하여 체계가 없다. 그래서 지금은
가례·방국례 및 학례 등으로 차례를 정하고, 그 뒤로는 길례·흉례·가
례·빈례로 순서를 정했다.

一. 篇名如曲禮·內則·王制·月令·禮運·樂記及冠·昏諸義等
篇, 名篇之義固當. 至如郊特牲是禮運之中篇, 緇衣是表記之下篇,
皆無意義, 只以篇首數字名之. 如仲尼燕居·檀弓等篇亦然, 允合改
定. 但此書篇名, 承沿旣久, 今不敢妄有改易, 竝存其舊. [如少儀是曲
禮中之兩節, 而亦不敢通入於曲禮, 姑爲別篇, 附於本篇之下.]
편명 중 「곡례」·「내칙」·「왕제」·「월령」·「예운」·「악기」 및 「관의」·「
혼의」 등 의(義)자가 들어간 편들은 편명을 정한 뜻이 진실로 마땅하다.
그런데 「교특생」과 같은 편들은 「예운」의 중편에 해당하고, 「치의」편은
「표기」의 하편에 해당하는데, 모두 의미가 없고 단지 편의 첫머리에 오는
몇 글자로 편명을 정한 것일 뿐이다. 「중니연거」나 「단궁」 등의 편 또한
이와 같아서 개정해야 마땅하다. 다만 이 책의 편명들은 답습되어 온 것이
이미 오래되었으니, 지금 망령스럽게 감히 고치거나 바꿀 수 없어서 모두
옛 편명을 남겨둔다. [「소의」편은 「곡례」 중의 두 절에 해당하는데, 이 또한 감히 「곡례」
편으로 편입시키지 않고 잠시 별도의 편으로 두어 본편의 뒤에 덧붙여두었다.]

一. 各篇文字, 隨意移易, 或本篇之內自相上下, 或雖在他篇而旨義
相屬者, 併皆剗割移來, 如曲禮·少儀·玉藻三篇互相通修, 檀弓·

雜記二篇亦然. 至於禮運·郊特牲·禮器三篇, 本是一通文字, 而簡
冊亂脫, 今從文理釐正, 其餘放此. 我東陽村權氏近所著禮記淺見
錄, 只於本篇內上下, 他篇則不曾通修, 文勢理致未甚融貫. 今輒不
拘他篇, 隨宜分屬, 觀者詳之.

각 편의 문자는 의미에 따라서 옮기거나 바꿨는데, 어떤 경우에는 본편
안에서 앞뒤로 배열을 바꿨고, 또 어떤 경우에는 비록 다른 편에 속해 있더
라도 의미가 서로 연결된 경우에는 모두 문장을 끊어내어 옮겨 가져왔으
니, 예를 들어 「곡례」·「소의」·「옥조」 세 편은 상호 통괄해서 다듬었으
며, 「단궁」·「잡기」 두 편 또한 이와 같다. 「예운」·「교특생」·「예기」 세
편은 본래 하나로 통괄되는 문자들인데 간책이 어지럽게 뒤섞이고 누락되
어, 이제 문리에 따라 바로잡았으며, 그 나머지도 이와 같다. 우리나라 양
촌 권근이 저술한 『예기천견록』은 단지 본편 내에서 앞뒤로 문장의 배열을
바꿨고, 다른 편에 대해서는 회통해서 다듬지 않아 문세와 조리가 융회
관통되지 못했다. 이제 다른 편이라는 것에 구애되지 않고 마땅함에 따라
분속을 했으니, 이 글을 읽는 자들이 상세히 살펴주기 바란다.

一. 陳氏集說, 各篇之首, 或闕篇題, 其有篇題者, 亦無定準, 今一併
撰定.

진호의 『집설』에서는 각 편의 첫 부분에 간혹 편제를 누락하기도 했으며,
편제가 있는 경우에도 정해진 준칙 자체가 없으니, 이제 일괄해서 찬정하
였다.

一. 各篇分節, 倣儀禮通解之規, 各篇分章, 依庸·學章句之例. 蓋
累字成句, 累句成章, 累章成篇, 而其通篇不分章而分節者, 以節爲
章. 又如中庸·坊·表記之屬, 旣細分章, 又總分節.

각 편의 분절은 『의례통해』의 규범에 따랐으며, 각편의 분장은 『중용장구』
와 『대학장구』의 용례에 따랐다. 글자가 쌓여서 구문을 이루고 구문이 쌓
여서 장을 이루며 장이 쌓여서 편을 이루는데, 편 전체에서 장을 나누지
않고 절을 나눈 경우에는 절을 장으로 삼았다. 또 「중용」·「방기」·「표기」

와 같은 경우에는 이미 장이 세밀하게 나눠져 있는데, 재차 총괄적으로 절을 나눴다.

一. 陳氏本章段不圈, 難於辨別. 今就各篇, 分爲幾節. [如曲禮·玉藻·文王世子之屬是已.] 其章段可分處, 倂加圈. [如表記·檀弓之屬是已.] 其通篇一意不可分章者, 倂不加圈. [如學記·大傳·郊特·儒行之屬是已.]
진호의 판본에는 문장의 단락에 ○을 표시하지 않아 변별하기가 어려웠다. 이제는 각 편에 따라 몇 개의 절로 나눴다. [예를 들어 「곡례」·「옥조」·「문왕세자」 등의 부류가 여기에 해당한다.] 문장의 단락에 대해 구분할 수 있는 곳에는 모두 ○을 표시했다. [예를 들어 「표기」·「단궁」 등의 부류가 여기에 해당한다.] 편 전체가 하나의 의미로 문장을 구분할 수 없는 경우에는 모두 ○을 표시하지 않았다. [예를 들어 「학기」·「대전」·「교특생」·「유행」 등의 부류가 여기에 해당한다.]

一. 陳氏本分段或有未允處, 有當分而合者, 有不當分而分者, 今一倂正之.
진호의 판본에서 단락을 나는 것 중에는 간혹 꼭 들어맞지 않는 곳이 있으니, 마땅히 나눠야 하는데 합한 것도 있고 마땅히 나눠서는 안 되는데 나눈 경우가 있는데, 이제는 모두 이를 바로잡았다.

一. 舊本篇目序次, 不可不存錄, 故各注于篇題之下, 其序次仍舊者不注.
옛 판본의 편목 차례는 기록해 보존하지 않을 수 없다. 그렇기 때문에 편제 뒤에 각각 주를 달았고, 그 차례가 옛 판본에 따르는 경우에는 주를 달지 않았다.

一. 各篇纂定之後, 他記之移易者, 倂宜存錄, 故各注于章段之下, 以便考閱. 其本篇之上下者, 不能悉記. [按: 此凡例, 本是類編正文編定時所錄, 今並錄集說爲大全, 故他記之移易者, 本篇之上下者, 一一詳記其承接, 以便考閱.]

각 편을 찬정한 이후에는 다른 편의 기록을 옮긴 것들에 대해서도 마땅히 기록해 보존해야 하기 때문에, 문장과 단락 뒤에 각각 주를 달아 상고하고 열람하기에 편리하도록 했다. 그리고 본편의 앞뒤 순서를 바꾼 것들에 대해서는 모두 기록할 수 없었다. [살펴보니, 이 범례는 본래 『유편』의 경문을 편정할 때 기록해둔 것으로, 이제는 『집설』까지 함께 기록하여 『대전』으로 편찬하기 때문에 다른 편의 기록을 옮긴 것들과 본편의 앞뒤 순서를 바꾼 것들에 대해서 일일이 그 문장의 이어지는 관계를 상세히 기록하여 상고하고 열람하기에 편리하도록 했다.]

一. 大學·中庸二篇, 旣經先儒表章, 列爲四書, 而本自戴記挑出. 今取通解之意, 入于學禮. 陽村淺見錄還存庸·學于禮記篇中, 亦得此意.

「대학」과 「중용」 두 편은 이미 선대 학자들의 표장을 거치며 사서로 분류되고 있는데, 본래는 『예기』에서 나온 것이다. 이제 『통해』의 뜻에 따라 학례 항목에 편입시켰다. 양촌의 『예기천견록』에서도 도리어 「중용」과 「대학」을 『예기』의 편으로 수록하였으니, 또한 이러한 의미를 터득했던 것이다.

一. 孝經一篇, 文體自是戴記之屬, 文勢與燕居·閒居等篇相類, 故今輒依類編入.

『효경』 한 편은 그 문체가 『예기』의 부류에 해당하며, 문세가 「중니연거」나 「공자한거」 등의 편과 유사하다. 그렇기 때문에 여기에서는 그 부류에 따라 편입시켰다.

一. 註說可疑處, 竝疏論於每卷之下, 放通鑑節要釋義之例. [按: 此卽附註, 今於大全隨段添入.]

주의 설명 중에 의심스러운 곳에 대해서는 모두 각 권 밑에 소론을 붙이며, 『통감절요』 석의의 용례에 따랐다. [살펴보니, 이것은 부주에 해당하는 것으로, 여기에서는 『대전』의 각 단락에 따라 덧붙여 두었다.]

一. 經文一字一句不敢刪削, 竝從宜分屬. 其重出而文少異者, 兩存之. 其文句不異而有可屬處, 亦皆存之. 重出而無可屬者, 謹刪而詳於附註.

경문의 한 글자 한 구문에 대해서는 감히 산정하고 삭제할 수 없어서, 모두 마땅함에 따라 분속해 두었다. 중복해서 나타나지만 문장에 작은 차이가 있는 것들은 모두 남겨두었다. 문구가 다르지 않지만 덧붙일 수 있는 곳이 있는 것들 또한 모두 남겨두었다. 중복 출현하며 덧붙일 수 있는 곳이 없는 것들은 조심스럽게 산정하고 부주에 상세한 내용을 기록해두었다.

一. 經文尤甚亂脫, 雜取他篇釐正者十四篇, 曲禮上下 · 少儀 · 玉藻 · 禮運 · 禮器 · 郊特牲 · 祭義 · 檀弓上下 · 雜記上下 · 喪服小記 · 服問. [小記 · 服問亂脫不甚] 只存本文而上下移易者七篇, 內則 · 樂記 · 坊記 · 表記 · 緇衣 · 喪大記 · 曾子問. [曾子問入他記二段] 存本文而無變動者十九篇, 王制 · 月令 · 深衣 · 明堂位 · 學記 · 孔子閒居 · 哀公問 · 儒行 · 祭法 · 大傳 · 奔喪 · 問喪 · 間傳 · 三年問 · 喪服四制 · 冠義 · 昏義 · 投壺 · 燕義. [其中或有一二段變動者詳本篇] 本篇中一段移入他記者五篇, 祭統 · 經解 · 鄕飮義 · 射義 · 聘義. 存本文而以他記添足者三篇, 文王世子 · 仲尼燕居 · 孝經. 庸 · 學二篇不在此數.

경문 중 뒤섞이고 누락된 정도가 매우 심하여, 여러 편들에서 이리저리 기록들을 취해 정리하고 바로잡은 것이 14개 편이니,「곡례상」·「곡례하」·「소의」·「옥조」·「예운」·「예기」·「교특생」·「제의」·「단궁상」·「단궁하」·「잡기상」·「잡기하」·「상복소기」·「복문」편이다. [「상복소기」와 「복문」은 뒤섞이고 누락된 것이 심하지 않다.] 단지 본문을 남겨두되 앞뒤로 문장을 옮긴 것이 7개 편이니,「내칙」·「악기」·「방기」·「표기」·「치의」·「상대기」·「증자문」편이다. [「증자문」에는 다른 편의 기록 2개 단락이 삽입되었다.] 본문을 남겨두고 변동이 없는 것은 19개 편이니,「왕제」·「월령」·「심의」·「명당위」·「학기」·「공자한거」·「애공문」·「유행」·「제법」·「대전」·「분상」·「문상」·「간전」·「삼년문」·「상복사제」·「관의」·「혼의」·「투호」·「연의」

편이다. [그 중 간혹 1~2개 단락에 변동이 있는 것이 있는데, 본편에 상세히 기술하였다.]
본편 중 한 개 단락을 다른 편의 기록에 삽입한 것이 5개 편이니, 「제통」·「경해」·「향음주의」·「사의」·「빙의」편이다. 본문을 남겨두고 다른 편의 기록을 덧붙여 채운 것이 3개 편이니, 「문왕세자」·「중니연거」·「효경」이다. 「중용」·「대학」 두 편은 이러한 수치에 포함되지 않는다.

一. 我國三經·四書有諺解, 而禮記·春秋無諺解. 禮記則世宗朝命學士申叔舟等撰定口訣, 今大全刊本書頭所錄句讀是也. 若因此而定著諺解, 則其於經義·字音, 似尤明備.

우리나라에는 삼경과 사서에 대해서는 언해가 있지만, 『예기』와 『춘추』에 대해서는 언해가 없다. 『예기』의 경우 세종조에 신숙주 등에게 명하여 구결을 찬정토록 했는데, 현재 『대전』의 간행본 서두에 수록된 구독이 바로 이것에 해당한다. 만약 이것을 통해 언해를 확정하여 덧붙인다면 경문의 뜻과 글자의 음에 있어서 아마도 더욱 분명하게 갖춰질 것이다.

一. 經文音切, 宜從十三經古本, 而姑從陳氏集說, 其疑晦處, 當以古本參攷.

경문의 음절에 대해서는 마땅히 십삼경의 『고본』에 따라야 하지만 잠시 진호의 『집설』에 따르고, 의심스럽고 명백하지 못한 곳에 대해서는 『고본』을 통해 참고하고 살펴야 한다.

一. 永樂官本有諸儒說輯註, 而今爲卷帙太繁, 未暇盡載, 讀者宜參訂. [按, 此二條, 是大全成書後新添.]

『영락관본』에는 여러 학자들의 주장들을 모아 둔 것이 있는데, 지금은 권질을 만들며 너무 번잡하여 모두 수록할 겨를이 없었는데, 독자는 마땅히 이를 참고해 따져보아야 한다. [살펴보니, 이 두 개 조목은 『대전』을 만든 이후에 새로이 첨가한 것이다.]

◇ 「집설총론(集說總論)」

본문 程子曰: 禮記雜出於漢儒, 然其間, 傳聖門緒餘及格言甚多,
如禮記學記之類, 無可議者, 檀弓・表記・坊記之類, 亦甚有至理,
惟知言者擇之, 如王制・禮運・禮器, 其書亦多傳古意, 若閒居・燕
居三無五起之說, 文字可疑. 又曰: 禮記除中庸・大學, 唯樂記爲最
近道, 學者深思自得之. 禮記之表記, 其亦近道矣乎, 其言正.

정자가 말하길, 『예기』의 기록은 한대 유자들의 손에서 뒤섞여 나온 것인
데, 그 중에는 공자 문하에 남아있던 나머지 기록과 격언들이 매우 많이
포함되어 있으니, 예를 들어 『예기』「학기」의 부류들은 논의할 것도 없고,
「단궁」・「표기」・「방기」의 부류들 또한 지극한 이치를 매우 많이 포함하
고 있지만, 오직 그 말을 알아볼 수 있는 자만이 이를 가려낼 수 있다.
또 「왕제」・「예운」・「예기」 등의 편들에 있어서 그 기록에도 옛 사람의
뜻을 전하는 것이 많은데, 「공자한거」나 「중니연거」편에서 말한 삼무오
기(三無五起)의 설에 있어서는 그 문자가 의심스럽다. 또 말하길, 『예기』
에서 「중용」과 「대학」을 제하면 오직 「악기」편만이 가장 도에 가까우니
학자들은 깊이 생각하여 스스로 그 뜻을 터득해야만 한다. 『예기』의 「표
기」편 또한 도에 가깝다 할 수 있으니, 그 말들이 바르기 때문이다.

본문 永嘉周氏曰: 經禮三百, 威儀三千, 皆出於性, 非僞貌飾情也.
天尊地卑, 禮固立矣, 類聚群分, 禮固行矣. 人者, 位乎天地之間, 立
乎萬物之上, 尊卑分類, 不設而彰, 聖人循此, 制爲冠昏喪祭朝聘鄕
射之禮, 以行君臣父子兄弟夫婦朋友之義, 其形而下者, 見於飮食器
服之用, 其形而上者, 極於無聲無臭之微, 衆人勉之, 賢人行之, 聖人
由之, 故所以行其身, 與其家, 與其國, 與其天下者, 禮治則治, 禮亂
則亂, 禮存則存, 禮亡則亡. 上自古始, 下逮五季, 質文不同, 罔不由
是. 然而世有損益, 惟周爲備. 夫子嘗曰: "郁郁乎文哉, 吾從周." 逮

其弊也, 忠信之薄而情文之繁, 林放問禮之本, 孔子欲從先進, 蓋所以矯正反弊也. 然豈禮之過哉? 爲禮者之過也. 秦氏焚滅典籍, 三代禮文大壞, 漢興購書. 禮記四十九篇, 雜出諸儒傳記, 不能悉得聖人之旨, 考其文義, 時有牴牾. 然而其文繁, 其義博, 學者博而約之, 亦可弗畔. 蓋其說也, 粗在應對進退之間, 而精在道德性命之要, 始於童幼之習, 而卒於聖人之歸, 惟達古道者, 然後能知其言, 能知其言, 然後能得於禮. 然則禮之所以爲禮其則不遠矣.

영가주씨가 말하길, 경례(經禮) 삼백 가지와 위의(威儀) 삼천 가지는 모두 성(性)에서 나온 것이니 거짓된 모습이나 꾸민 정감이 아니다. 하늘은 높고 땅은 낮으니, 존비의 예가 진실로 서게 되었고, 부류가 모이고 무리별로 나뉘니 대소의 예가 시행되었다. 사람은 천지 사이에 위치하며 만물의 정점에 서니, 존비의 구분과 부류별로 나누는 것에 있어서는 이를 설치하지 않아도 드러나는데, 성인은 이에 따라서 관례·혼례·상례·제례·조례·빙례·향례·사례 등을 만들어 군신·부자·형제·부부·붕우의 도의를 시행토록 했으며, 그 중 형이하적인 것은 음식·기물·복장 등의 쓰임에서 드러나도록 했고, 형이상적인 것은 소리도 없고 냄새도 없는 은미한 곳에서 지극히 하였으니, 일반인들은 이에 힘쓰고, 현인들은 이를 시행하며, 성인은 이에 따른다. 그렇기 때문에 자신이 그것을 행하고, 그 집안에서 행하며, 그 나라에서 행하고, 그 천하에서 행하니, 예가 다스려지면 이 모두가 다스려지고, 예가 문란하게 되면 이 모두가 문란하게 되며, 예가 보존되면 이 모두가 보존되고, 예가 없어지면 이 모두가 망하게 된다. 위로는 고대로부터 시작하여 아래로 후양·후당·후진·후한·후주 오대에 미치기까지 질박함을 숭상하거나 문식 꾸미는 것을 숭상함에 차이가 있었지만 이에 따르지 않았던 적이 없다. 그러나 세대에 따라 덜어내거나 더한 것이 있었는데, 오직 주나라에 이르러서야 완전히 갖춰지게 되었다. 공자는 일찍이 "찬란하구나 그 문채여, 나는 주나라를 따르겠다."[1]라 했는데, 그 피폐해짐에 미쳐서는 충신이 엷어지고 내용과 형식이 번다해져서 임방이 예의 근본을 묻게 되었고2) 공자는 선배들을 따르고자 하였으니3) 잘못된 것을 바로잡아 피폐해진 것을 되돌리려고 했기 때문이다. 그러나 어찌 이것이 예의 잘못이란 말인가? 예를 행하는 자들의 잘못일 따름이다. 진나라가 옛 전적을 불태워 없애서 삼대의 예에 대한 글이 크게 없어졌는데, 한나라가 흥성하게 되자 글들을 사들이게 되었다. 『예기』 49편은 여러 유자들이 전하고 기록한 것에서 뒤섞여 나와 이 모두가 성인의 뜻에 부합할 수 없었고, 그 문장과 뜻을 살펴보면 간혹 어긋나는 점도 있었다. 그러나 그 문장이 번잡하고 그 뜻이 넓어서 학자가 널리 배우고 요약을 한다면 또한 어긋나지 않을 수 있다. 그 설명들에 있어서 거친 것은 응대하고 나아가고 물러나는 구체적 예절 속에 있지만, 정밀한 것은 도덕과 성명이라는 요체에 있어서, 어린아이들이 몸소 익히는 일에서 시작하고 있지만 끝내는 성인의 경지로 귀결되고 있다. 그러므로 오직 옛 도리를 통달한 뒤에야 그 말을 알아차릴 수 있고, 그 말을 알아차린 뒤에야 예에서 그 의미를 터득할 수 있다. 그렇다면 예가 예가 될 수 있는 그 법칙은 멀리 떨어져 있는 것이 아니다.

본문 延平周氏曰: 夫禮者, 性命之成體者也. 蓋道德仁義, 同出於性命, 而所謂禮者, 又出乎道德仁義而爲之節文者也. 方其出於道德仁義, 則道德仁義者, 禮之本也, 故曰: "仁者人也, 親親爲大, 義者宜也, 尊賢爲大, 親親之殺, 尊賢之等, 禮所生也." 方其爲之節文, 則道德仁義, 反有資於禮也, 故曰: "道德仁義, 非禮不成." 嗚呼, 此禮之

---

1) 『논어』「팔일(八佾)」: 子曰, "周監於二代, <u>郁郁乎文哉! 吾從周</u>."
2) 『논어』「팔일(八佾)」: <u>林放問禮之本</u>. 子曰, "大哉問! 禮, 與其奢也寧儉, 喪, 與其易也寧戚."
3) 『논어』「선진(先進)」: 子曰, "先進於禮樂, 野人也, 後進於禮樂, 君子也. 如用之, 則<u>吾從先進</u>."

所以爲禮者也. 若夫吉凶之殊, 軍賓之別, 其言不盡於意, 其意必寓
於象, 故一服飾一器械, 有以存於度數之間者, 象也. 象則文也, 及推
而上之, 有以見於度數之表者, 意也. 意則情也, 所謂意者, 歸於性命
而已矣. 書曰: "天秩有禮, 自我五禮, 有庸哉." 蓋其以故滅命, 以人
廢天者, 聖人不爲, 惟其天秩之所有, 是乃聖人之所庸者也. 然聖人
所以庸之者, 豈特使天下後世, 知有尊卑之分, 而苟自異於禽獸耳?
蓋又將爲入道之資也. 聖人旣沒, 禮經之殘闕久矣. 世之所傳, 曰周
禮, 曰儀禮, 曰禮記, 其間獨周禮爲太平之成法, 儀禮者又次之, 禮記
者雜記先王之法言, 而尙多漢儒附會之疵, 此學者所宜精擇.

연평주씨가 말하길, 무릇 예라는 것은 성명이 실체를 이룬 것이다. 도덕과
인의는 모두 성명에서 도출되고 이른바 예라는 것은 또한 도덕과 인의에
서 도출되어 그것을 절문으로 만든 것이기 때문이다. 그것이 도덕과 인의
에서 도출된 때라면 도덕과 인의는 예의 근본이 된다. 그렇기 때문에 "인
은 사람다움이니, 친근한 자를 친근하게 여기는 것이 크고, 의는 마땅함이
니 어진이를 존숭하는 것이 크니, 친근한 자를 친근하게 여길 때의 줄임과
어진이를 존숭할 때의 등급이 예가 생겨난 바이다."[4]라 했다. 또 그것이
절문으로 만들어지게 되는 때라면 도덕과 인의는 도리어 예에 의지하게
된다. 그렇기 때문에 "도덕과 인의는 예를 통하지 않으면 성립될 수 없다."[5]
라 한 것이다. 오호라! 이것이 예가 예가 되는 이유이구나. 길례나 흉례의
차이 및 군례나 빈례의 구별에 있어서, 그 말이 의미를 다하지 못하는
경우, 그 의미는 반드시 상(象)에 깃들게 된다. 그렇기 때문에 하나의
복식과 하나의 기계에 있어서 도수의 범위 사이에 있게 하는 것이 상이다.
상은 문(文)이고, 그것을 미루어 위로 나아가게 되면 도수의 표면으로

---

4) 『중용』 「20장」: 仁者, 人也, 親親爲大. 義者, 宜也, 尊賢爲大. 親親之殺, 尊賢
之等, 禮所生也.

5) 『예기』 「곡례상(曲禮上)」 013장 : 道德仁義, 非禮不成.

드러나는 것이 있는데 그것이 의(意)이다. 의는 정(情)이고, 이른바 의라는 것은 성명으로 되돌아가는 것일 따름이다. 서에서는 "하늘이 차례를 매겨 예를 두시니, 우리 오례로부터 하여 떳떳하게 하소서."[6]라 했다. 인위적인 일로써 명을 멸하거나 사람에 대한 것으로 하늘에 대한 것을 폐지하는 것을 성인은 하지 않았으니, 오직 하늘이 차례매김에 갖추고 있는 것이 바로 성인이 떳떳하게 하는 것이다. 그런데 성인이 그것을 떳떳하게 하는 것이 어찌 단지 천하 후세로 하여금 존비의 구분이 있음을 알게 하여 스스로 짐승과 구별이 되도록 하는 것 때문이겠는가? 또한 장차 도로 들어가는 바탕으로 삼기 위한 것이다. 성인이 죽은 이후 『예경』이 없어지고 누락된 것이 오래되었다. 세상에 전해졌던 것으로는 『주례』, 『의례』, 『예기』가 있었는데, 그 중 유독 『주례』만이 태평성세의 성법을 담고 있는 것이며, 『의례』는 또한 그 다음이다. 『예기』는 선왕의 법도에 대한 말을 뒤섞어 기록하고 있지만, 오히려 한대 유자들이 견강부회한 병폐가 많으니, 학자들은 마땅히 정밀히 살펴서 가려내야만 한다.

본문 朱子曰: 或謂禮記, 是漢儒說, 恐不然. 漢儒最純者, 莫如董仲舒, 仲舒之文最純者, 莫如三策, 何嘗有禮記中說話來? 如樂記所謂天高地下, 萬物散殊, 而禮制行矣. 流而不息, 合同而化, 而樂興焉, 仲舒如何說到這裏? 想必是古來流傳得此箇文字如此.

주자가 말하길, 혹자는 『예기』가 한대 유자들의 주장이라고 하는데 아마도 그렇지 않을 것이다. 한대 유자들 중 가장 순수했던 자로는 동중서만한 자가 없고, 동중서의 글 중 가장 순수한 것으로는 삼책(三策)만한 것이 없는데, 일찍이 『예기』 중에서 나온 말이 있었던가? 예를 들어 『예기』 「악기(樂記)」편에서 이른바 "하늘은 높고 땅은 낮으며, 만물은 그 사이에 흩어지고 달라지며 예에 따른 절제함이 새행된다. 두루 흘러 그치지

---

6) 『서』 「우서(虞書) · 고요모(皐陶謨)」: 天秩有禮, 自我五禮, 有庸哉.

않고, 합하고 같아져서 변화하여 악이 흥성하게 된다."7)라 했는데, 동중서가 어떻게 이러한 말을 할 수 있겠는가? 생각해보면 분명 이것은 예로부터 전래되어 이와 같은 글들이 남게 되었던 것이다.

본문 虞氏曰: 禮記, 乃儀禮之傳, 儀禮有冠禮, 禮記則有冠義以釋之, 儀禮有昏禮, 禮記則有昏義以釋之, 儀禮有鄕飮酒禮, 禮記則有鄕飮酒義以釋之, 儀禮有燕禮, 禮記則有燕義以釋之, 儀禮有聘禮, 禮記則有聘義以釋之. 其他篇中, 雖或雜引四代之制, 而其言多與儀禮相爲表裏. 但周禮·儀禮, 皆周公所作, 而禮記則漢儒所錄. 雖曰漢儒所錄, 然亦儀禮之流也. 何以言之? 周禮雖得之於河間獻王, 時無有傳之者, 武帝以爲末世瀆亂之書, 何休以爲六國陰謀之書, 至于漢末, 乃行於世. 惟儀禮之書, 漢初已行, 故高堂生傳之蕭奮, 蕭奮傳之孟卿, 孟卿傳之后蒼, 后蒼傳之戴德·戴聖, 二戴因習儀禮, 而錄禮記, 故知禮記儀禮之流也.

복씨가 말하길, 『예기』는 『의례』의 전문에 해당하니, 『의례』에 「사관례」편이 있어서 『예기』에는 「관의」편을 두어 이를 풀이한 것이고, 『의례』에 「사혼례」편이 있어서 『예기』에는 「혼의」편을 두어 이를 풀이한 것이며, 『의례』에 「향음주례」편이 있어서 『예기』에는 「향음주의」편을 두어 이를 풀이한 것이고, 『의례』에 「연례」편이 있어서 『예기』에는 「연의」편을 두어 이를 풀이한 것이며, 『의례』에 「빙례」편이 있어서 『예기』에는 「빙의」편을 두어 이를 풀이한 것이다. 다른 편들 중에 비록 사대 때의 제도를 뒤섞어 인용한 것들이 간혹 있지만, 그 말들은 대부분 『의례』와 서로 표리관계를 이룬다. 다만 『주례』와 『의례』는 모두 주공이 작성한 것인데, 『예

---

7) 『예기』「악기(樂記)」020장 : <u>天高地下, 萬物散殊, 而禮制行矣. 流而不息, 合同而化, 而樂興焉.</u> 春作夏長, 仁也. 秋斂冬藏, 義也. 仁近於樂, 義近於禮. 樂者敦和, 率神而從天; 禮者別宜, 居鬼而從地. 故聖人作樂以應天, 制禮以配地. 禮樂明備, 天地官矣.

기』는 한대 유자들이 기록한 것이다. 비록 한대 유자들이 기록한 것이라
하지만 이 또한 『의례』의 지류에 해당한다. 어떻게 이처럼 말할 수 있는
가? 『주례』는 비록 하간헌왕 때 발견되었지만 당시에는 이를 전수한 학자
가 없어서 무제는 말세에 세상을 혼탁하게 하고 어지럽히는 책이라 여겼
고, 하휴는 육국에서 비밀스러운 모략을 담은 서적이라 여겼는데, 한나라
말기에 이르러서야 세상에 유행하게 되었다. 『의례』라는 서적만은 한나
라 초기부터 이미 유행하였기 때문에 고당생이 소분에게 전수했고, 소분
이 맹경에게 전수했으며, 맹경이 후창에게 전수했고, 후창이 대덕과 대성
에게 전수했는데, 대덕과 대성은 그에 따라 『의례』를 익히고 『예기』의
글들을 모아 기록한 것이다. 그렇기 때문에 『예기』가 『의례』의 지류가
됨을 알 수 있다.

禮記類編大全卷之一

『예기유편대전』 1권

◇ 曲禮上第一 / 「곡례상」 1편

類編 此卽古禮經之篇名, 言委曲禮儀之事, 所謂曲禮三千者也. 其隨事而見者, 已包在經禮三百之內矣. 此篇乃其雜碎之節, 不可隨事而見者. 故合而記之, 自爲一篇. 又多爲韻語, 使學者得以諷於口而存諸心. 蓋曲禮之記也, 戴氏編禮時, 已多亡逸, 所記不甚倫貫. 今依朱子通解所定, 更加釐正云.

「곡례」는 옛 『예경』의 편명에 해당하며, 세부적인 예의(禮儀)에 대한 사안을 언급하고 있으니, 이른바 "곡례(曲禮)는 삼천 가지이다."[1]라 한 것에 해당한다. 그 사안에 따라 드러낸 것은 이미 경례(經禮) 삼백 가지 안에 포함된다. 이 편은 곧 그것에 대한 복잡하고 자잘한 절목들로 사안에 따라 드러낼 수 없는 것들이다. 그렇기 때문에 이를 합쳐 기록하고 하나의 편으로 삼은 것이다. 또한 대부분 압운의 어구로 되어 있어서 학자들로 하여금 입으로 암송하여 마음에 새기도록 하였다. 아마도 「곡례」의 기문은 대씨가 『예』를 편집할 때 이미 대부분이 망실되어 기록한 것들이 그다지 질서정연하게 일관되지 않는다. 지금은 주자의 『통해』에서 확정한 것에 따르고 다시 정리하고 바로잡았다.

類編 戴記本居第一, 凡十二節.
『소대례기』의 판본에서는 첫 번째 편에 수록되어 있었고, 총 12절로 되어 있다.

---

1) 『예기』「예기(禮器)」: 故經禮三百, <u>曲禮三千</u>, 其致一也.

『곡례상』편 문장 순서 비교		
『예기집설』	『예기유편대전』	
	구분	문장
001		001
002		002
003		004
004		005
005		少儀-028
006		少儀-029
007		少儀-031
008		少儀-013
009		少儀-026
010		003
011		曲禮下-068
012		坊記-035
013		161
014		雜記下-073前
015	總論	160
016		011
017		009
018		010
019		012
020		007
021		106
022		180
023		181
024		023
025		008
026		013
027		014
028		015
029		016

『예기집설』	『예기유편대전』	
	「곡례상」편 문장 순서 비교	
	구분	문장
030		017
031		018
032		019
033		少儀-054
034		025
035		026
036		020
037		021
038		022
039		024
040		027
041		028
042		029
043		030
044		031
045		032
046		曲禮下-038
047		曲禮下-039
048		曲禮下-040
049	名號	曲禮下-041
050		曲禮下-042
051		曲禮下-044
052		曲禮下-045
053		曲禮下-046
054		曲禮下-047
055		曲禮下-048
056		曲禮下-049
057		曲禮下-050
058		曲禮下-051
059		曲禮下-052

「곡례상」편 문장 순서 비교		
『예기집설』	『예기유편대전』	
	구분	문장
060		曲禮下-053
061		曲禮下-054
062		曲禮下-055
063		曲禮下-056
064		曲禮下-057
065		曲禮下-058
066		雜記上-026
067		曲禮下-059
068		曲禮下-060
069		曲禮下-067
070		曲禮下-068
071		玉藻-139
072		玉藻-140
073		玉藻-141
074		玉藻-142
075		玉藻-143
076		玉藻-144
077		玉藻-145
078		玉藻-146
079		玉藻-147
080		玉藻-148
081		玉藻-149
082		曲禮下-007
083		107
084		曲禮下-043
085		曲禮下-063前
086		曲禮下-062
087		曲禮下-063後
088		曲禮下-064
089		曲禮下-065

「곡례상」편 문장 순서 비교		
『예기집설』	『예기유편대전』	
	구분	문장
090		曲禮下-066
091		曲禮下-109前
092		曲禮下-108
093		雜記上-049前
094		曲禮下-107
095		曲禮下-109後
096		曲禮下-012
097		曲禮下-013
098		110
099		曲禮下-006
100		玉藻-078
101		玉藻-079前
102		196
103		197
104		199
105		201
106		玉藻-079後
107		玉藻-122
108		玉藻-123
109		玉藻-124
110		玉藻-125
111		玉藻-126
112		玉藻-127
113	容節	玉藻-128前
114		玉藻-129
115		006
116		玉藻-131
117		玉藻-132
118		玉藻-133
119		玉藻-134

「곡례상」편 문장 순서 비교		
『예기집설』	『예기유편대전』	
	구분	문장
120		玉藻-135
121		玉藻-136
122		玉藻-137
123		玉藻-138
124		玉藻-120
125		玉藻-121
126		玉藻-130
127		177中
128		179
129		曲禮下-061
130		少儀-032
131	居處	玉藻-013
132		玉藻-014
133		玉藻-015
134		檀弓上-050
135	視聽動作	曲禮下-111
136		曲禮下-110
137		曲禮下-114
138		曲禮下-001
139		曲禮下-002
140		曲禮下-003
141		曲禮下-004
142		曲禮下-005
143		少儀-038
144		053後
145		054
146		055前
147		056前
148		055後

『예기집설』	『예기유편대전』	
	구분	문장
149		056後
150		玉藻-115
151		玉藻-116
152		玉藻-117
153		玉藻-118
154		玉藻-119
155		062前
156		少儀-034前·中
157		062後
158		063
159		093
160		134
161		玉藻-022
162		玉藻-023
163		玉藻-024
164		少儀-008
165		少儀-039
166		173
167		218
168		086
169		087
170		088
171		089
172		172
173		174後
174		178
175		194前
176	言語之禮	曲禮下-112後
177		曲禮下-113
178		曲禮下-114後

「곡례상」편 문장 순서 비교

「곡례상」편 문장 순서 비교		
『예기집설』	『예기유편대전』	
	구분	문장
179		曲禮下-115
180		曲禮下-019
181		曲禮下-014中
182		曲禮下-072
183		曲禮下-073
184		曲禮下-074
185		曲禮下-075
186		曲禮下-076
187		曲禮下-077
188		少儀-033
189		曲禮下-078
190		曲禮下-079
191		曲禮下-080
192		曲禮下-081
193		037前
194		少儀-023後
195		105
196		曲禮下-119
197		少儀-002
198		少儀-003
199		少儀-004
200		少儀-005
201		少儀-006前
202		曲禮下-008
203		169
204		170
205		202
206		
207		
208		

「곡례상」편 문장 순서 비교		
『예기집설』	『예기유편대전』	
	구분	문장
209		
210		
211		
212		
213		
214		
215		
216		
217		
218		
219		
220		
221		
222		
223		
224		
225		
226		
227		

◇ 총론(總論)

【001】

曲禮曰: "毋不敬, 儼若思, 安定辭, 安民哉."〈001〉

「곡례」에서 말하길, "공경스럽지 못하게 행동하는 경우가 없도록 하고, 엄숙하게 행동하여, 마치 신중하게 생각해서 행동하는 듯이 하며, 심사숙고하여, 바르고 정확한 말들을 한다면, 백성들을 편안하게 할 수 있을 것이다."라고 했다.

集說 毋, 禁止辭.

'무(毋)'자는 금지하는 말이다.

集說 朱子曰: 首章言君子修身, 其要在此三者, 而其效足以安民, 乃禮之本, 故以冠篇.

주자가 말하길, 이곳에서는 군자의 수신에 대해 언급하고 있으니, 수신의 요점이 바로 이러한 세 가지 항목에 있는 것이며, 그 효과는 백성들을 편안하게 만들기에 충분하므로, 곧 이 세 가지가 예의 근본이 된다. 그렇기 때문에 이 말을 편의 첫머리에서 언급한 것이다.

集說 范氏曰: 經禮三百, 曲禮三千, 可以一言蔽之曰, "毋不敬".

범씨[1]가 말하길, 경례(經禮)는 삼백 가지이고, 곡례(曲禮)는 삼천 가지인데, 한 마디 말로 그것들을 총괄할 수 있으니, 그것은 바로 "불경하지 말라."이다.

---

1) 범조우(范祖禹, A.D.1041~A.D.1098) : =범씨(范氏)·성도범씨(成都范氏)·화양범씨(華陽范氏). 북송(北宋) 때의 학자이다. 자(字)는 순보(淳甫)·몽득(夢得)이다. 이정(二程) 형제에게서 수학하였다. 『중용(中庸)』을 중시하였으며, 저서로는 『논어설(論語說)』, 『중용론(中庸論)』 등이 있다.

集說 程子曰: 心定者, 其言安以舒; 不定者, 其辭輕以疾.

정자가 말하길, 마음이 안정된 사람은 그 말이 편안하여 느긋해지는 것이며, 마음이 안정되지 못한 사람은 그 말이 경박스러워서 빨라지는 것이다.

集說 劉氏曰: 篇首三句, 如曾子所謂君子所貴乎道者三, 而籩豆之事, 則有司存之意, 蓋先立乎其大者也. 毋不敬, 則動容貌, 斯遠暴慢矣; 儼若思, 則正顔色, 斯近信矣; 安定辭, 則出辭氣, 斯遠鄙倍矣. 三者修身之要, 爲政之本. 此君子修己以敬, 而其效至於安人, 安百姓也.

유씨[2]가 말하길, 편의 첫머리에 있는 세 구문은 마치 증자가 "군자가 귀중하게 여기는 도에는 세 가지가 있고, 변두와 같은 제기를 다루는 사소한 일들에 대해서는 그것을 담당하는 유사(有司)[3]가 있다."[4]라고 말한 뜻과 같으니, 무릇 무엇이든지 우선적으로 그것의 대의(大義)를 확립해야만 하는 것이다. '무불경(毋不敬)'을 하게 되면, 행동거지와 용모가 바르게 되어, 포악하고 거만한 것과는 거리가 멀어지게 된다. '엄약사(儼若思)'를 하게 되면, 얼굴빛이 온화하고 단정하게 되어, 신의와 가까워진다.

---

2) 장락유씨(長樂劉氏, A.D.1017~A.D.1086) : =유씨(劉氏)·유이(劉彛)·유집중(劉執中). 북송(北宋) 때의 성리학자이다. 자(字)는 집중(執中)이다. 복주(福州) 출신이며, 어려서 호원(胡瑗)에게서 학문을 배웠다. 『정속방(正俗方)』, 『주역주(周易注)』를 지었으나 현존하지 않는다. 『칠경중의(七經中議)』, 『명선집(明善集)』, 『거이집(居易集)』 등이 남아 있다.

3) 유사(有司)는 관리를 뜻하는 용어이다. '사(司)'자는 담당한다는 뜻이다. 관리들은 각자 담당하고 있는 업무가 있었으므로, 관리를 '유사'라고 불렀던 것이다. 일반적으로 하위관료들을 지칭하여, 실무자를 뜻하는 용어로 많이 사용된다. 그러나 때로는 고위관료까지도 지칭하는 용어로 사용되기도 한다.

4) 『논어』「태백(泰伯)」 : 曾子言曰, "鳥之將死, 其鳴也哀, 人之將死, 其言也善. 君子所貴乎道者三, 動容貌, 斯遠暴慢矣, 正顔色, 斯近信矣, 出辭氣, 斯遠鄙倍矣. 籩豆之事, 則有司存."

'안정사(安定辭)'를 하게 되면, 말이 바르게 되어, 비루하고 의리에 상반되는 말들과는 거리가 멀어지게 된다. 그러므로 이 세 가지는 바로 수신의 요점이며 정치의 근본이 된다. 이것은 곧 군자가 경으로 자신을 수양하여, 그 효과가 다른 사람들까지도 편안하게 만들고, 또한 더 나아가 백성들까지도 편안하게 만드는 경지까지 이르는 것이다.5)

附註 "毋不敬", 主一身而言. "儼若思", 顏色也. "安定辭", 言語也. 曾子言"君子道者三", 與此相符.

'무불경(毋不敬)'은 자기자신을 위주로 말한 것이다. '엄약사(儼若思)'는 안색에 대한 내용이다. '안정사(安定辭)'는 말에 대한 내용이다. 증자가 "군자가 귀중히 여기는 도는 세 가지가 있다."6)라 했는데, 이 내용과 서로 부합된다.

---

5) 『논어』「헌문(憲問)」: 子路問君子. 子曰, "脩己以敬." 曰, "如斯而已乎?" 曰, "脩己以安人." 曰, "如斯而已乎?" 曰, "脩己以安百姓. 脩己以安百姓, 堯舜其猶病諸?"

6) 『논어』「태백(泰伯)」: 曾子言曰, "鳥之將死, 其鳴也哀, 人之將死, 其言也善. 君子所貴乎道者三, 動容貌, 斯遠暴慢矣, 正顏色, 斯近信矣, 出辭氣, 斯遠鄙倍矣. 籩豆之事, 則有司存."

【002】

敖[去聲]不可長[貞兩反], 欲不可從[縱], 志不可滿, 樂[洛]不可極.〈002〉

자신의 오만함['敖'자는 거성으로 읽는다.]을 키워서['長'자는 '貞(정)'자와 '兩(량)'자의
반절음이다.]는 안 되며, 욕망을 내버려두어서는['從'자의 음은 '縱(종)'이다.] 안 되
고, 뜻을 가득 차게 해서는 안 되며, 즐거움['樂'자의 음은 '洛(락)'이다.]을 극도로
누려서는 안 된다.

集說 朱子曰: 此篇雜取諸書精要之語, 集以成篇, 雖大意相似, 而
文不連屬. 如首章四句, 乃曲禮古經之言. "敖不可長"以下四句, 不
知何書語, 又自爲一節, 皆禁戒之辭.

주자가 말하길, 「곡례」편은 여러 서적들의 핵심적인 말들을 여러모로 발
췌하고, 그것을 편집해서 하나의 편으로 만든 것이니, 비록 대체적인 요
점이 서로 비슷하다 할지라도, 문맥이 연결되는 것은 아니다. 예를 들어
앞의 '무불경(毋不敬)'·'엄약사(儼若思)'·'안정사(安定辭)'·'안민재(安
民哉)'라는 네 개의 구문은 곧 예전부터 전해져 온 「곡례」의 옛 경문들에
기록되어 있던 말들이다. 그런데 이곳 문장에 기록된 '오불가장(敖不可
長)' 등의 네 구문은 어떤 책에 기록되어 있었던 말인지는 모르겠지만,
또한 이 네 구문은 스스로가 하나의 단락이 되며, 그 내용들은 모두 경계
하며 금지한다는 말들이다.

集說 應氏曰: 敬之反爲敖, 情之動爲欲, 志滿則溢, 樂極則反.

응씨[1]가 말하길, '공경[敬]'의 반대말은 '오만[敖]'이 되고, '정(情)'이 제멋
대로 날뛰면 '욕망[欲]'이 되며, '뜻[志]'이 가득 차면 넘치게 되고, '즐거움
[樂]'이 극한대로 되면 반대급부가 생겨난다.

---

1) 금화응씨(金華應氏, ?~?) : =응용(應鏞)·응씨(應氏)·응자화(應子和). 이름은
  용(鏞)이다. 자(字)는 자화(子和)이다. 『예기찬의(禮記纂義)』를 지었다.

【003】

臨財毋苟得, 臨難[去聲]毋苟免. 狠[胡懇反]毋求勝, 分[去聲]毋求多.
〈004〉 [本在"安安而能遷"下.]

재물에 대해서는 구차하게 얻으려고 해서는 안 되고, 곤경['難'자는 거성으로
읽는다.]에 처하게 되어서는 구차하게 모면하려고 해서는 안 되며, 싸움['狠'자
는 '胡(호)'자와 '懇(간)'자의 반절음이다.]에서는 반드시 이기려고 해서는 안 되고,
분배['分'자는 거성으로 읽는다.]를 할 때에는 많이 가지려고 해서는 안 된다.
[본래는 "편안한 곳에서 편안하게 지내면서도 옮겨야 할 때가 되면 안주하지 않고 옮길 줄
안다."[2]고 한 문장 뒤에 수록되어 있었다.]

集説 毋苟得, 見利思義也; 毋苟免, 守死善道也. 狠毋求勝, 忿思難
也; 分毋求多, 不患寡而患不均也. 況求勝者, 未必能勝, 求多者, 未
必能多, 徒爲失己也.

"구차하게 얻지 말아라."는 말은 이익을 보면 의로움을 생각해야 한다는
뜻이고,[3] "구차하게 모면하지 말아라."는 말은 목숨을 바쳐서라도 좋은
도리를 지켜야 한다는 뜻이다.[4] "싸움에서는 반드시 이기려고 하지 말아
라."는 말은 분개할 때에는 어려울 때를 생각해야 한다는 뜻이고,[5] "분배
를 할 때에는 많이 가지려고 하지 말아라."는 말은 적은 것을 걱정하지
않고, 균등하지 못함을 걱정한다는 뜻이다.[6] 하물며 이기기만을 바라는
자들은 기필코 이길 수 없을 것이고, 많이 가지려고 하는 자들은 기필코
많이 얻을 수 없을 것이며, 그러한 자들은 결국 자기 자신을 잃어버리게

---

2) 『예기』「곡례상」 003장 : 賢者, 狎而敬之, 畏而愛之, 愛而知其惡, 憎而知其善,
  積而能散, 安安而能遷.
3) 『논어』「헌문(憲問)」 : 見利思義, 見危授命.
4) 『논어』「태백(泰伯)」 : 篤信好學, 守死善道.
5) 『논어』「계씨(季氏)」 : 孔子曰, "君子有九思, 視思明, 聽思聰, 色思溫, 貌思恭,
  言思忠, 事思敬, 疑思問, 忿思難, 見得思義."
6) 『논어』「계씨(季氏)」 : 丘也聞有國有家者, 不患寡而患不均, 不患貧而患不安.

될 것이다.

分當平聲讀, 分財之分, 作去聲非.
'분(分)'자는 마땅히 평성으로 읽어야 하니, "재물을 나눈다."고 할 때의
'분(分)'자로, 거성으로 읽는 것은 잘못된 해석이다.

【004】

疑事毋質, 直而勿有. 〈005〉

의심스러운 일에 대해서는 근거도 없는 말을 지어내서는 안 되며, 강직하게 대처를 하되, 자기 의견을 고집해서는 안 된다.

集說 朱子曰: 兩句連說爲是. 疑事毋質, 卽少儀所謂"毋身質言語"也. 直而勿有, 謂陳我所見, 聽彼決擇, 不可據而有之, 專務强辨. 不然, 則是以身質言語矣.

주자가 말하길, 두 구문은 연속해서 풀이하는 것이 옳다. "의심스러운 일에 대해서는 근거 없는 말을 하지 말라."는 말은 곧 『예기』「소의(少儀)」편에서 "제 자신은 말을 할 때 의심스러운 부분에 대해서 함부로 말을 해서는 안 된다."[1]라고 한 말에 해당한다. "강직하게 하되, 의견을 고집하지 말라."는 말은 자신의 소견을 진술하되, 다른 사람의 의견도 참고하여 결정을 내리는 것으로, 자기 생각에만 근거해서 그것을 고집하며, 자기 마음대로 판가름해서는 안 된다는 뜻이다. 그렇게 하지 않는다면, 이것은 곧 자신의 생각대로 함부로 말을 하는 것이 된다.

【005】

毋拔[蒲末反]來, 毋報[赴]往. 〈少儀-028〉 [少儀. 本在"社稷之役"下.]

갑작스럽게['拔'자는 '蒲(포)'자와 '末(말)'자의 반절음이다.] 와서는 안 되고, 갑작스럽게['報'자의 음은 '赴(부)'이다.] 떠나서는 안 된다. [「소의」편의 문장이다. 본래는 "사직에 공적을 세운 신하라고 부른다."[2]라고 한 문장 뒤에 수록되어 있었다.]

---

1) 『예기』「소의(少儀)」 031장 : 毋訾衣服成器, 毋身質言語.
2) 『예기』「소의(少儀)」 027장 : 爲人臣下者, 有諫而無訕, 有亡而無疾, 頌而無讇, 諫而無驕, 怠則張而相之, 廢則埽而更之, 謂之社稷之役.

集說 朱子曰: 拔, 是急走倒從這邊來. 赴, 是又急再還倒向那邊去. 來往, 只是向背之意. 此二句文義, 猶云其就義若熱, 則其去義若渴. 言人見有箇好事, 火急歡喜去做, 這樣人不耐久, 少間心懶意闌, 則速去之矣. 所謂其進銳者, 其退速也.

주자가 말하길, '발(拔)'자는 급히 달려서 이쪽으로 오는 것이다. '부(赴)' 자는 또한 급히 재차 돌아가서 저쪽으로 가는 것이다. '내왕(來往)'은 단지 향하고 등지는 쪽을 뜻할 따름이다. 이곳 양 구문의 뜻은 마치 "의로움에 나아갈 때 맹렬하게 한다면 의로움을 떠나갈 때에도 목이 마른 듯 신속히 떠난다."라고 한 말과 같다. 즉 사람이 좋은 일이 있는 것을 보고 불처럼 급속히 기뻐하는데, 이러한 사람들은 오래 견뎌낼 수 없어서, 작은 틈에 마음이 게을러지고 뜻이 무뎌지면, 신속히 떠나가게 됨을 뜻한다. 이것은 이른바 "나아가길 민첩히 하는 자는 떠나갈 때에도 신속하다."[3]는 뜻이다.

【006】
毋瀆神, 毋循枉, 毋測未至.〈少儀-029〉
신을 업신여겨서는 안 되고, 잘못을 따라서는 안 되며, 아직 오지 않은 일을 함부로 예측해서는 안 된다.

集說 神不可瀆, 必敬而遠之. 言行過而邪枉, 當改以從直, 後復循襲, 是貳過矣. 君子以誠自處, 亦以誠待人, 不逆料其將然也. 未至而測之, 雖中亦僞.

신은 업신여길 수 없으니, 반드시 공경하며 관계를 멀리 두어야 한다.[4]

---

3) 『맹자』「진심상(盡心上)」: 孟子曰, "於不可已而已者, 無所不已. 於所厚者薄, 無所不薄也. 其進銳者, 其退速."

4) 『논어』「옹야(雍也)」: 樊遲問知. 子曰, "務民之義, 敬鬼神而遠之, 可謂知矣."

언행이 지나쳐서 잘못되었다면, 마땅히 고쳐서 바른 것을 따라야 하는데, 그 이후에 재차 답습을 하게 되면, 이것은 잘못을 반복하는 일이다.[5] 군자는 진심으로 자처하며, 또한 진심으로 남을 대하니, 미리 그 일이 어떻게 될 것을 예측하지 않는다. 아직 도달하지도 않았는데 예측을 한다면, 비록 그것이 적중하더라도 또한 거짓된 것이다.

【007】

毋訾[짜]衣服成器, 毋身質言語. 〈少儀-031〉 [少儀. 本在"游於說"下.]

남의 아름다운 옷과 기물에 대해서 헐뜯어서는['訾'자의 음은 '짜(訾)'이다.] 안 되며, 제 자신은 말을 할 때 의심스러운 부분에 대해서 함부로 말을 해서는 안 된다. [「소의」편의 문장이다. 본래는 "어느 때이건 강론 등을 익히는데 힘써야 한다."[6] 라고 한 문장 뒤에 수록되어 있었다.]

集說 訾, 毁其不善也. 曲禮"疑事毋質", 與此質字義同, 謂言語之際, 疑則闕之, 不可自我質正, 恐有失誤也.

'자(訾)'자는 좋지 않은 점을 헐뜯는다는 뜻이다. 「곡례」편에서는 "의심스러운 일에 대해서는 근거도 없는 말을 지어내서는 안 된다."[7]고 했는데, 이때의 '질(質)'자는 이곳의 '질(質)'자와 의미가 같으니, 말을 할 때 의심스러운 점이라면 빼버려야 하고, 제 스스로 따져서 잘잘못을 가려서는 안 되니, 잘못을 범할 수도 있기 때문이다.

問仁. 曰, "仁者先難而後獲, 可謂仁矣."

5) 『논어』「옹야(雍也)」: 哀公問, "弟子孰爲好學?" 孔子對曰, "有顔回者好學, 不遷怒, <u>不貳過</u>. 不幸短命死矣, 今也則亡, 未聞好學者也."

6) 『예기』「소의(少儀)」 030장 : 士依於德, 游於藝; 工依於法, <u>游於說</u>.

7) 『예기』「곡례상」 005장 : <u>疑事毋質</u>, 直而勿有.

【008】

不疑在躬, 不度[大洛反]民械, 不願於大家, 不訾[咨]重器.〈少儀-013〉[少
儀. 本在"善於某乎"下.]

남의 의심을 사지 않게 함은 전적으로 자신에게 달려 있다. 소장하고 있는
병장기에 대해서는 살펴보지[度'자는 '人(대)'자와 '洛(락)'자의 반절음이다.] 않으
며, 부유한 집에 대해서 부러워하지 않고, 남이 가지고 있는 보물을 헐뜯지
['訾'자의 음은 '咨(자)'이다.] 않는다. [「소의」편의 문장이다. 본래는 "어떤 것을 잘합니까
?"8)라고 한 문장 뒤에 수록되어 있었다.]

集說 一言一行, 皆其在躬者也. 口無擇言, 身無擇行, 是不疑在躬
也. 器械之備所以防患, 不可度其利鈍, 恐人以非心議己. 大家之富,
爵位所致, 不可願望於己, 以其有僭竊之萌. 訾, 鄙毀之也. 重器之
傳, 寶之久矣, 乃從而毀之, 豈不起人之怒乎?

한 마디의 말과 행동은 모두 자신에게 달려 있는 것이다. 입으로는 자기
멋대로 선택하여 내뱉는 말이 없도록 하며, 몸으로는 자기 멋대로 선택하
여 행동하는 일이 없도록 함9)이 곧 의심을 사지 않음이 자기에게 달려
있다는 뜻이다. 병장기를 갖춘 것은 우환을 대비하기 위해서인데, 그 날
카로움과 둔함에 대해 헤아려서는 안 되니, 상대가 그릇된 마음으로 자신
과 의론하게 됨을 염려하기 때문이다. 큰 가문의 부유함은 작위에 따라
이룬 것이므로, 자신에 대해서도 동일한 것을 원할 수 없으니, 참람되게
훔치고 싶은 마음이 생겨나기 때문이다. '자(訾)'자는 헐뜯는다는 뜻이다.
보물로 여기는 기물이 전수되었다면, 오래전부터 귀중하게 여겨 왔던 것
인데, 그 기물에 대해 헐뜯는다면, 어찌 상대방의 분노를 일으키지 않겠
는가?

---

8) 『예기』「소의(少儀)」 012장 : 問品味, 曰: "子亟食於某乎?" 問道藝, 曰: "子習於
某乎? 子善於某乎?"

9) 『효경』「경대부장(卿大夫章)」 : 口無擇言, 身無擇行.

【009】

不窺密, 不旁狎, 不道舊故, 不戲色.〈少儀-026〉[少儀. 本在"下遠罪也"下.]

은밀한 곳을 엿보아서는 안 되고, 친숙하게 대한다고 하여 버릇없이 굴어
서는 안 되며, 옛날에 범한 잘못을 말해서는 안 되고, 희롱하는 표정을 지
어서는 안 된다. [「소의」편의 문장이다. 본래는 "아랫사람은 죄를 멀리하게 된다."[10)라
고 한 문장 뒤에 수록되어 있었다.]

集說 窺覘隱密之處, 論說故舊之非, 非重厚者所爲也.

은밀한 곳을 엿보고, 옛날에 범한 잘못을 말하는 것은 중후한 자가 할
일이 아니다.

集說 應氏曰: 旁狎, 非必正爲玩狎, 旁近循習而流於狎也. 戲色, 非
必見諸笑言, 外貌斯須不敬, 則色不莊矣.

응씨가 말하길, '방압(旁狎)'은 반드시 희롱하고 친압하게 구는 것은 아니
지만, 곁에서 가까이하며 친숙해져서 친압하는 지경에 빠지는 것이다.
'희색(戲色)'은 반드시 비웃는 말을 하는 것은 아니지만, 외적인 모습이
공경스럽지 못하다면, 얼굴빛이 장엄하지 않게 된다.

附註 不戲色, 不以女色爲戲也. 少之時, 戒之在色, 註說不長.

'불희색(不戲色)'은 여색 밝히는 것을 놀이로 여기지 않는다는 뜻이다.
젊었을 때에는 경계해야 할 것이 여색에 있다고 했으니,[11) 주의 설명은
적절하지 않다.

---

10) 『예기』「소의(少儀)」 025장 : 事君者, 量而后入, 不入而后量. 凡乞假於人, 爲人
從事者亦然. 然故上無怨而<u>下遠罪</u>也.

11) 『논어』「계씨(季氏)」 : 孔子曰, "君子有三戒, <u>少之時</u>, 血氣未定, <u>戒之在色</u>, 及
其壯也, 血氣方剛, 戒之在鬪, 及其老也, 血氣旣衰, 戒之在得."

【010】

賢者狎而敬之, 畏而愛之. 愛而知其惡, 憎而知其善. 積而能散, 安
安而能遷.〈003〉[本在"樂不可極"下.]

현명한 자는 친하게 지내면서도 공경함을 잃지 않고, 외경하면서도 그 사
람을 진심으로 사랑한다. 사랑하면서도 그 사람의 나쁜 점을 식별하고, 미
워하면서도 그 사람의 좋은 점을 식별한다. 재물을 축적하면서도 사람들에
게 잘 쓸 줄 알고, 편안한 곳에서 편안하게 지내면서도 옮겨야 할 때가
되면 안주하지 않고 옮길 줄 안다. [본래는 "즐거움을 극도로 누려서는 안 된다."[1]라
고 한 문장 뒤에 수록되어 있었다.]

集說 朱子曰: 此言賢者, 於其所狎能敬之, 於其所畏能愛之, 於其
所愛能知其惡, 於其所憎能知其善. 雖積財而能散施, 雖安安而能徙
義. 可以爲法, 與上下文禁戒之辭, 不同.

주자가 말하길, 이 문장은 현명한 사람은 친하게 지내고 있는 사람에 대
해서도 공경할 수 있고, 외경하고 있는 사람에 대해서도 사랑할 수 있으
며, 사랑하는 사람에 대해서도 그 사람의 나쁜 점을 식별할 수 있고, 미워
하는 사람에 대해서도 그 사람의 좋은 점을 식별할 수 있다. 그리고 비록
재물을 축적하더라도 사람들에게 잘 베풀 수 있고, 비록 편안한 곳에서
편안하게 지내더라도 자신의 뜻에 따라서 다른 곳으로 옮길 수 있다는
의미이니, 이러한 내용들은 모범으로 삼을 수 있다는 내용들에 해당하므
로, 바로 앞 문장에서 말한 내용이나 다음 문장에서 말한 내용들처럼 경
계하며 금지하는 내용들과는 다른 것이다.

集說 應氏曰: 安安者, 隨所安而安也. 安者, 仁之順; 遷者, 義之決.

응씨가 말하길, '안안(安安)'이라는 것은 편안하게 여기는 것에 따라서
편안하게 지낸다는 뜻이다. 편안하게 여기는 것은 인(仁)에 따르는 것이

---

1) 『예기』「곡례상」 002장 : 敖不可長, 欲不可從, 志不可滿, <u>樂不可極</u>.

며, 옮기는 것은 의(義)에 따른 결단이다.

【011】

君子不親惡,⟨曲禮下-068⟩ [本在"不生名"下.] **好德如好色.** ⟨坊記-035⟩ 2) [坊記.
本在"諸侯不下漁色"上.]

군자는 악을 가까이 하지 않으며, [본래는 "살아있는 경우라면 이름을 기록하지 않는
다."3)라고 한 문장 뒤에 수록되어 있었다.] 덕을 좋아하기를 여색을 좋아하는 것처
럼 한다. [「방기」편의 문장이다. 본래는 "제후는 자신의 신하 여식을 아내로 들이지 않는
다."라고 한 문장 앞에 수록되어 있었다.]

集說　疏曰: 君子不親惡者, 謂孔子書經, 見天子大惡, 書出以絶之,
諸侯大惡, 書名以絶之. 君子不親此惡, 故書出名以絶之也.

공영달4)의 소에서 말하길, "군자는 악을 가까이 하지 않는다."라는 말은
공자가 『춘추』의 경문을 기록하면서, 천자에게 큰 잘못이 있음을 보게
되면, "나갔다."라고 기록하여 그러한 잘못을 근절시켰고, 제후에게 큰
잘못이 있음을 보게 되면, 제후의 이름을 기록하여 그러한 잘못을 근절시
켰다는 뜻이다. 군자는 이러한 잘못을 가까이 하지 않기 때문에, '출(出)'
자나 이름을 기록하여서 그들의 죄를 나타낸 것이다.

集說　好德如好色, 鄭云: "此句似不足." 因上章色厚於德而言.

"덕을 좋아하기를 여색을 좋아하는 것처럼 한다."는 구문에 대해 정현5)

---

2) 『예기』「방기(坊記)」 035장 : 子云: "好德如好色."
3) 『예기』「곡례하(曲禮下)」 068장 : 天子不言出, 諸侯<u>不生名</u>, 君子不親惡. 諸侯
　失地名, 滅同姓名.
4) 공영달(孔穎達, A.D.574 ~ A.D.648) : =공씨(孔氏). 당대(唐代)의 경학자이다.
　자(字)는 중달(仲達)이고, 시호(諡號)는 헌공(憲公)이다. 『오경정의(五經正義)』
　를 찬정(撰定)하는데 중심적인 역할을 했다.

은 "이곳 구문은 완전하지 않은 것 같다."라고 했다. 앞 문장에서 여색을 덕보다 중시한다고 했던 것에 따라 말한 것 같다.

附註 君子不親惡, 本在"諸侯不生名"之下, 而於春秋書法不相關, 當是脫簡. "伯夷不與惡人言", 易曰: "君子以遠小人", 是皆不親惡之義也. 好德如好色, 本在坊記, 而於戒色之訓, 不相襯, 亦是脫簡, 故併移于此.

"군자는 악을 가까이 하지 않는다."는 말은 본래 "제후에 대해서는 살아 있는 경우라면 이름을 기록하지 않는다."라고 한 구문 뒤에 기록되어 있었는데,『춘추』의 서법과는 서로 관련이 없으니, 누락된 문장에 해당한다. "백이는 악한 사람과 함께 말을 하지 않았다."6)라 했고,『역』에서는 "군자는 이를 본받아 소인을 멀리한다."7)라 했는데, 이 모두는 악을 가까이 하지 않는다는 뜻이다. "덕을 좋아하기를 여색을 좋아하는 것처럼 한다."는 말은 본래 『예기』「방기(坊記)」편에 수록되어 있었는데, 여색을 경계하는 가르침에 있어서 상호 긴밀한 관련이 없으니 이 또한 누락된 문장에 해당한다. 그렇기 때문에 둘 모두 이곳으로 옮겨 기록한 것이다.

---

5) 정현(鄭玄, A.D.127 ~ A.D.200) : =정강성(鄭康成)·정씨(鄭氏). 한대(漢代)의 유학자이다. 자(字)는 강성(康成)이다. 『주역(周易)』,『상서(尙書)』,『모시(毛詩)』,『주례(周禮)』,『의례(儀禮)』,『예기(禮記)』,『논어(論語)』,『효경(孝經)』 등에 주석을 하였다.
6) 『맹자』「공손추상(公孫丑上)」: 孟子曰, "伯夷, 非其君, 不事, 非其友, 不友. 不立於惡仁之朝, 不與惡人言, 立於惡人之朝, 與惡人言, 如以朝衣朝冠坐於塗炭. 推惡惡之心, 思與鄕人立, 其冠不正, 望望然去之, 若將浼焉."
7) 『역』「돈괘(遯卦)」: 象曰, 天下有山, 遯, 君子以遠小人, 不惡而嚴.

【012】

君子不盡人之歡, 不竭人之忠, 以全交也.〈161〉 [本在"謂之君子"下.]

군자는 남이 자신에게 호의를 남김없이 베푸는 것을 바라지 않고, 남이 자신에게 충심을 다하는 것을 바라지 않음으로써, 상호간의 우호를 온전히 유지한다. [본래는 "그를 군자로 부른다."[1]라고 한 문장 뒤에 수록되어 있었다.]

集說 呂氏曰: 盡人之歡, 竭人之忠, 皆責人厚者也. 責人厚而莫之應, 此交所以難全也. 歡, 謂好於我也. 忠, 謂盡心於我也. 好於我者, 望之不深, 盡心於我者, 不要其必致, 則不至於難繼也.

여씨가 말하길, 남에게 호의를 모조리 베풀도록 하고, 남에게 충심을 모조리 발휘하도록 하는 것은 남에게 너무 많은 것을 요구하는 것이다. 남에게 너무 많은 것을 요구하여, 상대방이 기대에 부응하지 못하도록 만드는 것이 바로 교우 관계는 온전히 유지하기 어렵게 만드는 방법이다. '환(歡)'자는 나에게 호의를 베푼다는 뜻이다. '충(忠)'자는 나에게 마음을 다한다는 뜻이다. 나에게 호의 베푸는 것을 많이 기대하지 않고, 나에게 마음을 다하는 것에 대해서, 반드시 다할 것을 요구하지 않는다면, 우호 관계를 유지하기 어렵게 되는 지경까지는 이르지 않게 된다.

【013】

君子有三患: 未之聞, 患弗得聞也. 旣聞之, 患弗得學也. 旣學之, 患弗能行也.〈雜記下-073〉[2] [雜記. 本在"叔不撫嫂"下.]

---

1) 『예기』「곡례상」 160장 : 博聞强識而讓, 敦善行而不怠, <u>謂之君子</u>.
2) 『예기』「잡기하(雜記下)」 073장 : <u>君子有三患: 未之聞, 患弗得聞也, 旣聞之, 患弗得學也, 旣學之, 患弗能行也</u>. 君子有五恥: 居其位無其言, 君子恥之. 有其言無其行, 君子恥之. 旣得之而又失之, 君子恥之. 地有餘而民不足, 君子恥之. 衆寡均而倍焉, 君子恥之.

군자에게는 세 가지 근심이 있다. 앎에 대해 아직 듣지 못했을 때에는 듣지 못하게 될까를 근심한다. 이미 들었다면, 그것을 배우지 못하게 될까를 근심한다. 이미 배웠다면, 그것을 시행하지 못하게 될까를 근심한다. [「잡기」편의 문장이다. 본래는 "시동생은 형수가 죽었을 때 그 시신을 어루만지지 않는다."3)라고 한 문장 뒤에 수록되어 있었다.]

集說 三患, 言爲學之君子.

'삼환(三患)'은 학문을 익히는 군자에 대한 내용이다.

【014】

博聞强識而讓, 敦善行[去聲]而不怠, 謂之君子.〈160〉 [本在"下堂而受命"下.]

널리 배우고 익히는 일에도 뛰어나면서 또한 겸손하며, 선행['行'자는 거성으로 읽는다.]을 돈독하게 실천하면서도 그 일에 게으름이 없으면, 그를 군자라고 부른다. [본래는 "당하로 내려와서 군주가 보낸 명령을 받아야 한다."4)라고 한 문장 뒤에 수록되어 있었다.]

集說 博聞强識而讓, 所謂有若無實若虛者, 敦善行而不怠, 所謂孳孳爲善者, 皆君子之道也.

"널리 배우고 익히는 일에도 뛰어나면서 또한 겸손하다."는 말은 이른바 "있으면서도 없는 듯이 하고, 꽉 차 있으면서도 빈 듯이 한다."5)는 뜻이며, "선행을 돈독하게 실천하면서도 그 일에 게으름이 없다."는 말은 이른

---

3) 『예기』「잡기하(雜記下)」 072장 : 嫂不撫叔, <u>叔不撫嫂</u>.
4) 『예기』「곡례상」 159장 : 若使人於君所, 則必朝服而命之, 使者反, 則必<u>下堂而受命</u>.
5) 『논어』「태백(泰伯)」 : 曾子曰, "以能問於不能, 以多問於寡, <u>有若無, 實若虛</u>, 犯而不校, 昔者吾友嘗從事於斯矣."

바 "부지런히 선행에 힘쓴다."6)는 뜻이니, 이 둘 모두는 군자가 지키는
도리이다.

集說 陳氏曰: 聞識自外入, 善行由中出. 自外入者易實, 故處之以
虛. 由中出者易倦, 故濟之以勤.

진씨7)가 말하길, 배우고 익히는 것은 외부로부터 유입되는 것이고, 선행은
자신의 내면으로부터 나오는 것이다. 외부로부터 유입되는 것은 쉽게 가득
차게 된다. 그렇기 때문에 겸허하게 대처해야 한다. 내면으로부터 나오는
것은 쉽게 나태해진다. 그렇기 때문에 근면함으로 다스리는 것이다.

【015】

脩身踐言, 謂之善行[去聲]. 行脩言道, 禮之質也. 〈011〉 [本在"不好狎"下.]

자신을 수양하고 자신의 말을 실천하는 것을 '선행(善行)'['行'자는 거성으로
읽는다.]이라고 부르니, 수양을 실천하고 도리에 맞게 말하는 것이 예의 바탕
이 된다. [본래는 "너무 친근하게 대하며 무례하게 굴지 않는 것이다."8)라고 한 문장 뒤에
수록되어 있었다.]

集說 人之所以爲人, 言行而已, 忠信之人, 可以學禮, 故曰禮之質
也.

---

6) 『맹자』「진심상(盡心上)」: 孟子曰, "雞鳴而起, 孶孶爲善者, 舜之徒也, 雞鳴而
起, 孶孶爲利者, 蹠之徒也. 欲知舜與蹠之分, 無他, 利與善之閒也."
7) 진상도(陳祥道, A.D.1159 ~ A.D.1223) : =장락진씨(長樂陳氏)·진씨(陳氏)·
진용지(陳用之). 북송대(北宋代)의 유학자이다. 자(字)는 용지(用之)이다. 장락
(長樂) 지역 출신으로, 1067년에 과거에 급제하여 태상박사(太常博士) 등을 지냈
다. 왕안석(王安石)의 제자로, 그의 학문을 전파하는데 공헌하였다. 저서에는 『예
서(禮書)』, 『논어전해(論語全解)』 등이 있다.
8) 『예기』「곡례상」 010장 : 禮, 不踰節, 不侵侮, 不好狎.

사람이 사람일 수 있는 까닭은 말과 행동에 달려 있을 따름이니, 충신을 갖춘 사람만이 예를 배울 수 있다. 그렇기 때문에 수양을 하고 도리에 합당한 말을 하는 것이 "예의 바탕이다."라고 말한 것이다.

集說 鄭氏曰: 言道, 言合於道也.

정현이 말하길, '언도(言道)'라는 말은 자신의 말을 도리에 합당하게 한다는 뜻이다.

【016】
禮, 不妄說[悅]人, 不辭費. 〈009〉 [本在"明是非"下.]
예법에 따라 행동한다는 것은 망령되게 남을 기쁘게['說'자의 음은 '悅(열)'이다.] 만들지 않고, 쓸데없이 말을 많이 하지 않는 것이다. [본래는 "옳고 그른 것을 명확하게 해주는 것이다."9)라고 한 문장 뒤에 수록되어 있었다.]

集說 求以悅人, 已失處心之正, 況妄乎? 躁人之辭多, 君子之辭達意則止. 言者煩, 聽者必厭.

남을 기쁘게 하는 것을 추구한다면, 이미 마음을 보존시키는 올바른 도리를 잃어버린 것인데, 하물며 망령되게 남을 기쁘게 만드는 경우는 어떠하겠는가? 성급한 사람들은 쓸데없이 말이 많지만, 군자가 말을 할 때에는 뜻을 전달하게 되면 더 이상 말을 하지 않는다. 말하는 것이 쓸데없이 많아서 번잡스러우면, 듣는 자가 반드시 싫어하게 된다.

【017】
禮, 不踰節, 不侵侮, 不好[去聲]狎. 〈010〉

---

9) 『예기』「곡례상」 008장 : 夫禮者, 所以定親疏, 決嫌疑, 別同異, <u>明是非</u>也.

예법에 따라 행동한다는 것은 절도를 넘지 않는 것이고, 남을 침해하거나 업신여기지 않는 것이며, 너무 친근하게 대하며['好'자는 거성으로 읽는다.] 무례하게 굴지 않는 것이다.

集說 踰節則招辱, 侵侮則忘讓, 好狎則忘敬. 三者皆叛禮之事, 不如是則有以持其莊敬純實之誠, 而遠於恥辱矣.

절도를 넘기게 되면 욕을 보게 되고, 침해하거나 업신여기게 되면 겸손한 마음을 잊게 되며, 너무 친근하게 대하며 무례하게 굴면 공경하는 마음을 잊게 된다. 이 세 가지는 모두 예를 위반하는 일들이니, 이처럼 행동하지 않는다면, 장엄하고 공경스러운 태도와 순수하고 진실된 성심을 지니게 되어 치욕을 당하지 않게 된다.

【018】
禮, 聞取於人, 不聞取人. 禮, 聞來學, 不聞往敎. 〈012〉 [本在"禮之質也" 下.]

예에 있어서는 남이 나의 행동을 모범으로 삼아 채택한다는 말은 들어 봤어도, 내가 직접 나의 행동을 본받도록 억지로 강요한다는 말은 들어보지 못했다. 또한 예에 있어서는 남이 나의 행동을 본받기 위해 찾아와서 배운다는 말은 들어 봤어도, 내가 남을 찾아가서 직접 내 행동을 본받도록 가르친다는 말은 들어보지 못했다. [본래는 "예의 바탕이 된다."10)라고 한 문장 뒤에 수록되어 있었다.]

集說 朱子曰: 此與孟子"治人, 治於人, 食人, 食於人", 語意相類. 取於人者, 爲人所取法也; 取人者, 人不來而我引取之也. 來學往敎, 卽其事也.

---

10) 『예기』「곡례상」 011장 : 脩身踐言, 謂之善行, 行脩言道, <u>禮之質也</u>.

주자가 말하길, 여기에 나온 문장과 『맹자』에서 말한 "남을 다스리다, 남에게 다스려지다, 남을 먹여 살리다, 남에게서 빌어먹다."[11]라고 한 문장은 그 말의 의미가 서로 비슷하다. '취어인(取於人)'이라는 말은 남이 채택하여 본받는다는 뜻이며, '취인(取人)'은 남이 찾아오지 않는데도 내가 직접 그 사람을 억지로 데려다가 채택하도록 한다는 뜻이다. 와서 배우거나 가서 가르친다는 것은 그것들의 구체적 사례에 해당한다.

【019】

禮從宜, 使[去聲]從俗. 〈007〉 [本在"立如齊"下.]

예를 따를 때에는 합당함에 따라야 하고, 사신['使'자는 거성으로 읽는다.]으로 가서는 그곳의 풍속에 따라야 한다. [본래는 "서 있는 경우에는 제사를 지내기 전에 재계를 하고 서 있는 모습처럼 정숙하게 선다."[12]라고 한 문장 뒤에 수록되어 있었다.]

集說 鄭氏曰: 事不可常也.

정현이 말하길, 사안이 항상 똑같을 수 없기 때문이다.

集說 呂氏曰: 敬者, 禮之常. 禮, 時爲大, 時者, 禮之變. 體常盡變, 則達之天下, 周旋無窮.

여씨[13]가 말하길, 공경이라는 것은 예의 항상된 도리이다. 예에서는 시시로 변화하는 상황에 맞게 대처하는 것을 가장 중대하며, 시기에 맞게 하

---

11) 『맹자』「등문공상(滕文公上)」: 故曰, 或勞心, 或勞力, 勞心者治人, 勞力者治於人, 治於人者食人, 治人者食於人, 天下之通義也.

12) 『예기』「곡례상」 006장: 若夫坐如尸, <u>立如齊</u>.

13) 남전여씨(藍田呂氏, A.D.1040~A.D.1092): =여대림(呂大臨)·여씨(呂氏)·여숙(呂與叔). 북송(北宋) 때의 학자이다. 이름은 대림(大臨)이고, 자(字)는 여숙(與叔)이며, 호(號)는 남전(藍田)이다. 장재(張載) 및 이정(二程)형제에게서 수학하였다. 저서로는 『남전문집(藍田文集)』 등이 있다.

는 것은 예 중에서도 변례(變禮)에 해당한다. 예의 상도에 근본을 두면서
도 변례에 따라 잘 대처하게 된다면, 천하에 두루 통용되어, 대처함에
막힘이 없게 된다.

集說 應氏曰: 大而百王百世質文損益之時, 小而一事一物泛應酬
酢之節. 又曰: 五方皆有性, 千里不同風, 所以入國而必問俗也.
응씨가 말하길, '의(宜)'라는 것은 크게는 모든 세대에 걸쳐서 질박함과
화려함이 덜고 더해지는 시의(時宜)를 뜻하고, 작게는 한 가지 사안 또는
한 가지 사물에 대해서 물을 뿌리거나 응대하거나 술을 따라 권하는 등의
세세한 규범[節度]을 뜻한다. 또 말하기를, 동·서·남·북·중앙의 다
섯 방위에 살고 있는 모든 백성들은 각자의 성향을 가지고 있으니, 천하
의 모든 나라에 대해서 풍속을 똑같이 할 수는 없는 것이다.14) 그래서
그 나라에 들어서면, 반드시 그 나라의 풍속에 대해서 물어보는 것이
다.15)

【020】
貧者, 不以貨財爲禮, 老者, 不以筋力爲禮.〈106〉 [本在"使某羞"下.]
가난한 자는 재물에 중점을 두어 예법을 시행하지 않고, 노인은 힘을 써야
하는 일에 중점을 두어 예법을 시행하지 않는다. [본래는 "저 아무개를 시켜서
부조를 보냈습니다."16)라고 한 문장 뒤에 수록되어 있었다.]

集說 應氏曰: 無財不可以爲悅, 而財非貧者之所能辦; 非强有力者
不足以行禮, 而强有力非老者之所能勉.

---

14) 『예기』「왕제(王制)」 076장 : 中國戎夷<u>五方之民, 皆有性也</u>, 不可推移.
15) 『예기』「곡례상」 202장 : 入竟而問禁, <u>入國而問俗</u>, 入門而問諱.
16) 『예기』「곡례상」 105장 : 賀取妻者曰, "某子使某, 聞子有客, <u>使某羞</u>."

응씨가 말하길, 재물이 없는 것은 기뻐해야 일은 아니지만, 재물은 가난한 자가 쉽게 갖출 수 있는 것이 아니며, 힘이 강성한 자가 예를 시행하지 못하는 것은 아니지만, 힘이 강성해야만 할 수 있는 일은 노인들이 힘쓸 수 있는 대상이 아니다.

【021】

禮不下庶人.〈180〉[17) [本在"士下之"下]

예법은 사 계급까지만 적용되며, 서인에게까지는 적용시키지 않는다. [본래는 "사는 수레에서 내려 예의를 표한다."라고 한 문장 뒤에 수록되어 있었다.]

集說 庶人卑賤, 且貧富不同, 故經不言庶人之禮. 古之制禮者, 皆自士而始也, 先儒云: "其有事, 則假士禮而行之." 一說, 此爲相遇於道, 君撫式以禮大夫, 則大夫下車, 大夫撫式以禮士, 則士下車. 庶人則否, 故云: "禮不下庶人也."

서인들은 신분이 매우 낮고, 또한 그 위의 계층들과 빈부의 차이도 나기 때문에, 경문에서는 서인에 대한 예법을 언급하지 않는 것이다. 고대에 예법을 제정할 때에는 그 규정들이 모두 사 계급부터 시작하고 있는데, 선대 학자들은 "서인들에게 중대한 사안이 발생하게 되면, 사에게 적용되는 예법을 따라서 시행한다."라고 했다. 일설에는 이곳 문장은 길에서 서로 만나게 되었을 경우라고 설명하며, 군주가 수레의 식(式)을 잡고서 대부에게 예의를 표하게 되면, 대부는 수레에서 내리고, 대부가 식을 잡고서 예의를 표하게 되면, 사는 수레에서 내린다. 그런데 서인의 경우에는 이러한 예법을 따르지 않기 때문에, "예법이 서인에게까지는 내려가지 않는다."라고 말했다고 설명한다.

---

17) 『예기』「곡례상」 180장 : 國君撫式, 大夫下之. 大夫撫式, 士下之. <u>禮不下庶人</u>.

【022】

刑不上大夫.〈181〉

형벌은 사 계급까지만 적용되며, 대부에게까지는 적용시키지 않는다.

集說 大夫或有罪, 以八議定之, 議所不赦則受刑. 周官掌囚, "凡有爵者, 與王之同族, 奉而適甸師氏以待刑殺", 而此云不上大夫者, 言不制大夫之刑, 猶不制庶人之禮也.

대부에게 혹여 죄가 있다면, 팔의(八議)[18]로써 그의 죄를 판정하니, 심의를 해도 용서받을 수 없는 경우여야만 형벌을 받게 된다. 『주례』「장수(掌囚)」편에서는 "작위를 가지고 있는 자나 천자와 동족인 자에 대해서는 그들을 데려다가 전사씨(甸師氏)[19]에게 맡겨서, 형벌 및 사형을 내리도록 하였다."[20]라고 하였는데, 이곳 문장에서는 "대부에게까지는 적용

---

18) 팔의(八議)는 여덟 가지 심의를 뜻한다. 팔벽(八辟)이라고도 부른다. 이러한 심의를 거쳐 죄를 경감하거나 사면하게 된다. 심의 내용은 첫 번째 군주와 친족인지의 여부, 두 번째 군주와 오래전부터 친분이 있었는지의 여부, 세 번째 그 자가 현명한 자인가의 여부, 네 번째 그 자에게 뛰어난 재능이 있는지의 여부, 다섯 번째 그 자가 공적을 세운 적이 있었는지의 여부, 여섯 번째 그 자가 존귀한 신분인지의 여부, 일곱 번째 그 자가 국가의 정무에 대해서 근면하게 일해 왔는지의 여부, 여덟 번째 그 자가 선대 왕조의 후예들이라면, 신하로 대할 수 없으므로, 빈객(賓客)으로 대해야 하는지의 여부이다. 『주례』「추관(秋官) · 소사구(小司寇)」편에는 "以八辟麗邦法附刑罰. 一曰議親之辟. 二曰議故之辟. 三曰議賢之辟. 四曰議能之辟. 五曰議功之辟. 六曰議貴之辟. 七曰議勤之辟. 八曰議賓之辟."이라는 기록이 있다.

19) 전사씨(甸師氏)는 『주례』에 기록된 전사(甸師)이며, 전인(甸人)이라고도 부른다. 교외(郊外)에 있는 천자의 경작지를 담당하여, 예하의 인원들을 동원하여 그곳을 경작하였고, 교외에서 생산되는 곡식, 과실, 초목 등을 공급하였다. 또한 천자와 동성(同姓)인 친족들에 대해서 형벌을 집행하기도 했다. 『주례』「천관(天官) · 전사(甸師)」편에는 "甸師, 掌帥其屬而耕耨王藉, 以時入之, 以共齍盛. 祭祀共蕭茅, 共野果蓏之薦. 喪事代王受眚災. 王之同姓有罪, 則死刑焉."라는 기록이 있다.

20) 『주례』「추관(秋官) · 장수(掌囚)」: 凡有爵者與王之同族, 奉而適甸師氏, 以待

시키지 않는다."라고 하였다. 따라서 이 말은 대부에 대한 형벌을 제정하지 않았다는 뜻이니, 이것은 마치 서인들의 예법을 제정하지 않았다는 말과 같다.

【023】

大上貴德, 其次務施報. 禮尙往來, 往而不來, 非禮也; 來而不往, 亦非禮也.〈023〉 [本在"自別於禽獸"下.]

삼황과 오제시대에는 덕을 가장 귀중하게 여겼고, 그 다음 삼왕시대에는 은덕을 베풀고 보답하는 것에 힘썼다. 예에 있어서는 서로 주고받는 것을 숭상하니, 가기만 하고 오지 않는 것은 예가 아니며, 또한 오기만 하고 가지 않는 것도 예가 아니다. [본래는 "인간이 짐승과 구별되어야 한다."21)라고 한 문장 뒤에 수록되어 있었다.]

集說 大上, 帝皇之世, 但貴其德足以及人, 不貴其報. 其次, 三王之世, 禮至三王而備, 故以施報爲尙.

'대상(大上)'은 삼황(三皇)22)과 오제(五帝)23)가 통치했던 시대를 뜻하

刑殺.

21) 『예기』「곡례상」 022장 : 是故, 聖人作, 爲禮以敎人, 使人以有禮, 知<u>自別於禽獸</u>.

22) 삼황(三皇)은 전설시대에 존재했다고 전해지는 세 명의 제왕을 뜻한다. 그러나 세 명이 누구였는지에 대해서는 이설(異說)이 많다. 첫 번째 주장은 복희(伏羲), 신농(神農), 황제(黃帝)를 '삼황'으로 보는 견해이다. 『장자(莊子)』「천운(天運)」 편에는 "余語汝三皇五帝之治天下."라는 기록이 있는데, 이에 대한 성현영(成玄英)의 주에서는 "三皇者, 伏羲·神農·黃帝也."라고 풀이했다. 두 번째 주장은 복희(伏羲), 신농(神農), 여와(女媧)로 보는 견해이다. 『여씨춘추(呂氏春秋)』「용중(用衆)」 편에는 "此三皇五帝之所以大立功名也."라는 기록이 있는데, 이에 대한 고유(高誘)의 주에서는 "三皇, 伏羲·神農·女媧也."라고 풀이했다. 세 번째 주장은 복희(伏羲), 신농(神農), 수인(燧人)으로 보는 견해이다. 『백호통(白虎通)』「호(號)」 편에는 "三皇者, 何謂也? 謂伏羲·神農·燧人也."라는 기록이 있다. 네

니, 이 시기에는 단지 자신의 덕을 다른 사람들에게까지 미치도록 하는 것을 귀하게 여겼고, 그러한 덕에 대해서 보답하는 것은 귀하게 여기지 않았다. '기차(其次)'는 삼왕(三王)24)이 통치했던 시대를 뜻하는데, 예(禮)라는 것은 삼왕의 시대에 이르러서야 제대로 갖추어지게 되었다. 그

번째 주장은 복희(伏羲), 신농(神農), 축융(祝融)으로 보는 견해이다. 『백호통』「호」편에는 "禮曰, 伏羲・神農・祝融, 三皇也."라는 기록이 있다. 다섯 번째 주장은 천황(天皇), 지황(地皇), 태황(泰皇)으로 보는 견해이다. 『사기(史記)』「진시황본기(秦始皇本紀)」편에는 "古有天皇, 有地皇, 有泰皇. 泰皇最貴."라는 기록이 있다. 여섯 번째 주장은 천황(天皇), 지황(地皇), 인황(人皇)으로 보는 견해이다. 『예문유취(藝文類聚)』에서는 『춘추위(春秋緯)』를 인용하며, "天皇, 地皇, 人皇, 兄弟九人, 分九州, 長天下也."라고 기록하였다.

23) 오제(五帝)는 전설시대에 존재했다고 전해지는 다섯 명의 제왕(帝王)을 뜻한다. 그러나 다섯 명이 누구였는지에 대해서는 이설(異說)이 많다. 첫 번째 주장은 황제(黃帝: =軒轅), 전욱(顓頊: =高陽), 제곡(帝嚳: =高辛), 당요(唐堯), 우순(虞舜)으로 보는 견해이다. 『사기정의(史記正義)』「오제본기(五帝本紀)」편에는 "太史公依世本・大戴禮, 以黃帝・顓頊・帝嚳・唐堯・虞舜爲五帝. 譙周・應劭・宋均皆同."이라는 기록이 있고, 『백호통(白虎通)』「호(號)」편에도 "五帝者, 何謂也? 禮曰, 黃帝・顓頊・帝嚳・帝堯・帝舜也."라는 기록이 있다. 두 번째 주장은 태호(太昊: =伏羲), 염제(炎帝: =神農), 황제(黃帝), 소호(少昊: =摯), 전욱(顓頊)으로 보는 견해이다. 이 주장은 『예기』「월령(月令)」편에 나타난 각 계절별 수호신들의 내용을 종합한 것이다. 세 번째 주장은 소호(少昊), 전욱(顓頊), 고신(高辛), 당요(唐堯), 우순(虞舜)으로 보는 견해이다. 『서서(書序)』에는 "少昊・顓頊・高辛・唐・虞之書, 謂之五典, 言常道也."라는 기록이 있다. 또 『제왕세기(帝王世紀)』에는 "伏羲・神農・黃帝爲三皇, 少昊・高陽・高辛・唐・虞爲五帝."라는 기록이 있다. 네 번째 주장은 복희(伏羲), 신농(神農), 황제(黃帝), 당요(唐堯), 우순(虞舜)으로 보는 견해이다. 이 주장은 『역』「계사하(繫辭下)」편의 내용에 근거한 주장이다.

24) 삼왕(三王)은 하(夏), 은(殷), 주(周) 삼대(三代)의 왕을 뜻한다. 『춘추곡량전』「은공(隱公) 8年」편에는 "盟詛不及三王."이라는 기록이 있고, 이에 대한 범녕(範寧)의 주에서는 '삼왕'을 하나라의 우(禹), 은나라의 탕(湯), 주나라의 무왕(武王)을 지칭한다고 풀이했다. 그리고 『맹자』「고자하(告子下)」편에는 "五霸者, 三王之罪人也."라는 기록이 있고, 이에 대한 조기(趙岐)의 주에서는 '삼왕'을 범녕의 주장과 달리, 주나라의 무왕 대신 문왕(文王)을 지칭한다고 풀이했다.

렇기 때문에 베풀고 보답하는 것을 숭상한 것이다.

【024】
夫禮者, 所以定親疏, 決嫌疑, 別同異, 明是非也.〈008〉 [本在"使從俗"
下.]

무릇 예라는 것은 친하고 소원한 관계를 확정하고, 불미스럽고 의심스러운
부분을 해결하며, 같고 다른 것을 분별하고, 옳고 그른 것을 명확하게 해주
는 것이다. [본래는 "사신으로 가서는 그곳의 풍속에 따라야 한다."25)라고 한 문장 뒤에
수록되어 있었다.]

集說 疏曰: 五服之內, 大功以上, 服麤者爲親; 小功以下, 服精者爲
疏. 若妾爲女君期. 女君爲妾, 若服之則太重, 降之則有舅姑爲婦之
嫌, 故全不服, 是決嫌也. 孔子之喪, 門人疑所服, 子貢請若喪父而無
服, 是決疑也. 本同今異, 姑姊妹是也; 本異今同, 世母叔母及子婦是
也. 得禮爲是, 失禮爲非. 若主人未小斂, 子游裼裘而弔, 得禮, 是也;
曾子襲裘而弔, 失禮, 非也.

소에서 말하길, 오복(五服)26) 중에 대공복(大功服)27) 이상은 매우 거친

---

25) 『예기』「곡례상」007장 : 禮從宜, 使從俗.
26) 오복(五服)은 죽은 자와 친하고 소원한 관계에 따라 입게 되는 다섯 가지 상복(喪
服)을 뜻한다. 참최복(斬衰服), 자최복(齊衰服), 대공복(大功服), 소공복(小功
服), 시마복(緦麻服)을 가리킨다. 『예기』「학기(學記)」편에는 "師無當於五服, 五
服弗得不親."이라는 기록이 있는데, 이에 대한 공영달(孔穎達)의 소(疏)에서는
"五服, 斬衰也, 齊衰也, 大功也, 小功也, 緦麻也."라고 풀이했다. 또한 '오복'에
있어서는 죽은 자와 가까운 관계일수록 중대한 상복을 입고, 복상(服喪) 기간도
늘어난다. 위의 '오복' 중 참최복이 가장 중대한 상복에 속하며, 그 다음은 자최복
이고, 대공복, 소공복, 시마복 순으로 내려간다.
27) 대공복(大功服)은 상복(喪服) 중 하나로, 오복(五服)에 속한다. 조밀한 삼베를
사용해서 만들지만, 소공복(小功服)에 비해서는 삼베의 재질이 거칠기 때문에,

옷감으로 만든 상복을 착용하는데, 이들은 죽은 자와 관계가 가까운 경우
이다. 또한 소공복(小功服)[28] 이하는 조밀한 옷감으로 만든 상복을 착용
하는데, 이들은 죽은 자와의 관계가 먼 경우이다. 예를 들어 첩은 본부인
이 죽었을 때 그녀를 위해 기년복(期年服)[29]을 착용한다. 그런데 본부인
이 죽은 첩을 위해서, 첩과 마찬가지로 기년복을 착용한다면 너무 지나치
게 대우하는 꼴이 되고, 또한 그것보다 기간을 낮추게 되면 시부모가 죽
은 며느리를 위해서 입게 되는 상복 기간과 겹치게 되는 불미스러운 일이
생긴다. 그렇기 때문에 아예 상복을 입지 않는 것이니, 이것이 바로 불미
스러운 일을 해결해준다는 경우이다. 또 공자가 죽었을 때, 공자의 문인
들은 어떤 복장을 입고 상을 치러야 하는지에 대해 의문이 들었다. 그래
서 자공은 의견을 개진하며 부친에 대한 상처럼 지내되, 실제 부자관계가
아니므로 상복은 입지 말도록 하였는데, 이것이 의심스러운 점을 해결해
준다는 경우이다. 본래는 같은 것인데 오늘날 달라진 것은 고모 및 자매
에 대한 상복과 복상기간이 이러한 경우에 해당하고, 본래는 다른 것인데
오늘날 같아진 것은 백모·숙모 및 자식의 부인에 대한 상복과 복상기간
이 이러한 경우에 해당한다. 예에 따르면 옳은 것이고 예를 어기면 잘못
된 것이다. 예를 들어 상주가 아직 소렴(小斂)[30]을 하지 않았는데, 자유

'대공복'이라고 부른다. 이 복장을 입게 되는 기간은 상황에 따라 차이가 생기지만,
일반적으로 9개월이다. 당형제(堂兄弟) 및 미혼인 당자매(堂姊妹), 또는 혼인을
한 자매(姊妹) 등을 위해서 입는다.

28) 소공복(小功服)은 상복(喪服) 중 하나로, 오복(五服)에 속한다. 조밀한 삼베를
사용해서 만들며, 대공복(大功服)에 비해서 삼베의 재질이 조밀하기 때문에, '소
공복'이라고 부른다. 이 복장을 입게 되는 기간은 상황에 따라 차이가 생기지만,
일반적으로 5개월이 된다. 백숙(伯叔)의 조부모나 당백숙(堂伯叔)의 조부모, 혼
인하지 않은 당(堂)의 자매(姊妹), 형제(兄弟)의 처 등을 위해서 입는다.

29) 기년복(期年服)은 1년 동안 상복(喪服)을 입는다는 뜻이다. 또는 그 기간 동안
입게 되는 상복을 뜻하기도 하는데, 일반적으로 자최복(齊衰服)을 가리키는 용어
로 사용된다. '기년복'이라고 할 때의 '기년(期年)'은 1년을 뜻하는데, '자최복'은
일반적으로 1년 동안 입게 되는 상복이 되기 때문이다.

가 석구(裼裘)31)를 하여 조문한 것은 예법에 맞으므로 옳은 것이고, 증자
가 습구(襲裘)32)를 하여 조문한 것은 예법을 어긴 일이므로 잘못된 것이
다.33)

【025】

道德仁義, 非禮不成. ⟨013⟩ [本在"不聞往敎"下.]

도덕과 인의는 예를 통하지 않으면 이룰 수가 없다. [본래는 "내가 남을 찾아가서
직접 내 행동을 본받도록 가르친다는 말은 들어보지 못했다."34)라고 한 문장 뒤에 수록되어
있었다.]

集說 道, 猶路也, 事物當然之理, 人所共由, 故謂之道. 行道而有得
於心, 故謂之德. 仁者, 心之德, 愛之理. 義者, 心之制, 事之宜. 四者
皆由禮而入, 以禮而成. 蓋禮以敬爲本, 敬者, 德之聚也.

'도(道)'라는 것은 길과 같으니, 모든 사물이 당연히 따라야 하는 이치이
며, 사람이라면 누구나 따르는 것이다. 그렇기 때문에 '도(道)'라고 부르
는 것이다. 도를 시행하면, 마음속에 얻게 되는 것이 생긴다. 그렇기 때문

---

30) 소렴(小斂)은 상례(喪禮) 절차 중 하나이다. 죽은 자의 시신을 목욕시키고, 의복
을 착용시키며, 그 위에 이불 등으로 감싸는 절차를 뜻한다.

31) 석구(裼裘)는 예식(禮式)을 치를 때, 복장을 착용하는 방식 중 하나이다. 겉옷의
소매를 걷어 올려서, 안에 입고 있는 갓옷을 겉으로 드러내되, 다 드러내는 것은
아니다. 성대한 예식을 치를 때가 아니라면, 이러한 복식으로 복장을 착용하는
것이 공손함을 나타내는 방법이 된다.

32) 습구(襲裘)는 성대한 예식(禮式)을 치를 때, 복장을 착용하는 방식을 뜻한다. 겉
옷으로 안에 입고 있던 갓옷을 완전하게 가리기 때문에, '습구'라고 부른다.

33) 『예기』 「단궁상(檀弓上)」 069장 : 曾子襲裘而弔, 子游裼裘而弔. 曾子指子游而
示人, 曰, "夫夫也, 爲習於禮者, 如之何其裼裘而弔也?" 主人旣小斂, 袒, 括髮,
子游趨而出, 襲裘帶絰而入. 曾子曰, "我過矣, 我過矣. 夫夫是也."

34) 『예기』 「곡례상」 012장 : 禮, 聞取於人, 不聞取人, 禮, 聞來學, 不聞往敎.

에 '득(得)'자와 '심(心)'자를 합쳐서, '덕(德)'이라고 부르는 것이다. '인(仁)'은 마음의 덕이며, 사랑의 이치이다. '의(義)'라는 것은 마음을 통제하는 법제이며, 사물에 있어서는 마땅함이 된다. 도·덕·인·의 이 네 가지에 대해서는 모두 예를 통해서 입문하는 것이며, 또한 예를 통해서 완성하는 것이다. 무릇 예라는 것은 공경을 근본으로 삼고 있는데, '경(敬)'은 곧 덕의 집합체가 된다.

【026】

教訓正俗, 非禮不備. 〈014〉

교화 및 훈도, 풍속을 바르게 만드는 것은 예를 통하지 않으면 완전해지지 못한다.

集說 立敎於上, 示訓於下, 皆所以正民俗. 然非齊之以禮, 則或有敎訓所不及者, 故非禮不備.

교화는 위정자들이 만드는 것이고, 훈도는 백성들에게 시행하는 것인데, 이 둘 모두는 백성들의 풍속을 바르게 만드는 방법이다. 그러나 예를 통해서 그것들을 정비하지 못한다면, 간혹 교화와 훈도가 미치지 못하는 곳도 발생하게 된다. 그렇기 때문에 예를 통하지 않으면, 완전하게 될 수 없는 것이다.

【027】

分爭辨訟, 非禮不決. 〈015〉

다툼을 해결하고 송사를 판별하는 것은 예를 통하지 않으면 결단을 내릴 수 없다.

集說 朱子曰: 爭見於事而有曲直, 分爭則曲直不相交; 訟形於言而

有是非, 辨訟則是非不相敵. 禮所以正曲直, 明是非, 故此二者, 非禮
則不能決.

주자가 말하길, 다툼은 구체적인 사건 속에서 나타나며 옳고 그름이 존재
하는데, 다툼을 해결하게 된다면 옳고 그름이 서로 뒤섞이지 않게 된다.
송사는 언변을 통해 구체화되며 시비가 존재하는데, 송사를 판별하게 되
면 시비가 서로 맞서지 않게 된다. 예는 옳고 그름을 바르게 판가름하고
시비를 명확하게 해주는 것이다. 그렇기 때문에 분쟁과 변송은 예가 아니
면 정확하게 결정할 수 없다.

【028】

君臣·上下·父子·兄弟, 非禮不定. 〈016〉

군주와 신하의 관계, 윗사람과 아랫사람의 관계, 부모와 자식의 관계, 형제
들 간의 관계는 예가 아니면 안정시키지 못한다.

集說 一主於義, 一主於恩, 恩義非禮, 則不能定.

한쪽은 의리에 주안점을 두는 관계이고, 한쪽은 은혜에 주안점을 두는
관계인데, 은혜와 의리는 서로 상충하는 점이 있으므로 예가 아니면 안정
시킬 수 없다.

【029】

宦學事師, 非禮不親. 〈017〉

벼슬살이를 하거나 학문을 하는 데에는 스승이 필요한데 스승을 섬기는
것은 예가 아니면 서로 친애할 수 없다.

集說 宦, 仕也. 仕與學皆有師, 事師所以明道也. 而非禮則不相親
愛.

'환(宦)'자는 "벼슬살이를 한다."는 뜻이다. 벼슬살이를 하고 학문을 하는 데에는 모두 스승이 필요한데, 스승을 섬기는 것은 곧 도를 밝히기 위해서이다. 그러나 예에 따라서 하지 않는다면, 서로 친애할 수 없게 된다.

【030】

班朝治軍, 涖官行法, 非禮威嚴不行. 〈018〉

조정에서의 서열을 정하는 일 및 군대를 다스리는 일, 관직에 임명하고 법령을 시행하는 일들은 예가 아니면 위엄이 확립되지 않는다.

集說 班朝廷上下之位, 治軍旅左右之局. 分職以涖官, 謹守以行法. 威則人不敢犯, 嚴則人不敢違, 四者非禮, 則威嚴不行.

조정에서는 상하 서열에 따른 위치를 정하게 되고, 군대에서는 좌군 및 우군 등으로 나눠서 부대들을 다스리게 된다. 또한 직무를 나눠서 관리들을 임명하고, 임무를 성실하게 준수하며 법령을 시행하게 된다. 이러한 일들을 시행할 때 위엄을 갖추게 되면, 사람들이 감히 그를 침범하지 못하게 되고, 또한 감히 그 일들을 어기지 못하게 된다. 그런데 이러한 네 가지 사안들은 예에 따르지 않는다면 위엄이 확립되지 않게 된다.

【031】

禱祠祭祀, 供給鬼神, 非禮不誠不莊. 〈019〉

기도를 올리고 제사를 지내서 귀신에게 제물을 흠향하도록 하는 일은 예가 아니면 정성스럽게 할 수 없고 엄숙하게 할 수도 없다.

集說 禱以求爲意, 祠以文爲主, 祭以養爲事, 祀以安爲道. 四者皆以供給鬼神, 誠出於心, 莊形於貌. 四者非禮, 則不誠不莊.

'도(禱)'는 구원하는 것에 의미를 두고, '사(祠)'는 축문 올리는 것을 위주로 하며, '제(祭)'는 귀신 봉양하는 일을 주된 일로 삼고, '사(祀)'는 귀신을 편안하게 하는 것을 도리로 삼는다. 이 네 가지는 모두 귀신을 흠향시키는 방법인데, 정성스러움은 이러한 일들을 집행하는 자의 마음속으로부터 나타나고, 장엄함은 집행하는 자의 행동거지를 통해 형상화된다. 따라서 이러한 네 가지 일들을 예에 따라서 시행하지 않는다면, 정성스럽지 못하게 되고 엄숙하지도 못하게 된다.

集說 今按: 供給者, 謂奉薦牲幣器皿之類也.

지금 살펴보니, '공급(供給)'이라는 말은 제사에서 희생물이나 폐백을 바치고, 또 제기들을 진설하는 등의 부류를 뜻한다.

【032】
賓客主恭, 祭祀主敬, 喪事主哀, 會同主詡詡. 軍旅思險, 隱情以虞.
〈少儀-054〉 [少儀. 本在"卒尙右"下.]

빈객이 되었을 때에는 공손함을 위주로 하고, 제사를 지낼 때에는 공경함을 위주로 하며, 상사를 치를 때에는 애도함을 위주로 하고, 회동에 참여해서는 말과 기운을 융성하게 함을['詡'자의 음은 '許(허)'이다.] 위주로 한다. 군대에 있어서는 항상 위험에 대한 생각을 하며, 자신의 실정을 숨기고 상대의 실정을 파악해야 한다. [「소의」편의 문장이다. 본래는 "병사들에게 있어서는 우측을 높인다."[35)라고 한 문장 뒤에 수록되어 있었다.]

集說 恭, 以容言. 敬, 以心言. 詡者, 辭氣明盛之貌. 前扁德發揚詡萬物, 義亦相近. 軍行舍止經由之處, 必思爲險阻之防, 又當隱密己情, 以虞度彼之情計也.

공손함은 모습을 위주로 한 말이다. 공경함은 마음가짐을 위주로 한 말이

---

35) 『예기』「소의」053장 : 乘兵車, 出先刃, 入後刃. 軍尙左, 卒尙右.

다. '허(詡)'는 말과 기운이 밝고 융성한 모습을 뜻한다. 앞에서는 "천지의 덕이 발양하여 만물에게 두루 미친다."36)고 했는데, 이때의 '허(詡)'자는 그 의미가 이곳의 '허(詡)'자와 유사하다. 군대가 주둔하거나 경유하는 장소에서는 반드시 위험하게 될 방해 요소를 헤아리고, 마땅히 자신의 실정을 은밀히 숨겨서, 상대의 실정과 계략을 헤아려야만 한다.

【033】

夫禮者, 自卑而尊人. 雖負販[方萬反]者, 必有尊也, 而況富貴乎? 〈025〉[本在"不可不學"下.]

무릇 예에 따른다는 것을 자신을 낮추고 남을 높이는 것이다. 비록 노동자나 장사치['販'자는 '方(방)'자와 '萬(만)'자의 반절음이다.]와 같이 신분이 비천하고 가난한 자라고 할지라도, 반드시 예에 따라서 존귀하게 대하는 행동을 하는데, 하물며 부유하고 존귀한 자에 있어서는 어찌해야겠는가? [본래는 "배우지 않을 수가 없는 것이다."37)라고 한 문장 뒤에 수록되어 있었다.]

集說 負者, 事於力; 販者, 事於利. 雖卑賤, 不可以無禮也.

'부(負)'는 직접 힘을 써서 생활을 꾸려나가는 노동자들을 뜻하고, '판(販)'은 이득을 취하는 일에 종사하는 장사치들을 뜻한다. 비록 신분이 낮고 가난한 자라고 하더라도, 무례하게 행동해서는 안 된다.

【034】

富貴而知好禮, 則不驕不淫; 貧賤而知好禮, 則志不懾[之涉反]. 〈026〉

---

36) 『예기』「예기(禮器)」 032장 : 禮之以多爲貴者, 以其外心者也. <u>德發揚, 詡萬物,</u> 大理物博, 如此則得不以多爲貴乎? 故君子樂其發也.
37) 『예기』「곡례상」 024장 : 人有禮則安, 無禮則危, 故曰禮者<u>不可不學也</u>.

부유하고 신분이 존귀한데도 예를 좋아할 줄 알면, 교만하거나 방탕하게 되지 않으며, 가난하고 신분이 낮더라도 예를 좋아할 줄 알면, 그 뜻에 두려움['懾'자는 '之(지)'자와 '涉(섭)'자의 반절음이다.]이 없게 된다.

集說 馬氏曰: 富貴之所以驕淫, 貧賤之所以懾怯, 以內無素定之分, 而與物爲輕重也. 好禮, 則有得於內, 而在外者莫能奪矣.

마씨[38]가 말하길, 부유하고 존귀한 자가 교만하고 방탕하게 되고, 가난하고 미천한 자가 두려움에 사로잡히게 되는 이유는 자신의 내면에 확실하게 고정된 입장이 없어서, 외부의 사물에 따라서 경중을 판단하기 때문이다. 예를 좋아하게 되면, 자신의 내면에 확고한 입장을 가지게 되어, 외부에 있는 사물이 그의 뜻을 빼앗을 수 없게 된다.

【035】

是以君子恭敬撙節退讓以明禮. 〈020〉 [本在"不誠不莊"下.]

이러한 까닭으로 군자는 공손과 공경, 억제와 절제, 자신을 낮추고 겸양함을 실천함으로써 예의 본뜻을 밝히는 것이다. [본래는 "정성스럽게 할 수 없고 엄숙하게 할 수도 없다."[39]라고 한 문장 뒤에 수록되어 있었다.]

集說 是以, 承上文而言. 撙, 裁抑也. 禮主其減.

'시이(是以)'는 앞 문장에 연이어서 말할 때 쓰는 말이다. '준(撙)'자는 절제하고 억제한다는 뜻이다. 예의 작용은 쓸데없는 것들을 덜어내는 것을 위주로 한다.

---

38) 마희맹(馬晞孟, ?~?) : =마씨(馬氏)·마언순(馬彦醇). 자(字)는 언순(彦醇)이다. 『예기해(禮記解)』를 찬술했다.

39) 『예기』「곡례상」 019장 : 禱祠祭祀, 供給鬼神, 非禮不誠不莊.

【036】

鸚鵡能言, 不離[去聲]飛鳥; 猩[生]猩能言, 不離禽獸. 今人而無禮, 雖
能言, 不亦禽獸之心乎? 夫惟禽獸無禮, 故父子聚麀[憂].〈021〉

앵무새가 비록 말을 할 수 있다고 하지만 그 본질은 새에 지나지['離'자는
거성으로 읽는다.] 않고, 성성이가['猩'자의 음은 '生(생)'이다.] 비록 말을 할 수 있다
고 하지만 그 본질은 짐승에 지나지 않는다. 오늘날 사람들은 누구나 다
인간이라는 존재에 해당하지만 예가 없다면 비록 말은 할 수 있다 하더라
도, 껍데기만 사람이지 또한 짐승의 마음을 지니고 있는 것이 아니겠는가?
무릇 오직 짐승들만이 예가 없기 때문에, 부친과 자식이 암컷['麀'자의 음은
'憂(우)'이다.]을 공유하는 것이다.

集說 鸚鵡, 鳥之慧者, 隴蜀嶺南皆有之. 猩猩, 人面豕身, 出交趾封
谿等處. 禽者, 鳥獸之總名. 鳥不可曰獸, 獸亦可曰禽, 故鸚鵡不曰
獸, 而猩猩則通曰禽也. 聚, 猶共也. 獸之牝者曰麀.

앵무새는 새 중에서도 지혜로운 새이며, 농(隴)[40]과 촉(蜀)[41], 그리고 영
남(嶺南)[42] 지역 등에 이 새들이 서식하고 있다. 생생(猩猩)은 사람의
얼굴에 돼지의 몸뚱이를 하고 있는 동물로, 교지(交趾)[43] 봉계(封谿)[44]
등의 지역에서 출몰한다. '금(禽)'자는 날짐승이나 뭍짐승을 총칭하는 명
칭이다. 날짐승에 대해서는 '수(獸)'라 부르지 못하지만, 뭍짐승에 대해서
는 또한 '금(禽)'이라 부를 수 있다. 그렇기 때문에 앵무새에 대해서는

---

40) 롱(隴)은 오늘날의 감숙성(甘肅省) 일대의 지역에 해당한다.
41) 촉(蜀)은 오늘날의 사천성(四川省) 일대의 지역에 해당한다.
42) 영남(嶺南)은 오령(五嶺)의 남쪽 지역을 지칭하는 용어로, 광동(廣東) 및 광서(廣
西) 일대의 지역에 해당한다.
43) 교지(交趾)는 오령(五嶺)의 남쪽 지역을 범칭하는 말이다. 또한 한(漢)나라 무제
(武帝)가 남월(南越)을 멸망시킨 이후 설치했던 13개의 자사부(刺史部) 중 하나
를 가리킨다. 오늘날의 베트남 북부 지역에 해당한다.
44) 봉계(封谿)는 교지(交趾)에 속해있었던 지역 중 하나이다.

수(獸)라 부르지 못하지만, 생생이는 통칭하여 금(禽)이라고 부르는 것이다. '취(聚)'자는 "공유한다."는 뜻이다. 뭍짐승의 암컷은 '우(麀)'라고 부른다.

【037】
是故聖人作, 爲禮以敎人, 使人以有禮, 知自別於禽獸.〈022〉

이러한 까닭으로 성인이 출현하여 예를 만들어서 사람들을 교화하고, 사람들로 하여금 예를 지니게 하여, 인간이 짐승과 구별되어야 함을 알도록 하였다.

集說 朱子曰: 聖人作, 絶句.

주자가 말하길, '성인작(聖人作)'에서 구문을 끊는다.

【038】
人有禮則安, 無禮則危. 故曰: "禮者不可不學也."〈024〉[本在"亦非禮也"下.]

사람에게 있어서 예가 있다면 편안하게 되고, 예가 없다면 위태롭게 된다. 그렇기 때문에 "예라는 것은 배우지 않을 수가 없는 것이다."라고 말하는 것이다. [본래는 "또한 예가 아니다."[45]라고 한 문장 뒤에 수록되어 있었다.]

集說 禮者, 安危之所係, 自天子至於庶人, 未有無禮而安者也.

예라는 것은 안존과 위태로움이 결부되어 있으니, 천자로부터 서인에 이르기까지, 예 없이도 편안하게 지낼 수 있는 자는 없다.

---

45) 『예기』「곡례상」 023장 : 太上貴德, 其次務施報. 禮尙往來, 往而不來, 非禮也; 來而不往, 亦非禮也.

類編 右總論.

여기까지는 총론이다.

類編 孔子曰: "禮者, 敬而已矣." 篇首三字, 卽一書之綱領也.

공자가 말하길, "예는 공경일 따름이다."[46]라 했다. 따라서 편의 첫 부분에 나온 세 글자[47]는 곧 이 책의 강령이 된다.

---

46) 『효경』「광요도장(廣要道章)」: <u>禮者, 敬而已矣</u>. 故敬其父則子悅, 敬其兄則弟悅, 敬其君則臣悅, 敬一人而千萬人悅, 所敬者寡而悅者衆. 此之謂要道也.

47) 『예기』「곡례상」 001장 : 曲禮曰: <u>毋不敬</u>, 儼若思, 安定辭, 安民哉.

◇ 이름과 호칭[名號]

【039】

人生十年曰幼, 學. 二十曰弱, 冠[去聲]. 三十曰壯, 有室. 四十曰强, 而仕. 五十曰艾, 服官政. 六十曰耆, 指使. 七十曰老, 而傳. 八十九十曰耄, 七年曰悼, 悼與耄, 雖有罪, 不加刑焉. 百年曰期, 頤. 〈027〉
[本在"志不懾"下.]

사람이 태어나서 10세가 되면 그런 사람을 어리다는 뜻에서 유(幼)라 부르고, 학문에 입문하도록 한다. 20세가 되면 아직 장성한 것이 아니기 때문에 약(弱)이라 부르고, 관례['冠'자는 거성으로 읽는다.]를 해준다. 30세가 되면 장성하였기 때문에 장(壯)이라 부르고, 혼인을 시켜서 가정을 이루게 한다. 40세가 되면 지기가 강성해졌기 때문에 강(强)이라 부르고, 하위관료에 임명한다. 50세가 되면 머리가 희끗희끗해져서 마치 쑥잎처럼 되기 때문에 애(艾)라 부르고, 고위관료에 임명하여 국정에 참여하도록 한다. 60세가 되면 노인에 가까워지기 때문에 기(耆)라 부르고, 제 스스로 일을 처리하기보다는 남에게 지시를 하며 시키게 된다. 70세가 되면 나이가 들었기 때문에 노(老)라 부르고 가사를 아들에게 전수한다. 80세나 90세가 되면 정신이 흐려지고 잘 잊어버리기 때문에 모(耄)라 부르고, 한편 7세가 된 아이들은 가엾기 때문에 도(悼)라고 부르는데, 이 두 부류의 사람들은 비록 죄를 지었다 하더라도, 그것은 실수로 죄를 범한 것이지 고의로 한 것이 아니기 때문에 형벌을 내리지 않는다. 100세가 되면 수명이 거의 다 되어가기 때문에 기(期)라 부르고, 남의 도움 없이는 아무 것도 할 수 없으니 모든 일들에 대해서 봉양을 해주어야 한다. [본래는 "뜻에 두려움이 없게 된다."[1]라고 한 문장 뒤에 수록되어 있었다.]

集說 朱子曰: 十年曰幼爲句絶, 學字自爲一句, 下至百年曰期皆然.
주자가 말하길, '십년왈유(十年曰幼)'에서 구문을 끊어야 하며, '학(學)'

---

1) 『예기』「곡례상」 026장 : 富貴而知好禮, 則不驕不淫; 貧賤而知好禮, 則志不懾.

자 자체가 하나의 구문이 된다. 그 뒤로 '백년왈기(百年曰期)'라는 구문까지 모두 이처럼 구문이 끊어진다.

集說 呂氏曰: 五十曰艾, 髮之蒼白者, 如艾之色也. 古者四十始命之仕, 五十始命之服官政. 仕者, 爲士以事人, 治官府之小事也; 服官政者, 爲大夫以長人, 與聞邦國之大事者也. 才可用則使之仕, 德成乃命爲大夫也. 耆者, 稽久之稱, 不自用力, 惟以指意使令人, 故曰指使. 傳, 謂傳家事於子也. 耄, 惛忘也. 悼, 憐愛也. 耄者, 老而知已衰; 悼者, 幼而知未及. 雖或有罪, 情不出於故, 故不可加刑. 人壽以百年爲期, 故曰期. 飲食居處動作, 無不待於養, 故曰頤.

여씨가 말하길, "50세가 된 사람을 애(艾)라고 부른다."라고 하였는데, 그 이유는 모발이 창백한 색깔이 되어, 마치 쑥잎의 색깔처럼 되었기 때문이다. 고대에는 남자의 나이가 40세가 되어야만, 비로소 관리에 임명되어 벼슬살이를 시작하였고, 50세가 되어야만, 비로소 더 높은 관리에 임명되어 국가의 정사에 복무하였다. 사(仕)는 하위관료인 사가 되어 남을 섬기며, 관부의 작은 업무들을 처리한다는 뜻이고, 관정(官政)에 복무한다는 말은 고위관료인 대부(大夫)가 되어 남들의 수장이 되며, 국가의 대사를 처리하는 일에 참여한다는 뜻이다. 그 사람의 재주가 등용할만한 수준이라면, 그를 사로 임명하여 벼슬살이를 시키는 것이고, 덕을 이루게 되면 곧 대부로 임명하는 것이다. '기(耆)'라는 말은 오랜 기간 동안 살아왔다는 칭호로, 제 스스로 힘을 쓰지 않고, 다만 지시를 하여 사람들을 시키게 된다. 그렇기 때문에 "가리켜서 시킨다."라고 한 것이다. '전(傳)'자는 아들에게 가사를 전수한다는 뜻이다. '모(耄)'자는 정신이 흐릿해지고 잘 잊게 된다는 뜻이다. '도(悼)'자는 가엾게 여기며 애착을 갖는다는 뜻이다. 80세나 90세가 된 사람들은 너무 늙어서 지력이 이미 쇠퇴하였고, 7세가 된 아이는 너무 어려서 아직까지 지력이 성장하지 못한 상태이다. 따라서 이들에게 죄가 있다 하더라도, 죄를 짓게 된 정황이 고의에서 나온 것이 아니다. 그렇기 때문에 형벌을 내리지 않는다. 사람의 수명에 있어서는 100세를 기한으로 여긴다. 그렇기 때문에 100세가 된 사람을 '기(期)'라고 부르는 것이다. 그리고 100세가 된 사람들은 의식주 및 모든 행동들이 남의 도움 없이는 불가능하다. 그렇기 때문에 봉양한다는 뜻에서, '이(頤)'라고 한 것이다.

【040】

大夫七十而致事.〈028〉

대부의 경우 70세가 되면 자신이 맡았던 임무를 군주에게 돌려주고 관직에서 물러난다.

集說 致, 還其職事於君也.

'치(致)'자는 자신이 부여받았던 임무를 군주에게 되돌려준다는 뜻이다.

【041】

若不得謝, 則必賜之几杖.〈029〉

만약 사직을 허락을 받지 못한다면, 군주는 반드시 그에게 안석과 지팡이를 하사해야 한다.

集說 不得謝, 謂君不許其致事也. 如辭謝·代謝, 亦皆却而退去之義. 几, 所以馮. 杖, 所以倚. 賜之使自安適也.

'부득사(不得謝)'는 군주가 그의 사직을 허락하지 않았다는 뜻이다. 사퇴할 때 쓰는 '사사(辭謝)'와 교체될 때 쓰는 '대사(代謝)'와 같은 말들은 모두 물러난다는 뜻으로, '사(謝)'자에는 사직한다는 뜻이 있는 것이다. 안석은 기대어 앉을 때 쓰는 도구이다. 지팡이는 의지해서 서 있을 때 쓰는 도구이다. 이 둘을 하사해서 그로 하여금 편안하게 지내도록 하는 것이다.

【042】

行役以婦人, 適四方, 乘安車.〈030〉

공무를 집행하기 위해 외지로 나가게 되면, 부인을 대동하게 하여 봉양을
잘 받도록 한다.

【集說】 疏曰: 婦人能養人, 故許自隨. 古者四馬之車, 立乘, 安車者,
一馬小車, 坐乘也.

소에서 말하길, 부인이 그를 잘 봉양할 수 있기 때문에, 데려갈 수 있도록
허락하는 것이다. 고대에는 네 마리의 말이 끄는 수레를 탈 때는 서서
탔으니, '안거(安車)²'라는 것은 한 마리의 말이 끄는 작은 수레로, 앉아
서 타는 것이다.

【043】

自稱曰老夫, 於其國則稱名.〈031〉

스스로를 일컫게 될 때에는 '노부(老夫)'라 부르고, 모국에서 공식적인 석
상에 참가하게 되면, 자신을 일컫게 될 때 이름을 댄다.

【集說】 呂氏曰: 老夫, 長老者之稱. 己國稱名者, 父母之邦, 不敢以尊
者自居也.

---

2) 안거(安車)는 앉아서 탈 수 있었던 작은 수레를 뜻한다. 일반적으로 수레를 탈
   때에는 서서 탔는데, 이 수레는 연로한 고위 관료 및 부인들이 앉아서 탈 수 있도
   록 설계가 되어, 편안하다는 뜻에서 '안(安)'자가 붙은 것이다. 『주례』「춘관(春
   官)·건거(巾車)」편에는 "安車, 彫面鷖總, 皆有容蓋."라는 기록이 있고, 이에 대
   한 정현의 주에서는 "安車, 坐乘車. 凡婦人車皆坐乘."이라고 풀이했다.

여씨가 말하길, '노부(老夫)'는 연장자를 호칭하는 말이다. 자신의 나라에서 이름을 대는 이유는 대대로 살아왔던 자신의 나라에서는 감히 스스로를 존귀한 자로 자처할 수 없기 때문이다.

【044】

越國而問焉, 必告之以其制. 〈032〉

다른 나라에서 찾아와 자문을 구하게 되면, 반드시 옛 고사를 들어서 일러준다.

集說 應氏曰: 一國有賢, 衆國所仰, 故越國而來問. 文獻不足, 則言禮無證, 故必告之以其制, 言擧國之故事以答之也.

응씨가 말하길, 어느 한 나라에 현명한 자가 있으면, 여러 나라에서 그를 흠모하게 된다. 그렇기 때문에 국경을 넘어와서 그에게 찾아가 자문을 구하는 것이다. 문헌이 부족하다면, 예법을 일러줄 때 증거로 댈 것이 없기 때문에, 반드시 그 나라의 '제(制)'로써 대답을 해주게 되는데, 즉 이 말은 자신의 나라에 있었던 옛 고사를 인용하여 대답해준다는 뜻이다.

【045】

君天下曰天子, 朝諸侯·分職·授政·任功, 曰予一人. 〈曲禮下-038〉
[本在"士死制"下]

천자의 경우, 천하를 통치한다는 측면에서 '천자(天子)'라 부르고, 제후를 조견하고, 직무를 분담하며, 정무를 분배해주고, 공무를 맡길 때에는 자신을 가리켜서, '나 한 사람'이라 부른다. [본래는 "사는 제도의 수호를 위해 목숨을 바친다."[3]라고 한 문장 뒤에 수록되어 있었다.]

---

3) 『예기』「곡례하(曲禮下)」 037장 : 國君去其國, 止之曰: "奈何去社稷也?" 大夫

 天子者, 君臨天下之總稱, 臣民通得稱之. 予一人, 則所自稱也.

'천자(天子)'라는 호칭은 천하를 호령하는 자를 총칭하는 말이니, 신하와 백성들이 천자를 가리킬 때 통상적으로 쓸 수 있는 말이다. '여일인(予一人)'이라는 호칭은 천자가 자신을 지칭하는 말이다.

【046】
踐阼, 臨祭祀, 內事曰孝王某, 外事曰嗣王某. 〈曲禮下-039〉

주인의 계단을 밟고서 제사에 임할 때, 그 제사가 내사인 경우라면, '효왕 아무개'라 부르고, 외사인 경우라면, '사왕 아무개'라 부른다.

 踐, 履也. 阼, 主階也. 履主階而行事, 故曰踐阼也. 宗廟之事爲內, 郊社之事爲外. 祝辭稱孝王某者, 事親之辭, 嗣王某者, 事神之辭也.

'천(踐)'자는 "밟는다."는 뜻이다. 동쪽계단은 주인이 밟는 계단이다. 주인이 밟는 계단에 오르며 행사를 치르기 때문에, '천조(踐阼)'라 부르는 것이다. 종묘 제사와 같은 일들은 내사(內事)⁴⁾에 해당하고, 교사(郊社)⁵⁾

曰: "奈何去宗廟也?" 士曰: "奈何去墳墓也?" 國君死社稷, 大夫死衆, 士死制.

4) 내사(內事)는 외사(外事)와 상대되는 말이다. 본래 교내(郊內)에서 시행하는 모든 일들을 총칭하는 말이지만, 주로 제사를 가리키며, 특히 종묘(宗廟)에서 지내는 제사를 뜻한다. 『예기』「곡례상(曲禮上)」편에는 "外事以剛日, 內事以柔日."이라는 기록이 있는데, 이에 대한 공영달(孔穎達)의 소(疏)에서는 "內事, 郊內之事也. 乙丁己辛癸五偶爲柔也."라고 풀이했고, 손희단(孫希旦)의 『집해(集解)』에서는 "內事, 謂祭內神."이라고 풀이했다.

5) 교사(郊社)는 천지(天地)에 대한 제사를 뜻한다. 교(郊)는 천(天)에 대한 제사를 뜻하고, 사(社)는 지(地)에 대한 제사를 뜻한다. '교사(郊祀)'라고도 부르고, '교제(郊祭)'라고도 부른다.

와 같은 일들은 외사(外事)6)에 해당한다. 축사(祝辭)에서는 '효왕 아무 개'라고 부르는데, 이것은 부모를 섬길 때 쓰는 칭호이며, '사왕 아무개'라고 부르는 말은 귀신을 섬길 때 쓰는 칭호이다.

【047】

臨諸侯, 眹[軫]於鬼神, 曰有天王某甫. 〈曲禮下-040〉

천자가 제후의 나라로 순수를 가서 제사를 지내게 될 때에는 직접 그곳에 가서 지내는 것이 아니라 신하를 대신 보내서 지내므로, 귀신에게 알리는 ['眹'자의 음은 '軫(진)'이다.] 축사에서는 "천왕 아무개 보가 이곳에 찾아왔습니다."라고 한다.

集說 天子巡狩而至諸侯之國, 必使祝史致鬼神當祭者之祭, 以不親往, 故祝辭稱字曰某甫. 甫者, 丈夫之美稱也.

천자가 순수(巡守)7)를 하게 되어, 제후의 나라에 가게 되면, 반드시 축사

---

6) 외사(外事)는 내사(內事)와 상대되는 말이다. 교외(郊外)에서 제사를 지내거나, 사냥하는 일 등을 총칭하는 말이다. 또는 외국과의 외교관계에서 연합을 하거나, 군대를 출동시키는 일 등도 가리킨다. 『예기』 「곡례상(曲禮上)」편에는 "外事以剛日, 內事以柔日."이라는 기록이 있는데, 이에 대한 정현의 주에서는 "出郊爲外事."라고 풀이했고, 공영달(孔穎達)의 소에(疏)서는 "外事, 郊外之事也. …… 崔靈恩云, 外事, 指用兵之事."라고 풀이했다. 또한 손희단(孫希旦)의 집해(集解)에서는 "愚謂外事, 謂祭外神. 田獵出兵, 亦爲外事."라고 풀이했다.

7) 순수(巡守)는 '순수(巡狩)'라고도 부른다. 천자가 수도를 벗어나 제후의 나라를 시찰하는 것을 뜻한다. '순수'의 '순(巡)'자는 그곳으로 행차를 한다는 뜻이고, '수(守)'자는 제후가 지키는 영토를 뜻한다. 제후는 천자가 하사해준 영토를 대신 맡아서 수호하는 것이기 때문에, 천자가 그곳에 방문하여, 자신의 영토를 어떻게 관리하고 있는지를 시찰하게 된다. 『서』 「우서(虞書)·순전(舜典)」편에는 "歲二月, 東巡守, 至于岱宗, 柴."라는 기록이 있고, 이에 대한 공안국(孔安國)의 전(傳)에서는 "諸侯爲天子守土, 故稱守. 巡, 行之."라고 풀이했으며, 『맹자』 「양혜왕하(梁惠王下)」편에서는 "天子適諸侯曰巡狩. 巡狩者, 巡所守也."라고 기록하

(祝史)8)로 하여금 귀신들 중 마땅히 제사를 지내야 할 대상들에게 제사를 지내게 했는데, 천자가 직접 가지 않았기 때문에, 축사(祝辭)9)에서 천자의 자(字)를 호칭하여, '아무개 보(甫)'라고 말한 것이다. '보(甫)'라는 것은 남자에 대해 미화하여 부를 때 붙이는 말이다.

集說 呂氏曰: 畛, 猶畦畛之相接然, 與交際之際同義.

여씨가 말하길, '진(畛)'자는 휴진(畦畛)10)이 서로 연접해 있다는 뜻으로, '교제(交際)'라고 할 때 경계를 뜻하는 제(際)자와 뜻이 같다.

集說 方氏曰: 望秩之禮, 必於野外, 故以畛言之. 畛, 田間道也. 祭於畛而謂之畛, 猶祭於郊而謂之郊也. 天子適諸侯非其常, 蓋有時也, 故於是特言有焉.

방씨가 말하길, 망질(望秩)11)의 예법은 반드시 야외에서 지냈기 때문에,

였다. 한편 『예기』「왕제(王制)」편에는 "天子, 五年, 一巡守."라는 기록이 있고, 『주례』「추관(秋官)・대행인(大行人)」편에는 "十有二歲王巡守殷國."이라는 기록이 있다. 즉 「왕제」편에서는 천자가 5년에 1번 순수를 시행하고, 「대행인」편에서는 12년에 1번 순수를 시행한다고 기록하고 있는데, 이러한 차이점에 대해서 정현은 「왕제」편의 주에서 "五年者, 虞夏之制也. 周則十二歲一巡守."라고 풀이했다. 즉 5년에 1번 순수를 하는 제도는 우(虞)와 하(夏)나라 때의 제도이며, 주(周)나라에서는 12년에 1번 순수를 했다.

8) 축사(祝史)는 제사 시행을 담당하는 관리이다. 『좌전』「소공(昭公) 18년」편에는 "郊人助祝史除於國北."이라는 기록이 있는데, 이에 대한 공영달(孔穎達)의 소(疏)에서는 "祝史, 掌祭祀之官."이라고 풀이했다.

9) 축사(祝辭)는 제사를 지낼 때 신에게 아뢰는 말이다. 축관(祝官)이 제주(祭主)의 명령에 따라 축문(祝文)을 읽게 되는데, 이것이 바로 '축사'이다. 고대의 '축사'는 경우에 따라 여섯 종류로 나뉜다. 이것을 육축(六祝)이라고 부른다.

10) 휴진(畦畛)은 농경지 사이에 있는 길을 뜻한다. 이 길을 농경지의 경계지점으로 여겼기 때문에, '휴진'은 '경계'라는 뜻으로 사용되었다.

11) 망질(望秩)은 해당 대상의 등급을 살펴서, 산천(山川) 등에 망제(望祭)를 지낸다는 뜻이다. '망질'의 '망(望)'자는 망제를 뜻하고, '질(秩)'자는 계급에 따른 등차를

'진(畛)'자를 기록한 것이다. '진(畛)'자는 농경지 사이에 있는 길을 뜻한다. '진(畛)'에서 제사를 지내서, 그 제사를 '진(畛)'이라고 부르는 것은 마치 교(郊)에서 제사를 지내서, 그 제사를 '교(郊)'라고 부르는 것과 같다. 천자가 제후의 나라에 가는 것은 일상적인 경우가 아니니, 아마도 특정한 시기가 있었을 것이다. 그래서 이 문장에서 특별히 '유(有)'자를 붙여서 언급한 것이다.

【048】

崩, 曰天王崩. 復, 曰天子復矣. 告喪, 曰天王登假[遐]. 措之廟, 立之主, 曰帝.〈曲禮下-041〉

천자가 죽었을 때에는 "천왕이 붕어하셨다."라고 말한다. 초혼을 할 때에는 "천자시여, 돌아오소서."라고 말한다. 천자의 상사를 알릴 때에는 "천왕께서 승하('假'자의 음은 '遐(하)'이다.)하셨다."라고 말한다. 그의 묘를 설치하여 신주를 세우게 되면, '제(帝)'라고 부르게 된다.

集說 自上墜下曰崩, 亦壞敗之稱. 王者卒, 則史書於策曰天王崩. 復者, 人死則形神離, 古人持死者之衣, 升屋北面招呼死者之魂, 令還復體魄, 冀其再生也, 故謂之復. 天子復者, 升屋招呼之辭, 臣子不可名君, 故呼曰天子復也. 疏云, "以例言之, 則王后死, 亦呼王后復

뜻한다. 고대인의 관념에서는 산천의 중요성에 따라 각각 등급이 있었다. 예를 들어 오악(五嶽)에 대한 제사에서는 삼공(三公)에 대한 예법에 견주어서 희생물을 사용하였고, 사독(四瀆)에 대한 제사에서는 제후에 대한 예법에 견주어서 희생물을 사용하였으며, 나머지 산천 등에 대해서도 차례대로 백작·자작·남작 등의 예법에 견주어서 희생물을 사용하였다. 『서』「우서(虞書)·순전(舜典)」편에는 "歲二月, 東巡守, 至于岱宗, 柴, 望秩于山川."이라는 기록이 있고, 이에 대한 공안국(孔安國)의 전(傳)에서는 "謂五嶽牲禮視三公, 四瀆視諸侯, 其餘視伯子男."이라고 풀이했다.

也." 告喪, 赴告侯國也. 呂氏讀假爲格音, 引"王假有廟", 與"來假來
享", 言其精神升至於天. 愚謂遐乃遠邈之義, 登遐, 言其所升高遠,
猶漢書稱"大行". 行乃循行之行, 去聲. 以其往而不反, 故曰大行也.
措, 置也. 立之主者, 始死則鑿木爲重以依神, 旣虞而埋之, 乃作主以
依神也.

위에서 아래로 떨어지는 것을 '붕(崩)'이라고 부르니, 또한 무너지고 패망
하는 것을 부르는 칭호가 된다. 천자가 죽게 되면, 사관은 문서에 기록하
며, "천왕(天王)이 붕어하셨다."라고 한다. '복(復)'이라는 말은 사람이 죽
게 되면, 육신과 정신이 분리가 되는데, 고대인들은 죽은 자가 입었던
옷을 들고서 지붕에 올라가 북쪽을 바라보며, 죽은 자의 혼을 불러서,
혼으로 하여금 육신의 백으로 돌아가도록 하여, 그가 다시 살아나기를
기대하게 된다. 그렇기 때문에 이러한 의식을 '복(復)'이라고 부르는 것이
다. 천자에 대해 초혼의식을 하는 경우, 지붕에 올라가 부르는 말에서는
신하가 군주를 이름으로 부를 수 없다. 그렇기 때문에 "천자시여, 돌아오
소서."라고 말하는 것이다. 소에서는 "이러한 용례에 따라 말해보자면,
왕후(王后)가 죽었을 때에도 또한 '왕후시여, 돌아오소서.'라고 부르게 된
다."라고 했다. '고상(告喪)'은 제후국에 부고를 알린다는 뜻이다. 여씨는
'가(假)'자를 격(格)자의 음으로 읽으며, "천자가 묘에 오시다."[12]라는 말
과 "오셔서 흠향을 하시다."[13]라는 말을 인용하였으니, 이 말은 곧 천자
의 정신이 상승하여 하늘에 도달한다는 뜻이라고 했다. 내가 생각하기에,
'하(遐)'자는 멀고도 아득하다는 뜻이니, '등하(登遐)'라는 말은 오른 곳이
높고도 멀다는 뜻이 되므로, 『한서』에서 '대항(大行)[14]'이라고 부르는 것

---

12) 『역』「췌괘(萃卦)」 : 萃, 亨, <u>王假有廟</u>, 利見大人, 亨利貞, 用大牲吉, 利有攸往.
  / 이 문장에 대한 왕필(王弼)의 주 : 假, 至也, 王以聚至有廟也.

13) 『시』「상송(商頌)·열조(烈祖)」 : <u>來假來饗</u>, 降福無疆. 顧予烝嘗, 湯孫之將.

14) 대항(大行)은 황제(皇帝) 및 황후(皇后)가 죽었는데, 아직 시호(諡號)가 정해지지
  않았을 때 이름이나 다른 것들을 거론해서 지칭할 수 없으므로, '대항'이라는 말을

과 같다. '항(行)'자는 순항(循行)이라고 할 때의 '항(行)'자와 같으니, 거성(去聲)으로 읽는다. 그가 가서 돌아오지 않기 때문에, '대항(大行)'이라고 부른 것이다. '조(措)'자는 "설치한다."는 뜻이다. '입지주(立之主)'라고 하였는데, 최초 사람이 죽게 되면, 나무에 구멍을 내어 중(重)[15]을 만들고, 이것을 통해 신령이 이곳에 위탁하도록 하는데, 우제(虞祭)[16]를 지내고 중(重)을 매장하고서야, 곧 신주를 만들어서 신령이 위탁하도록 한다.

集說 呂氏曰: 考之禮經, 未有以帝名者. 史記夏殷之王, 皆以帝名, 疑殷人祔廟稱帝. 遷据世本, 當有所考. 至周有諡, 始不名帝歟.

여씨가 말하길, 『예』의 경문들을 살펴보니, '제(帝)'라는 명칭으로 부르는 경우가 없다. 그런데 『사기』에서는 하나라나 은나라의 왕들을 모두 '제(帝)'라는 명칭으로 부르고 있으니, 아마도 은나라 때에는 종묘에 신주를 합사하게 되면, '제(帝)'라고 칭했던 것 같다. 사마천은 『세본』을 근거로 했으므로, 마땅히 고찰해본 점이 있었을 것이며, 주나라 때에는 시호를 만드는 제도가 생겼으므로, 비로소 '제(帝)'라는 명칭을 부르지 않게 되었을 것이다.

써서 그들을 지칭한다. '대항'은 멀리 갔다는 뜻으로, 너무 멀리 떠나서 다시 돌아올 수 없다는 의미이니, 죽음을 뜻한다. 『후한서(後漢書)』「안제기(安帝紀)」편에는 "孝和皇帝懿德巍巍, 光于四海, 大行皇帝不永天年."이라는 기록이 있고, 이에 대한 이현(李賢)의 주에서는 위소(韋昭)의 주장을 인용하며, "大行者, 不反之辭也. 天子崩, 未有諡, 故稱大行也."라고 풀이했다.

15) 중(重)은 나무에 구멍을 뚫어서 만든 것으로, 신주(神主)를 만들기 전에, 구멍이 뚫린 나무를 세워서 이것을 신주 대신으로 삼아 제사를 지냈다. 『예기』「단궁하(檀弓下)」편에는 "重, 主道也."라는 기록이 있고, 이에 대한 정현의 주에서는 "始死未作主, 以重主其神也."라고 풀이했다.

16) 우제(虞祭)는 장례(葬禮)를 치르고 난 뒤에 지내는 제사를 뜻한다.

【049】

天子未除喪, 曰予小子. 生名之, 死亦名之. 〈曲禮下-042〉

천자의 경우 상을 아직 끝내지 않았다면, 자신을 가리키며 '여소자(予小子)'라고 부른다. 천자가 상중에 있을 때에는 이처럼 '소자(小子)'라는 호칭을 붙여서 부르고, 상을 치르다 죽었을 때에도 이처럼 부른다.

集說 鄭氏曰: 生名之曰小子王, 死亦曰小子王也. 晉有小子侯, 是僭號也.

정현이 말하길, 천자가 상을 치르는 중이라면, 이처럼 '소자(小子)'라는 명칭을 붙여서, '소자왕(小子王)'이라고 부르고, 상을 치르다 죽게 되었을 때에도 '소자왕(小子王)'이라고 부른다. 진나라에서 '소자후(小子侯)'[17]라고 쓴 용례가 있는 것은 참람되게 천자의 호칭을 쓴 것이다.

集說 呂氏曰: 春秋書王子猛卒, 不言小子者, 臣下之稱, 與史策之辭異也.

여씨가 말하길, 『춘추』에는 "왕자인 맹(猛)이 죽었다."[18]라고 기록하여, '소자(小子)'라고 부르지 않은 것은 신하들이 부르는 호칭과 사관이 역사서에 기록하는 말이 서로 다르기 때문이다.

【050】

天子建天官, 先六大[泰], 曰大宰 · 大宗 · 大史 · 大祝 · 大士 · 大卜, 典司六典. 〈曲禮下-044〉 [本在 "天子有妻有妾" 下.]

천자가 천관을 세움에 육태['大'자의 음은 '泰(태)'이다.]를 먼저 세우니, 태재 · 태종 · 태사 · 태축 · 태사 · 태복을 가리키며, 이들은 육전(六典)[19]을 담당

---

17) 『춘추좌씨전』 「환공(桓公) 7년」 : 冬, 曲沃伯誘晉小子侯殺之.

18) 『춘추』 「소공(昭公) 22년」 : 冬, 十月, 王子猛卒.

한다. [본래는 "천자는 어처가 있고, 다수의 첩들이 있다."20)라고 한 문장 뒤에 수록되어 있었다.]

集說 此六大者, 天官之屬也. 以其所掌重於他職, 故曰先.

여기에서 말한 '육대(六大)'는 천관(天官)에 소속된 관리들이다. 그들이 담당하는 일들은 다른 관직보다 중요하기 때문에, "먼저 세운다."라고 말한 것이다.

【051】

天子之五官, 曰司徒·司馬·司空·司士·司寇, 典司五衆.〈曲禮下 -045〉

천자가 설치하는 다섯 관부의 수장은 사도·사마·사공·사사·사구를 뜻하니, 이들은 자신들의 관부에 속한 관리 무리들을 다스린다.

集說 此五官, 與天官列而爲六. 五衆者, 五官屬吏之群衆也.

이곳에 기록된 다섯 관부의 수장들은 천관(天官)의 수장과 함께 육경(六卿)이 된다. '오중(五衆)'은 다섯 관부에 소속된 관리 무리들을 뜻한다.

---

19) 육전(六典)은 치전(治典), 교전(敎典), 예전(禮典), 정전(政典), 형전(刑典), 사전(事典)을 뜻한다. 고대에 국가를 통치하던 여섯 방면의 법령을 가리킨다. 국가의 전반적인 통치, 교화, 예법, 전장제도(典章制度), 형벌, 임무수행에 대한 법이다. 『주례』「천관(天官)·대재(大宰)」편에는 "大宰之職, 掌建邦之六典, 以佐王治邦國. 一曰治典, 以經邦國, 以治官府, 以紀萬民. 二曰敎典, 以安邦國, 以敎官府, 以擾萬民. 三曰禮典, 以和邦國, 以統百官, 以諧萬民. 四曰政典, 以平邦國, 以正百官, 以均萬民. 五曰刑典, 以詰邦國, 以刑百官, 以糾萬民. 六曰事典, 以富邦國, 以任百官, 以生萬民."이라는 기록이 있다.

20) 『예기』「곡례하(曲禮下)」 043장 : 天子有后, 有夫人, 有世婦, 有嬪, 有妻, 有妾.

【052】

天子之六府, 曰司土・司木・司水・司草・司器・司貨, 典司六職.
〈曲禮下-046〉

천자가 설치하는 여섯 창고의 관리는 사토・사목・사수・사초・사기・사화를 뜻하니, 이들은 여섯 가지 직무를 담당한다.

集說 府者, 藏物之所, 此府主藏六物之稅.

'부(府)'자는 물건을 보관하는 창고를 뜻하니, 여기에서 말하는 육부(六府)는 세금으로 거둔 여섯 종류의 물건들을 보관하는 일을 담당한다.

【053】

天子之六工, 曰土工・金工・石工・木工・獸工・草工, 典制六材.
〈曲禮下-047〉

천자가 설치하는 여섯 공인의 관리는 토공・금공・석공・목공・수공・초공을 뜻하니, 이들은 여섯 종류의 재료들로 기물 제작하는 일을 담당한다.

集說 此六材者, 六工之所用也, 故不曰典司而曰典制. 已上四條, 舊說皆爲殷制, 其實無所考證, 皆臆說耳.

여기에서 말하는 '육재(六材)'는 여섯 공인들이 사용하는 재료들을 뜻한다. 그렇기 때문에 "담당한다."라 말하지 않고, "제작하는 일을 담당한다."라 말한 것이다. 여기까지의 네 가지 조목들에 대해서, 옛 학설에서는 모두 은나라 때의 제도로 여겼는데, 실제로 고증할 자료들이 없으니, 이러한 주장들은 모두 억설일 뿐이다.

五官致貢, 曰享.〈曲禮下-048〉

다섯 관부에서 결과물을 바치는 것을 '향(享)'이라고 부른다.

集說 呂氏曰: 歲終, 則司徒以下五官, 各致其功獻於王, 故謂之享.
貢, 功也. 享, 獻也.

여씨가 말하길, 연말이 되면 사도 이하의 다섯 관부 수장들은 각각 그들
이 쌓았던 공적을 천자에게 바치게 되므로, 이것을 '향(享)'이라고 부른
다. '공(貢)'자는 공적(功績)을 뜻한다. '향(享)'자는 "바친다."는 뜻이다.

【055】

五官之長曰伯, 是職方, 其擯於天子也, 曰天子之吏. 天子同姓謂之
伯父, 異姓謂之伯舅. 自稱於諸侯, 曰天子之老, 於外曰公, 於其國
曰君.〈曲禮下-049〉

다섯 관부의 수장을 '백(伯)'이라 부르니, 이들은 천하를 양분하여 해당 지
역에 속한 제후들을 담당하며, 부관이 천자에게 그들에 대해 말할 때에는
'천자의 관리'라고 부른다. 천자와 동성인 경우에는 '큰 아버지'라 부르고,
이성인 경우에는 '큰 외삼촌'이라 부른다. 이들이 스스로를 제후들에게 칭
할 때에는 '천자에게 소속된 노인'이라 부르며, 자신의 영지 밖에서는 '공
(公)'이라 부르고, 자신의 나라 안에서는 '군주'라 부른다.

集說 司徒以下五官之長者, 天子之三公也. 伯者, 長大之名. 三公
無異職, 卽九卿中三人兼之, 任左右之職謂之相. 九命而作伯, 則分
主畿外諸侯. 如公羊云, "自陝而東者, 周公主之, 自陝而西者召公主
之", 是也. 是職方者, 言二伯於是職主其所治之方也. 天子之吏, 擯
者之辭也. 此伯若是天子同姓, 則天子稱之爲伯父, 若異姓, 則稱爲
伯舅, 皆親之之辭也. 此伯皆有采地, 在天子畿內. 自稱於私土采地

之外, 則曰公, 自稱於采地之內, 則曰君也.

사도(司徒)21) 이하 다섯 관부의 수장은 천자에게는 삼공(三公)22)이 된다. '백(伯)'이라는 말은 가장 큰 어른에게 쓰는 칭호이다. 삼공은 고정된 직책이 없으니, 구경(九卿)23) 중 뛰어난 세 사람이 삼공의 직책도 겸하여, 좌우에서 보필하는 임무를 맡았으므로, 이들을 '상(相)'이라고도 부른다. 관리들의 명(命) 등급 중 가장 높은 9명(命)의 등급을 받아서 백(伯)

---

21) 사도(司徒)는 대사도(大司徒)라고도 부른다. 본래 주(周)나라 때의 관리로, 국가의 토지 및 백성들에 대한 교화(教化)를 담당했다. 전설상으로는 소호(少昊) 시대 때부터 설치되었다고 전해진다. 주나라의 육경(六卿) 중 하나였으며, 전한(前漢) 애제(哀帝) 원수(元壽) 2년(B.C. 1)에는 승상(丞相)의 관직명을 고쳐서, 대사도(大司徒)라고 불렀고, 대사마(大司馬), 대사공(大司空)과 함께 삼공(三公)의 반열에 있었다. 후한(後漢) 때에는 다시 '사도'로 명칭을 고쳤고, 그 이후로는 이 명칭을 계속 사용하다가 명(明)나라 때 폐지되었다. 명나라 이후로는 호부상서(戶部尙書)를 '대사도'라고 불렀다.

22) 삼공(三公)은 중앙정부의 가장 높은 관직자 3명을 합쳐서 부르는 말이다. '삼공'에 속한 관직명에 대해서는 각 시대별로 차이가 있다. 『사기(史記)』「은본기(殷本紀)」편에는 "以西伯昌, 九侯, 鄂侯, 爲三公."이라는 기록이 있다. 즉 은나라 때에는 서백(西伯)인 창(昌), 구후(九侯), 악후(鄂侯)들을 '삼공'으로 삼았다. 또한 주(周)나라 때에는 태사(太師), 태부(太傅), 태보(太保)를 '삼공'으로 삼았다. 『서』「주서(周書)·주관(周官)」편에는 "立太師·太傅·太保, 玆惟三公, 論道經邦, 燮理陰陽."이라는 기록이 있다. 한편 『한서(漢書)』「백관공경표서(百官公卿表序)」에 따르면 사마(司馬), 사도(司徒), 사공(司空)을 '삼공'으로 삼았다는 기록이 있다.

23) 구경(九卿)은 천자의 조정에 있었던 9명의 고위 관직자들을 뜻한다. 삼고(三孤)와 육경(六卿)을 합하여 '구경'이라고 부른다. '삼고'는 삼공(三公)을 보좌하며, 정책의 큰 방향을 잡는 자들이었고, 육경은 여섯 관부의 일들을 담당하였던 자들이다. 『주례』「동관고공기(冬官考工記)·장인(匠人)」편에는 "外有九室, 九卿居焉."이라는 기록이 있고, 이에 대한 정현의 주에서는 "六卿三孤爲九卿, 三孤佐三公論道, 六卿治六官之屬."라고 풀이했다. 『주례』의 체제에 따르면, '구경'은 소사(少師), 소부(少傅), 소보(少保), 총재(冢宰), 사도(司徒), 종백(宗伯), 사마(司馬), 사구(司寇), 사공(司空)이 된다. 또한 육경(六卿)에 삼공(三公)을 더하여 '구경'이라고도 부른다.

이 된다면, 외제후(外諸侯)24)들을 분담하여 다스리게 된다. 예를 들어
『공양전』에서 "섬(陜)땅으로부터 동쪽은 주공이 주관하고, 섬땅으로부터
서쪽은 소공이 주관한다."25)라고 했는데, 바로 이러한 자들에 해당한다.
'시직방(是職方)'이라는 말은 이러한 두 명의 백(伯)이 자신들이 각자 맡
고 있는 지역의 제후들을 담당한다는 뜻이다. '천자의 관리'라는 말은 부
관이 그를 가리키며 쓰는 말이다. 여기에서 말하는 백(伯)이 만약 천자와
동성인 경우라면 천자는 그를 '큰 아버지'라 부르며, 만약 이성인 경우라
면 '큰 외삼촌'이라 부르니, 이 모두는 그를 친근하게 대하는 말들이다.
그리고 여기에서 말하는 백(伯)들은 모두 자신들의 채지(采地)를 가지고
있는데, 그 채지는 천자의 수도 안에 위치한다. 개인 소유의 채지 밖에서
자신을 가리키는 경우라면 '공(公)'이라 말하고, 채지 안에서 자신을 가리
키는 경우라면 '군주'라 말한다.

【056】

**九州之長, 入天子之國曰牧. 天子同姓謂之叔父, 異姓謂之叔舅. 於
外曰侯, 於其國曰君.**〈曲禮下-050〉

구주(九州)의 각 수장이 되는 제후들이 천자의 수도에 들어오게 되면, '목
(牧)'이라 부른다. 천자와 동성인 경우에는 천자는 그에게 '작은 아버지'라
부르고, 이성인 경우에는 '작은 외삼촌'이라 부른다. 그들은 자신의 영지
밖에서는 '후작'이라 부르고, 자신의 나라 안에서는 '군주'라 부른다.

集說 天下九州, 天子於每州之中, 擇諸侯之賢者一人, 加之一命,

---

24) 외제후(外諸侯)는 천자의 직속 신하들인 '내제후(內諸侯)'와 상대되는 말이다. 일
　반적으로 봉지(封地)를 가지고 있는 제후들을 가리킨다. 천자의 수도 밖에 있는
　자신의 영지에 머물기 때문에, '외(外)'자를 붙여서 부르는 것이다.

25) 『춘추공양전』「은공(隱公) 5년」: 天子三公者何. 天子之相也. 天子之相, 則何
　以三. 自陜而東者, 周公主之, 自陜而西者, 召公主之, 一相處乎內.

使主一州內之列國, 取牧養下民之義, 故曰牧. 叔父叔舅, 降於伯父
伯舅也. 自稱於所封國之外, 則曰侯, 若與國內臣民言, 則自稱曰君
也.

천하를 9개의 주(州)[26]로 나누고, 천자는 각 주에 대해서, 제후들 중 가
장 현명한 자 1명을 뽑아서 그에게 1명(命)을 더해주어, 그로 하여금 1개
의 주 안에 소속된 제후국들을 주관하도록 하였는데, 백성들을 인도하고
길러준다는 뜻에서 그 명칭을 취했기 때문에 '목(牧)'이라 부르는 것이다.
'작은 아버지'와 '작은 외삼촌'이라 부르는 이유는 '큰 아버지'와 '큰 외삼
촌'이라는 칭호보다 낮추기 때문이다. 이들이 자신의 영지 밖에서 자신을
지칭하는 경우에는 '후(侯)'라 부르며, 만약 자신의 영지 안에서 신하나

---

26) 구주(九州)는 9개의 주(州)를 뜻한다. 고대 중국에서는 중원 지역을 9개의 주로
    구분하여, 다스렸다. 따라서 '구주'는 오랑캐 지역과 대비되는 중국 땅을 지칭하는
    용어로 사용되었다. '구주'의 포함되는 '주'의 이름들은 각 기록마다 차이를 보인다.
    『서』「우서(虞書)·우공(禹貢)」편에는 "禹敷土, 隨山刊木, 奠高山大川. 冀州旣
    載. …… 濟河惟兗州. 九河旣道. …… 海岱惟靑州. 嵎夷旣略, 濰淄其道. ……
    海岱及淮惟徐州, 淮沂其乂, 蒙羽其藝. …… 淮海惟揚州, 彭蠡旣豬, 陽鳥攸居.
    …… 荊及衡陽惟荊州. 江漢朝宗于海. …… 荊河惟豫州, 伊洛瀍澗, 旣入于河.
    …… 華陽黑水惟梁州. 岷嶓旣藝, 沱潛旣道. …… 黑水西河惟雍州. 弱水旣西."
    라는 기록이 있다. 즉 『서』에 기록된 '구주'는 기주(冀州)·연주(兗州)·청주(靑
    州)·서주(徐州)·양주(揚州)·형주(荊州)·예주(豫州)·양주(梁州)·옹주(雍
    州)이다. 한편 『이아』「석지(釋地)」편에는 " 兩河間曰冀州. 河南曰豫州. 河西曰
    雝州. 漢南曰荊州. 江南曰楊州. 濟河間曰兗州. 濟東曰徐州. 燕曰幽州. 齊曰
    營州."라는 기록이 있다. 즉 『이아』에 기록된 '구주'는 『서』의 기록과 달리, '청주'
    와 '양주'에 대한 기록이 없고, 대신 유주(幽州)와 영주(營州)가 기록되어 있다.
    또 『주례』「하관(夏官)·직방씨(職方氏)」편에는 "乃辨九州之國使同貫利. 東南
    曰揚州. …… 正南曰荊州. …… 河南曰豫州. …… 正東曰靑州. …… 河東曰兗
    州. …… 正西曰雍州. …… 東北曰幽州. …… 河內曰冀州. …… 正北曰幷州."
    라는 기록이 있다. 즉 『주례』에 기록된 '구주'는 『서』의 기록과 달리, '서주'와
    '양주'에 대한 기록이 없고, 대신 '유주'와 병주(幷州)에 대한 기록이 있다. 이외에
    도 일부 차이를 보이는 기록들이 있다.

백성들과 말을 하는 경우라면, 자신을 '군(君)'이라 부르게 된다.

【057】

其在東夷 · 北狄 · 西戎 · 南蠻, 雖大曰子. 於內自稱曰不穀, 於外自稱曰王老.〈曲禮下-051〉

제후의 나라가 동이 · 북적 · 서융 · 남만 지역에 속해 있다면, 비록 그 나라가 대국의 규모라 하더라도, 그들을 '자작'이라 부른다. 그들은 영지 내에서 자신을 가리키며 '선하지 못한 자'라 부르며, 영지 밖에서는 자신을 가리키며 '천자의 노신'이라 부른다.

集說 九州之外, 不過子男之國. 天子亦選賢以爲牧, 但以卑且遠, 故不以牧稱, 亦不稱父舅, 朝見之時擯辭惟曰子. 雖或有功益地至侯伯之數, 其爵亦不過子, 故云"雖大曰子"也. 如楚在春秋雖大國, 而其爵則稱子也. 穀, 善也. 於內, 與其臣民言也. 外, 謂夷狄之境也. 自稱王老, 言天子之老臣也.

구주(九州) 밖의 오랑캐 나라들은 그 등급이 자작이나 남작의 제후국을 넘지 못한다. 천자는 이들 오랑캐 나라들에 대해서 또한 현명한 제후를 선발하여 목(牧)으로 세우는데, 다만 그들은 신분이 낮고 또한 자신과의 거리도 소원하기 때문에, '목(牧)'이라는 칭호를 쓰지 않고, '부(父)'나 '구(舅)'자를 붙이는 칭호도 쓰지 않는다. 따라서 조견을 할 때 부관이 그들을 가리키는 말에서는 다만 '자작'이라고만 부르게 된다. 비록 그들 중에 간혹 공적을 세워서 땅을 더 하사받게 되어, 후작이나 백작의 영토에 버금가는 자가 있다 하더라도, 그들의 작위는 또한 자작을 넘을 수 없다. 그렇기 때문에 "비록 대국을 소유한 자라고 할지라도 자작이라고 부른다."라고 말한 것이다. 예를 들어 초나라는 춘추시대 때 비록 대국의 영토를 가졌지만, 초나라 군주의 작위를 부를 때에는 '자작'이라고 불렀던 것과 같다. '곡(穀)'자는 "선하다."는 뜻이다. 이 말은 자신의 영지 내에서 자신에게 소속된 신하와 백성들에게 쓰는 말이다. '외(外)'자는 오랑캐 나라들의 국경 지역을 뜻한다. 스스로를 칭하며 '왕로(王老)'라고 부르는데, 이 말은 '천자의 노신'이라는 뜻이다.

【058】

庶方小侯, 入天子之國曰某人, 於外曰子, 自稱曰孤. 〈曲禮下-052〉

사방 오랑캐의 군소 국가 군주들이 천자의 수도로 찾아오게 되면, '아무개 사람'이라 부르고, 그가 지배하는 영지 밖에서는 '자작'이라 부르며, 스스로를 지칭할 때에는 '고아'라 부른다.

集說 四夷之君, 其來荒遠, 故以庶方名之. 庶, 衆也. 某人, 若牟人·介人之類.

사방 오랑캐 나라의 군주들이 그가 거처하는 먼 변방 지역에서 찾아왔기 때문에, '서방(庶方)'이라고 부른 것이다. '서(庶)'자는 무리들이라는 뜻이다. '아무개 사람'이라는 말은 마치 오랑캐를 모인(牟人)[27]이나 개인(介人)[28] 등으로 부르는 경우와 같은 것이다.

集說 疏曰: 於外曰子者, 此君在其本國外四夷之中, 自稱依其本爵, 若男亦稱男也. 若自與臣民言則稱孤, 孤者, 特立無德之稱也.

소에서 말하길, "영지 밖에서는 '자작'이라고 부른다."는 말은 오랑캐 국가의 군주가 자기 나라 밖의 사방 오랑캐 땅에 있을 때, 본래의 작위에 따라서 자신을 지칭하게 된다는 뜻으로, 만약 남작인 경우라면 또한 '남(男)'이라고 부르게 된다. 만약 군주 본인이 자신의 신하들 및 백성들과 함께 말을 할 때라면, '고(孤)'라고 지칭하게 되는데, '고(孤)'라는 말은

---

27) 『춘추』「환공(桓公) 15년」: 邾人·牟人·葛人, 來朝.
28) 『춘추』「희공(僖公) 30년」: 介人侵蕭.

홀로 서 있으며 덕이 없다는 칭호이다.

附註 老子曰“人君稱孤寡不穀”, 皆自謙之辭也.
『노자』에서는 “군주는 고(孤)·과(寡)·불곡(不穀)이라 칭한다.”[29]고
했는데, 이 모두는 스스로 겸손하게 표현하는 말이다.

---

29) 『노자』「42장」: 人之所惡, 唯孤·寡·不穀, 而王公以爲稱.

【059】

天子當依[上聲]而立, 諸侯北面而見[現]天子曰覲. 天子當宁[珍呂反]而
立, 諸公東面‧諸侯西面曰朝.〈曲禮下-053〉

천자가 의['依'자는 상성으로 읽는다.]를 등지고 서서 남쪽을 바라보고, 제후들이
북쪽을 바라보며 천자를 찾아뵙는['見'자의 음은 '現(현)'이다.] 것을 '근(覲)'이라
부른다. 천자가 저['宁'자는 '珍(진)'자와 '呂(려)'자의 반절음이다.]에 서 있고, 여러
공(公)들이 동쪽을 바라보며, 제후들이 서쪽을 바라보고 천자를 찾아뵙는
것을 '조(朝)'라 부른다.

集說 鄭氏曰: 春朝, 受摯於朝, 受享於廟. 秋覲, 一受之於廟. 朝者,
位於內朝而序進, 覲者, 位於廟門外而序入.

정현이 말하길, 봄에 하는 조례에서는 천자가 조정에서 예물을 받고, 종
묘에서 향(享)을 받는다. 가을에 하는 근례에서는 천자가 예물과 향(享)
을 모두 종묘에서 받는다. '조(朝)'를 할 때에는 내조(內朝)1)에 위치하다
가 서열에 따라 차례대로 천자 앞으로 나아가고, '근(覲)'을 할 때에는
종묘의 문 밖에 위치하다가 차례대로 문 안으로 들어간다.

集說 疏曰: 依, 狀如屛風, 以絳爲質, 高八尺, 東西當戶牖之間, 繡
爲斧文, 亦曰斧依. 天子見諸侯, 則依而立負之, 而南面以對諸侯也.
宁者, 爾雅云"門屛之間謂之宁", 人君視朝所宁立處. 蓋宁立以待諸
侯之至, 故云當宁而立也. 諸侯春見曰朝, 秋見曰覲. 又曰: 凡天子
三朝, 一在路門內, 謂之燕朝, 大僕掌之, 二是路門外之朝, 謂之治
朝, 司士掌之, 其三是皋門之內, 庫門之外, 謂之外朝, 朝士掌之. 諸

---

1) 내조(內朝)는 천자 및 제후가 정사를 처리하고 휴식을 취하던 장소이다. 외조(外
朝)에 상대되는 말이다. '내조'에는 두 종류가 있었는데, 그 중 하나는 노문(路門)
밖에 위치하던 곳으로, 천자 및 제후가 정사를 처리하던 장소이며, 치조(治朝)라
고도 불렀다. 다른 하나는 노문 안에 위치하던 곳으로, 천자 및 제후가 정사를
처리한 이후, 휴식을 취하던 장소이며, 연조(燕朝)라고도 불렀다.

侯亦有此三朝.

소에서 말하길, '의(依)'는 그 모양이 병풍과 같은 것으로, 붉은색 천으로
바탕을 짜며, 그 높이는 8척이 되고, 동서 방향으로 문과 들창 사이에
두며, 도끼 모양을 수놓았기 때문에, 또한 '부의(斧依)'라고도 부른다. 천
자가 제후들을 조견하게 되면, 의(依)를 세우고서 그것을 등지고 서며,
남쪽을 바라보며 제후들을 대면하게 된다. '저(宁)'에 대해 『이아』에서는
"문과 병풍 사이의 공간을 '저(宁)'라고 부른다."2)고 하였으니, 군주가 조
회에 참관할 때 멈춰 서 있는 장소이다. 아마도 잠시 멈춰 서서 제후들이
다가오는 것을 기다리기 때문에, "저(宁)에서 서 있다."고 말한 것이다.
제후가 봄에 천자를 찾아뵙는 것을 '조(朝)'라 부르고, 가을에 찾아뵙는
것을 '근(覲)'이라 부른다. 또 소에서 말하길, 무릇 천자는 3개의 조정을
두는데, 첫 번째 조정은 노문(路門)3) 안쪽에 있으니, 그것을 연조(燕
朝)4)라 부르고, 그 안에서의 의례 진행은 대복(大僕)5)이 담당하며, 두

---

2) 『이아』「석궁(釋宮)」: 兩階間謂之鄉. 中庭之左右謂之位. 門屏之間謂之宁. 屏
   謂之樹.

3) 노문(路門)은 고대 궁실(宮室) 건축물 중에서도 가장 안쪽에 있었던 정문이다.
   여러 문들 중에서 노침(路寢)에 가장 가까운 위치에 있었기 때문에, '노문'이라는
   명칭이 붙게 되었다. 『주례』「동관고공기(冬官考工記)·장인(匠人)」편에는 "路
   門不容乘車之五个."라는 기록이 있는데, 이에 대한 정현의 주에서는 "路門者,
   大寢之門."라고 풀이하였고, 가공언(賈公彦)의 소(疏)에서는 "路門以近路寢, 故
   特小爲之."라고 풀이하였다.

4) 연조(燕朝)는 천자 및 제후에게 있었던 내조(內朝) 중 하나를 뜻한다. 천자 및
   제후는 3개의 조(朝)를 두는데, 1개는 외조(外朝)이며, 나머지 2개는 내조가 된다.
   내조 중에서도 노문(路門) 안쪽에 있던 것을 '연조'라고 부른다. 『주례』「춘관(秋
   官)·조사(朝士)」편에 대한 정현의 주에서는 "周天子諸侯皆有三朝. 外朝一, 內
   朝二. 內朝之在路門內者, 或謂之燕朝."라고 풀이하고 있다.

5) 대복(大僕)은 태복(太僕)이라고도 부른다. 천자의 명령을 전달하거나, 천자의 조
   정에서의 자리 배치 등을 담당하였다. 『주례』의 체제에 따르면, 하대부(下大夫)
   2명이 담당을 했다. 『주례』「하관사마(夏官司馬)」편에는 "太僕, 下大夫二人."이
   라는 기록이 있고, 『주례』「하관(夏官)·태복(太僕)」편에는 "太僕, 掌正王之服

번째 조정은 노문 밖에 있는 조정으로, 그것을 치조(治朝)[6]라 부르고, 그 안에서의 의례 진행은 사사(司士)[7]가 담당하며, 세 번째 조정은 고문(皐門)[8] 안쪽과 고문(庫門)[9] 바깥쪽 사이에 있으니, 그것을 외조(外

位, 出入王之大命."이라는 기록이 있다.

6) 치조(治朝)는 천자 및 제후에게 있었던 내조(內朝) 중 하나를 뜻한다. 천자 및 제후는 3개의 조(朝)를 두는데, 1개는 외조(外朝)이며, 나머지 2개는 내조가 된다. 내조 중에서도 노문(路門) 밖에 있던 것을 '치조'라고 부르며, 천자 및 제후가 정사를 처리하던 장소이다.

7) 사사(司士)는 주대(周代) 때의 관직명이다. 『주례』의 체제에 따르면, 하대부(下大夫) 2명이 담당을 하였고, 그 휘하에는 중사(中士) 6명과 하사(下士) 12명이 배속되어 있었으며, 잡무를 맡아보던 말단 관리로는 부(府) 2명, 사(史) 4명, 서(胥) 4명, 도(徒) 40명이 있었다. 『주례』「하관사마(夏官司馬)」편에는 "司士, 下大夫二人, 中士六人, 下士十有二人, 府二人, 史四人, 胥四人, 徒四十人."이라는 기록이 있다. 한편 '사사'가 담당했던 일들은 그 종류가 다양한데, 주로 관리들의 호적 장부 및 작록 등을 기록한 문서를 관리하였으며, 그들에 대한 공적과 품성을 판단하여 천자에게 작위와 봉록을 내려주도록 보고를 하였고, 조정에서 서열에 따른 자리 배치 등을 담당하였다. 『주례』「하관(夏官)·사사(司士)」편에는 "以德詔爵, 以功詔祿, 以能詔事, 以久奠食. 惟賜無常. 正朝儀之位, 辨其貴賤之等."이라는 기록이 있다.

8) 고문(皐門)은 천자의 궁(宮)에 설치된 문들 중에서 가장 바깥쪽에 설치하는 문이다. 높다는 의미의 '고(高)'자가 '고(皐)'자와 통용되므로, 붙여진 명칭이다. 『시』「대아(大雅)·면(縣)」편에는 "迺立皐門, 皐門有伉."이라는 용례가 있고, 『예기』「명당위(明堂位)」편의 "大廟, 天子明堂. 庫門, 天子皐門. 雉門, 天子應門."이라는 기록에 대해, 정현의 주에서는 "皐之言高也."라고 풀이했다.

9) 고문(庫門)에 대해서는 크게 두 가지 해설이 있다. 첫 번째는 치문(雉門)에 대한 해설처럼, 제후의 궁(宮)에 있는 문으로, 천자의 궁에 있는 고문(皐門)에 해당한다고 보는 의견이다. 이것은 치문과 마찬가지로 『예기』「명당위(明堂位)」편의 "大廟, 天子明堂. 庫門, 天子皐門. 雉門, 天子應門."이라는 기록에 근거한 해설이다. 손희단(孫希旦)의 『집해(集解)』에서는 이 문장 및 『시(詩)』, 『서(書)』, 『예(禮)』, 『춘추(春秋)』에 나타난 기록들을 근거로, 천자 및 제후는 실제로 3개의 문(門)만 설치했다고 풀이한다. 그러나 정현은 이 문장에 대해서, "言廟及門如天子之制也. 天子五門, 皐庫雉應路. 魯有庫雉路, 則諸侯三門與."라고 풀이하였다. 즉 종묘(宗廟) 및 문(門)에 대한 제도에서, 천자와 제후 사이에는 차등이 있다.

朝)10)라 부르고, 그 안에서의 의례 진행은 조사(朝士)11)가 담당한다. 제
후에게도 또한 이러한 세 개의 조정이 있었다.

【060】

諸侯未及期相見曰遇, 相見於郤[隙]地曰會. 〈曲禮下-054〉

제후가 정해진 기일보다 앞서 서로 만나보는 것을 '우(遇)'라 부르고, 국경
사이의 비워둔['郤'자의 음은 '隙(극)'이다.] 땅에서 정해진 날짜에 만나보는 것을
'회(會)'라 부른다.

> 따라서 천자는 5개의 문을 궁에 설치하는데, 그 문들은 고문(皐門), 고문(庫門),
> 치문(雉門), 응문(應門), 노문(路門)이다. 제후의 경우에는 천자보다 적은 3개의
> 문을 궁에 설치하는데, 그 문들은 고문(庫門), 치문(雉門), 노문(路門)이다. 두
> 번째 설명은 천자의 궁에 설치된 문들 중에서, 치문(雉門) 밖에 설치하는 문으로
> 해석하는 의견이다. 즉 이때의 고문(庫門)은 치문과 고문(皐門) 사이에 설치하는
> 문이 된다. 『예기』「교특생(郊特牲)」편에는 "獻命庫門之內, 戒百官也."라는 기
> 록이 있는데, 이에 대한 정현의 주에서는 "庫門, 在雉門之外. 入庫門則至廟門外
> 矣."라고 풀이하고 있다.

10) 외조(外朝)는 내조(內朝)와 대비되는 말이며, 천자 및 제후가 정사(政事)를 처리
   하던 곳이다. 『주례』「춘관(秋官)·조사(朝士)」편에 대한 정현의 주에서는 "周天
   子諸侯皆有三朝. 外朝一, 內朝二. 內朝之在路門內者, 或謂之燕朝."라는 기록
   이 있다. 즉 천자 및 제후는 3개의 조(朝)를 두는데, 1개는 '외조'이며, 나머지
   2개는 내조가 된다. 『국어(國語)』「노어하(魯語下)」편에는 "天子及諸侯合民事
   於外朝, 合神事於內朝. 自卿以下, 合官職於外朝, 合家事於內朝."라는 기록이
   있고, 이 문장에 나타난 '외조'에 대해서, 위소(韋昭)는 "言與百官考合民事於外
   朝也."라고 풀이했다. 즉 '외조'는 모든 관료들과 함께, 백성들과 관련된 정무를
   처리하던 장소이다.

11) 조사(朝士)는 『주례』의 체제에 따르면, 중사(中士) 6명이 담당을 하였고, 그 휘하
   에는 잡무를 담당하던 말단 관료 부(府) 3명, 사(史) 6명, 서(胥) 6명, 도(徒) 60명
   이 배속되어 있었다. 『주례』「추관사구(秋官司寇)」편에는 "朝士, 中士六人, 府三
   人, 史六人, 胥六人, 徒六十人."이라는 기록이 있다. 한편 '조사'는 외조(外朝)에
   서의 자리 배치 및 각종 의례 행사의 진행을 담당하였다. 『주례』「추관(秋官)·조
   사(朝士)」편에는 "朝士, 掌建邦外朝之法."이라는 기록이 있다.

集說 未及期, 在期日之前也. 郤地, 閒隙之地也. 下言相見及期日
也. 遇有遇禮, 會有會禮.

"기일이 아직 이르지 않았다."는 말은 정해진 날짜보다 이전의 시기라는
뜻이다. '극지(郤地)'는 양국의 국경 사이에 있는 비워둔 땅을 뜻한다.
두 구문 중 뒤에서 "서로 만나본다."고 한 말은 정해진 날짜가 되어 만나
는 것을 뜻한다. '우(遇)'에는 해당하는 의례절차인 우례(遇禮)가 있고,
'회(會)'에도 해당하는 의례절차인 회례(會禮)가 있다.

【061】

諸侯使大夫問於諸侯曰聘.〈曲禮下-055〉

제후가 대부를 시켜서 상대방 제후에게 문안을 여쭙는 것을 '빙(聘)'이라
부른다.

集說 比年小聘, 三年大聘. 小聘大夫往, 大聘則卿往.

매년 소빙(小聘)을 하고, 3년마다 대빙(大聘)을 한다.[12] 소빙(小聘) 때
에는 대부를 사신으로 보내는데, 대빙(大聘)인 경우라면 경을 보낸다.

【062】

約信曰誓, 涖牲曰盟.〈曲禮下-056〉

말을 통해 서로 약속을 하는 것을 '서(誓)'라 부르고, 희생물을 잡아서 맹약
을 맺는 것을 '맹(盟)'이라 부른다.

集說 約信者, 以言語相要約爲信也, 用誓禮. 涖, 臨也. 春秋所書

---

12) 『예기』「왕제(王制)」024장 : 諸侯之於天子也, <u>比年一小聘, 三年一大聘</u>, 五年
一朝. 天子五年一巡守.

遇・會・盟・聘, 皆有之, 惟無誓耳. 疏云: “盟之爲法, 先鑿地爲方
坎, 殺牲於坎上, 割牲左耳, 盛以珠盤. 又取血盛以玉敦, 用血爲盟.
書成, 乃歃血而讀書, 置牲坎中, 加書於上而埋之, 謂之載書也.”

'약신(約信)'이라는 말은 말을 통해 서로 지켜야 할 약속을 맺어서 신의로
삼는다는 뜻으로, '서(誓)'를 할 때의 예법을 사용한다. '이(涖)'자는 "~임
한다."는 뜻이다. 『춘추』에는 우(遇)·회(會)·맹(盟)·빙(聘)에 대해서
모두 기록하고 있지만, 오직 서(誓)에 대한 기록만 없다. 소에서는 "맹약
을 할 때의 예법에서는 먼저 땅을 파서 네모난 구덩이를 만들고, 희생물
을 구덩이 안에서 도축하며, 희생물의 좌측 귀를 잘라서, 보옥으로 만든
대야에 담는다. 또한 희생물의 피를 옥으로 된 대(敦)에 담아서, 그 피를
이용하여 맹약을 맺는다. 서약한 문서가 완성되면, 담아둔 희생물의 피를
입가에 바르고, 글을 낭독하며, 남은 피를 희생물을 넣어둔 구덩이 위에
올려놓고, 그 위에 서약한 문서를 올려둔 상태에서 매장을 하니, 이것을
바로 '재서(載書)'라고 부른다."라고 했다.

【063】

諸侯見天子, 曰臣某侯某. 其與民言, 自稱曰寡人. 其在凶服, 曰適
[丁歷反]**子孤.** 〈曲禮下-057〉

제후가 천자를 찾아뵐 때에는 '신하 아무개 나라 후 아무개'라 부른다. 그
가 자신의 백성들과 말을 하게 된다면, 자신을 가리켜서 '과덕한 사람'이라
부른다. 그가 상중에 있는 경우에는 '적자인['適'자는 '丁(정)'자와 '歷(력)'자의 반
절음이다.] 고아'라 부른다.

集說 臣某侯某, 如云臣齊侯小白·臣晉侯重耳之類, 擯者告天子
之辭也. 凡自稱皆曰寡人, 不獨與民言也, 此略言之耳. 適子孤, 亦
擯者告賓之辭也.

'신하 아무개 나라 후 아무개'라는 말은 예를 들어 '신하 제나라의 후 소백'

과 '신하 진나라의 후 중이'라고 부르는 용례와 같은 것이니, 부관이 천자에게 아뢸 때 쓰는 말이다. 무릇 스스로를 가리킬 때에는 모두 '과덕한 사람'이라고 말하는 것이며, 단지 백성들과 말하는 경우에만 쓰는 것이 아니니, 이곳 문장에서는 간략하게 언급했을 따름이다. '적자인 고아'라는 말은 또한 부관이 빈객에게 알리는 말이다.

【064】

臨祭祀, 內事曰孝子某侯某, 外事曰曾孫某侯某. 死曰薨, 復曰某甫
復矣.〈曲禮下-058〉

제사에 임할 때, 그 제사가 내사인 경우라면, '효자 아무개 나라의 후 아무개'라 부르고, 외사인 경우라면, '증손 아무개 나라의 후 아무개'라 부른다. 제후가 죽었을 때에는 '훙(薨)'이라 부르고, 초혼을 할 때에는 "아무개 보시여, 돌아오소서."라고 말한다.

集說 內外事見前章. 曾孫, 猶晉平公禱河而稱曾臣彪之類. 天子德厚流光, 故外事稱嗣王某. 諸侯不敢言繼嗣, 推始封之君而祖之, 故稱曾孫也. 薨之爲言顛也, 幽晦之義, 本國史書之辭. 復稱字, 臣不名君也.

내사(內事)와 외사(外事)에 대해서는 앞 장에 그 설명이 나온다. '증손(曾孫)'이라는 것은 진나라 평공이 황하에 기도를 하며, '증신인 표'[13]라고 부른 용례와 같다. 천자의 덕은 두터워서 그 은택이 널리 퍼지고 후세에까지 빛나게 된다.[14] 그렇기 때문에 천자는 외사에서 '사왕 아무개'라고 부르

---

13) 『춘추좌씨전』「양공(襄公) 18년」: 晉侯伐齊, 將濟河, 獻子以朱絲系玉二穀, 而禱曰, "齊環怙恃其險, 負其衆庶, 棄好背盟, 陵虐神主. 曾臣彪將率諸侯以討焉, 其官臣偃實先後之. 苟捷有功, 無作神羞, 官臣偃無敢復濟. 唯爾有神裁之."

14) 『춘추곡량전』「희공(僖公) 15년」: 天子七廟, 諸侯五, 大夫三, 士二, 故德厚者

는 것이다. 제후의 경우에는 감히 천자의 경우처럼 지위를 계승한다는 말을 할 수 없으므로, 처음 자신의 나라를 분봉 받은 군주를 추대하여, 그를 시조로 여기게 되기 때문에, '증손(曾孫)'이라고 부르는 것이다. '홍(薨)'자는 몽(瞢)자의 뜻으로, 어둡고 아득하다는 의미이니, 본인 나라의 사관이 역사를 기록할 때 쓰는 말이다. 초혼을 할 때에는 죽은 자의 자(字)를 부르게 되니, 신하가 감히 군주의 이름을 부를 수 없기 때문이다.

【065】

君薨, 太子號稱子, 待猶君也.〈雜記上-026〉 [雜記. 本在"附於公子"下.]

제후가 죽게 되면, 그의 적장자에 대해서는 '자(子)'라고 지칭하고, 그를 대우할 때에는 정식 군주에 대한 경우처럼 한다. [「잡기」편의 문장이다. 본래는 "공자에게 합사한다."[15]라고 한 문장 뒤에 수록되어 있었다.]

集說 君在稱世子, 君薨則稱子, 踰年乃得稱君也. 僖九年傳云: "凡在喪, 王曰小童, 公侯曰子." 待猶君者, 謂與諸侯竝列, 供待之禮, 猶如正君也.

제후가 생존해 있을 때 그의 적장자에 대해서는 '세자(世子)'라 지칭하며, 제후가 죽으면 '자(子)'라고 지칭하고, 그 해를 넘기면 곧 '군(君)'이라 지칭할 수 있다. 희공(僖公) 9년에 대한 『좌전』의 기록에서는 "무릇 상중에 있게 되면 천자의 적장자에 대해서는 '소동(小童)'이라 부르고, 공작·후작의 적장자에 대해서는 '자(子)'라고 부른다."[16]라고 했다. '대유군(待猶君)'이라는 말은 제후와 병렬이 되어, 그를 대우하는 예법을 정식 군주에 대한 경우처럼 한다는 뜻이다.

流光, 德薄者流卑, 是以貴始, 德之本也, 始封必爲祖.

15) 『예기』「잡기상(雜記上)」 025장 : 公子附於公子.

16) 『춘추좌씨전』「희공(僖公)」 9년 : 九年春, 宋桓公卒. 未葬而襄公會諸侯, 故曰"子". 凡在喪, 王曰"小童", 公侯曰"子".

【066】

旣葬, 見天子曰類見. 言諡曰類.〈曲禮下-059〉[本在"某甫復矣"下.]

죽은 제후에 대해서 장례를 치르고 난 뒤, 제후의 지위를 계승한 아들이
천자를 찾아뵙는 것을 "비슷한 예법으로써 찾아뵙는다."라 부른다. 죽은
부친에 대해서 천자에게 시호를 청원하게 될 때에는 '비슷한 예법'이라 부
른다. [본래는 "아무개 보시여, 돌아오소서."[17]라고 한 문장 뒤에 수록되어 있었다.]

集說 呂氏曰: 繼先君之德, 乃得受國而見天子, 故曰類見. 誄先君
之善, 而請諡於天子, 故亦曰類.

여씨가 말하길, 선대 군주의 덕을 계승하면, 곧 그 국가를 이어받아서
천자를 알현할 수 있기 때문에, "비슷한 예법으로써 찾아뵙는다."라고 부른
것이다. 선대 군주의 선행에 대해 뇌(誄)[18]를 하고서, 천자에게 선대 군주
에 대한 시호를 청원하기 때문에, 이 또한 '비슷한 예법'이라고 부른다.

【067】

諸侯使人使[去聲]於諸侯, 使者自稱曰寡君之老.〈曲禮下-060〉

제후가 신하를 시켜서 상대방 제후에게 사신['使'자는 거성으로 읽는다.]으로 보
낼 때, 사신으로 간 자는 자신을 지칭하며, '저희 군주의 노신'이라 말한다.

集說 寡君之老, 惟上大夫可稱. 見玉藻.

'저희 군주의 노신'이라는 말은 오직 상대부(上大夫)[19]만이 쓸 수 있는

---

17) 『예기』「곡례하(曲禮下)」058장 : 臨祭祀, 內事曰孝子某侯某, 外事曰曾孫某侯
    某. 死曰薨, 復曰某甫復矣.

18) 뇌(誄)는 죽은 자의 행적들을 열거하여, 그 기록들을 읽으며, 시호(諡號)를 짓는
    것을 뜻한다. '뇌'자는 "묶는다[累]."는 뜻이다. 즉 죽은 자의 행적을 하나로 엮는다
    는 의미이다.

19) 상대부(上大夫)는 대부(大夫)의 등급 중 하나이다. 대부는 상(上)·중(中)·하

칭호이다. 자세한 내용은 『예기』「옥조(玉藻)」편에 나온다.²⁰⁾

【068】

列國之大夫, 入天子之國曰某士, 自稱曰陪臣某, 於外曰子, 於其國曰寡君之老, 使者自稱曰某.〈曲禮下-067〉[本在"則自名也"下.]

제후국의 대부가 천자의 수도에 들어서게 되면, '아무개 나라의 사'라 부르고, 스스로를 지칭하여서는 '신하의 신하인 아무개'라 부르며, 외지에서는 '~자(子)'라 부르고, 본인이 속한 제후국에서는 '저희 군주의 노신'이라 부르며, 사신으로 간 경우라면 자신을 지칭하며 '아무개'라 부른다. [본래는 "자신의 이름을 댄다."²¹⁾라고 한 문장 뒤에 수록되어 있었다.]

集說 某士, 擯者稱其人曰某國之士也. 晉韓起聘于周, 擯者曰: "晉士起." 蓋列國卿大夫, 其命數與天子之士等也. 陪, 重也. 諸侯爲天子之臣, 己又爲諸侯之臣也. 於外曰子者, 亦擯者辭, 在他國則擯者稱其姓而曰子, 春秋閔二年, "齊高子來盟", 高傒是也. 於其國曰寡君之老, 謂在己國與人語, 則以此自稱也. 使者自稱曰某, 某, 名也, 若爲使在他國與彼君語, 則稱名也.

'모사(某士)'는 부관이 그 사람을 지칭하여, '아무개 나라의 사'라고 부른다는 뜻이다. 진나라 한기가 주나라에 빙문을 왔는데, 부관이 '진나라의 사 기'라고 불렀다.²²⁾ 아마도 제후국의 경과 대부들은 그들의 명(命) 등

(下)로 재차 분류되는데, '상대부'는 대부들 중에서도 가장 높은 작위이다. 한편 제후국에 있어서 '상대부'는 경(卿)으로 분류되기도 하였다.

20) 『예기』「옥조(玉藻)」144장 : 上大夫曰下臣, 擯者曰<u>寡君之老</u>. 下大夫自名, 擯者曰寡大夫. 世子自名, 擯者曰寡君之適.

21) 『예기』「곡례하(曲禮下)」066장 : 子於父母, 則<u>自名也</u>.

22) 『춘추좌씨전』「양공(襄公) 26년」: 晉韓宣子聘于周, 王使請事. 對曰, "<u>晉士起</u>將歸時事於宰旅, 無他事矣."

급이 천자에게 소속된 사들과 동등하기 때문에, 이처럼 부렸던 것 같다. '배(陪)'자는 "중첩되었다."는 뜻이다. 제후는 천자의 신하가 되는데, 제후의 대부는 또한 제후의 신하가 된다는 뜻이다. "외지에서는 자(子)라고 부른다."는 말은 또한 부관이 말을 할 때 그를 가리켜서 쓰는 칭호이니, 다른 나라에 머무는 경우라면, 부관은 그의 성(姓)을 지칭하고, 거기에 '자(子)'자를 붙여서 부르게 된다. 『춘추』민공(閔公) 2년에, "제나라 고자(高子)가 찾아와서 맹약을 맺었다."[23]라고 하였는데, 고혜(高傒)는 바로 '고자(高子)'에 해당한다. "본인이 속한 제후국에서는 '저희 군주의 노신'이라고 부른다."는 말은 본인이 속한 제후국에서 다른 사람들과 대화를 하는 경우에는 이러한 명칭으로 자신을 가리킨다는 뜻이다. "사신으로 간 경우라면, 자신을 지칭하며, '아무개'라고 부른다."라고 하였는데, '아무개'라는 말은 이름을 대는 자리이니, 만약 사신의 임무로 다른 나라에 가서, 그곳 군주와 말을 하게 된다면, 자신의 이름을 대게 된다.

【069】

天子不言出, 諸侯不生名, 君子不親惡. 諸侯失地名, 滅同姓名.〈曲禮
下-068〉

천자에게는 "나갔다."라고 기록하지 않고, 제후에게는 그가 살아있는 경우라면, 그의 이름을 기록하지 않으니, 군자는 악을 가까이 하지 않기 때문이다. 제후가 자신의 나라를 잃게 되면, 그 사람의 이름을 기록하고, 동성인 국가를 멸망시키면, 또한 그 사람의 이름을 기록한다.

集說 呂氏曰: 天子無外, 安得而言出? 然而言出者, 德不足以君天下, 而位號存焉耳. 諸侯不生名, 惟死而告終, 然後名之, 然有生名者, 德不足以名君子, 而位號存焉耳. 故天子不言出, 諸侯不生名, 皆

---

23)『춘추』「민공(閔公) 2년」: 冬, 齊高子來盟.

謂君子不親惡故也.

여씨가 말하길, 천자가 다스리는 대상은 천하이므로, 국경 밖이라는 것이 없는데,[24] 어떻게 "밖으로 나간다."라고 말할 수 있겠는가? 그런데도 '출 (出)'이라고 말하는 것은 그 자의 덕은 천하를 다스리기에는 부족하고, 단지 천자의 지위와 칭호만이 있을 뿐이라는 뜻이다. 제후의 경우에는 살아있을 때 이름을 기록하지 않고, 오직 그 자가 죽게 되어, 임종을 알린 연후에야, 그 자를 이름으로 기록한다. 그런데도 살아 있는 자에게 이름 으로 기록한다는 말은 그 자의 덕은 군주라는 명칭으로 부르기에는 부족 하고, 단지 제후의 지위와 칭호만이 있을 뿐이라는 뜻이다. 그러므로 천 자에 대해서는 '출(出)'이라 기록하지 않고, 제후에 대해서는 살아있는 경우라면 이름으로 기록하지 않는데, 이것은 모두 군자가 악을 가까이 하지 않기 때문이라는 뜻이다.

集說 陳氏曰: 言出, 所以外之, 生名, 所以賤之. 春秋書"天王出居 于鄭", 譏之也, 書"以蔡侯獻舞歸", 以其失地也, 書"衛侯燬滅邢", 以 其滅同姓也. 夫天子之言出, 諸侯之生名, 皆有大惡, 在所棄焉, 君子 所以不親也. 然春秋書天王居於某地者二, 而不言出, 諸侯失地而奔 者十五, 滅同姓者三, 而有不生名者, 莫非出居而事有異同, 莫非失 地滅同姓而罪有輕重故也. 蓋諸侯義莫大於保國, 仁莫大於親親, 不 能保國而至於失地, 不能親親而至於滅同姓, 其名之也宜矣.

진씨가 말하길, '출(出)'이라 기록하는 것은 그를 멀리 대하는 것이고, 살 아있는 제후를 이름으로 기록하는 것은 그를 천시하는 것이다. 『춘추』에 서 "천왕이 밖으로 나가서 정나라에 머물렀다."[25]라고 기록한 말은 곧 그 사실을 기롱하였기 때문이며, "채나라 후작 헌무를 포로로 잡아서 돌

---

24) 『춘추곡량전』「환공(桓公) 8년」 : 或曰天子無外, 王命之則成矣.
25) 『춘추』「희공(僖公) 24년」 : 冬, 天王出居于鄭.

아왔다."26)라 기록한 말은 그가 자신의 영지를 잃었기 때문이며, "위나라 후작 훼가 형나라를 멸망시켰다."27)라 기록한 말은 그가 동성의 나라를 멸망시켰기 때문이다. 무릇 천자에 대해서 '출(出)'이라 기록하고, 제후가 살아있는데도 그의 이름을 기록한 것은 모두 큰 잘못이 있어서, 그를 이러한 예법에서 제외시킬만한 일이 있기 때문에, 군자가 가까이 대하지 않은 것이다. 그런데 『춘추』에는 천왕이 어느 땅에 머문다는 기록을 두 곳에서 기록하고 있는데, '출(出)'이라 언급하지 않은 경우도 있다. 그리고 제후가 자신의 영지를 잃고 다른 나라로 달아난 경우는 열다섯 곳에서 기록하고 있으며, 동성인 나라를 멸망시킨 경우도 세 곳에서 기록하고 있다. 그러나 이러한 기록들 중에는 그 자가 살아있는 경우에도 이름으로 기록하지 않은 것이 있다. 그 이유는 모두들 밖으로 쫓겨나서 다른 곳에 머문 경우에 해당하지만, 그 사안에는 차이점이 있기 때문이고, 또한 모두들 땅을 잃거나 동성의 나라를 멸망시킨 경우에 해당하지만, 그 죄에는 경중의 차이가 있기 때문이다. 무릇 제후가 지켜야 하는 의 중에는 자신의 나라를 수호해야 하는 것보다 큰 것이 없고, 인 중에는 친애하는 이를 친근하게 대하는 것보다 큰 것이 없으니, 자신의 나라를 지키지 못하여 그 영지를 잃어버리는 지경에 이르게 되고, 친애하는 이를 친애하게 대하지 못하여 동성의 나라를 멸망시키는 지경에 이르게 된 경우에는 그의 이름을 기록하는 것이 마땅한 것이다.

【070】

凡自稱, 天子曰: "予一人." 〈玉藻-139〉 [玉藻. 本在"揚休玉色"下.]
무릇 스스로를 지칭함에 있어서, 천자의 경우에는 '천하의 사람들 중 가장 존귀한 나'라고 말한다. 「옥조」편의 문장이다. 본래는 "양기처럼 만물을 따뜻하게 만

---

26) 『춘추』「장공(莊公) 10년」 : 秋, 九月, 荆敗蔡師于莘, <u>以蔡侯獻舞歸.</u>
27) 『춘추』「희공(僖公) 25년」 : 二十有五年, 春, 王正月, 丙午, <u>衛侯燬滅邢.</u>

들어 주어야 한다.²⁸⁾ 얼굴빛은 옥처럼 변함이 없어야 한다.²⁹⁾"라고 한 문장 뒤에 수록되어 있었다.]

集說 一者, 無對之稱.

'일(一)'이라는 것은 상대되는 자가 없다는 칭호이다.

【071】
伯曰: "天子之力臣." 〈玉藻-140〉

백의 경우에는 '천자를 위해서 힘을 쓰는 신하'라고 말한다.

集說 天子三公, 一相處內, 二伯分主畿外諸侯. 蓋股肱之臣, 宣力四方者也, 故曰力臣.

천자에게는 삼공이 있으니, 한 명의 재상은 천자의 수도에 머물고, 나머지 두 명의 백(伯)³⁰⁾은 수도 밖의 제후들을 나눠서 담당한다. 무릇 군주의 다리나 팔과 같은 신하는 사방에 대해서 힘을 펼치는 자이다. 그렇기 때문에 '역신(力臣)'이라고 말한 것이다.

---

28) 『예기』「옥조(玉藻)」 137장 : 盛氣顚實<u>揚休</u>.

29) 『예기』「옥조(玉藻)」 138장 : 玉色.

30) 이백(二伯)은 주(周)나라 초기에 천하를 동서(東西)로 양분하여, 각 방위에 있던 제후들을 다스렸던 2명의 주요 신하를 가리키는 말이다. 구체적 인물로는 주공(周公)과 소공(召公)이 '이백'을 맡았었다고 전해진다. 『공총자(孔叢子)』「거위(居衛)」편에는 "古之帝王, 中分天下, 使二公治之, 謂之<u>二伯</u>."이라는 기록이 있고, 『예기』「왕제(王制)」편에는 "八伯各以其屬, 屬於天子之老二人, 分天下以爲左右, 曰<u>二伯</u>."이라는 기록이 있는데, 이에 대한 정현의 주에서는 "自陝以東, 周公主之, 自陝以西, 召公主之."라고 풀이했다.

【072】
諸侯之於天子, 曰: "某土之守[去聲]臣某."〈玉藻-141〉
제후는 천자에 대해서, 제 스스로를 지칭할 때에는 '아무개 땅을 지키는['守'
자는 거성으로 읽는다.] 신하 아무개'라고 말한다.

集說 某土, 猶云東土西土之類.
'모토(某土)'는 마치 동토나 서토라고 지칭하는 부류와 같다.

【073】
其在邊邑, 曰: "某屛[丙]之臣某."〈玉藻-142〉
변방에 사는 제후의 경우에는 '아무개 외지의['屛'자의 음은 '丙(병)'이다.] 신하
아무개'라고 말한다.

集說 邊邑遠, 謂之屛者, 藩屛之義, 所以蔽內而捍外也.
변방 읍은 멀리 떨어져 있는데, 그곳을 병풍이라고 부르는 이유는 왕실을
울타리처럼 막는 뜻이 있어서이니, 안쪽을 가리고 바깥쪽을 막는 것이다.

【074】
其於敵以下, 曰: "寡人." 小國之君, 曰: "孤." 擯者亦曰: "孤."〈玉藻
-143〉
제후는 자신과 신분이 대등하거나 그 이하인 자에 대해서 자신을 지칭하
며, '과인'이라 말하고, 소국의 제후는 '고'라 자칭하며, 부관이 말을 전달할
때에도 또한 '고'라 지칭한다.

集說 此章與曲禮小異者, 此據自稱爲辭, 彼則擯者之辭也.
이 장의 내용은 「곡례」편과 작은 차이점을 보이는데, 그 이유는 이곳 기

록은 제 스스로 지칭하며 쓰는 말에 기준을 두었고, 「곡례」편은 부관이 전달하는 말에 기준을 두었기 때문이다.

【075】

上大夫曰: "下臣", 擯者曰: "寡君之老". 下大夫自名, 擯者曰: "寡大夫". 世子自名, 擯者曰: "寡君之適[的]." 〈玉藻-144〉

상대부는 제후에 대해 자신을 지칭할 때, '하신'이라 말하고, 부관이 말을 전달할 때에는 '과군의 노인'이라 말한다. 하대부는 자기 이름을 대고, 부관이 말을 전달할 때에는 '과대부'라 말한다. 세자는 자신의 이름을 대고, 부관이 말을 전달할 때에는 '과군의 적자'라[適'자의 음은 '的(적)'이다.] 말한다.

集說 此明自稱與擯者之辭不同也.

이 내용은 스스로 지칭하는 말과 부관이 전달하는 말이 다르다는 사실을 나타낸다.

【076】

公子曰: "臣孽[五葛反]." 〈玉藻-145〉

세자를 제외한 나머지 아들들이 지칭할 때에는 '신하인 서자[孽'자는 '五(오)'자와 '葛(갈)'자의 반절음이다.]'라고 말한다.

集說 適而傳世者, 謂之世子, 餘則但稱公子而已. 讀孽爲枿者, 蓋比之木生之餘也, 故以臣孽自稱.

적자는 세대를 전수받는 자이므로, '세자(世子)'라 말하고, 나머지 아들들의 경우에는 단지 '공자(公子)'라고만 지칭할 따름이다. '얼(孽)'자를 얼(枿)자로 풀이하는 것은 나무가 생장할 때 본줄기 이외의 나머지 줄기를 비유한 것이다. 그렇기 때문에 '신얼(臣孽)'이라는 말로 스스로를 지칭하는 것이다.

【077】

士曰: "傳[張戀反]遽之臣." 於大夫曰: "外私." 〈玉藻-146〉

사는 자신의 군주에 대해서, 스스로를 지칭하며 '긴급한 명령을 전달하는 ['傳'자는 '張(장)'자와 '戀(련)'자의 반절음이다.] 신하'라 말한다. 가신은 다른 대부에 대해서, 스스로를 '외사'라 지칭한다.

集說 驛傳之車馬, 所以供忌遽之令, 士賤而給車馬之役使, 故自稱傳遽之臣也. 家臣稱私, 此大夫非己所臣事者, 故對之言, 則自稱外私也.

역전의 수레와 말은 긴급한 명령을 전달하기 위한 것이며, 사는 신분이 미천하고, 수레와 말을 부리는 일에 참여한다. 그렇기 때문에 스스로를 지칭하며 '긴급한 명령을 전달하는 신하'라고 말하는 것이다. 가신은 '사(私)'라고 지칭하니, 여기에서 말한 대부는 자신이 신하로 섬기는 자가 아니다. 그렇기 때문에 그를 대하며 하는 말에서는 스스로를 '외사(外私)'라고 지칭하는 것이다.

【078】

大夫私事使[去聲], 私人擯, 則稱名. 〈玉藻-147〉

대부가 사적인 일로 사신으로['使'자는 거성으로 읽는다.] 가게 되어, 자신에게 소속된 신하가 부관의 역할을 하여 말을 전달하면, 대부의 이름을 지칭한다.

集說 私事, 謂非行聘禮, 而以他事奉君命往使隣國也. 隨行之人當謂之介, 曰擯者, 擯是主人之副, 今以在賓館而主國致禮, 則己爲主人, 故稱擯也. 私人, 己之屬臣也. 私事使而私人擯, 則無問上大夫·下大夫, 皆降而稱名, 以非正聘故也.

'사사(私事)'는 빙례를 시행하는 것이 아니며, 다른 사안으로 인해 군주의 명령을 받들고, 이웃 나라에 사신으로 찾아가는 것을 뜻한다. 수행하는 자는 마땅히 '개(介)'라고 불러야 하는데, '빈(擯)'이라고 말한 이유는 빈(擯)은 주인의 부관이 되는데, 현재 빈관에 머물러 있고, 방문을 받는 나라에서 예법을 지극히 베풀게 되면, 본인을 주인으로 삼게 된다. 그렇기 때문에 '빈(擯)'이라고 지칭한 것이다. '사인(私人)'은 자신에게 속해 있는 신하를 뜻한다. 사적인 일로 사신으로 가서, 사인이 부관 역할을 하여 말을 전달하면, 상대부나 하대부에 상관없이 모두 그 등급을 낮춰서 이름을 지칭하니, 정식으로 빙문을 한 경우가 아니기 때문이다.

【079】

公士擯, 則曰"寡大夫"・"寡君之老".〈玉藻-148〉

대부가 정식적인 빙례를 시행하여, 공사가 빈을 맡게 되면, 빈이 말을 전달할 때, 하대부의 경우에는 '과대부'라 지칭하고, 상대부의 경우에는 '과군의 노인'이라 지칭한다.

集說 公士, 公家之士也. 若正行聘禮, 以公士爲擯, 其下大夫往行小聘之禮, 則擯辭稱寡大夫; 其上大夫往行大聘之禮, 則擯辭稱寡君之老.

'공사(公士)'는 공가의 사를 뜻한다. 만약 정식적인 빙례를 시행하는 경우라면, 공사를 빈으로 삼으니, 하대부가 찾아가서 소빙(小聘)[31]의 의례를 시행하는 경우라면, 빈이 말을 전달할 때, '과대부(寡大夫)'라 지칭하고, 상대부가 찾아가서 대빙(大聘)[32]의 의례를 시행하는 경우라면, 빈이

---

31) 소빙(小聘)은 본래 제후가 대부(大夫)를 시켜서 매해 천자를 찾아뵙는 것을 뜻한다. 제후는 천자에 대해서, 매년 '소빙'을 하고, 3년에 1번 대빙(大聘)을 하며, 5년에 1번 조(朝)를 한다. 대빙을 할 때에는 경(卿)을 시키고, 조를 할 때에는 제후가 직접 찾아간다. 『예기』「왕제(王制)」편에는 "諸侯之於天子也, 比年一小聘, 三年一大聘, 五年一朝."라는 기록이 있고, 이에 대한 정현의 주에서는 "比年, 每歲也. 小聘使大夫, 大聘使卿, 朝則君自行."이라고 했다.

말을 전달할 때, '과군의 노인'이라 지칭한다.

【080】

大夫有所往, 必與公士爲賓[去聲]也.〈玉藻-149〉

대부가 빙문으로 찾아갈 일이 있다면, 반드시 공사를 부관으로['賓'자는 거성으로 읽는다.] 삼는다.

集說 賓, 讀爲擯, 介也. 謂大夫有正聘之往, 必使公士作介也.

'빈(賓)'자는 빈(擯)자로 풀이하니, 부관을 뜻한다. 즉 대부에게 정식으로 빙문을 시행하여 찾아가는 일이 발생하면, 반드시 공사를 개로 삼는다는 뜻이다.

集說 方氏讀賓如字, 謂擯雖爲賓執事, 其實亦與之同爲賓而已, 故曰與公士爲賓也.

방씨는 '빈(賓)'자를 글자대로 풀이했으니, 빈이 비록 빈객을 위해서 일을 맡아본다 하더라도, 실제로는 또한 그를 동일하게 빈객으로 삼을 수 있을 따름이다. 그렇기 때문에 "공사와 더불어서 빈객이 된다."라고 말했다는 뜻이다.

附註 公士爲賓, 方氏說是.

'공사위빈(公士爲賓)'에 대한 풀이는 방씨의 주장이 옳다.

---

32) 대빙(大聘)은 본래 제후가 경(卿)을 시켜서 매해 천자를 찾아뵙는 것을 뜻한다. 제후는 천자에 대해서, 매년 소빙(小聘)을 하고, 3년에 1번 '대빙(大聘)'을 하며, 5년에 1번 조(朝)를 한다. 소빙을 할 때에는 대부(大夫)를 시키고, 조를 할 때에는 제후가 직접 찾아간다. 『예기』「왕제(王制)」편에는 "諸侯之於天子也, 比年一小聘, 三年一大聘, 五年一朝."라는 기록이 있고, 이에 대한 정현의 주에서는 "比年, 每歲也. 小聘使大夫, 大聘使卿, 朝則君自行."이라고 했다.

【081】

君大夫之子, 不敢自稱曰余小子, 大夫士之子, 不敢自稱曰嗣子某,
不敢與世子同名.〈曲禮下-007〉[本在"家相長妾"下.]

군주와 대부의 자식은 감히 자신을 '여소자(余小子)'라고 부르지 못하며,
대부와 사의 자식은 감히 자신을 '사자 아무개'라고 부르지 못하고, 감히
세자와 같은 글자로 이름을 짓지 못한다. [본래는 "가상과 장첩"[1]이라고 한 문장
뒤에 수록되어 있었다.]

集說 列國之君與天子之大夫, 其子皆不敢自稱余小子, 避嗣天子
之稱也. 列國之大夫與士之子, 不敢自稱嗣子某, 避嗣諸侯之稱也.

제후국들의 군주와 천자에게 소속된 대부들의 경우, 그들의 자식들은 모
두 자신을 감히 '여소자(余小子)'라고 부르지 못하니, 천자의 지위를 잇
게 되는 태자의 칭호를 피하기 위해서이다. 제후국에 소속된 대부와 사의
자식들은 자신을 감히 '사자 아무개'라고 부르지 못하니, 제후의 지위를
잇게 되는 세자의 칭호를 피하기 위해서이다.

集說 呂氏曰: 世子, 君之適子也. 諸臣之子不敢與之同名, 亦避君
也. 若名之在世子之前, 則世子爲君亦不避. 穀梁傳曰, "衛齊惡, 衛
侯惡, 何爲君臣同名也? 君子不奪人名, 不奪人親之所名."

여씨가 말하길, '세자(世子)'는 군주의 적장자를 뜻한다. 여러 신하의 자
식들은 감히 세자와 같은 글자로 이름을 짓지 않으니, 이 또한 군주에
대한 결례를 피하기 위해서이다. 만약 이름을 지은 시기가 세자의 이름을
지은 시기보다 앞이 된다면, 이후에 세자가 군주가 되더라도, 또한 이름
쓰는 것을 피하지 않는다. 『곡량전』에서는 "위나라의 제오(齊惡)와 위나
라 제후의 오(惡)는 어찌하여 군주와 신하가 같은 글자로 이름을 짓게

---

1) 『예기』「곡례하(曲禮下)」006장 : 國君不名卿老世婦, 大夫不名世臣姪娣, 士不
名家相長妾.

된 것인가? 군자는 남의 이름을 빼앗지 않으니, 남의 부친이 지어준 이름을 빼앗을 수 없기 때문이다."[2]라고 했다.

【082】

名子者, 不以國, 不以日月, 不以隱疾, 不以山川.〈107〉 [本在"筋力爲禮"下.]

자식의 이름을 지을 경우에는 국명으로 짓지 않고, 해나 달 등의 고유명사로 짓지 않으며, 그에게 있는 은질(隱疾)[3]로 짓지 않고, 산천 등의 지명으로 짓지 않는다. [본래는 "힘을 써야 하는 일에 중점을 두고 예법을 시행한다."[4]라고 한 문장 뒤에 수록되어 있었다.]

集說 常語易及, 則避諱爲難, 故名子者不之用.

일상적으로 사용하는 용어들은 자주 언급되므로, 피휘하기가 어렵게 된다. 그렇기 때문에 자식의 이름을 지을 때에는 이러한 용어들을 사용하지 않는 것이다.

【083】

天子有后, 有夫人, 有世婦, 有嬪, 有妻, 有妾.〈曲禮下-043〉 [本在"死亦名之"下.]

천자에게는 1명의 왕후가 있고, 3명의 부인이 있으며, 27명의 세부가 있고, 9명의 빈이 있으며, 81명의 어처가 있고, 다수의 첩들이 있다. [본래는 "상을

---

2) 『춘추곡량전』「소공(昭公) 7년」: 秋, 八月, 戊辰, 衛侯惡卒. 鄕曰衛齊侯, 今曰衛侯惡, 此何爲君臣同名也, 君子不奪人名, 不奪人親之所名, 重其所以來也, 王父名子也.

3) 은질(隱疾)은 겉으로 잘 드러나지 않는 질병들을 뜻한다.

4) 『예기』「곡례상」106장 : 貧者, 不以貨財爲禮, 老者, 不以筋力爲禮.

치르다 죽었을 때에도 이처럼 부른다."5)라고 한 문장 뒤에 수록되어 있었다.]

集說 三夫人, 九嬪, 二十七世婦, 八十一御妻. 自后而下, 皆三因而增其數. 妾之數未聞.

천자는 왕후 외에도, 3명의 부인(夫人), 9명의 빈(嬪), 27명의 세부(世婦), 81명의 어처(御妻)를 두었다. 왕후(王后)로부터 그 이하의 여자들은 모두 3배수를 하여 그 수를 증가시킨다. 첩이 정확히 몇 명이었는지는 기록이 없어서 확인할 수 없다.

【084】
公侯有夫人, 有世婦, 有妻, 有妾. 〈曲禮下-063〉6) [本在"庶人曰妻"下.]
공작과 후작은 부인을 두며, 세부를 두고, 처를 두며, 첩을 둔다. [본래는 "서인의 정부인을 '처(妻)'라 부른다."7)라고 한 문장 뒤에 수록되어 있었다.]

附註 諸侯一夫人, 卽正妃. 世婦以下, 未聞.
제후에게 있는 1명의 부인(夫人)이 정비가 된다. 세부(世婦)로부터 그 이하의 여자들에 대해서는 들어보지 못했다.

---

5) 『예기』「곡례하(曲禮下)」 042장 : 天子未除喪, 曰予小子. 生名之, <u>死亦名之</u>.

6) 『예기』「곡례하(曲禮下)」 063장 : <u>公侯有夫人, 有世婦, 有妻, 有妾</u>. 夫人自稱於天子, 曰老婦.

7) 『예기』「곡례하(曲禮下)」 062장 : 天子之妃曰后, 諸侯曰夫人, 大夫曰孺人, 士曰婦人, <u>庶人曰妻</u>.

天子之妃曰后, 諸侯曰夫人, 大夫曰孺人, 士曰婦人, 庶人曰妻. 〈曲禮
下-062〉 [本在"庶人僬僬"下.]

천자의 정부인을 '왕후后'라 부르고, 제후의 정부인을 '부인(夫人)'이라 부
르며, 대부의 정부인을 '유인(孺人)'이라 부르고, 사의 정부인을 '부인(婦
人)'이라 부르며, 서인의 정부인을 '처(妻)'라 부른다. [본래는 "서인은 용모를
꾸미지 않고 빠른 걸음으로 걷는다."[1]라고 한 문장 뒤에 수록되어 있었다.]

集說 鄭氏曰: 妃, 配也. 后之言後也. 夫之言扶, 孺之言屬, 婦之言
服, 妻之言齊.

정현이 말하길, '비(妃)'자는 배필이라는 뜻이다. '후(后)'자는 "뒤에 있
다."는 뜻이며, '부(夫)'자는 "떠받친다."는 뜻이고, '유(孺)'자는 "친속이
된다."는 뜻이며, '부(婦)'자는 "복종한다."는 뜻이고, '첩(妾)'자는 "일심동
체가 된다."는 뜻이다.

【086】

夫人自稱於天子, 曰老婦. 〈曲禮下-063〉[2] [本在"公侯有妻有妾"下.]

공작과 후작의 정부인은 천자에게 자신을 지칭하며, '노부(老婦)'라 말한
다. [본래는 "공작과 후작은 처를 두며 첩을 둔다."라고 한 문장 뒤에 수록되어 있었다.]

集說 畿內諸侯之妻, 因助祭於王后, 或因獻繭之屬, 故得以見天子.

천자의 수도에 속한 제후들의 처는 수도 안에 머물러 있기 때문에, 왕후

---

1) 『예기』「곡례하(曲禮下)」 061장 : 天子穆穆, 諸侯皇皇, 大夫濟濟, 士蹌蹌, <u>庶人</u>
<u>僬僬</u>.

2) 『예기』「곡례하(曲禮下)」 063장 : 公侯有夫人, 有世婦, 有妻, 有妾. <u>夫人自稱於</u>
<u>天子, 曰老婦</u>.

(王后)를 따라 제사를 돕게 되거나 혹은 누에를 쳐서 나온 견직물을 헌상하는 일 등에 연유하여, 천자를 뵐 수 있었던 것이다.

集說 陳氏曰: 不以老稱, 不足以任其事, 不以婦稱, 非所以能事人. 故稱老婦.

진씨가 말하길, '노(老)'라고 부르지 않으면, 그 임무를 맡기에는 충분하지 못하게 되며, '부(婦)'라고 부르지 않으면, 다른 사람을 섬길 수 있는 자가 아니게 된다. 그렇기 때문에 '노부(老婦)'라고 부르는 것이다.

集說 應氏曰: 年高者, 固可稱老婦, 其始嫁者宜如何稱? 則亦曰婦, 而配之以卑小之名耳.

응씨가 말하길, 나이가 매우 많은 자에게는 진실로 '노부(老婦)'라고 부를 수 있는데, 그녀가 처음 시집을 온 경우라면, 어떻게 불러야만 하는가? 이러한 경우에도 '부(婦)'라고 부르되, 낮거나 어리다는 뜻의 글자를 함께 붙여서 부르게 될 따름이다.

【087】
自稱於諸侯, 曰寡小君.〈曲禮下-064〉
제후의 부인이 다른 나라의 제후에게 자신을 지칭할 때에는 '과소군(寡小君)'이라 부른다.

集說 疏曰: 此諸侯, 謂他國君也. 古者諸侯相饗, 夫人亦出, 故得自稱也. 坊記云, "陽侯殺繆侯而竊其夫人, 故大饗廢夫人之禮." 君之妻曰小君, 而云寡者, 亦從君爲謙也.

소에서 말하길, 여기에서 말하는 제후는 다른 제후국의 군주를 뜻한다. 고대에는 제후들끼리 서로 향연을 베풀 때, 그의 부인들도 함께 참석하였기 때문에, 다른 나라의 제후에게 자신을 지칭할 수 있었다. 『예기』「방기

(坊記)」편에서 "양후(陽侯)는 오히려 목후(繆侯)를 살해하고 그의 부인을 빼앗았다. 그렇기 때문에 대향(大饗)3)의 의례에서는 부인이 술잔을 건네는 예를 폐지했던 것이다."4)라고 했다. 군주의 처를 '소군(小君)'이라고 부르는데, '과(寡)'자를 덧붙인 이유는 또한 남편인 군주가 취하는 예절에 따라서, 자신을 겸손하게 낮추기 때문이다.

【088】

自稱於其君, 曰小童. 自世婦以下, 自稱曰婢子.〈曲禮下-065〉
제후의 부인이 자신의 남편인 군주에게 스스로를 지칭할 때에는 '어린 아이'라 부른다. 세부로부터 그 이하의 여자들이 자신의 군주에게 스스로를 지칭할 때에는 '미천한 자'라 부른다.

集說 小童, 未成人之稱. 婢之言卑也.
'소동(小童)'은 아직 성인이 되지 못한 자에게 붙이는 칭호이다. '비(婢)'자는 "미천하다."는 뜻이다.

【089】

子於父母, 則自名也.〈曲禮下-066〉
자식이 부모를 대하는 경우라면, 자신의 이름을 댄다.

---

3) 대향(大饗) : '대향'은 큰 연회를 뜻한다. 본래는 천자가 조회로 찾아온 제후들에게 베풀었던 성대한 연회를 가리킨다. 『예기』「중니연거(仲尼燕居)」편에는 "大饗有四焉."이라는 기록이 있고, 이에 대한 정현의 주에서는 "大饗, 謂饗諸侯來朝者也."라고 풀이했다.

4) 『예기』「방기(坊記)」033장 : 子云, "禮, 非祭, 男女不交爵. 以此坊民, 陽侯猶殺繆侯而竊其夫人. 故大饗廢夫人之禮."

集說 自稱其名.

스스로 자신의 이름을 대는 것이다.

【090】

生曰父, 曰母, 曰妻. 死曰考, 曰妣, 曰嬪. 〈曲禮下-109〉5) [本在"夫曰皇辟"
下.]

부친이 살아계실 때에는 부친을 '부(父)'라 부르고, 모친이 살아계실 때에
는 모친을 '모(母)'라 부르며, 아내가 살아있을 때에는 아내를 '처(妻)'라
부른다. 부친이 돌아가셨을 때에는 부친을 '고(考)'라 부르고, 모친이 돌아
가셨을 때에는 모친을 '비(妣)'라 부르며, 아내가 죽었을 때에는 아내를
'빈(嬪)'이라 부른다. [본래는 "남편에 대한 제사를 지낼 때에는 '황벽(皇辟)'이라고 부른
다."6)라고 한 문장 뒤에 수록되어 있었다.]

集說 嬪者, 婦人之美稱, 嬪, 猶賓也, 夫所賓敬也.

'빈(嬪)'자는 부인들을 부르는 아름다운 칭호이며, '빈(嬪)'자는 빈객을 뜻
하는 말과 같으니, 남편이 빈객처럼 공경하는 대상이라는 의미이다.

【091】

祭王父曰皇祖考, 王母曰皇祖妣, 父曰皇考, 母曰皇妣, 夫曰皇辟
[璧].〈曲禮下-108〉[本在"死寇曰兵"下.]

왕부(王父)7)에 대한 제사를 지낼 때에는 '황조고(皇祖考)'라 부르고, 왕모

---

5) 『예기』「곡례하(曲禮下)」 109장 : 生曰父, 曰母, 曰妻. 死曰考, 曰妣, 曰嬪. 壽考
曰卒, 短折曰不祿.

6) 『예기』「곡례하(曲禮下)」 108장 : 祭王父曰皇祖考, 王母曰皇祖妣, 父曰皇考,
母曰皇妣, 夫曰皇辟.

7) 왕부(王父)는 부친의 아버지, 즉 조부(祖父)를 지칭하는 말이다. 『이아』「석친(釋

(王母)8)에 대한 제사를 지낼 때에는 '황조비(皇祖妣)'라고부르며, 부친에
대한 제사를 지낼 때에는 '황고(皇考)'라 부르고, 모친에 대한 제사를 지낼
때에는 '황비(皇妣)'라 부르며, 남편에 대한 제사를 지낼 때에는 '황벽(皇
辟)'이라고['辟'자의 음은 '璧(벽)'이다.] 부른다. [본래는 "환란 때 죽은 것을 '병(兵)'이라
고 부른다."9)라고 한 문장 뒤에 수록되어 있었다.]

集說 曰皇曰王, 皆以君之稱尊之也. 考, 成. 妣, 媲. 辟, 法也. 妻所
法式也. 爲之宗廟以鬼享之, 不得不異其稱謂也.

'황(皇)'이라 부르고, '왕(王)'이라 부르는 말들은 모두 군주에 대한 칭호
를 사용하여 그들을 존귀하게 높이는 것이다. '고(考)'자는 "이룬다."는
뜻이다. '비(妣)'자는 "짝이 된다."는 뜻이다. '벽(辟)'자는 "본받는다."는
뜻이니, 아내가 남편을 본받아서 따른다는 의미이다. 제사 대상을 위해
종묘에서 그들의 신령을 모셔다가 흠향을 시키기 때문에, 그들을 부르는
칭호를 다르게 하지 않을 수 없는 것이다.

【092】
祭稱"孝子"·"孝孫", 喪稱"哀子"·"哀孫".〈雜記上-049〉10) [本在"脯醢而
已"下.]

길제를 지낼 때의 축문에서는 제주를 '효자(孝子)' 또는 '효손(孝孫)'으로
지칭하고, 흉제를 지낼 때의 축문에서는 상주를 '애자(哀子)' 또는 '애손(哀

　　親)」편에는 "父之考爲王父."라는 기록이 있다.
8) 왕모(王母)는 부친의 어머니, 즉 조모(祖母)를 지칭하는 말이다. 『이아』「석친(釋
　　親)」편에는 "父之妣爲王母."라는 기록이 있다.
9) 『예기』「곡례하(曲禮下)」 107장 : 天子死曰崩, 諸侯曰薨, 大夫曰卒, 士曰不祿,
　　庶人曰死. 在牀曰尸, 在棺曰柩. 羽鳥曰降, 四足曰漬. 死寇曰兵.
10) 『예기』「잡기상(雜記上)」 049장 : 祭稱"孝子"·"孝孫", 喪稱"哀子"·"哀孫". 端
　　衰喪車皆無等.

孫)'으로 지칭한다. [본래는 "포와 육장을 사용할 따름이다."11)라고 한 문장 뒤에 수록되어 있었다.]

集說 祭, 吉祭也. 卒哭以後爲吉祭, 故祝辭稱"孝子"或稱"孝孫". 自虞以前爲凶祭, 故稱哀.

'제(祭)'자는 길제를 뜻한다. 졸곡을 한 이후로부터 지내는 제사는 길제로 여긴다. 그렇기 때문에 축사에서는 '효자(孝子)' 또는 '효손(孝孫)'이라고 지칭한다. 우제로부터 그 이전은 흉제로 여긴다. 그렇기 때문에 '애(哀)'라고 지칭한다.

【093】

天子死曰崩, 諸侯曰薨, 大夫曰卒, 士曰不祿, 庶人曰死. 在牀曰尸, 在棺曰柩. 羽鳥曰降[如字], 四足曰漬[自], 死寇曰兵.〈曲禮下-107〉 [本在"幣曰量幣"下.]

천자가 죽은 것을 '붕(崩)'이라 부르고, 제후가 죽은 것을 '훙(薨)'이라 부르며, 대부가 죽은 것을 '졸(卒)'이라 부르고, 사가 죽은 것을 '불록(不祿)'이라 부르며, 서인이 죽은 것을 '사(死)'라 부른다. 시신이 침상에 놓여 있을 때에는 '시(尸)'라 부르고, 관에 안치되었을 때에는 '구(柩)'라 부른다. 조류가 죽었을 때에는 '강(降)'이라['降'자는 글자대로 읽는다.] 부르고, 들짐승들이 죽었을 때에는 '자(漬)'라['漬'자의 음은 '自(자)'이다.] 부른다. 환란 때 죽은 것을 '병(兵)'이라 부른다. [본래는 "사용되는 폐물의 경우에는 '양폐(量幣)'라 부른다."12)라고 한 문장 뒤에 수록되어 있었다.]

集說 疏曰: 卒, 終竟也. 士祿以代耕, 不祿, 不終其祿也, 死者, 澌

---

11) 『예기』「잡기상(雜記上)」 048장 : 遣車視牢具, 疏布𩎟, 四面有章, 置於四隅. 載粻, 有子曰, "非禮也, 喪奠脯醢而已."

12) 『예기』「곡례하(曲禮下)」 106장 : 幣曰量幣.

也. 消盡無餘之謂. 尸, 陳也. 古人病困, 氣未絶之時, 下置在地, 氣絶之後, 更還牀上. 所以如此者, 凡人初生在地, 病將死, 故下復其初生, 冀得脫死重生也. 若其不生, 復反本床. 旣未殯斂, 陳列在牀, 故曰尸也.

소에서 말하길, '졸(卒)'자는 모든 것을 끝마쳤다는 뜻이다. 사 계급은 녹봉을 받는데, 이로써 직접 경작하는 수고로움을 대신하게 되니, '불록(不祿)'이라는 말은 그가 받는 녹봉을 끝까지 받지 못했다는 뜻이다. '사(死)'라는 말은 다했다는 뜻이다. 소진되어서 남은 것이 없다는 의미이다. '시(尸)'는 늘어놓는다는 뜻이다. 고대인들은 병이 위독하면 아직 그 생명의 기운이 끊어지지 않았을 때, 그를 들어서 땅바닥에 내려놓고, 기운이 완전히 끊어진 이후에 다시 들어서 침상 위에 올려둔다. 이처럼 하는 이유는 무릇 사람은 처음 태어날 때 땅 위에 있었으므로, 병이 위독하여 죽음을 맞이하려고 하기 때문에, 땅에 내려놓음으로써 그가 처음 태어났을 때의 상태로 돌아가게 하여, 그가 죽음의 그늘을 벗어버리고 거듭 살아나기를 기대하는 것이다. 만약 그가 다시 소생하지 못한다면, 다시 그를 들어서 본래 위치하고 있었던 침상에 돌려놓는다. 아직 빈소를 차리지 않고 염을 하지 않았다면, 침상에 시신을 늘어놓기 때문에, '시(尸)'라고 부른다.

集說 呂氏曰: 柩, 久也. 比化者無使土親膚, 故在棺欲其久也. 羽鳥, 飛翔之物, 降而下則死矣. 獸, 能動之物, 腐敗則死矣. 漬, 謂其體腐敗漸漬也. 兵者, 死於寇難之稱也.

여씨가 말하길, '구(柩)'자는 변하지 않고 오래간다는 뜻이다. 부패 방지를 위해서, 시신을 관에 넣음으로써 흙이 직접 시신에 닿지 못하게 한다. 그렇기 때문에 관에 시신을 넣음으로써 온전한 상태가 오래 지속되도록 바라는 것이다. '우조(羽鳥)'는 날아다니는 동물인데, 추락하여 땅에 떨어지면 죽게 된다. '수(獸)'는 활발하게 움직일 수 있는 동물인데, 육체가 부패되면 죽게 된다. '자(漬)'는 그 육체가 부패하여 점진적으로 축축해진 다는 뜻이다. '병(兵)'이라는 말은 환란 때 죽은 자를 부르는 칭호이다.

【094】

壽考曰卒, 短折[巾設反]曰不祿.〈曲禮下-109〉13) [本在"曰妣曰嬪"下.]

장수를 하고 죽었을 때에는 '졸(卒)'이라 부르고, 단명을['折'자는 '巾(건)'자와 '設(설)'자의 반절음이다.] 하였을 때에는 '불록(不祿)'이라고 부른다. [본래는 "모 친이 돌아가셨을 때에 모친을 '비(妣)'라 부르며, 아내가 죽었을 때에는 아내를 '빈(嬪)'이라 부른다."라고 한 문장 뒤에 수록되어 있었다.]

集說 短折, 夭橫而死也. 此言卒與不祿, 與上文大夫士之稱同者, 彼以位之尊卑言, 此以數之脩短言也. 又按呂氏說, "死寇曰兵"之下, 當以此二句承之, 蓋錯簡也.

'단절(短折)'은 요절하거나 횡사했다는 뜻이다. 이곳 문장에서는 '졸(卒)' 이라 언급하고, 또 '불록(不祿)'이라 언급하고 있어서, 앞 문장에서 대부 나 사의 죽음을 지칭하는 말들과 같은데,14) 앞 문장에서는 지위의 높낮이 에 따라 언급한 것이며, 이곳 문장에서는 죽었을 때의 수명이 길고 짧으 냐는 차이를 기준으로 언급한 것이다. 또 여씨의 주장을 살펴보면, '사구 왈병(死寇曰兵)'이라는 구문 아래에는 마땅히 '수고왈졸(壽考曰卒)'과 '단절왈불록(短折曰不祿)'이라는 두 구문이 이어져야 한다고 하는데, 아 마도 착간이 되어 이처럼 뒤에 섞여 들어갔을 것이라고 했다.

---

13) 『예기』「곡례하(曲禮下)」 109장 : 生曰父, 曰母, 曰妻. 死曰考, 曰妣, 曰嬪. <u>壽考 曰卒, 短折曰不祿.</u>

14) 『예기』「곡례하(曲禮下)」 107장 : 天子死曰崩, 諸侯曰薨, <u>大夫曰卒, 士曰不祿,</u> 庶人曰死. 在牀曰尸, 在棺曰柩. 羽鳥曰降, 四足曰漬. 死寇曰兵.

集說 謝氏曰: 易曰: "有子, 考無咎." 又曰: "意承考也." 又書言"事厥考厥長"之類, 皆非死而後稱, 蓋古者通稱, 後世乃異之耳.

사씨[15]가 말하길, 『역』에서는 "훌륭한 아들이 있어서, 아비에게는 허물이 없다."[16]라 하였고, 또 "그 뜻이 아버지의 뜻을 계승한다."[17]라고 하였다. 또 『서』에는 "그 아비와 그 연장자들을 섬긴다."[18]라는 기록이 있는데, 이 기록들은 모두 죽은 이후에 그 대상을 가리키면서 쓴 말이 아니다. 따라서 고대에는 아마도 '부(父)'자나 '고(考)'자를 통용해서 사용했던 것이고, 후세에 이르러서야 곧 차이를 두었던 것일 뿐이다.

【095】

君子已孤, 不更[平聲]名.〈曲禮下-012〉 [本在"新國之法"下.]

군자는 이미 부친이 돌아가셔서 고아가 된 상태라면, 이름을 바꾸지['更'자는 평성으로 읽는다.] 않는다. [본래는 "새로 정착한 나라의 예법"[19]이라고 한 문장 뒤에 수록되어 있었다.]

集說 名者, 始生三月之時, 父所命也. 父没而改之, 孝子所不忍也.

이름이라는 것은 태어난 후 3개월이 지나서 부친이 지어주는 것이다.[20]

---

15) 사량좌(謝良佐, A.D.1050~A.D.1103) : =사씨(謝氏)·상채사씨(上蔡謝氏). 북송(北宋) 때의 학자이다. 자(字)는 현도(顯道)이고, 호(號)는 상채(上蔡)이다. 양시(楊時)·여대림(呂大臨)·유초(游酢)와 함께 정문사대제자(程門四大弟子)로 손꼽힌다. 저서로는 『논어설(論語說)』·『상채어록(上蔡語錄)』 등이 있다.

16) 『역』「고괘(蠱卦)」 : 初六, 幹父之蠱, 有子, 考無咎, 厲終吉.

17) 『역』「고괘(蠱卦)」 : 象曰, "幹父之蠱", 意承考也.

18) 『서』「주서(周書)·주고(酒誥)」 : 嗣爾股肱, 純其藝黍稷, 奔走事厥考厥長, 肇牽車牛遠服賈, 用孝養厥父母, 厥父母慶, 自洗腆, 致用酒.

19) 『예기』「곡례하」 011장 : 去國三世, 爵祿有列於朝, 出入有詔於國, 若兄弟宗族猶存, 則反告於宗後. 去國三世, 爵祿無列於朝, 出入無詔於國, 唯興之日, 從新國之法.

부친이 돌아가시고 나서 이름을 고치는 일을 자식은 차마 할 수 없는 것이다.

【096】

己孤暴貴, 不爲[去聲]父作諡. 〈曲禮下-013〉

이미 부친이 돌아가셔서 고아가 된 상태라면, 갑작스럽게 존귀한 신분이 되었더라도, 부친을 위하여['爲'자는 거성으로 읽는다.] 시호를 짓지 않는다.

集說 文王雖爲西伯, 不爲古公公季作諡. 周公成文武之德, 亦不敢加太王王季以諡也.

문왕은 비록 서백(西伯)[21]이 되어서도 고공(古公: =太王)과 공계(公季: =王季)를 위해 시호를 짓지 않았다. 주공은 문왕과 무왕의 덕을 완성하였어도,[22] 또한 감히 태왕(太王)과 왕계(王季)에게 시호를 더하지 않았다.

集說 呂氏曰: 父爲士, 子爲天子諸侯, 則祭以天子諸侯, 其尸服以士服, 是可以己之祿養其親, 不敢以己之爵加其親也. 父之爵卑不當

---

20) 『의례』「상복(喪服)」: 故<u>子生三月則父名之</u>, 死則哭之, 未名則不哭也.

21) 서백(西伯)은 서쪽 지역에 속한 제후들을 통솔하는 제후들의 수장을 뜻한다. '백(伯)'은 제후들의 수장에게 붙이는 칭호 중 하나이다. 주(紂)임금은 문왕(文王)을 '서백'으로 임명하였기 때문에, '서백'은 또한 '문왕'을 지칭하기도 한다. 『맹자』「이루상(離婁上)」편에는 "吾聞<u>西伯</u>善養老者."라는 기록이 있는데, 이에 대한 초순(焦循)의 『정의(正義)』에서는 "西伯, 卽文王也. 紂命爲西方諸侯之長, 得專征伐, 故稱西伯."이라고 풀이했다. 한편 무왕(武王)은 문왕의 지위를 계승하였기 때문에, '무왕'을 또한 '서백'이라고도 부른다. 『여씨춘추(呂氏春秋)』「귀인(貴因)」편에는 "殷使膠鬲候周師. 武王見之. 膠鬲曰, '<u>西伯</u>將何之? 無欺我也.' 武王曰, '不子欺, 將之殷也.'"라는 기록이 있다.

22) 『중용』「18장」: 武王未受命, <u>周公成文武之德</u>, 追王大王王季, 上祀先公以天子之禮.

諡, 而以己爵當諡而作之, 是以己爵加其父, 欲尊而反卑之, 非所以
敬其親也.

여씨가 말하길, 부친이 사의 신분이었고, 자식이 천자나 제후의 신분이
된 경우라면, 제사는 천자나 제후에 해당하는 예법으로 지내되, 시동이
착용하는 복장은 사의 복장이라고 하였으니,23) 이 말은 자신이 받는 녹봉
으로 그의 부모를 봉양할 수 있지만, 자신이 받은 작위로는 감히 그의
부모에게 더할 수 없다는 뜻이다. 부친의 작위가 낮으면 마땅히 시호를
지을 수 없는데, 자신의 작위가 시호를 지어야 할 정도로 높아져서, 부친
의 시호를 짓게 된다면, 이것은 자신의 작위를 그의 부친에게 더하는 것
으로, 존귀하게 대하려는 의도이긴 하지만, 반대로 부친을 낮추는 꼴이
되니, 부모를 공경하게 대하는 태도가 아니다.

【097】

父前子名, 君前臣名.〈110〉 [本在"冠而字"下.]

남자는 성인이 되어 자를 받았다 하더라도, 자식은 부친 앞에서 자신의
자를 쓰지 않고 이름을 일컫게 되며, 군주 앞에서도 신하들은 자신의 이름
을 일컫게 된다. [본래는 "관례를 치러주며 자를 지어준다."24) 라고 한 문장 뒤에 수록되
어 있었다.]

集說 呂氏曰: 事父者, 家無二尊, 雖母不敢以抗之, 故無長幼皆名,
不敢致私敬於其長也. 事君者, 國無二尊, 雖父不可以抗之, 故無貴
賤尊卑皆名, 不敢致私敬於其所尊貴也. 春秋鄢陵之戰, 欒書欲載晉
侯, 其子鍼曰書退, 此君前臣名, 雖父亦不敢抗也.

---

23) 『예기』「상복소기(喪服小記)」022장 : 父爲士, 子爲天子諸侯, 則祭以天子諸侯,
其尸服以士服.
24) 『예기』「곡례상」 109장 : 男子二十, <u>冠而字</u>.

여씨가 말하길, 부친을 섬기는 경우, 집안에는 부친보다 존엄한 자가 없으니,[25] 비록 모친이라 하더라도, 감히 부친의 존엄함에는 견줄 수 없다. 그렇기 때문에 부친 앞에서는 나이에 상관없이 모두 이름을 대게 되는데, 이름을 부르지 않고 자(字)로 부르는 것은 상대방을 공경하는 행위가 되어, 부친 앞에서는 자신보다 연장자에게 감히 사사로운 공경을 표할 수가 없기 때문이다. 군주를 섬기는 경우, 국가에는 군주보다 존엄한 자가 없으니,[26] 비록 자신의 부친이라 하더라도, 군주의 존엄함에는 견줄 수 없다. 그렇기 때문에 군주 앞에서는 신분이나 관직에 상관없이 모두 이름을 대게 되는데, 이름을 부르지 않고 다른 명칭으로 부르는 것은 상대방을 공경하는 행위가 되어, 군주 앞에서는 자신보다 존귀한 자에게 감히 사사로운 공경을 표할 수가 없기 때문이다. 『춘추』에 기록된 언릉 땅의 전투에서, 난서가 진나라 후작을 수레에 태우려고 하였는데, 난서의 아들 난침은 군주의 앞에서 자신의 부친에게, "난서는 물러나시오."라고 한 기록[27]이 바로 군주 앞에서는 신하의 이름을 일컫는다는 용례에 해당하니, 비록 자신의 부친이 된다 하더라도, 또한 부친의 존엄함을 감히 군주에게 견줄 수 없기 때문이다.

附註 父前子名. 父母, 子之天也; 君者, 臣之天也. 父母之前, 當呼子名. 呂氏母不可以抗父云者, 恐未然.

부친 앞에서 자식은 이름을 댄다고 했다. 부친과 모친은 자식에게 있어서

---

25) 『예기』「상복사제(喪服四制)」 005장 : 資於事父以事母而愛同. 天無二日, 土無二王, 國無二君, <u>家無二尊</u>, 以一治之也, 故父在爲母齊衰期者, 見無二尊也.

26) 『예기』「상복사제(喪服四制)」 005장 : 資於事父以事母而愛同. 天無二日, 土無二王, <u>國無二君</u>, 家無二尊, 以一治之也, 故父在爲母齊衰期者, 見無二尊也.

27) 『춘추좌씨전』「성공(成公) 16년」 : 六月, 晉·楚遇於<u>鄢陵</u>. …… <u>欒書將載晉侯, 鍼曰,"書退!</u> 國有大任, 焉得專之? 且侵官, 冒也; 失官, 慢也; 離局, 姦也. 有三罪焉, 不可犯也."

는 하늘과 같은 존재이고, 군주는 신하에게 하늘과 같은 존재이다. 부모 앞에서는 마땅히 자식의 이름을 불러야 한다. 여씨가 "모친이라 하더라도 감히 부친의 존엄함에는 견줄 수 없다."고 말한 것은 아마도 그렇지 않을 것이다.

【098】

國君不名卿老世婦, 大夫不名世臣姪[迭]娣, 士不名家相[去聲]長妾.
〈曲禮下-006〉 [本在“無藉則襲”下.]

제후는 경로와 세부를 부를 때 이름으로 부르지 않고, 대부는 세신과 질·
제를 부를 때[‘姪’자의 음은 ‘迭(질)’이다.] 이름으로 부르지 않으며, 사는 가상과
[‘相’자는 거성으로 읽는다.] 장첩을 부를 때 이름으로 부르지 않는다. [본래는 “갈개
가 없는 옥이라면 습(襲)을 한다.”[1]라고 한 문장 뒤에 수록되어 있었다.]

集說 不名, 不以名呼之也.

‘불명(不名)’은 이름으로 그를 부르지 않는다는 뜻이다.

集說 疏曰: 上卿貴, 故曰卿老. 世婦, 兩媵也, 次於夫人而貴於諸妾
也. 世臣, 父在時老臣也. 姪, 是妻之兄女. 娣, 是妻之妹, 從妻來爲
妾也. 大夫不世爵, 此有世臣者, 子賢襲父爵也. 家相, 助知家事者.
長妾, 妾之有子者.

소에서 말하길, 상경(上卿)[2]은 존귀한 존재이므로, ‘경로(卿老)’라고 부
른다. ‘세부(世婦)’는 두 명의 잉첩이니, 부인(夫人)[3] 다음의 서열이며,

---

1) 『예기』「곡례하」 005장 : 執玉, 其有藉者則裼, 無藉者則襲.
2) 상경(上卿)은 주(周)나라 제도에서, 경(卿) 중에서 가장 높은 자들을 뜻한다. 주나
라 제도에서 천자 및 제후들은 모두 경을 두었으며, 상·중·하 세 등급으로 구분
하였다.
3) 부인(夫人)은 제후의 부인을 뜻한다. 『예기』「곡례하(曲禮下)」편에는 “公侯有夫
人, 有世婦, 有妻, 有妾.”이라는 기록이 있다. 즉 공작과 후작은 정부인인 부인(夫
人)을 두고, 그 외에 세부(世婦), 처(妻), 첩(妾)을 둔다. 또한 『논어』「계씨(季氏)」
편에는 “邦君之妻, 君稱之曰夫人. 夫人自稱曰小童.”이라는 기록이 있다. 즉 군
주의 처를 군주가 직접 부를 때에는 부인(夫人)이라고 부르며, 부인(夫人)이 자신
을 지칭할 때에는 소동(小童)이라고 부른다. 참고적으로 천자의 부인은 후(后)라
고 부르고, 대부(大夫)의 부인은 유인(孺人)이라고 부르며, 사(士)의 부인은 부인
(婦人)이라고 부르고, 서인(庶人)의 부인은 처(妻)라고 부른다. 그러나 이러한

여러 첩들 중에서 가장 존귀한 자가 된다. '세신(世臣)'은 부친이 생존해 계실 때부터 근무하였던 노신(老臣)을 뜻한다. '질(姪)'은 처 언니의 딸이다. '제(娣)'는 처의 여동생들로, 처가 시집을 올 때 함께 따라와서 첩이 된 자들이다. 대부들은 작위를 세습하지 않는데,[4] 이 문장에 '세신(世臣)'이라는 말이 기록된 이유는 자식이 현명하여 부친의 작위를 세습한 경우도 있기 때문이다. '가상(家相)'은 집안일을 도와주는 자이다. '장첩(長妾)'은 첩들 중에 자식을 낳은 자이다.

【099】

士於君所言, 大夫沒矣, 則稱諡若字, 名士. 與大夫言, 名士, 字大夫.〈玉藻-078〉[玉藻. 本在"答之拜則走"下.]

사가 군주가 계신 곳에 위치하여 말을 할 때, 만약 가리키는 대상이 대부이고, 그가 이미 죽은 상태라면, 시호나 자를 지칭하고, 사에 대해서는 이름으로 부른다. 만약 대부와 함께 말을 하는 경우라면, 살아있는 사에 대해서는 이름으로 부르고, 살아있는 대부에 대해서는 자로 부른다. 「옥조」편의 문장이다. 본래는 "답배를 하려고 한다면, 그 자리를 피한다."[5]라고 한 문장 뒤에 수록되어 있었다.]

集說 名士者, 士雖沒, 猶稱其名, 以在君之前也. 與大夫言而名士, 則謂士之生者也. 大夫之生者, 則字之.

'명사(名士)'는 사가 비록 죽은 상태라 하더라도, 여전히 그의 이름을 부른다는 뜻이니, 군주 앞에 있기 때문이다. 대부와 함께 말을 할 때, 사에

구분은 일률적으로 적용되는 것은 아니다.

4) 『예기』「왕제(王制)」162장 : 諸侯世子世國, 大夫不世爵. 使以德, 爵以功. 未賜爵, 視天子之元士, 以君其國. 諸侯之大夫, 不世爵祿.

5) 『예기』「옥조(玉藻)」077장 : 士於大夫, 不敢拜迎而拜送. 士於尊者, 先拜進面, 答之拜則走.

대해 이름으로 부른다는 말은 살아있는 사에 대한 경우를 뜻한다. 대부들 중 살아있는 자의 경우에는 자로 부른다.

【100】

於大夫所, 有公諱無私諱.〈玉藻-079〉[6]

사가 대부가 있는 장소에 위치한다면, 선대 군주에 대한 피휘를 적용하여 말을 하지만, 개인적으로 피휘하는 글자들 때문에 글자를 바꿔 쓰지 않는다.

集說 公諱, 本國先君之諱也. 私諱, 私家之諱也.

'공휘(公諱)'는 자신이 속한 제후국 선대 군주에 대한 피휘를 뜻한다. '사휘(私諱)'는 자기 집안에서 사용하는 피휘를 뜻한다.

【101】

卒哭乃諱. 禮不諱嫌名, 二名不偏諱.〈196〉[本在"自徹其俎"下.]

졸곡을 하게 되면 곧 죽은 자의 이름을 피휘하게 된다. 예법에 따르면 피휘를 할 때에는 음이 같아도 글자가 다르면 그 글자는 피휘하지 않고, 두 글자로 된 이름을 피휘할 때에는 한 글자씩은 피휘하지 않는다.

集說 葬而虞, 虞而卒哭. 凡卒哭之前, 猶用事生之禮, 故卒哭乃諱其名. 嫌名, 音同者. 不偏諱, 謂可單言.

장례를 치르고 나면 우제를 지내고, 우제를 지내고서 졸곡(卒哭)[7]을 한다. 무릇 졸곡을 하기 이전에는 여전히 살아있을 때 섬기던 예법에 따른

---

6) 『예기』 「옥조(玉藻)」 079장 : <u>於大夫所, 有公諱無私諱</u>. 凡祭不諱, 廟中不諱, 敎學臨文不諱.

7) 졸곡(卒哭)은 우제(虞祭)를 지낸 뒤에 지내는 제사이다. 이 제사를 지내게 되면, 수시로 곡(哭)하던 것을 멈추고, 아침과 저녁때에만 한 번씩 곡을 하게 된다. 그렇기 때문에 '졸곡'이라고 부르게 된 것이다.

다. 그렇기 때문에 졸곡을 하게 되면, 곧 그 이름을 피휘하는 것이다. '혐명(嫌名)'은 음이 같은 경우를 뜻한다. "한 글자씩은 피휘를 하지 않는다."는 말은 한 글자씩은 부를 수 있다는 뜻이다.

【102】

逮事父母, 則諱王父母, 不逮事父母, 則不諱王父母.〈197〉

부모를 섬기는 자들은 조부모의 이름을 피휘하고, 어려서 고아가 되어 제대로 부모를 섬길 수 없었다면 조부모의 이름을 피휘하지 않는다.

集說 逮, 及也. 庶人父母早死, 不聞父之諱其祖, 故亦不諱其祖. 有廟以事祖者, 則不然也.

'체(逮)'자는 "~이르다."라는 뜻이다. 서인들의 경우 부모가 일찍 죽었다면, 부모가 자신의 조부모 이름을 피휘하는 것을 들어보지 못하였기 때문에, 이러한 경우에는 또한 조부모의 이름을 피휘하지 않는 것이다. 만약 종묘가 있어서 조부모를 섬기는 경우라면, 이처럼 하지 않는다.

附註 註以"不諱王父母"爲庶人, 蓋以此與雜記所云不同故也. 記者門戶各殊, 下言"君所無私諱", 則其非庶人之禮可知.

주에서는 "조부모의 이름을 피휘하지 않는다."는 것을 서인에 대한 경우로 여겼는데, 아마도 이곳의 기록과 『예기』「잡기(雜記)」편의 기록[8]이 동일하지 않기 때문인 것 같다. 그러나 이것은 『예기』의 기록을 남겼던 자들의 출신이 각각 달랐기 때문이다. 아래문장에서 "군주가 계신 곳에서는 개인적인 피휘를 하지 않는다."[9]라고 했으니, 이것이 서인의 예법이 아니라는 사실을 알 수 있다.

---

8) 『예기』「잡기하(雜記下)」 052장 : 卒哭而諱. 王父母兄弟世父叔父姑姉妹, 子與父同諱.

9) 『예기』「곡례상」 198장 : 君所無私諱, 大夫之所有公諱.

【103】

詩書不諱, 臨文不諱.〈199〉 [本在"有公諱"下.]

『시』나 『서』 등을 읽거나 쓸 때에는 피휘하는 글자들을 적용하지 않고, 의례 관련 기록들에도 피휘하는 글자들을 적용하지 않는다. [본래는 "군주와 관련된 피휘 글자들을 모두 피해서 쓴다."[1]라고 한 문장 뒤에 수록되어 있었다.]

集說 不因避諱而易詩書之文改行事之語. 蓋恐有惑於學者, 有誤於承用也.

피휘 때문에 『시』와 『서』의 글자들을 고치지 않고, 행사를 치를 때 쓰는 말들을 고치지 않는 것이다. 아마도 배움에 있어서 의혹이 생기게 되고, 또 전승하고 활용하는 일에 있어서도 오류가 생기게 되는 점들이 염려되기 때문일 것이다.

【104】

夫人之諱, 雖質君之前, 臣不諱也, 婦諱不出門. 大功小功不諱.
〈201〉 [本在"廟中不諱"下.]

제후의 부인에 대한 피휘는 비록 군주의 앞에서 직접 대면하고 있는 상태라 하더라도, 신하는 피휘를 하지 않으며, 부인들에 대한 피휘는 그녀들이 살았던 건물을 벗어나서는 적용되지 않는다. 친척들 중 대공복과 소공복을 입는 관계에 해당하는 친척에 대해서는 피휘를 하지 않는다. [본래는 "종묘 안에서는 피휘를 적용하지 않는다."[2]라고 한 문장 뒤에 수록되어 있었다.]

集說 質, 猶對也. 夫人之諱與婦之諱, 皆謂其家先世. 門者, 其所居之宮門也. 大功以下, 恩輕服殺, 故亦不諱.

---

1) 『예기』「곡례상」 198장 : 君所無私諱, 大夫之所有公諱.
2) 『예기』「곡례상」 200장 : 廟中不諱.

'질(質)'자는 "대면한다."는 뜻이다. 부인에 대한 피휘 글자와 부인들에
대한 피휘 글자들은 모두 그녀들의 집안에서 선대 조상들에 대해 피휘했
던 글자들을 뜻한다. '문(門)'이라는 것은 그녀들이 거처하는 궁의 문이
다. 친척들 중 대공복(大功服) 이하의 상복을 입는 관계는 은정도 줄어
들고 해당 상복도 경감되기 때문에, 또한 피휘를 하지 않는다.

附註 夫人之諱, 卽君夫人所諱. 註云"其家先世", 未詳.

부인의 피휘라는 것은 곧 군주 부인이 피휘하는 것에 해당한다. 주에서
"그녀의 집안에서 선대 조상들에 대해 피휘했던 것이다."라고 했는데, 상
세하지 않다.

【105】

凡祭不諱, 廟中不諱, 敎學臨文不諱.〈玉藻-079〉¹⁾ [玉藻. 本在"無私諱"下]

신들에 대한 제사에서는 피휘를 적용하지 않고, 묘 안에서는 피휘를 하지
않으며, 가르치고 배움에 있어서 문자를 접해서는 피휘를 해서 읽지 않는
다. [「옥조」편의 문장이다. 본래는 "개인적으로 피휘하는 글자들 때문에 글자를 바꿔 쓰지
않는다."라고 한 문장 뒤에 수록되어 있었다.]

集說 凡祭, 祭群神也.

'범제(凡祭)'는 뭇 신들에 대한 제사를 뜻한다.

附註 廟中不諱, 在曲禮者重出, 故刪.

'묘중불휘(廟中不諱)'라는 기록에 있어, 「곡례」편에 기록된 것은 중복 출
현하였으므로 삭제하였다.

類編 右名號.

여기까지는 명호(名號)에 대한 내용이다.

類編 孔子曰: "必也正名乎!" 禮莫大於名, 故總論之下, 系以名號.

공자는 "반드시 명칭을 바로잡을 것이다!"²⁾라 했다. 예에서는 명칭보다
큰 것이 없다. 그렇기 때문에 총론 뒤에 명호에 대한 내용으로 이은 것이
다.

---

1) 『예기』「옥조(玉藻)」 079장 : 於大夫所, 有公諱無私諱. <u>凡祭不諱, 廟中不諱, 敎
學臨文不諱.</u>

2) 『논어』「자로(子路)」 : 子路曰, "衛君待子而爲政, 子將奚先?" <u>子曰, "必也正名
乎!"</u>

◇ 행동거지[容節]

【106】

君子之容舒遲, 見所尊者齊[齋]遬[速]. 〈玉藻-122〉[本在"濟濟翔翔"下.]

군자의 평상시 모습은 한가로우면서도 품위가 있어야 하며, 자신이 존경하는 자를 뵙게 된다면, 공경하며['齊'자의 음은 '齋(재)'이다.] 삼가야['遬'자의 음은 '速(속)'이다.] 한다. [본래는 "위엄에 따른 행동거지를 갖추며, 예법에 맞추면서도 느긋해야 한다."1)라고 한 문장 뒤에 수록되어 있었다.]

集說 舒遲, 閑雅之貌. 齊, 如變變齊慄之齊. 遬者, 謹而不放之謂. 見所尊故加敬.

'서지(舒遲)'는 한가롭고 품위가 있는 모습을 뜻한다. '재(齊)'자는 "공경하고 삼가며 조심하여 두려운 듯이 한다."2)라고 했을 때의 '재(齊)'자와 같다. '속(遬)'은 조심하여 마음대로 하지 않는다는 뜻이다. 존경하는 자를 뵈었기 때문에 공경함을 더하는 것이다.

【107】

足容重, 手容恭. 〈玉藻-123〉

발의 모습은 무거워야 하고, 손의 모습은 공손해야 한다.

集說 重, 不輕擧移也. 恭, 無慢弛也.

'중(重)'자는 가볍게 움직이지 않는다는 뜻이다. '공(恭)'자는 오만하거나 느슨함이 없다는 뜻이다.

---

1) 『예기』「옥조(玉藻)」 121장 : 廟中齊齊, 朝廷濟濟翔翔.

2) 『맹자』「만장상(萬章上)」 : 書曰, "祗載見瞽瞍, 變變齊栗, 瞽瞍亦允若." 是爲父不得而子也?

【108】
目容端, 口容止.〈玉藻-124〉
눈의 모습은 단정해야 하고, 입의 모습은 굳게 다물어야 한다.

集說 無睇視, 不妄動.
눈은 곁눈질을 함이 없고, 입은 망령되게 놀리지 않는다.

【109】
聲容靜, 頭容直.〈玉藻-125〉
딸꾹질이나 재채기를 하지 않고 고요하게 있어야 하며, 머리는 반듯하게
있어야 한다.

集說 無或嚔咳, 欲其靜也. 無或傾顧, 欲其直也.
혹시라도 딸꾹질을 하거나 재채기를 함이 없어야 하니, 고요하게 있고자
함이다. 혹시라도 기울이거나 돌아봄이 없는 것은 곧게 있고자 함이다.

【110】
氣容肅.〈玉藻-126〉
숨을 쉬는 것은 고요하고 엄숙해야 한다.

集說 似不息者.
마치 숨을 쉬지 않는 것처럼 한다.

【111】
立容德.〈玉藻-127〉

서 있을 때의 모습은 엄숙하여 유덕한 자의 기상이 있어야 한다.

集說 舊說以爲如有所予於人, 其義難通. 應氏謂中立不倚, 儼然有德之氣象. 此說近之.

옛 학설에서는 마치 남에게서 부여되는 것이 있을 때처럼 한다는 뜻으로 여겼는데, 그 의미가 소통되기 어렵다. 응씨는 가운데 서서 한쪽으로 치우치지 않아서, 엄숙하며 덕을 갖춘 기상이라고 풀이했다. 이 주장이 정답에 가깝다.

【112】

色容莊.〈玉藻-128〉³⁾

얼굴빛은 장엄하게 유지해야 한다.

集說 莊, 矜持之貌也.

'장(莊)'자는 제 스스로 장중하고자 노력하는 모습을 뜻한다.

【113】

燕居告溫溫.〈玉藻-129〉 [以上玉藻]

한가롭게 거처하고 남에게 말을 할 때에는 온순하고 온화해야 한다. [여기까지는 「옥조」편의 문장이다.]

集說 詩言"溫溫恭人." 燕居之時, 與告語於人之際, 則皆欲其溫和, 所謂居不容, 寬柔以敎也.

『시』에서는 "온순하고 공손한 사람이여."⁴⁾라고 했다. 한가롭게 거처할

---

3) 『예기』「옥조(玉藻)」 128장 : <u>色容莊</u>, 坐如尸.
4) 『시』「소아(小雅)·소완(小宛)」 : <u>溫溫恭人</u>. 如集于木. 惴惴小心, 如臨于谷. 戰

때와 다른 사람에게 말을 할 때라면, 모두 온화하고자 하므로, 이른바 거처할 때에는 너무 딱딱하게 격식을 갖추지 않았고,5) 관대하고 순하게 가르쳤다6)는 뜻에 해당한다.

【114】

若夫坐如尸, 立如齊[齋]. 〈006〉 [本在"直而勿有"下.]

앉을 경우에는 제사 때 시동이 정숙하게 앉는 모습처럼 앉고, 서 있는 경우에는 제사를 지내게 전에 재계['齊'자의 음은 '齋(재)'이다.]를 하고 서 있는 모습처럼 정숙하게 선다. [본래는 "강직하게 대처를 하되, 자기 의견을 고집해서는 안 된다."7)라고 한 문장 뒤에 수록되어 있었다.]

集說 疏曰: 尸居神位, 坐必矜莊, 坐法必當如尸之坐. 久之倚立, 多慢不恭, 雖不齊, 亦當如祭前之齊.

소에서 말하길, 시동이 신위에 위치할 때, 앉을 때에는 반드시 엄숙하고 공경스러운 자세를 취해야 하니, 앉을 때의 법도는 반드시 시동이 앉는 것처럼 해야 한다. 오래 지속되어 어딘가에 의지하여 서 있으면, 대부분 오만하고 불손하게 되니, 비록 실제로 재계를 한 것은 아니지만, 또한 제사를 지내기 전에 재계를 한 듯이 서 있어야 한다.

集說 朱子曰: 劉原父云, "此乃大戴禮曾子事父母篇之辭. 曰, '孝子惟巧變, 故父母安之. 若夫坐如尸, 立如齊, 弗訊不言, 言必齊色, 此成人之善者也, 未得爲人子之道也.' 此篇蓋取彼文, 而'若夫'二字失

戰兢兢, 如履薄冰.

5) 『논어』「향당(鄕黨)」: 寢不尸, 居不容.

6) 『중용』「10장」: 寬柔以敎, 不報無道, 南方之强也, 君子居之.

7) 『예기』「곡례상」 005장 : 疑事毋質, 直而勿有.

於刪去." 鄭氏不知其然, 乃謂此二句爲丈夫之事, 誤矣.

주자가 말하길, 유원보[8]는 "이 문장은 『대대례기』「증자사부모(曾子事父母)」편에 나오는 말이다. 『대대례기』에서는 '효자는 부모를 따르면서도, 부모가 좋은 쪽으로 변화되는 일에 온힘을 기울인다. 그렇기 때문에 부모들이 편안하게 여기는 것이다. 만약 앉는 경우라면, 시동처럼 정숙하게 앉아야 하고, 서 있는 경우라면, 재계를 한 것처럼 정숙하게 서야 하며, 부모가 물어보지 않으면 말을 하지 않고, 말을 할 때에는 반드시 정숙하고 단정한 낯빛으로 해야 하는데, 이러한 행동들은 성인으로써 잘하는 행동이라고 할 수 있지만, 자식된 도리를 다한 것이라고는 할 수 없다.'[9]라고 했다. 따라서 위의 경문은 바로 『대대례기』의 문장들을 취합한 것인데, '약부(若夫)'라는 두 글자를 실수로 삭제하지 않고 기록한 것이다."라고 했다. 그런데 정현은 이러한 사정을 알지 못하고, 약부(若夫)를 '대장부가 되고자 한다면'이라는 뜻으로 해석하고, '좌여시(坐如尸)'·'입여제(立如齊)'라는 두 구문을 '대장부가 해야 할 일'이라고 해석하였으니, 이것은 잘못된 풀이다.

附註 坐如尸在玉藻者刪.

『예기』「옥조(玉藻)」편에 기록된 '좌여시(坐如尸)'[10]라는 말은 삭제하였다.

---

8) 유창(劉敞, A.D.1019~A.D.1068) : =공시선생(公是先生)·유원보(劉原父)·청강유씨(淸江劉氏). 북송(北宋) 때의 경학자이다. 자(字)는 원보(原父)이다. 유학뿐만 아니라 불교와 도교에 대해서도 연구하였고, 천문(天文), 지리(地理) 등의 방면에도 조예가 깊었다.

9) 『대대례기』「증자사부모(曾子事父母)」: 孝子唯巧變, 故父母安之. 若夫坐如尸, 立如齊, 弗訊不言, 言必齊色, 此成人之善者也, 未得爲人子之道也.

10) 『예기』「옥조(玉藻)」 128장 : 色容莊, 坐如尸.

【115】

喪容纍纍[力追反], 色容顛顛[田], 視容瞿瞿[屨]梅梅, 言容繭繭.〈玉藻
-131〉[本在"如見所祭者"下.]

상을 치를 때, 그 모습은 피곤하고 고단하여 실의에 빠진 것처럼['纍'자는
'力(력)'자와 '追(추)'자의 반절음이다.] 하고, 얼굴빛은 근심스러운 생각을 떨치지
못한 것처럼['顛'자의 음은 '田(전)'이다.] 하며, 바라보는 모습은 경황이 없어서
['瞿'자의 음은 '屨(구)'이다.] 바라보아도 볼 수 없는 것처럼 하며, 말하는 모습은
목소리가 미약해서 잘 들리지 않도록 한다. [본래는 "마치 제사를 지내는 대상을
직접 눈앞에서 볼 때처럼 한다."[1]라고 한 문장 뒤에 수록되어 있었다.]

集說 此皆居喪之容. 纍纍, 羸憊失意之貌. 顛顛, 憂思不舒之貌. 瞿
瞿, 驚遽之貌. 梅梅, 猶昧昧. 瞻視不審, 故瞿瞿梅梅然也. 繭繭, 猶
綿綿, 聲氣低微之貌也.

이 내용은 모두 상을 치를 때의 모습에 해당한다. '누누(纍纍)'는 피곤하
고 고단하여 실의에 빠진 모습을 뜻한다. '전전(顛顛)'은 근심스러운 생
각을 떨치지 못한 모습을 뜻한다. '구구(瞿瞿)'는 경황이 없는 모습을 뜻
한다. '매매(梅梅)'는 어둡다는 뜻이다. 휘둘러 살펴보더라도 자세히 살
필 수 없기 때문에, '구구매매(瞿瞿梅梅)'하다고 한 것이다. '견견(繭繭)'
은 미약하다는 뜻이니, 말소리가 낮고 잘 들리지 않는 모습이다.

【116】

戎容暨暨, 言容詻詻[五格反], 色容厲肅, 視容清明.〈玉藻-132〉

군대에 있어서, 그 모습은 과감하고 강인해야 하고, 말하는 모습은 엄격하
게['詻'자는 '五(오)'자와 '格(격)'자의 반절음이다.] 교령을 내려야 하며, 얼굴빛은 엄
숙하고 장엄해야 하고, 바라보는 모습은 밝고 청명해야 한다.

---

1) 『예기』「옥조(玉藻)」 130장 : 凡祭, 容貌顏色, <u>如見所祭者</u>.

集說 此皆軍旅之容. 曁曁, 果毅之貌. 詻詻, 敎令嚴飭之貌. 顔色欲
其嚴厲而莊肅, 視瞻欲其瑩徹而明審.

이 내용은 모두 군대에서의 모습을 뜻한다. '기기(曁曁)'는 과감하고 강
인한 모습을 뜻한다. '액액(詻詻)'은 교령을 엄격하게 내리는 모습을 뜻
한다. 안색은 엄숙하고 장엄하게 하려고 하며, 시선은 밝고 면밀하게 살
피려고 한다.

【117】
立容辨[貶]卑, 毋諂[讇].〈玉藻-133〉

서 있을 때의 모습은 제 스스로를 낮추며['辨'자의 음은 '貶(폄)'이다.] 겸손해야
하지만, 아첨을['讇'자의 음은 '諂(첨)'이다.] 하듯 너무 겸손만 차려서는 안 된다.

集說 立之容貶卑者, 不爲矜高之態也. 雖貴貶損卑降而必貴於正,
若傾側其容, 柔媚其色, 則流於諂矣. 故戒以毋諂焉.

서 있을 때의 모습이 스스로를 낮춘다는 것은 제 스스로 뽐내는 태도를
취하지 않는다는 뜻이다. 비록 제 스스로를 덜어내고 낮추는 것을 존귀하
게 여기더라도, 반드시 올바름을 존귀하게 여기게 하니, 만약 그 모습을
너무 기울이고, 그 안색을 유연하고 좋게만 꾸민다면, 아첨을 하는 지경
에 이르게 된다. 그렇기 때문에 아첨을 해서는 안 된다는 말로 주의를
준 것이다.

附註 立容辨, 註辨讀爲貶, 按: 辨者, 明辨之義, 其下句絶, "卑無
諂", 自爲一句.

'입용변(立容辨)'에 대해서, 주에서는 '변(辨)'자를 폄(貶)자로 풀이하였
는데, 살펴보니, '변(辨)'자는 분명하게 구분한다는 뜻이며, 그 뒤에서 구
문을 끊고, '비무도(卑無諂)'는 그 자체로 하나의 구문이 된다.[2]

2) 부주에 따르면, 경문은 "立容辨, 卑毋諂."으로 구문을 끊고, 그 뜻은 "서 있을
때의 모습은 분명해야 하며, 자신을 낮추되 아첨해서는 안 된다."가 된다.

154 譯註 禮記類編大全

【118】

頭頸必中.〈玉藻-134〉

머리와 목은 반드시 곧게 펴서 올바르게 해야 한다.

集說 頭容欲直.

머리의 모습은 곧게 해야 한다.

【119】

山立,〈玉藻-135〉 **時行.**〈玉藻-136〉

산처럼 굳건하게 서 있어야 하며, 때에 맞게끔 움직여야 한다.

集說 如山之嶷然不搖動也. 時行, 當行則行.

산이 높다랗게 서 있으며 움직이지 않는 것처럼 해야 한다. '시행(時行)'은 움직여야 할 때가 되면 움직인다는 뜻이다.

【120】

盛氣顚[田]實揚休,〈玉藻-137〉 **玉色.**〈玉藻-138〉

기운을 융성하게 만들어서 내적으로 가득 채우고['顚'자의 음은 '田(전)'이다.] 그 것을 밖으로 분출하여 양기처럼 만물을 따뜻하게 만들어주어야 하고, 얼굴 빛은 옥처럼 변함이 없어야 한다.

集說 顚, 讀爲塡塞之塡. 實, 滿也. 揚, 讀爲陽. 休, 與煦同. 氣體之 充也. 言人當養氣, 使充盛塡實於內, 故息之出也, 若陽氣之煦物, 其 來無窮也. 玉無變色, 故以爲顏色無變動之喩.

'전(顚)'자는 "꽉 채워서 막는다."고 했을 때의 전(塡)자로 풀이한다. '실 (實)'자는 "가득하다."는 뜻이다. '양(揚)'자는 양(陽)자로 풀이한다. '휴

(休)’자는 “따뜻하게 하다.”라고 할 때의 후(煦)자와 동일하다. 이것은 기체가 가득 참을 의미한다. 즉 사람은 마땅히 기운을 길러서 내적으로 가득 채워 융성하게 해야 한다. 그렇기 때문에 숨을 쉬어 밖으로 표출하면, 마치 양기가 만물을 따뜻하게 만들며, 그 도래함이 무궁한 것과 같다. 옥은 색깔의 변화가 없다. 그렇기 때문에 안색을 꾸밀 때 얼굴빛에 변함이 없는 것에 비유하였다.

集說 石梁王氏曰: 立容以下, 不屬戎容.

석량왕씨가 말하길, ‘입용(立容)’으로부터 그 이하의 내용은 ‘융용(戎容)’의 내용에 속하지 않는다.

附註 揚休, 如字, 言發舒休美之容. 註因舊說作陽照不然. 玉色者, 顔色如玉之溫潤而栗然

‘양휴(揚休)’는 글자대로 읽으니, 아름다움이 펼쳐지는 모습을 뜻한다. 주에서는 옛 주장에 따라서 양조(陽照)라 했는데 그렇지 않다. ‘옥색(玉色)’은 안색이 마치 옥이 윤택하면서도 단단한 것과 같다는 뜻이다.

【121】

凡行容惕惕.〈玉藻-120〉[本在"踖踖如也"下.]

무릇 도로에서 걸어갈 때의 모습은 곧고 또 신속한 모습이어야 한다. [본래
는 "보폭을 작게 해서 걷는다."[1] 라고 한 문장 뒤에 수록되어 있었다.]

集說 惕惕, 直而且疾也. 謂行於道路則然. 蓋回枉則失容, 舒緩則
近惰也.

'상상(惕惕)'은 곧고 또 빠르게 걷는 모습을 뜻한다. 즉 도로에서 걸어갈
때에는 이처럼 해야 한다는 의미이다. 무릇 몸을 돌리거나 비스듬하게
걷는다면 행동거지가 어그러지게 되며, 너무 느긋하게 걷는다면 오만한
것처럼 보인다.

附註 惕, 音傷.

'惕'자의 음은 '傷(상)'이다

---

1) 『예기』「옥조(玉藻)」 119장 : 執龜玉, 擧前曳踵, <u>踖踖如也</u>.

【122】

廟中齊齊[如字], 朝廷濟濟[上聲]翔翔.〈玉藻-121〉

묘 안에서는 엄숙하고 단정해야['齊'자는 글자대로 읽는다.] 하며, 조정에서는 위엄에 따른 행동거지를['濟'자는 상성으로 읽는다.] 갖추며, 예법에 맞추면서도 느긋해야 한다.

集說 齊齊, 收持嚴正之貌. 濟濟, 威儀詳整也. 翔翔, 張拱安舒也.

'제제(齊齊)'는 몸가짐을 가다듬어서 엄숙하고 단정한 모습을 뜻한다. '제제(濟濟)'는 위엄스러운 행동이 안정되고 엄숙하다는 뜻이다. '상상(翔翔)'은 공수를 하여 예법에 맞추면서도 느긋하다는 뜻이다.

【123】

凡祭, 容貌顏色, 如見所祭者.〈玉藻-130〉 [本在"告溫溫"下. 喪容以下玉藻]

무릇 제사를 지낼 때, 용모와 안색은 마치 제사를 지내는 대상을 직접 눈앞에서 볼 때처럼 한다. [본래는 "남에게 말을 할 때에는 온순하고 온화해야 한다."[1]라고 한 문장 뒤에 수록되어 있었다. '상용(喪容)'으로부터 그 이하는 「옥조」편의 문장이다.]

集說 論語曰: "祭如在, 祭神如神在."

『논어』에서 말하길, "조상에게 제사를 지낼 때 마치 조상이 실제로 있는 것처럼 지냈고, 신에게 제사를 지낼 때 마치 신령이 눈앞에 있는 것처럼 지냈다."[2]라고 했다.

---

1) 『예기』「옥조(玉藻)」 129장 : 燕居<u>告溫溫</u>.
2) 『논어』「팔일(八佾)」 : <u>祭如在, 祭神如神在</u>. 子曰, "吾不與祭, 如不祭."

【124】

臨喪則必有哀色.〈177〉3) [本在"不辟塗潦"下.] 介胄, 則有不可犯之色. 故
君子戒愼, 不失色於人.〈179〉[本在"臨樂不歎"下.]

상에 참석하게 되면 반드시 슬퍼하는 기색을 보여야 한다. [본래는 "진흙탕도
피하지 않는다."라고 한 문장 뒤에 수록되어 있었다.] 갑옷을 착용하게 되면 남이 감
히 범접할 수 없는 표정을 지어야 한다. 그러므로 군자는 항상 경계하며
조심해서, 남에게 얼굴을 붉히는 실수를 해서는 안 된다. [본래는 "음악을 연주
하는 장소에 가서는 탄식을 하지 않는다."4)라고 한 문장 뒤에 수록되어 있었다.]

集說 每事戒愼, 則無失禮之愧, 不但不可失介胄之色而已.

매사에 경계하고 신중하게 대처한다면, 실례를 범하여 부끄럽게 될 일이
없을 것이다. 단지 갑옷을 착용했을 때에만 위엄을 잃어서는 안 된다는
뜻이 아니다.

【125】

天子穆穆, 諸侯皇皇, 大夫濟濟[上聲], 士蹌蹌[七羊反], 庶人僬僬[子妙
反].〈曲禮下-061〉[本在"寡君之老"下.]

천자는 그 덕이 매우 그윽하고 온화하여 공경스럽고, 제후는 장엄하고 성
대하여 밝게 드러나며, 대부는 꾸밈이 가지런하며 한결같고['濟'자는 상성으로
읽는다.] 사는 날듯이 거동하여 느긋하고 여유로우며['蹌'자는 '七(칠)'자와 '羊(양)'
자의 반절음이다.] 서인은 용모를 꾸미지 않고 빠른 걸음으로 걷는다. ['僬'자는
'子(자)'자와 '妙(묘)'자의 반절음이다. 본래는 '저희 군주의 노신5)이라고 한 문장 뒤에 수록
되어 있었다.]

---

3) 『예기』「곡례상」 177장 : 送喪不由徑, 送葬不辟塗潦. <u>臨喪則必有哀色</u>, 執紼不
笑.

4) 『예기』「곡례상」 178장 : 臨樂不歎.

5) 『예기』「곡례하(曲禮下)」 060장 : 諸侯使人使於諸侯, 使者自稱曰<u>寡君之老</u>.

集說 呂氏曰: 穆穆, 函深和敬之貌. 皇皇, 壯盛顯明之貌. 濟濟, 脩飾齊一之貌. 蹌蹌, 翔舉舒揚之貌. 庶人見乎君不爲容, 進退趨走, 僬僬雖無所考, 大抵趨走促數, 不爲容之貌也.

여씨가 말하길, '목목(穆穆)'은 그 덕이 매우 그윽하고 온화하여 공경스러운 모습이다. '황황(皇皇)'은 장엄하고 성대하여 밝게 드러나는 모습이다. '제제(濟濟)'는 꾸밈이 가지런하며 한결같은 모습이다. '창창(蹌蹌)'은 날듯이 거동하여 느긋하고 여유로운 모습이다. 서인들이 군주를 찾아뵐 때에는 용모를 꾸미지 않으므로, 나아가고 물러남에 빠른 걸음으로 걷게 되는데, '초초(僬僬)'라는 말에 대해서는 비록 그 뜻을 고찰해볼 수 있는 자료가 없지만, 대략적으로 빠른 걸음으로 걸어, 발걸음이 많게 되므로, 용모를 꾸미지 못하는 모습을 뜻하는 것 같다.

【126】

言語之美[五美字, 皆讀爲儀, 然皆如本字亦可通], 穆穆皇皇. 朝廷之美, 濟濟[上聲]翔翔. 祭祀之美, 齊齊[如字]皇皇[舊音往, 方讀如字]. 車馬之美, 匪匪[非]翼翼. 鸞和之美, 肅肅雍雍.〈少儀-032〉[少儀. 本在"身質言語"下.]

말을 할 때의 모습은[이 문장에 나온 5개의 '美'자는 모두 '儀'자로 풀이한다. 그러나 5개 글자 모두 글자대로 풀이하더라도 뜻은 통한다.] 조화롭고 공경스러우며 올바르고 아름답다. 조정에서의 모습은 출입을 할 때 가지런하며['濟'자는 상성으로 읽는다.] 몸을 숙이고 펴며 선하다. 제사에서의 모습은 재계를['齊'자는 글자대로 읽는다.] 지극히 하여 안정되고 신령을 찾으나 찾을 수 없어 간절한 마음이['皇'자의 구음은 '往(왕)'이며, 방씨는 글자대로 읽었다.] 나타난다. 수레에 탔을 때의 모습은 행동에 격식이 나타나고['匪'자의 음은 '非(비)'이다.] 안정된다. 수레의 방울이 울리는 모습은 공경스럽고 조화롭다. [「소의」편의 문장이다. 본래는 "제자신은 말을 할 때 의심스러운 부분에 대해서 함부로 말을 해서는 안 된다."[6)]라고 한 문장

---

6) 『예기』「소의」 031장 : 毋訾衣服成器, 毋身質言語.

뒤에 수록되어 있었다.]

集說 方氏曰: 穆穆者, 敬以和; 皇皇者, 正而美; 濟濟者, 出入之齊;
翔翔者, 翕張之善. 齊齊, 致齊而能定也. 皇皇, 有求而不得也. 匪匪,
言行而有文. 翼翼, 言載而有輔. 肅肅, 唱者之敬. 雍雍, 應者之和.
此卽保氏所敎六儀也.

방씨가 말하길, '목목(穆穆)'은 조화롭고 공경스러운 태도를 보인다는 뜻
이다. '황황(皇皇)'은 바르면서도 아름답다는 뜻이다. '제제(濟濟)'는 출
입함이 가지런하다는 뜻이다. '상상(翔翔)'은 몸을 숙이고 펴는 것이 좋
다는 뜻이다. '제제(齊齊)'는 재계를 지극히 하여 안정될 수 있다는 뜻이
다. '황황(皇皇)'은 찾지만 얻지 못함이 있다는 뜻이다. '비비(匪匪)'는 행
동함에 격식이 있다는 뜻이다. '익익(翼翼)'은 수레에 탔는데 보필함이
있다는 뜻이다. '숙숙(肅肅)'은 울리는 소리가 공경스럽다는 뜻이다. '옹
옹(雍雍)'은 응답하는 소리가 조화롭다는 뜻이다. 이것들은 곧 보씨가
가르치는 육의(六儀)[7]에 해당한다.[8]

類編 右容節.

여기까지는 용절(容節)에 대한 내용이다.

類編 記曰: "禮義之始, 在於正容體, 齊顏色, 順辭令." 容色之於人,
顧不重歟? 故次以容節.

---

7) 육의(六儀)는 여섯 가지 의례들을 뜻한다. 즉 '제사 때의 행동 방법[祭祀之容]',
'빈객을 접대할 때의 행동 방법[賓客之容]', '조정에서의 행동 방법[朝廷之容]', '상
을 치를 때의 행동 방법[喪紀之容]', '군대와 관련된 행동 방법[軍旅之容]', '수레를
몰 때의 행동 방법[車馬之容]'을 뜻한다.
8) 『주례』「지관(地官)·보씨(保氏)」: 乃敎之六儀: 一曰祭祀之容, 二曰賓客之容,
三曰朝廷之容, 四曰喪紀之容, 五曰軍旅之容, 六曰車馬之容.

『예기』에서 말하길, "예의(禮義)의 시작은 행동거지를 바르게 하고, 안색을 가지런히 하며, 말들을 순하게 하는데 달려 있다."[9]라 했다. 따라서 행동거지와 안색이 사람에게 있어 중요하지 않겠는가? 그러므로 용절(容節)에 대한 내용을 그 다음에 수록하였다.

---

9) 『예기』 「관의(冠義)」 001장 : 凡人之所以爲人者, 禮義也. <u>禮義之始, 在於正容體, 齊顏色, 順辭令</u>. 容體正, 顏色齊, 辭令順, 而后禮義備, 以正君臣, 親父子, 和長幼. 君臣正, 父子親, 長幼和, 而后禮義立. 故冠而後服備, 服備而后容體正, 顏色齊, 辭令順. 故曰: "冠者禮之始也." 是故古者聖王重冠.

◇ 거처(居處)

【127】

君子之居恒當戶, 寢恒東首[去聲]. 若有疾風迅雷甚雨, 則必變, 雖夜
必興, 衣服冠而坐.〈玉藻-013〉 [本在"鹿幣豹犆"下.]

군자는 평상시 거처하며 항상 호를 마주하며 머물고, 잠자리에서는 항상
머리를['首'자는 거성으로 읽는다.] 동쪽으로 둔다. 만약 질풍이나 번개, 폭우 등
이 발생하면, 반드시 몸가짐을 바꾸니, 비록 한밤중이라 하더라도, 반드시
일어나서 의복과 관을 차려입고 정좌를 한다. [본래는 "사슴가죽으로 식의 덮개를
만들고, 가장자리에는 표범의 가죽을 댄다."[1]라고 한 문장 뒤에 수록되어 있었다.]

集說 向明而居, 順生氣而臥, 敬天威而變, 凡知禮者皆當如是, 不
但有位者也, 故以君子言.

밝은 쪽을 향하여 거처하고, 생장하는 기운에 따라서 누우며, 하늘의 위
엄을 공경하여 몸가짐을 바꾸니, 무릇 예를 알고 있는 자라면 모두 이처
럼 해야 하는 것이지, 단지 지위를 가진 자만이 이처럼 하는 것은 아니다.
그렇기 때문에 '군자(君子)'라고 말한 것이다.

【128】

日五盥, 沐稷而靧[悔]粱, 櫛用樿[展]櫛, 髮晞用象櫛, 進禨[曁]進羞, 工
乃升歌.〈玉藻-014〉

날마다 다섯 차례 손을 씻고, 머리를 감을 때에는 차기장 씻은 물을 이용하
며, 세면을['靧'자의 음은 '悔(회)'이다.] 할 때에는 조 씻은 물을 이용한다. 젖은
머리를 빗을 때에는 백목으로['樿'자의 음은 '展(전)'이다.] 만든 빗을 이용하고,

---

1) 『예기』「옥조(玉藻)」: 君羔幦虎犆, 大夫齊車, 鹿幦豹犆, 朝車·士齊車, 鹿幦
豹犆.

마른 머리를 빗을 때에는 상아로 만든 빗을 이용하며, 머리를 감은 뒤 마시는 술과['禨'자의 음은 '覬(기)'이다.] 음식을 진설하면, 악공은 곧 당으로 올라가서 노래를 부른다.

集說 盥, 洗手也. 沐稷, 以淅稷之水洗髮也. 靧粱, 以淅粱之水洗面也. 櫛櫛, 白木梳也. 晞, 乾也. 象櫛, 象齒梳也. 髮濕則滑, 故用木梳; 乾則澁, 故用象櫛也. 沐而飲酒曰禨. 羞, 則籩豆之實也. 工乃升堂以琴瑟而歌焉. 旣克之以和平之味, 又感之以和平之音, 皆爲新沐氣虛, 致其養也.

'관(盥)'자는 손을 씻는다는 뜻이다. '목직(沐稷)'은 차기장 씻은 물로 머리를 감는다는 뜻이다. '회량(靧粱)'은 조 씻은 물로 얼굴을 씻는다는 뜻이다. '전즐(櫛櫛)'은 백목으로 만든 빗이다. '희(晞)'자는 "마르다."는 뜻이다. '상즐(象櫛)'은 상아로 만든 빗이다. 머리카락이 젖으면 매끈하기 때문에, 나무로 만든 빗을 이용하는 것이며, 머리카락이 마르면 푸석거리기 때문에, 상아로 만든 빗을 이용하는 것이다. 머리를 감고서 술을 마시는 것을 '기(禨)'라고 부른다. '수(羞)'는 변과 두에 담아낸 음식이다. 악공은 곧 당에 올라가서, 금슬을 타며 노래를 부른다. 이미 화평한 맛으로 배를 채웠는데, 또한 화평한 소리로 감상을 하니, 이 모두는 새로이 머리를 감아서 기운이 비게 되었으므로, 봉양의 도리를 지극히 하는 것이다.

【129】
浴用二巾, 上絺['答]下綌[去逆反]. 出杅[于]履蒯['快]席, 連[讀爲涑力向反]用湯, 履蒲席, 衣[去聲]布晞身, 乃屨進飲.〈玉藻-015〉[並玉藻.]
목욕을 할 때에는 두 가지 수건을 사용하니, 상체는 태를['絺'자의 음은 '答(태)'이다.] 이용해서 닦고, 하체는 격을['綌'자는 '去(거)'자와 '逆(역)'자의 반절음이다.] 이용해서 닦는다. 목욕통에서['杅'자의 음은 '于(우)'이다.] 나와 괴석을['蒯'자의 음은 '快(쾌)'이다.] 밟고 서서, 뜨거운 물을 이용해서 발을 씻고['連'자는 '涑'자로 풀이하니, '力(력)'자와 '旬(전)'자의 반절음이다.] 그런 뒤에는 포석을 밟고 서서 포를 걸쳐서['衣'자는 거성으로 읽는다.] 몸을 말리며, 그런 뒤에는 신발을 신고 나아가서 술을 마신다. [여기까지는 모두 「옥조」편의 문장이다.]

集說 杅, 浴盤也. 履, 踐也. 蒯席, 蒯草之席也. 涷, 洗也. 履蒯席之上, 而以湯洗其足垢, 然後立於蒲席, 而以布乾潔其體, 乃著屨而進飲也.

'우(杅)'자는 목욕통을 뜻한다. '이(履)'자는 "밟는다."는 뜻이다. '괴석(蒯席)'은 괴초로 짠 자리이다. '연(涷)'자는 "씻다."는 뜻이다. 괴석 위에 서서 끓인 물을 이용해서 발의 때를 씻어내고, 그런 뒤에 포석 위에 서고, 포를 이용해서 신체를 말리고, 그런 뒤에는 곧 신발을 착용하여 나아가 술을 마시는 것이다.

【130】

夫晝居於內, 問其疾可也; 夜居於外, 弔之可也. 是故君子非有大故, 不宿於外; 非致齊[齋]也, 非疾也, 不晝夜居於內.〈檀弓上-050〉 [檀弓. 本在"亦已久矣"下.]

무릇 낮에 정침에 머물게 되면 그가 질병에 걸린 것처럼 생각되므로, 병문안을 하는 것이 옳다. 밤에 밖에 머물게 되면 그에게 상이 발생한 것처럼 생각되므로, 조문을 하는 것이 옳다. 이러한 까닭으로 군자는 큰 변고가 발생한 경우가 아니라면, 밖에 머물지 않았던 것이고, 치재['齊'자의 음은 '齋(재)'이다.]를 하거나 병에 걸린 경우가 아니라면, 밤낮으로 정침 안에 머물러 있지 않았던 것이다. [「단궁」편의 문장이다. 본래는 "또한 이미 오래되었구나."[2]라고

---

2) 『예기』「단궁상(檀弓上)」 049장 : 子夏喪其子而喪其明. 曾子弔之曰: "吾聞之也, 朋友喪明則哭之." 曾子哭, 子夏亦哭曰: "天乎! 予之無罪也!" 曾子怒曰: "商! 女何無罪也? 吾與女事夫子於洙·泗之間, 退而老於西河之上, 使西河之民疑女於夫子, 爾罪一也. 喪爾親, 使民未有聞焉, 爾罪二也. 喪爾子, 喪爾明,

한 문장 뒤에 수록되어 있었다.]

集說 內者, 正寢之中. 外, 謂中門外也. 晝而居內似有疾, 夜而居外似有喪.

'내(內)'라는 것은 정침(正寢)3)의 안을 뜻한다. '외(外)'는 중문(中門)4) 밖을 뜻한다. 낮인데도 정침의 안에 기거하는 것은 마치 질병이 있는 것처럼 보이고, 밤인데도 밖에 기거하는 것은 마치 상을 치르는 것처럼 보인다.

集說 應氏曰: 致齊居內, 非在房闥之中, 蓋亦端居深處於宊奧之內耳.

爾罪三也. 而曰爾何無罪與?"子夏投其杖而拜曰: "吾過矣! 吾過矣! 吾離群而索居亦已久矣."

3) 정침(正寢)은 노침(路寢)과 같은 말이다. 또한 정전(正殿)이라고도 불렀다. 군주가 정무를 처리하던 장소이다. 천자에게는 6개의 침(寢)이 있었는데, 가장 앞쪽에 있는 1개의 침이 바로 정침(正寢)이 되고, 나머지는 5개의 침은 연침(燕寢)이 된다. 또한 군주의 부인이 사용하는 정침을 뜻하기도 한다. 또한 군주 이하의 계층에게 있어서는 공적인 업무를 처리하거나 일을 할 때 사용하는 공간을 뜻하기도 한다.

4) 중문(中門)은 내(內)와 외(外) 사이에 있는 문을 뜻한다. 궁(宮)에 있어서는 혼문(闔門)을 뜻하기도 한다. 또 천자(天子)의 궁성(宮城)에는 다섯 개의 문이 있었다고 전해지는데, 가장 밖에 있는 문부터 순차적으로 나열해보면, 고문(皐門), 치문(雉門), 고문(庫門), 응문(應門), 노문(路門)이다. 이러한 다섯 개의 문들 중 노문(路門)은 가장 안쪽에 있으므로, 내문(內門)로 여기고, 고문(皐門)은 가장 밖에 있으므로, 외문(外門)으로 여긴다. 따라서 나머지 치문(雉門), 고문(庫門), 응문(應門)은 내외(內外)의 사이에 있으므로, 이 세 개의 문을 '중문'으로 여기기도 한다. 『주례』「천관(天官)·혼인(閽人)」편에는 "掌守王宮之中門之禁."이라는 기록이 있는데, 이에 대한 손이양(孫詒讓)의 『정의(正義)』에서는 "此中門實不專屬雉門. 當兼庫·雉·應三門言之. 蓋五門以路門爲內門, 皐門爲外門, 餘三門處內外之間, 故通謂之中門."이라고 풀이했다. 한편 정중앙에 있는 문을 '중문'이라고도 부른다.

옹씨가 말하길, 치제(致齊)⁵⁾를 치를 때에는 안에 머물지만 침실 안에 머무는 것이 아니다. 무릇 단정한 자세로 방구석인 아랫목에서 조용히 머물게 될 따름이다.

類編 右居處.

여기까지는 거처(居處)에 대한 내용이다.

類編 傳曰: "居移氣, 養移體." 君子之居處, 必有其節, 可不謹歟? 故次以居處.

전하는 말에서는 "거처가 기운을 옮기고 봉양이 몸을 바꾼다."⁶⁾라 했다. 군자가 거처를 함에는 반드시 그에 해당하는 절도가 있는데, 삼가지 않을 수 있겠는가? 그러므로 거처(居處)에 대한 내용을 그 다음에 수록하였다.

---

5) 치제(致齊)는 치재(致齋)라고도 부른다. '치제'는 제사를 지내기 이전 3일 동안 몸과 마음을 정숙하게 재계하는 의식이다. '치제' 이전에는 '산제(散齊)'를 하여 7일 동안 정숙하게 한다. '치제'는 그 이후 3일 동안 몸과 마음을 더욱 정숙하게 재계하여, 신과 소통할 수 있도록 준비하는 것이다. 『예기』「제통(祭統)」편에는 "故散齊七日以定之, 致齊三日以齊之. 定之之謂齊, 齊者精明之至也, 然後可以交于神明也."라는 기록이 있다.

6) 『맹자』「진심상(盡心上)」: 孟子自范之齊, 望見齊王之子, 喟然嘆曰, "居移氣, 養移體, 大哉居乎! 夫非盡人之子與?"

◇ 보고 듣고 행동함[視聽動作]

【131】

凡視, 上於面則敖[傲], 下於帶則憂, 傾則姦.〈曲禮下-111〉[本在"士視五步"下.]

무릇 상대방을 바라볼 때에는 시선을 얼굴보다 위로 두면 거만하게['敖'자의 음은 '傲(오)'이다.] 보이고, 허리띠보다 아래로 두면 근심이 있는 것처럼 보이며, 옆으로 비껴보면 간사하게 보인다. [본래는 "사를 바라볼 때에는 좌우로 다섯 걸음 정도의 거리를 둘러볼 수 있다."[1]라고 한 문장 뒤에 수록되어 있었다.]

集說 呂氏曰: 上於面者, 其氣驕, 知其不能以下人矣, 下於帶者, 其神奪, 知其憂在乎心矣. 視流則容側, 必有不正之心存乎胸中矣. 此君子之所以愼也.

여씨가 말하길, 시선을 상대방의 얼굴보다 위로 두게 된다면, 그 자의 성향이 교만하여, 상대방보다 겸손하게 자신을 낮출 수 없다는 사실을 알 수 있다. 시선을 상대방이 차고 있는 허리띠보다 아래로 두게 된다면, 그의 정신이 다른 곳에 가 있으므로, 마음에 근심이 있다는 사실을 알 수 있다. 시선을 좌우로 돌리면, 전체적인 모습이 삐딱하게 되니, 반드시 가슴 속에 부정한 마음이 도사리고 있는 것이다. 이러한 이유 때문에 군자가 이러한 행동들을 조심했던 것이다.

【132】

天子視, 不上於袷[劫], 不下於帶. 國君綏[妥]視, 大夫衡視, 士視五步.〈曲禮下-110〉[本在"短折曰不祿"下.]

---

1) 『예기』「곡례하(曲禮下)」 110장 : 天子視, 不上於袷, 不下於帶. 國君綏視, 大夫衡視, 士視五步.

천자를 바라볼 때에는 시선이 옷깃['袷'자의 음은 '劫(겁)'이다.] 위로 올라가지 않고, 허리띠 아래로 내려가지 않는다. 제후를 바라볼 때에는 시선을 내려 트려서['綏'자의 음은 '妥(타)'이다.] 보니 얼굴 아래와 옷깃 사이 지점을 바라보고, 대부를 바라볼 때에는 시선을 얼굴과 수평이 되도록 바라보며, 사를 바라볼 때에는 좌우로 다섯 걸음 정도의 거리를 둘러볼 수 있다. [본래는 "단명을 하였을 때에는 '불록(不祿)'이라고 부른다."2)라고 한 문장 뒤에 수록되어 있었다.]

集說 天子視, 謂視天子也. 袷, 朝服祭服之曲領也. 妥, �下之貌. 視國君者, 目不得平看於面, 當視其面之下・袷之上也. 衡, 平也. 大夫之臣視大夫, 平看其面也. 士視五步者, 士之屬吏, 亦不得高面下帶, 而視上得旁視左右五步之間也.

'천자시(天子視)'는 천자를 본다는 뜻이다. '겁(袷)'자는 조복과 제복에 달린 굽어 있는 옷깃을 뜻한다. '타(妥)'자는 아래로 늘어진 모양을 뜻한다. 제후국의 군주를 볼 때에는 눈을 얼굴과 수평이 되도록 바라볼 수 없으니, 마땅히 제후의 얼굴 아래와 옷깃 사이의 지점을 바라보아야 한다. '형(衡)'자는 "수평이 된다."는 뜻이다. 대부에게 소속된 가신들이 대부를 바라볼 때에는 눈이 대부의 얼굴과 수평이 되도록 바라본다. "사를 바라볼 때 다섯 걸음으로 한다."는 말은 사에게 소속된 아전들이 사를 바라볼 때에는 또한 눈을 사의 얼굴 위로 치켜떠서 바라보거나 허리띠 아래로 내려다볼 수는 없지만, 좌우로 다섯 걸음 정도의 거리는 둘러볼 수 있다는 뜻이다.

附註 綏, 如字, 言其視如執綏之容. 下文執器, 大夫則綏之, 同義, 不必作妥字.

'수(綏)'자는 글자대로 읽으니, 시선을 수레에 오를 때 이용하는 끈을 잡

---

2) 『예기』「곡례하(曲禮下)」109장 : 生曰父, 曰母, 曰妻. 死曰考, 曰妣, 曰嬪. 壽考曰卒, 短折曰不祿.

고 있는 모습처럼 한다는 뜻이다. 아래문장에서 기물을 잡을 때 "대부에 대해서는 수(綏)를 한다."[3]고 한 말도 같은 뜻으로, '타(妥)'자로 고칠 필요가 없다.

---

3) 『예기』「곡례하(曲禮下)」002장 : 執天子之器則上衡, 國君則平衡, 大夫則綏之, 士則提之.

【133】

輟朝而顧, 不有異事, 必有異禮, 故輟朝而顧, 君子謂之固. 〈曲禮下
-114〉 [本在"不及犬馬"下.]

조정에서의 의논을 멈추고 주위를 둘러보는 행위는 다른 일이 있기 때문이
거나 그것이 아니라면 반드시 다른 생각을 품고 있는 경우에 해당한다.
그렇기 때문에 조정에서의 의논을 멈추고 주위를 둘러보는 행위를 군자는
예법과는 거리가 멀다고 말했다. [본래는 "개나 말과 같이 미천한 대상들에 대해서는
언급을 하지 않는다."[1]라고 한 문장 뒤에 수록되어 있었다.]

集說 朝儀當肅, 不宜爲左右之顧. 異, 猶他也. 敬心不存, 則形諸
外, 此所以知其有他事他慮也. 固, 謂鄙野不達於禮也.

조정에서의 의례는 마땅히 엄숙해야 하므로, 좌우로 고개를 돌려서 주위
를 둘러보는 것은 합당하지 않다. '이(異)'자는 '다른'이라는 뜻이다. 공경
하는 마음이 없다면, 그 상태가 겉으로 드러나게 되니, 이것이 바로 그가
다른 사안과 다른 생각을 품고 있다는 사실을 알 수 있는 까닭이다. '고
(固)'자는 남루하고 야만스러워서 예법과는 거리가 멀다는 뜻이다.

【134】

凡奉者當心, 提者當帶. 〈曲禮下-001〉 [本在"齒路馬有誅"下, 爲下篇首章.]

무릇 물건들 중 받들어서 올리고 있어야 하는 것들은 손을 올려서 가슴
쪽에 대고 있어야 하고, 손에 들고 있어야 하는 물건들은 팔을 굽혀서 허리
띠에 대고 있어야 한다. [본래는 "노마의 나이를 헤아리면 형벌을 받게 된다."[2]라고
한 문장 뒤에 수록되어 있어서, 「곡례하」편의 첫 장이 된다.]

---

1) 『예기』「곡례하(曲禮下)」 113장 : 朝言<u>不及犬馬</u>.
2) 『예기』「곡례상」 227장 : 步路馬, 必中道. 以足蹙路馬芻有誅, <u>齒路馬有誅</u>.

集說 疏曰: 物有宜奉持者, 有宜提挈者. 奉者仰手當心, 提者屈臂當帶, 深衣之帶也, 古人常服深衣.

소에서 말하길, 물건 중에는 마땅히 받들어서 올리고 있어야 하는 것이 있고, 또 손에 들고 있어야 할 것도 있다. 받들어서 올려야 하는 물건은 손으로 치켜들어 자기 가슴 쪽에 대야 하고, 손에 들고 있어야 하는 물건은 팔을 굽혀서 허리띠 쪽에 대야 하는데, 허리띠는 곧 심의(深衣)[3]의 허리띠를 뜻하며, 고대인들은 평상시에 심의를 입고 있었다.

【135】
執天子之器則上[上聲]衡, 國君則平衡, 大夫則綏[讀曰妥]之, 士則提之. 〈曲禮下-002〉

신하가 천자의 기물을 들게 된다면 자신의 가슴보다 높게 들며[上'자는 상성으로 읽는다.] 평형이 되도록 받들고, 제후의 기물을 들게 된다면 자신의 가슴과 평형이 되도록 받들며, 대부의 기물을 들게 된다면 받들기를 가슴 밑으로 해서 들고[綏'자는 '타(妥)'자로 풀이한다.] 사의 기물을 들게 된다면 단지 손에 들고만 있는다.

集說 疏曰: 上, 高也. 衡, 平也, 平正當心. 天子器不宜下, 故臣爲擎奉皆高於心, 諸侯降於天子, 故臣爲奉持器與心平, 大夫降於諸侯, 故其臣奉器下於心. 綏, 下也. 士提之, 則又在綏下.

소에서 말하길, '상(上)'자는 "높이 든다."는 뜻이다. '형(衡)'자는 "평형이 된다."는 뜻이니, 평형이 되게 드는 지점은 가슴 쪽이 된다. 천자의 기물은 마땅히 밑으로 해서 들 수 없다. 그렇기 때문에 신하는 높이 받들어

---

3) 심의(深衣)는 일반적으로 상의와 하의가 서로 연결된 옷을 뜻한다. 제후, 대부(大夫), 사(士)들이 평상시 집안에 거처할 때 착용하던 복장이기도 하며, 서인(庶人)에게는 길복(吉服)에 해당하기도 한다. 순색에 채색을 가미하기도 했다.

들게 되어, 모든 경우에 있어서 자신의 가슴보다 높이 치켜들며, 제후에 대한 예법은 천자에 대한 예법보다 낮추기 때문에, 신하가 제후의 기물들을 받들 때에는 가슴과 평형이 되도록 들고, 대부의 경우는 제후보다도 그 예법을 낮추기 때문에, 그의 가신들은 자신의 가슴보다 밑으로 해서 물건을 받들게 된다. '타(綏)'자는 "밑으로 내린다."는 뜻이다. 사의 기물에 대해서는 단지 들기만 하게 되니, 또한 대부의 물건을 밑으로 드는 것보다도 더 밑으로 드는 것이다.

【136】

凡執主器, 執輕如不克. 執主器, 操幣圭璧, 則尙左手, 行不擧足, 車輪曳踵.〈曲禮下-003〉

무릇 주군의 기물을 받들 때에는 가벼운 물건을 받들게 되더라도 마치 무거운 물건을 들어서 그 무게를 감당할 수 없는 것처럼 조심스럽게 행동한다. 주군의 기물을 받들 때, 폐백이나 규벽(圭璧)[4]처럼 귀중한 물건을 들게 된다면, 우측 손으로는 밑 부분을 받치고 좌측 손으로는 위를 덮으며, 걸을 때에는 발을 크게 떼지 않고, 수레바퀴가 굴러가듯 발뒤꿈치를 끌면서 걷는다.

集說 大夫稱主, 此則通上下貴賤言之. 如不克, 似不能勝也. 聘禮

---

4) 규벽(圭璧)은 천자 및 제후가 조빙(朝聘)의 예(禮)를 시행하거나 또는 제사를 시행할 때 사용했던 옥(玉)으로 만든 기물이다. 『시』「대아(大雅)·운한(雲漢)」편에는 "靡神不擧, 靡愛斯牲. 圭璧旣卒, 寧莫我聽."이라는 기록이 있고, 이에 대한 주희의 『집전(集傳)』에서는 "圭璧, 禮神之玉也."라고 풀이했다. 그리고 그 크기가 5촌(寸)으로 된 '규벽'으로는 해[日], 달[月], 별[星辰]에 대한 제사에서 사용했다는 기록도 있다. 『주례』「동관고공기(冬官考工記)·옥인(玉人)」편에는 "圭璧五寸, 以祀日月星辰."이라는 기록이 있다. 또한 '규벽'은 옥으로 만든 귀중한 기물을 범칭하는 용어로도 사용된다.

曰, "上介執玉如重." 尙左手, 謂左手在上, 左陽, 尊也. 踵, 脚後也.
執器而行, 但起其前而曳引其踵, 如車輪之運於地, 故曰車輪曳踵.
대부를 주군으로 모실 때에는 '주(主)'라고도 부르는데, 이 문장의 경우는
상하의 모든 계층을 통틀어서 말한 것이다. "이기지 못한 듯이 한다."는
말은 마치 들 수 없는 듯이 하는 모습과 비슷한 것이다. 『의례』「빙례(聘
禮)」편에서는 "상개(上介)5)는 옥을 들 때 무거운 물건을 들듯이 한다."6)
라고 했다. "좌측 손을 높인다."는 말을 좌측 손을 위쪽에 두어서 물건을
덮는다는 뜻으로, 좌측은 음양으로 따지면, 양에 해당하여 존귀하기 때문
이다. '종(踵)'자는 발뒤꿈치를 뜻한다. 기물을 받들고서 걸어갈 때에는
단지 발의 앞부분만 띄우며, 발뒤꿈치는 질질 끌고 가니, 마치 수레바퀴
가 지면에서 굴러갈 때와 비슷한 것이다. 그렇기 때문에 "수레바퀴처럼
발뒤꿈치를 끌고 간다."고 말한 것이다.

集說 方氏曰: 左手不如右强, 尙左手, 所以爲容, 下右手, 所以致
力.
방씨7)가 말하길, 좌측 손의 힘은 우측 손의 힘보다 약하니, 좌측 손으로
위를 덮는 것은 행동거지를 예법에 맞추기 위해서이며, 우측 손으로 밑
부분을 받치는 것은 힘을 발휘하기 위해서이다.

---

5) 상개(上介)는 개(介) 중에서도 가장 직위가 높았던 자를 뜻한다. 빈객(賓客)이
   방문했을 때, 빈객의 부관이 되어, 주인(主人)과의 사이에서 시행해야 할 일들을
   도왔던 부관들을 '개'라고 부른다.
6) 『의례』「빙례(聘禮)」: 上介執圭如重, 授賓.
7) 엄릉방씨(嚴陵方氏, ?~?): =방각(方慤)・방씨(方氏)・방성부(方性夫). 송대(宋
   代)의 유학자이다. 이름은 각(慤)이다. 자(字)는 성부(性夫)이다. 『예기집해(禮記
   集解)』를 지었고, 『예기집설대전(禮記集說大全)』에는 그의 주장이 많이 인용되
   고 있다.

【137】

立則磬折垂佩. 主佩倚, 則臣佩垂. 主佩垂, 則臣佩委.〈曲禮下-004〉

서 있게 되면 경쇠처럼 몸을 굽혀서 허리춤에 찬 패옥이 늘어지게 한다.
주군의 패옥이 몸에 붙어 있으면, 신하는 허리를 조금 굽혀서 패옥이 늘어
지게 한다.

集說 僂折如磬之背, 而玉佩從兩邊懸垂, 此立容之常. 然臣之於君,
尊卑殊等, 則當視其高下之節, 而倍致其恭敬之容可也. 微俛則倚於
身, 小俛則垂, 大俛則委於地, 皆於佩見其節.

허리를 구부리는 것을 경쇠의 뒷면처럼 굽혀서, 패옥이 양쪽 허리 옆에서
늘어지도록 하는 것이니, 이것이 서 있을 때의 용모를 꾸미는 일상 규범
이다. 그러나 신하가 군주를 대하게 되면, 존비의 등급 차가 나게 되므로,
마땅히 군주가 허리를 굽히는 예법에 견주어서, 군주가 취하는 공손한
태도의 배로 하는 것이 옳다. 허리를 미약하게 굽히게 되면 패옥이 몸에
붙어 있고, 조금 굽히게 되면 늘어지게 되며, 많이 굽히면 땅에 닿게 되
니, 이 모두가 폐옥을 차고 있을 때에 대한 그 예법을 나타내는 것이다.

【138】

執玉, 其有藉者則裼[錫], 無藉者則襲.〈曲禮下-005〉

주군의 패옥이 늘어져 있다면, 신하는 허리를 많이 굽혀서 패옥이 땅에
닿도록 한다. 옥을 잡을 때, 그것이 갈개가 있는 옥이라면, 석(裼)을['裼'자의
음은 '錫(석)'이다.] 하고, 갈개가 없는 옥이라면 습(襲)을 한다.

集說 古人之衣, 近體有袍襗之屬, 其外有裘, 夏月則衣葛. 或裘或
葛, 其上皆有裼衣, 裼衣上有襲衣, 襲衣之上有常著之服, 則皮弁服
及深衣之屬是也. 掩而不開謂之襲, 若開而見出其裼衣, 則謂之裼
也.

고대인이 입었던 옷 중에는 몸 위에 걸치는 옷으로는 포(袍)8)와 탁(襗)9)
등이 있었고, 그 위에 걸치는 옷으로는 구(裘)10)가 있었는데, 여름철에는
베로 만든 옷11)을 대신 입었다.12) 가죽옷을 입게 되거나 베로 만든 옷을
입게 되더라도, 그 위에는 모두 석의(裼衣)13)를 걸쳤고, 석의 위에는 또
습의(襲衣)14)를 걸쳤으며, 습의 위에는 또한 일상적으로 착용하게 되는
정식 의복류들을 걸쳤으니, 피변복(皮弁服)15)이나 심의(深衣) 등이 바
로 여기에 해당한다. 가려서 안에 입고 있는 옷을 드러내지 않는 것을
습(襲)16)이라고 하며, 옷을 걷어 올려서 안에 입고 있던 석의를 드러내는

---

8) 포(袍)는 상의와 하의가 연결된 옷으로, 평상시에 입던 옷을 뜻한다. 한(漢)나라
   이후에는 이 옷을 조복(朝服)으로 사용하기도 했다. 상의와 하의가 연결되어 옷의
   길이가 길었으므로, 장의(長衣) 중 하나인데, 발까지는 내려오지 않았다. '포' 위에
   는 외투를 걸치기도 했다.

9) 탁(襗)은 옷 중에서도 가장 안쪽에 입었던 옷이다. 예복(禮服)을 입을 때에는 '탁'
   을 가장 안쪽에 입고, 그 위에 포(袍)를 걸쳤으며, 그 위에 중의(中衣)를 걸치고,
   마지막으로 예복을 걸쳤다. 『주례』「천관(天官)·옥부(玉府)」편에는 "掌王之燕
   衣服."이라는 기록이 있고, 이에 대한 손이양(孫詒讓)의 『정의(正義)』에서는 "蓋
   凡著袍襗者必內著襗, 次著袍, 次著中衣, 次加禮服爲表."라고 풀이했다.

10) 구의(裘衣)는 모피를 재단하여 만든 옷이다. 『시』「빈풍(豳風)·칠월(七月)」편에
    는 "一之日于貉, 取彼狐貍, 爲公子裘."라는 용례가 있다.

11) 갈의(葛衣)는 갈포로 재단하여 만든 옷이다.

12) 『한비자』「오두(五蠹)」: "冬日麑裘, 夏日葛衣."

13) 석의(裼衣)는 고대에 의례를 시행할 때 입는 옷이다. 가죽옷이나 갈옷 위에 걸쳤
    던 외투 중 하나이다. '석의' 위에는 습의(襲衣)를 걸쳤기 때문에, 중간에 입는
    옷이라는 뜻에서 '중의(中衣)'라고도 부른다.

14) 습의(襲衣)는 고대에 의례를 시행할 때 입는 옷이다. 석의(裼衣) 위에 걸쳤던 옷이
    다. 옷 위에 다시 한 겹을 껴입는다는 뜻에서 '습(襲)'자를 붙여서 부르는 것이다.

15) 피변복(皮弁服)은 호의(縞衣)라고도 부르며, 주로 군주가 조회를 하거나 고삭(告
    朔)을 할 때 착용하는 복장이다. 흰색 비단으로 만들었으며, 옷에 착용하는 관(冠)
    또한 백색 사슴 가죽으로 만들었다. 『의례』「기석례(旣夕禮)」편에는 "薦乘車, 鹿
    淺幦, 干笮革靾, 載旜載皮弁服, 纓轡貝勒, 縣于衡."이라는 기록이 있고, 이에
    대한 정현의 주에서는 "皮弁服者, 視朔之服."이라고 풀이했다.

것을 석(裼)[17]이라고 부른다.

集說 又聘禮註云, "曲禮云'執玉, 其有藉者則裼, 無藉者則襲.'" 所謂無藉, 謂圭璋特達, 不加束帛, 當執圭璋之時, 其人則襲也. 有藉者, 謂璧琮加於束帛之上, 當執璧琮時, 其人則裼也. 曲禮所云, 專主圭璋特而襲·璧琮加束帛而裼一條言之. 先儒乃以執圭而垂繅爲有藉, 執圭而屈繅爲無藉, 此則不然. 竊詳經文, 裼襲是一事, 垂繅屈繅又別是一事, 不容混合爲一說.

또한 『의례』 「빙례(聘禮)」편에 대한 정현의 주에서는 "「곡례」편에서 '옥을 잡을 때, 깔개가 있는 옥의 경우에는 석(裼)을 했고, 깔개가 없는 옥의 경우에는 습(襲)을 했다.'"[18]라고 했다. 이른바 "깔개가 없다."라는 말은 규(圭)[19]와 장(璋)[20]만을 전달하며, 한 묶음의 비단[21]을 더하지 않는다

---

16) 습(襲)은 고대에 의례를 시행할 때 하는 복장 방식 중 하나이다. 겉옷으로 안에 입고 있던 옷들을 완전히 가리는 방식이다. 한편 '습'은 비교적 성대한 의식 때 시행하는 복장 방식으로도 사용되어, 안에 있고 있는 옷을 드러내지 않음으로써, 공경의 뜻을 표하기도 했다.

17) 석(裼)은 고대에 의례를 시행할 때 하는 복장 방식 중 하나이다. 좌측 소매를 걷어 올려서, 안에 입고 있는 석의(裼衣)를 드러내는 것이다. 한편 '석'은 비교적 성대하지 않은 의식 때 시행하는 복장 방식으로도 사용되어, 좌측 소매를 걷어 올려서 공경의 뜻을 표하기도 했다.

18) 이 문장은 『의례』 「빙례(聘禮)」편의 "上介不襲, 執圭屈繅授賓."이라는 기록에 대한 정현의 주이다.

19) 규(圭)는 규벽(圭璧)이라고 범칭하기도 한다. 조빙(朝聘) 및 제사처럼 중요한 의례 때 손에 들게 되는 물건으로, 옥(玉)으로 만든 기물이다. 명칭과 크기는 작위의 등급에 따라 달랐다. 위쪽은 뾰족하였고, 아래쪽은 네모지게 되어 있다.

20) 장(璋)은 옥(玉)으로 만든 기물로, 규(圭)의 절반 크기로 되어 있었다. 조빙(朝聘)이나 제사 때 예물(禮物)로 사용되었다. 『서』 「주서(周書)·고명(顧命)」편에는 "秉璋以酢."이란 기록이 있는데, 이에 대한 공안국(孔安國)의 전(傳)에서는 "半圭曰璋."이라고 풀이했다.

21) 속백(束帛)은 한 묶음의 비단으로, 그 수량은 다섯 필(匹)이 된다. 빙문(聘問)을

는 것이니,[22] 규(圭)와 장(璋)을 잡을 때에는 잡는 사람이 습(襲)을 해야
한다는 말이다. 깔개가 있는 것은 벽(璧)[23]과 종(琮)[24]을 한 묶음의 비단
위에 올려둔 것으로, 벽(璧)과 종(琮)을 잡을 때에는 잡는 사람이 석(裼)
을 해야 한다는 말이다. 따라서 이곳 「곡례」편에서 말한 내용은 전적으
로 규(圭)와 장(璋)만 보낼 때 습(襲)을 하고, 벽(璧)과 종(琮)을 보낼
때 한 묶음의 비단을 깔아서 보내며 석(裼)을 한다는 하나의 사항에 대해
서만 언급한 것이다. 그런데 선대 유학자들은 곧 이 문장을 규(圭)를 잡
을 때 규(圭)에 달린 끈을 늘어트리는 것이 '자(藉)가 있는 경우'로 여기
고, 규(圭)를 잡을 때 규(圭)에 달린 끈을 접어두는 것을 '자(藉)가 없는
경우'로 여겼는데, 이곳 문장의 내용은 그렇지 않다. 내가 경문의 내용을
자세히 살펴보니, 석(裼)과 습(襲)을 하는 것은 하나의 사안이 되고, '규
(圭)에 달린 끈을 늘어트리는 것'과 '규(圭)에 달린 끈을 접어두는 것'들
은[25] 또한 별개의 사안이 되니, 이 두 사안을 합쳐서 하나의 설명을 만들
어내서는 안 된다.

하거나 증여를 할 때 가져가는 예물(禮物) 등으로 사용되었다. '속(束)'은 10단(端)
을 뜻하는데, 1단의 길이는 1장(丈) 8척(尺)이 되며, 2단이 합쳐서 1권(卷)이 되므
로, 10단은 총 5필이 된다. 『주례』「춘관(春官)·대종백(大宗伯)」편에는 "孤執皮
帛."이라는 기록이 있고, 이에 대한 가공언(賈公彦)의 소(疏)에서는 "束者十端,
每端丈八尺, 皆兩端合卷, 總爲五匹, 故云束帛也."라고 풀이했다.

22) 『예기』「예기(禮器)」 022장 : 圭璋, 特.

23) 벽(璧)은 옥(玉)으로 된 물건으로, 평평하며 원형으로 되어 있고, 중앙에 구멍이
뚫려 있어서, 끈을 달아서 허리에 찼다.

24) 종(琮)은 옥(玉)으로 만든 기물로, 평평하며 네모난 기둥 모양으로 되어 있다.
중앙에 원형으로 된 구멍이 뚫려 있었다. 예물(禮物)로 사용되었으며, 제후가 천
자에게 조회를 갈 때 부절(符節)로 사용되기도 했다.

25) 『의례』「빙례(聘禮)」 : 賈人西面坐, 啓櫝, 取圭垂繅, 不起而授宰. 宰執圭, 屈
繅, 自公左授使者.

【139】

執虛如執盈, 入虛如有人.〈少儀-038〉 [少儀. 本在"進俎不坐"下.]

빈 그릇을 잡을 때에는 마치 물건이 가득 찬 그릇을 잡는 것처럼 하고, 빈 방에 들어갈 때에는 사람이 있는 방에 들어가는 것처럼 한다. [「소의」편의 문장이다. 본래는 "도마에 제수를 진설할 때에는 무릎을 꿇지 않는다."26)라고 한 문장 뒤에 수록되어 있었다.]

集說 皆敬心之所寓.

이 모두는 공경하는 마음에서 비롯된 것이다.

【140】

登城不指, 城上不呼[去聲].〈053〉27) [本在"長者所視"下.]

성벽에 올라서는 여기저기 손가락으로 가리키지 않으며, 성벽 위에서는 소리를 지르지['呼'자는 거성으로 읽는다.] 않는다. [본래는 "연장자가 바라보는 곳"이라고 한 문장 뒤에 수록되어 있었다.]

集說 城, 人所恃以爲安固者, 有所指, 則惑見者; 有所呼, 則駭聞者.

성(城)은 사람들이 믿고 의지하는 건축물이며, 이것을 통해 환란과 외적의 침입으로부터 안심하고 살아가게 된다. 그런데 성벽에 올라서 손가락으로 여기저기를 가리키게 되면 그 모습을 본 자들로 하여금 불안하게 만들고, 소리를 지르게 되면 그 소리를 들은 자들로 하여금 놀라게 만든다.

---

26) 『예기』「소의(少儀)」 037장 : 取俎·進俎不坐.

27) 『예기』「곡례상」 053장 : 從長者, 而上丘陵, 則必鄉長者所視, 登城不指, 城上不呼.

【141】

將適舍, 求毋固.〈054〉

객사로 가게 되어서는 고집을 부려서는 안 된다.

集說 戴氏曰: 就館者, 誠不能無求於主人, 然執平日之所欲而必求
於人, 則非爲客之義.

대씨[28]가 말하길, 남의 집 별관에 머무는 경우, 실제로는 주인에게 요구
사항이 없을 수가 없지만, 평소처럼 하고 싶은 것을 고집해서 주인에게
끝까지 요구를 한다면, 손님으로써의 도리에 맞지 않는다.

【142】

將上堂, 聲必揚.〈055〉 [29] **將入戶, 視必下.**〈056〉 [30] ["將入戶"二句, 本在"言
不聞則不入"下.]

당상에 오르고자 할 때 목소리는 방안에 있는 사람들이 들을 수 있도록
반드시 큰 소리로 낸다. 장차 방문으로 들어가려고 할 때 시선은 반드시
밑으로 둔다. ['장입호(將入戶)'로 시작되는 두 구문은 본래 "말소리가 들리지 않으면 들
어가지 않는다."라고 한 문장 뒤에 수록되어 있었다.]

集說 上堂, 升主人之堂也. 揚其聲者, 使內人知之也. 入戶, 入主人

---

28) 영가대씨(永嘉戴氏, A.D.1141~A.D.1215) : =대계(戴溪)·대씨(戴氏)·대초망
(戴肖望)·대소망(戴少望)·대민은(戴岷隱)·민은선생(岷隱先生). 남송(南宋)
때의 학자이다. 자(字)는 초망(肖望)·소망(少望)이고, 호(號)는 민은(岷隱)이다.
저서로는 『춘추강의(春秋講義)』, 『예기구의(禮記口義)』 등이 있다.

29) 『예기』「곡례상」 055장 : 將上堂, 聲必揚. 戶外有二屨, 言聞則入, 言不聞則不
入.

30) 『예기』「곡례상」 056장 : 將入戶, 視必下, 入戶奉扃, 視瞻毋回, 戶開亦開, 戶闔
亦闔, 有後入者, 闔而勿遂.

之戶也. 視下, 不擧目也.

'상당(上堂)'은 주인 집의 당에 오른다는 뜻이다. 목소리를 크게 내는 이유는 방안에 있는 사람들로 하여금 자신이 찾아왔다는 사실을 알리기 위해서이다. '입호(入戶)'는 주인이 거처하는 방문으로 들어서는 것이다. "시선을 밑으로 둔다."는 말은 눈을 치켜뜨지 않는 것이다.

【143】

戶外有二屨, 言聞[去聲]則入, 言不聞則不入. 〈055〉31) 入戶奉[上聲]扃,
視瞻毋回, 戶開亦開, 戶闔亦闔, 有後入者, 闔而勿遂. 〈056〉32)

두 짝의 신발이 놓여 있다면, 방안에는 세 사람 이상이 모여 있는 것인데 그들의 대화 내용이 밖에까지 들리면['聞'자는 거성으로 읽는다.] 들어가고, 들리지 않으면 신중히 의논하는 중이므로 들어가지 않는다. 문에 들어서면 문빗장을 받치듯['奉'자는 상성으로 읽는다.] 심장 높이까지 손을 높여 경의를 나타내며, 자세를 숙여서 굽어보되 두리번거리지 않고, 방문이 열려 있었다면 또한 열어놓으며, 방문이 닫혀 있었다면 또한 닫아두되, 뒤에 들어올 자가 있다면 완전히 닫지는 않는다.

集說 古人脫屨在戶外, 客雖衆, 脫屨於戶內者惟長者一人. 言有二屨, 則幷戶內一屨爲三人矣. 三人而所言不聞於外, 必是密謀, 故不入也. 扃, 門關木也. 入戶之時, 兩手當心, 如奉扃然, 雖視瞻而不爲迴轉, 嫌於干人之私也. 開闔皆如前, 不違主人之意也. 遂, 闔之盡也. 嫌於拒後來者, 故勿遂.

고대인들은 신발을 방문 밖에 벗어두었는데, 찾아온 손님이 아무리 많더

---

31) 『예기』「곡례상」 055장 : 將上堂, 聲必揚. <u>戶外有二屨, 言聞則入, 言不聞則不入</u>.

32) 『예기』「곡례상」 056장 : 將入戶, 視必下, <u>入戶奉扃, 視瞻毋回, 戶開亦開, 戶闔亦闔, 有後入者, 闔而勿遂</u>.

라도, 문 안쪽에 신발을 벗어둘 수 있는 자는 오직 가장 연장자 한 사람뿐이었다. 그런데 이곳 문장에서는 두 짝의 신발이 문밖에 놓여 있다고 했으니, 문 안쪽에 있는 신발 한 짝까지 합치면, 총 세 사람이 된다. 세 사람의 대화내용이 문밖으로 들리지 않는다면, 반드시 비밀스러운 논의를 하고 있는 것이기 때문에, 들어가지 않는 것이다. '경(扃)'자는 문빗장을 뜻한다. 방문으로 들어갈 때에는 두 손을 심장 높이까지 올리며 인사를 하는데, 그 모습이 마치 문빗장을 받치고 있는 모습처럼 되며, 비록 방안을 살피긴 하지만 두리번거리지 않으니, 남의 사생활까지도 간여하는 것처럼 보이게 될까 염려해서이다. 방문을 열어두거나 닫는 것은 모두 이전의 방문 상태에 따르니, 주인이 방문을 열어두려고 했다거나 닫아두려고 하는 의도에 위배하지 않기 위해서이다. '수(遂)'자는 문을 완전히 닫는다는 뜻이다. 뒤에 올 사람을 거부하는 것처럼 보이게 될까 염려하기 때문에, 완전히 닫아두지 않는 것이다.

【144】

君與尸行接武, 大夫繼正武, 士中武. 徐趨皆用是. 〈玉藻-115〉 [本在"自閨東"下.]

군주가 시동과 함께 걸어갈 때에는 보폭을 반으로 줄여서 천천히 걷고, 대부가 시동과 함께 걸어갈 때에는 보폭을 넓혀서 발자국이 서로 이어지도록 걸으며, 사가 시동과 함께 걸어갈 때에는 발자국 사이마다 하나의 발자국이 들어갈 만큼 보폭을 넓혀서 신속하게 걷는다. 각 계층이 천천히 걷거나 빠르게 걸을 때에는 모두 이러한 예법에 따른다. [본래는 "얼의 동쪽을 통해서 들어간다."[33]라고 한 문장 뒤에 수록되어 있었다.]

集說 君, 謂天子‧諸侯也. 接武, 謂二足相躡每蹈於半, 不得各自

---

33) 『예기』「옥조(玉藻)」 114장: 賓入不中門, 不履閾, 公事自闑西, 私事自闑東.

成迹也. 若大夫與其尸行, 則兩足迹相接續. 漸卑, 故與尸行步稍廣而速. 中, 猶閒也. 士與其尸行, 每徙足閒容一足地乃躡之. 士極卑, 故與尸行步極廣也. 徐趨皆用是, 謂君 · 大夫 · 士或徐或趨, 皆用此與尸行步之節也.

'군(君)'자는 천자와 제후를 뜻한다. '접무(接武)'는 두 발이 서로 뒤따르도록 하여, 매번 반보씩 걸음을 떼는 것이니, 각자 자기 발자국의 길이만큼 갈 수 없는 것이다. 만약 대부가 시동과 함께 걸어가는 경우라면, 양쪽 발자국이 서로 연속하도록 조금 더 넓게 벌려서 걷는다. 신분이 점차 낮아지기 때문에, 시동과 함께 걸어갈 때에도 보폭을 조금 더 넓게 떼어 신속하게 이동하는 것이다. '중(中)'자는 "사이를 두다."는 뜻이다. 사는 시동과 함께 길을 갈 때 매번 발자국 사이마다 하나의 발자국이 들어갈 만큼 사이를 두고, 이처럼 발자국이 뒤따르도록 걷는다. 사는 신분이 매우 낮기 때문에, 시동과 함께 걸어갈 때에도 보폭을 매우 넓게 벌리는 것이다. 천천히 가거나 종종걸음으로 걸어갈 때에도 모두 이러한 방법에 따르니, 이것은 군주 · 대부 · 사가 간혹 천천히 걷거나 또는 종종걸음으로 걸어갈 경우, 모두 여기에서 설명한 시동과 함께 걸어갈 때의 법도에 따른다는 의미이다.

附註 徐趨, 猶徐行. 註云"或徐或趨", 欠當, 觀下文"疾趨"字可知.
'서추(徐趨)'라는 말은 서행(徐行)이라는 말과 같다. 주에서는 "천천히 걷거나 또는 종종걸음으로 걷는다."라 했는데, 마땅하지 않은 것 같으니, 아래문장에서 '질추(疾趨)'[34]라고 한 말을 살펴보면 이러한 사실을 알 수 있다.

---

34) 『예기』「옥조(玉藻)」 116장 : 疾趨, 則欲發而手足毋移.

【145】

疾趨, 則欲發而手足毋移.〈玉藻-116〉

신속하게 걷고자 한다면, 발끝을 신속하게 뻗으며 걷고자 하더라도 손과 발의 모습은 평상적인 예법에서 벗어나서는 안 된다.

集說 此言若以他事行禮而當疾趨者, 其屨頭固欲發起, 不以接武繼武爲拘, 然而手容必恭, 足容必重, 不可或低或斜而變其常度. 移, 猶變也.

이 내용은 만약 다른 사안으로 인해 의례를 시행하며 마땅히 빠르게 움직여야 할 경우, 신코를 빨리 앞으로 내빼려고 하여, 접무나 계무의 방식에 국한되지 않지만, 손의 모습은 반드시 공손해야 하며, 발의 모습은 반드시 신중해야 해서, 손을 너무 낮게 들거나 발을 비스듬한 방향으로 내딛어서 일상적인 법도를 바꿔서는 안 된다는 뜻이다. '이(移)'자는 "바꾸다."는 뜻이다.

【146】

圈[氣遠反]豚[上聲]行不擧足, 齊[咨]如流. 席上亦然.〈玉藻-117〉

천천히 걸어갈 때에는 발을 끌고['圈'자는 '氣(기)'자와 '遠(원)'자의 반절음이다.] 땅에 닿도록['豚'자는 상성으로 읽는다.] 하며 들어 올리지 않고, 하의의 재봉선이['齊'자의 음은 '咨(자)'이다.] 지면 위에 붙어서 움직이므로, 마치 물이 흐르는 것처럼 보인다. 자리 위로 나아갈 때에도 이처럼 걷는다.

集說 舊說, 圈, 轉也. 豚之言循, 讀爲上聲. 謂徐趨之法, 當曳轉其足循地而行, 故云不擧足也. 方氏謂此言回旋而行, 羔性聚, 豚性散, 圈之則聚而回旋於其中矣, 故取況如此. 未知是否. 齊, 裳下緝也. 足旣不擧, 身又俯折, 則裳下委於地, 而曳足, 則齊如水之流. 席上亦然, 言未坐之時, 行於席上, 亦當如此也.

옛 학설에 따르면, '권(圈)'자는 "구르다."는 뜻이다. '돈(豚)'자는 "좇다." 는 뜻으로, 상성으로 읽는다. 즉 천천히 걸어갈 때의 예법에서는 마땅히 발을 끌어서 땅에 닿도록 걸어야 한다. 그렇기 때문에 "발을 들어 올리지 않는다."라고 말했다고 주장한다. 방각은 이 내용은 몸을 회전하여 걸어 갈 때에 대한 내용이라고 말하며, 검은 양의 성질은 군집을 이루고, 돼지 의 성질은 흩어져 사니, 그것들을 우리에 가두게 된다면 모여들면서도 그 가운데에서 선회를 하게 된다. 그렇기 때문에 그 모습이 이와 같다는 뜻에서 그 의미를 취한 것이라고 했다. 그러나 어느 주장이 옳은지는 모 르겠다. '자(齊)'자는 하의 밑에 있는 재봉선을 뜻한다. 다리를 이미 들어 올리지 않고, 몸 또한 앞으로 숙여져 있으니, 하의의 밑단은 땅과 맞닿게 되고, 발을 끌게 된다면, 재봉선은 마치 물이 흐르는 것처럼 너울거리게 된다. 자리 위에서도 이처럼 한다는 말은 아직 자리에 앉기 이전에 자리 위로 나아갈 때에도 이처럼 움직여야만 한다는 뜻이다.

附註 圈豚行, 一云當作卷冕. 卷卽袞字, 與下文"端行"·"弁行"相 參. 註說太曲.

'권돈행(圈豚行)'에 대하여, 한편에서는 '권돈(圈豚)'을 권면(卷冕)으로 기록해야 한다고 주장한다. '권(卷)'자는 곤(袞)자에 해당하니, 아래 '단행 (端行)'이나 '변행(弁行)'이라는 말과 상호 관련이 된다. 주의 해석은 너 무 왜곡되어 있다.

【147】

端行頤霤如矢, 弁行剡剡起屨.〈玉藻-118〉

곧게 걸어갈 때에는 턱을 지붕의 처마처럼 하여 화살이 곧게 날아가듯 걷는다. 신속히 걸어갈 때에는 몸을 들어 올리고 발을 들어 올리며 신속하게 걷는다.

> **集說** 端, 直也. 直身而行, 身亦少折, 故頭直臨前, 而頤如屋霤之垂, 其步之進則如矢之直也. 弁, 急也. 剡剡, 身起之貌. 急行則欲速而身屨恒起也. 一說, 端, 謂玄端·素端; 弁, 謂爵弁·皮弁, 行容各欲稱其服也.

'단(端)'자는 "곧다."는 뜻이다. 몸을 곧게 펴서 걸을 때에도 몸은 역시 조금 앞으로 숙이게 된다. 그렇기 때문에 머리는 반듯하게 세우지만 앞으로 조금 숙여서, 턱이 지붕의 처마가 늘어져 있는 모습처럼 되는 것이니, 이처럼 걸어간다면, 마치 화살이 곧게 날아가는 것처럼 된다. '변(弁)'자는 "급하다."는 뜻이다. '염염(剡剡)'은 몸을 일으킨 모습을 뜻한다. 급히 걸어가게 되면, 빠르게 걷고자 하여 몸과 신발을 항상 들어 올리게 된다. 일설에는 '단(端)'자를 현단과 소단으로 풀이하고, '변(弁)'자를 작변과 피변으로 풀이하니, 행동하는 모습을 각각 입고 있는 복장에 걸맞도록 한다는 의미로 여긴다.

【148】

執龜玉, 擧前曳踵, 蹜蹜[縮]如也.〈玉藻-119〉 [五段玉藻]

거북껍질이나 옥을 들게 된다면, 걸어갈 때 천천히 걷게 되니 앞꿈치는 들어 올리지만 뒤꿈치는 끌게 되어, 보폭을 작게['蹜'자의 음은 '縮(축)'이다.] 해서 걷는다. [5개 단락은 모두 「옥조」편의 문장이다.]

> **集說** 踵, 足後跟也. 擧足之前而曳其後跟, 則行不離地, 如有所循

也. 踵踵, 促俠之貌. 龜玉皆重器, 故敬謹如此.

'종(踵)'자는 발의 뒤꿈치를 뜻한다. 발을 들어 올릴 때 뒤꿈치를 끌게
된다면, 걸어갈 때 발이 지면에서 이격되지 않으니, 마치 땅을 끄는 것처
럼 된다. '축축(踵踵)'은 협소한 모습을 뜻한다. 거북껍질이나 옥은 모두
중요한 기물이다. 그렇기 때문에 이처럼 공경하며 조심하는 것이다.

【149】

帷薄之外不趨, 堂上不趨, 執玉不趨. 〈062〉[1] [本在"先左足"下.]

장막과 주렴 밖에 사람이 없다면, 공경스러운 태도를 보이기 위해 굳이
종종걸음으로 걷지 않는다. 또한 당 위에서는 공간이 좁으므로 종종걸음으
로 걷지 않고, 옥을 들고 있을 때에는 실수로 떨어트릴 수도 있으니 종종걸
음으로 걷지 않는다. [본래는 "왼쪽 발을 먼저 뗀다."[2]라고 한 문장 뒤에 수록되어 있
다.]

集說 疏曰: 帷, 幔也. 薄, 簾也.

소에서 말하길, '유(帷)'자는 장막을 뜻한다. '박(薄)'자는 주렴을 뜻한다.

集說 朱氏曰: 帷薄之外無人, 不必趨以示敬. 堂上地迫, 室中地尤
迫, 故不趨不翔也.

주씨가 말하길, 장막과 주렴이 쳐진 곳 밖에 사람이 없다면, 굳이 종종걸
음으로 걸으며 공경스러운 태도를 보일 필요는 없다. 당 위는 공간이 협
소하고, 방안은 더욱 협소하기 때문에, 종종걸음으로 걷지 않고, 팔을 벌

---

1) 『예기』「곡례상」 062장 : 帷薄之外不趨, 堂上不趨, 執玉不趨. 堂上接武, 堂下
   布武, 室中不翔.
2) 『예기』「곡례상」 061장 : 主人與客讓登, 主人先登, 客從之, 拾級聚足, 連步以
   上. 上於東階, 則先右足; 上於西階, 則先左足.

리며 걷지 않는 것이다.

【150】

城上不趨, 執玉執龜筴不趨.〈少儀-034〉3) [少儀. "城上"一句, 本在"執龜筴不趨"下, 其間有"堂上不趨", 重出刪.]

성곽 위에서는 종종걸음으로 걷지 않고, 옥을 들거나 거북껍질 및 시초를 들고 있을 때에는 종종걸음으로 걷지 않는다. [「소의」편의 문장이다. '성상(城上)'으로 시작하는 한 구문은 본래 "거북껍질 및 시초를 들고 있을 때에는 종종걸음으로 걷지 않는다."라고 한 문장 뒤에 수록되어 있었고, 그 사이에는 "당상에서는 종종걸음으로 걷지 않는다."라는 한 구문이 있었는데, 중복해서 나온 말4)이므로 삭제하였다.]

集說 說見曲禮.

설명이 「곡례」편에 나온다.

【151】

堂上接武, 堂下布武, 室中不翔.〈062〉5) [本在"執玉不趨"下.]

당 위에서는 보폭을 적게 하여 발자국이 이어지도록 걷고, 당 아래에서는 보폭을 넓게 해서 성큼 성큼 걸으며, 방안에서는 공간이 협소하므로 양팔을 벌려서 걷지 않는다. [본래는 "옥을 들고서는 종종걸음으로 걷지 않는다."라고 한 문장 뒤에 수록되어 있었다.]

---

3) 『예기』「소의(少儀)」 034장 : 執玉執龜筴不趨, 堂上不趨, 城上不趨. 武車不式, 介者不拜.

4) 『예기』「곡례상」 062장 : 帷薄之外不趨, 堂上不趨, 執玉不趨. 堂上接武, 堂下布武, 室中不翔.

5) 『예기』「곡례상」 062장 : 帷薄之外不趨, 堂上不趨, 執玉不趨. 堂上接武, 堂下布武, 室中不翔.

疏曰: 接武, 足迹相接也.

소에서 말하길, '접무(接武)'는 발자국이 서로 이어지도록 작은 보폭으로 걷는다는 뜻이다.

集說 陳氏曰: 文者上之道, 武者下之道, 故足在體之下曰武, 卷在冠之下亦曰武. 執玉不趨, 不敢趨也; 室中不翔, 不可翔也. 行而張拱曰翔.

진씨가 말하길, '문(文)'이라는 말은 상위의 도를 뜻하고, '무(武)'라는 말은 하위의 도를 뜻한다. 그렇기 때문에 발은 신체부위 중 아래에 있으므로, 무(武)라고 표현한 것이고, 관의 테두리도 관의 아래에 달려 있기 때문에, 이 또한 무(武)라고 표현한 것이다. 옥을 차고서 종종걸음으로 걷지 않는 이유는 경박하게 보이므로 감히 종종걸음으로 걸을 수 없기 때문이며, 방 안에서 팔을 벌리고 걷지 않는 이유는 공간이 협소하여 팔을 벌릴 수 없기 때문이다. 걸으면서 두 팔을 길게 벌리는 것을 '상(翔)'이라고 부른다.

附註 堂上接武, 以足跡爲武, 古語也, 不必以文武對稱取義.

'당상접무(堂上接武)'라 했는데, 발자국을 '무(武)'라 한 것으로 옛 말에 해당하니, 문(文)과 무(武)를 대칭하여 의미를 취할 필요는 없다.

【152】

竝坐不橫肱, 授立不跪, 授坐不立.〈063〉

다른 사람과 나란히 앉아 있을 때에는 팔뚝을 옆으로 벌리지 않고, 서 있는 자에게 물건을 건넬 때에는 무릎을 꿇고서 주지 않으며, 앉아 있는 자에게 물건을 건넬 때에는 서서 주지 않는다.

集說 橫肱, 則妨竝坐者. 不跪・不立, 皆謂不便於受者.

팔뚝을 옆으로 벌리면, 나란히 앉아 있는 자에게 방해가 된다. 무릎을 꿇고서 주지 않고 서서 주지 않는 행동들은 모두 받는 자의 입장에서 불편하기 때문이다.

【153】

離[平聲]坐離立, 毋往參焉. 離立者, 不出中間.〈093〉 [本在"俯而納屨"下.]

두 명이 서로 짝을 이루어[‘離’자는 평성으로 읽는다.] 앉아 있거나 두 명이 서로 짝을 이루어 서 있는 경우에는 그곳에 끼어들지 않는다. 두 명이 서로 짝을 이루어 서 있다면 그 사이로 지나가지 않는다. [본래는 "몸을 숙이고서 신발을 착용하게 된다."[1]라고 한 문장 뒤에 수록되어 있었다.]

集說 方氏曰: 兩相麗之謂離, 三相成之謂參.

방씨가 말하길, 둘이 서로 짝을 이루고 있는 것을 ‘이(離)’라 부르며, 셋이 서로 어울려 있는 것을 ‘삼(參)’이라 부른다.

集說 應氏曰: 出其中間, 則立者必散而不成列矣, 故君子謹之.

응씨가 말하길, 그 사이로 지나가게 된다면, 서 있던 자들은 반드시 대오가 흐트러지게 되어 나란히 있을 수 없다. 그렇기 때문에 군자는 그러한

---

1) 『예기』「곡례상」 092장 : 鄕長者而屨, 跪而遷屨, <u>俯而納屨</u>.

행동에 주의하는 것이다.

【154】

有憂者, 側席而坐, 有喪者, 專席而坐.〈134〉 [本在"疾止復故"下.]

부모의 병환 때문에 근심이 있는 자는 별도의 자리를 마련해서 혼자 앉고,
상을 치르는 사람은 홑겹으로 된 자리에 앉는다. [본래는 "부모의 병이 다 나아야
만 평상시대로 돌아간다."[2]라고 한 문장 뒤에 수록되어 있었다.]

集說 有憂, 謂親疾, 或他禍患. 側, 獨也. 獨坐一席, 不設待賓之席,
爲有憂也. 一說側席, 謂偏設之變於正席也, 亦通. 專, 單也. 貴賤之
席, 各有重數, 居喪則否.

"근심이 있다."는 말은 부모에게 병환이 있다는 뜻이며, 혹은 다른 우환이
있다는 뜻이다. '측(側)'자는 '홀로'라는 뜻이다. 홀로 별도의 자리에 앉으
며, 빈객을 접대하는 자리를 설치해두지 않는 이유는 마음에 근심이 있기
때문이다. 일설에는 '측석(側席)'에 대해서, 자리를 놓게 되는 본래의 위
치를 변화시켜서, 한쪽으로 치우치도록 설치한다는 뜻이라고 하였는데,
이 주장 또한 그 의미가 통한다. '전(專)'자는 '홑겹'이라는 뜻이다. 신분
의 귀천에 따라서 앉게 되는 자리에도 각각 자리를 겹치는 수가 다른데,
상에 처해서는 이러한 차이를 두지 않고, 홑겹으로 된 자리에 앉는다.

集說 呂氏曰: 專席, 不與人共坐也.

여씨가 말하길, '전석(專席)'은 다른 사람과 함께 앉지 않는다는 뜻이다.

---

2) 『예기』「곡례상」 133장 : 父母有疾, 冠者不櫛, 行不翔, 言不惰, 琴瑟不御. 食肉
不至變味, 飮酒不至變貌. 笑不至矧, 怒不至詈. <u>疾止復故</u>.

【155】

登席不由前爲躐席.〈玉藻-022〉[本在"去君之黨"下.]

자리에 오를 때에는 앞으로 오르지 않으니, 엽석이 되기 때문이다. [본래는 "군주의 친족이 앉아있는 자리 밑에 앉는다."³⁾라고 한 문장 뒤에 수록되어 있었다.]

集說 疏曰: 失節而踐爲躐席. 應從下升, 若由前升, 是躐席也. 鄉飲酒禮, 賓席于戶西, 以西頭爲下. 主人席于阼階, 介席于西階, 皆北頭爲下. 賓升席自西方. 註云, "升由下也." 又記云, "主人介凡升席自北方, 降自南方." 註云, "席南上, 升由下, 降由上, 主人受獻自席前適阼階, 是降自北方者, 以受獻正禮, 須席未啐酒, 因從北方降也." 故註云, "由便也, 若尋常無事, 則升由下而降由上. 若賓則升降皆由下也."

소에서 말하길, 예의범절을 어겨서, 자리를 밟는 것을 '엽석(躐席)'이라고 한다. 따라서 마땅히 뒤로부터 올라가야 하니, 만약 앞으로 올라가게 되면, 자리를 밟게 된다. 『의례』「향음주례(鄉飲酒禮)」편에서는 빈객의 자리는 호(戶)의 서쪽에 마련하며, 서쪽 끝을 뒤로 삼았다. 주인의 자리는 동쪽 계단 위에 마련하며, 개(介)의 자리는 서쪽 계단 위에 마련하니, 둘 모두 북쪽 끝을 뒤로 삼았다. 빈객이 자리에 올라갈 때에는 서쪽으로부터 올라간다. 정현의 주에서는 "올라갈 때에는 뒤로부터 올라가는 것이다."⁴⁾라고 했다. 또한 기문에서는 "주인과 개는 모두 자리에 올라갈 때 북쪽으로부터 올라가고, 내려갈 때에는 남쪽으로부터 내려간다."⁵⁾라고 했고, 정현의 주에서는 "자리에 있어서 남쪽이 앞이 되니, 올라갈 때에는

---

3) 『예기』「옥조(玉藻) 021장 : 侍坐則必退席, 不退則必引而去君之黨.

4) 이 문장은 『의례』「향음주례(鄉飲酒禮)」편의 "賓升席, 自西方."이라는 기록에 대한 정현의 주이다.

5) 『의례』「향음주례(鄉飲酒禮)」: 主人・介凡升席自北方, 降自南方. 司正既舉觶而薦諸其位. 凡旅不洗. 不洗者不祭.

뒤로부터 올라가고, 내려갈 때에는 앞으로 내려가는 것으로, 주인이 따라준 술잔을 받을 때에는 자리의 전면으로부터 동쪽 계단으로 가니, 이것은 내려갈 때 북쪽으로부터 내려간다는 사실을 나타내지만, 헌(獻)을 받는 것은 정규 예법에 해당하여, 자리 끝에서 술을 마셔야 하므로, 이에 따라 북쪽으로부터 내려간 것이다."라고 했다. 그렇기 때문에 정현의 주에서는 "편리함에 따르기 때문이니, 만약 일상적인 경우 특별한 일이 없다면, 올라갈 때에는 뒤로부터 올라가고, 내려갈 때에는 앞으로 내려간다. 빈객의 경우라면, 오르고 내려가는 것을 모두 뒤로부터 한다."라고 한 것이다.

集說 今按: 此說, 席之上下, 固爲明白, 竊意此經八字當作一句, 而爲字平聲. 蓋行禮之時, 人各一席, 而相離稍遠, 固可從下而升. 若布席稍密, 或數人共一席, 則必須由前乃可得己之坐. 若不由前, 則是躐席矣.

현재 살펴보니, 이러한 설명은 자리의 앞뒤에 대한 것인데, 진실로 그 내용이 명백하니, 아마도 이곳 경문의 여덟 글자는 마땅히 한 구문이 되어야 하며, '위(爲)'자는 평성으로 읽어야 한다. 무릇 예를 시행할 때, 사람들은 각각 하나의 자리를 차지하고 앉으며, 서로의 거리를 조금 벌리게 되므로, 진실로 뒤로부터 올라갈 수 있는 것이다. 만약 자리를 펼 때 촘촘하게 깔거나 혹은 여러 사람이 하나의 자리에 앉게 된다면, 반드시 앞으로부터 올라가야만 자신의 자리에 앉을 수 있다. 만약 앞을 통해서 자리에 오르지 않는다면, 이것은 '엽석(躐席)'이 된다.

【156】

徒坐不盡席尺.〈玉藻-023〉

도좌를 할 때에는 자리 앞을 다 채우지 않고, 1척 정도를 남겨둔다.

集説 徒, 空也. 非飮食及講問之坐爲徒坐. 不盡席之前一尺, 示無
所求於前也.

'도(徒)'자는 "비다."는 뜻이다. 음식을 먹거나 강학을 하는 자리가 아니라
면, 도좌를 한다. 즉 자리 앞을 다 채우지 않고, 1척 정도를 남겨두니,
앞에서 구하는 바가 없음을 드러내기 위해서이다.

【157】

讀書食[句], 則齊豆去席尺.〈玉藻-024〉[三段玉藻.]

독서를 하거나 음식을 먹게 되면['食'자에서 구문을 끊는다.] 자리 앞에 두와 책
등을 놓게 되니, 그것들을 놓는 자리는 자리와 1척 정도 떨어지게 둔다.
[여기까지의 3개 단락은 「옥조」편의 문장이다.]

集説 石梁王氏曰: 食則豆去席尺, 讀書則與豆齊, 亦去席尺, 是謂
齊豆去席尺.

석량왕씨가 말하길, 음식을 먹게 되면 두를 자리와 1척 정도 벌려서 진설
하고, 독서를 하게 된다면 두를 진설한 곳과 동일한 장소에 책을 두니,
이때에도 책과 자리의 거리를 1척 정도 벌린다. 이것이 바로 "두와 가지
런히 하여 자리의 거리를 1척 벌린다."는 뜻이다.

【158】

受立授立不坐, 性之直者則有之矣.〈少儀-008〉[少儀. 本在"無親受也"下.]

서 있는 자에게 물건을 받거나 서 있는 자에게 물건을 건넬 때에는 모두
무릎을 꿇지 않는다. 그러나 감정에만 내맡겨서 경솔하게 행동하는 자라
면, 간혹 무릎을 꿇는 경우도 있다. [「소의」편의 문장이다. 본래는 "직접 받지 않는
다."6)라고 한 문장 뒤에 수록되어 있었다.]

受人之物而立, 與以物授人之立者皆不跪, 此皆委曲以盡禮
之當然耳. 然直情徑行之人亦或有跪者, 故曰性之直者則有之矣.

남의 물건을 받는 자가 서 있고 물건을 남에게 주는 자가 서 있는 경우에
는 모두 무릎을 꿇지 않는데, 이것은 모두 완곡하게 예법의 마땅함을 다
한 것일 뿐이다. 그러나 단지 감정에만 내맡겨서 경솔하게 행동하는 자라
면 또한 무릎을 꿇는 자도 있다. 그렇기 때문에 "감정에만 따르는 경우라
면 그러한 경우도 있다."라고 말한 것이다.

【159】

凡祭, 於室中堂上無跣, 燕則有之.〈少儀-039〉 [少儀. 本在"入虛如有人"下.]
모든 제사에 있어서 방안과 당상에서는 신발을 벗는 일이 없는데, 연례를
시행하는 경우라면 당상에서 신발을 벗는 경우도 있다. [「소의」편의 문장이다.
본래는 "빈 방에 들어갈 때에는 사람이 있는 방에 들어가는 것처럼 한다."7)라고 한 문장
뒤에 수록되어 있었다.]

凡祭, 通言君臣上下之祭也. 跣, 脫屨也. 祭禮主敬, 凡祭在室
中者, 非惟室中不脫屨, 堂上亦不敢脫屨. 燕則有之者, 謂行燕禮, 則
堂上可跣也. 又按下大夫及士陰陽二厭及燕尸, 皆於室中, 上大夫陰
厭及祭在室, 若儐尸則于堂.

'범제(凡祭)'는 군주와 신하 및 상하 모든 계층이 지내는 제사를 통괄적으
로 말한 것이다. '선(跣)'자는 신발을 벗는다는 뜻이다. 제례에서는 공경
함을 위주로 하니, 실에서 지내는 모든 제사에서는 방안에서만 신발을
벗지 않는 것이 아니며, 당상에서도 또한 감히 신발을 벗을 수 없다. "연
회인 경우라면 그러한 경우가 있다."라고 했는데, 이 말은 연례를 시행하

---

6) 『예기』「소의(少儀)」 007장 : 賵者既致命, 坐委之, 儐者舉之, 主人無親受也.
7) 『예기』「소의(少儀)」 038장 : 執虛如執盈, 入虛如有人.

면, 당상에서 신발을 벗을 수 있다는 뜻이다. 또 살펴보면 하대부 및 사가 지내는 음염(陰厭)[8]·양염(陽厭)[9]의 두 제사 절차와 시동의 노고를 위로하는 경우에는 모두 방안에서 시행하고, 상대부가 지내는 음염 및 제사는 방안에서 시행하는데, 만약 시동을 인도하여 나오게 되면 당에서 의례 절차를 시행한다.

【160】

揖人, 必違其位.〈173〉 [本在"臨喪不笑"下.]

남에게 읍을 할 때에는 반드시 그 자리에서 뒤로 물러나서 한다. [본래는 "상에 임해서는 웃지 않는다."[10]라고 한 문장 뒤에 수록되어 있었다.]

集說 出位而揖, 禮以變爲敬也.

자리를 벗어나 읍을 하는 이유는 예에서는 자리의 변화를 주는 것을 공경스러운 태도로 여기기 때문이다.

【161】

介者不拜, 爲[去聲]其拜而蓌[子臥反]拜.〈218〉 [本在"必自御之"下.]

갑옷을 입은 자는 절을 하지 않으니, 갑옷을 입은 자가 절을 하게 되면, 절을 할 때 몸을 굽히기 힘들기['蓌'자는 '子(자)'자와 '臥(와)'자의 반절음이다.] 때문이다. ['爲'자는 거성으로 읽는다. 본래는 "반드시 직접 그를 맞이해야 한다."[11]라고 한 문

---

8) 음염(陰厭)은 적장자가 아직 성년이 되지 않은 상태에서 죽었을 때, 그에 대한 제사는 종묘(宗廟)의 그윽하고 음(陰)한 장소에서 간략하게 치르게 되는데, 이것을 '음염'이라고 부른다.

9) 양염(陽厭)은 시동이 묘실(廟室)을 빠져 나간 이후에, 시동에게 바쳤던 조(俎)와 돈(敦) 등을 거둬들여서, 서북쪽 모퉁이에 다시 진설을 하는 것이다.

10) 『예기』「곡례상」172장 : 臨喪不笑.

장 뒤에 수록되어 있었다.]

집설 介, 甲也.
'개(介)'자는 갑옷을 뜻한다.

집설 朱子曰: 萎猶言有所枝拄, 不利屈伸也.
주자가 말하길, '좌(萎)'라는 말은 갑옷이 몸을 지탱하고 고정시켜주는 점이 있어서, 굽히고 펴기 어렵다고 말하는 것과 같다.

【162】
母側聽, 母噭[叫]應, 母淫視, 母怠荒. 〈086〉 [本在"左右屏而待"下.]
한쪽 귀를 기울여서 들어서는 안 되고, 부르짖듯이['噭'자는 '규(叫)'자의 뜻이다.] 대답해서는 안 되며, 눈을 굴리며 곁눈질을 해서는 안 되고, 용모와 행동거지는 방만하게 해서는 안 된다. [본래는 "나머지 사람들은 좌우로 물러나서 대화가 다 끝날 때까지 기다린다."12)라고 한 문장 뒤에 수록되어 있었다.]

집설 上言聽必恭, 側耳以聽, 非恭也. 應答之聲宜和平, 高急者, 悖戾之所發也. 淫視, 流動邪眄也. 怠荒, 謂容止縱慢.
앞에서는 "어른의 말씀을 들을 때에는 반드시 공손한 태도를 유지한다."13)라고 하였으니, 한쪽 귀를 기울여서 듣는 것은 공손한 태도가 아니다. 어른의 말씀에 대답하는 목소리는 마땅히 온화하고 평온해야하니, 격양되고 다급한 목소리는 자신의 어그러진 마음을 나타내는 것이다. '음시(淫

---

11) 『예기』「곡례상」 217장 : 君命召, 雖賤人, 大夫士必自御之.
12) 『예기』「곡례상」 085장 : 侍坐於君子, 若有告者曰"少間, 願有復也", 則左右屏而待.
13) 『예기』「곡례상」 074장 : 正爾容, 聽必恭. 母勦說, 母雷同. 必則古昔, 稱先王.

視)’는 눈을 굴리며 곁눈질을 한다는 뜻이다. ‘태황(怠荒)’은 용모와 행동 거지가 방만하다는 뜻이다.

【163】

遊毋倨[據], 立毋跛[彼義反], 坐毋箕, 寢毋伏. 〈087〉

걸어 다닐 때에는 오만한 자세[‘倨’자의 음은 ‘據(거)’이다.]로 걸어서는 안 되고, 서 있을 때에는 삐딱하게[‘跛’자는 ‘彼(피)’자와 ‘義(의)’자의 반절음이다.] 서 있어서 는 안 되며, 앉아 있을 때에는 다리를 앞으로 쭉 펴고 앉아서는 안 되고, 잠을 잘 때에는 엎드려서 자면 안 된다.

(集說) 遊, 行也. 倨, 傲慢也. 立當兩足整齊, 不可偏任一足. 箕, 謂 兩展其足, 狀如箕舌也. 伏, 覆也.

‘유(遊)’자는 “걸어 다닌다.”는 뜻이다. ‘거(倨)’자는 “오만하다.”는 뜻이다. 서 있을 때에는 마땅히 양쪽 발로 지탱을 하며 단정하게 서 있어야 하지, 한쪽 다리에 중심을 두고 삐딱하게 서 있어서는 안 된다. ‘기(箕)’자는 발을 양쪽으로 쫙 펼친다는 뜻으로, 그 모양이 마치 쓰레받기의 입구와 같기 때문에 ‘기(箕)’라고 부르는 것이다. ‘복(伏)’자는 “엎드린다.”는 뜻이다.

【164】

斂髮毋髢[替]. 〈088〉

머리카락은 머리싸개로 단정하게 싸매며, 늘어트리지[‘髢’자의 음은 ‘替(체)’이 다.] 않는다.

(集說) 疏曰: 髢, 髮也, 垂如髮也. 古人重髮, 以纚韜之, 不使垂.

소에서 말하길, ‘체(髢)’자는 가발을 뜻하니, 머리카락을 늘어트린 모습이 마치 가발과 같다는 의미이다. 고대인들은 머리카락을 중요하게 여겨서,

머리싸개로 싸매었지, 늘어트리지 않았다.

【165】

冠毋免, 勞毋袒, 暑毋褰裳.〈089〉

관은 벗지 않고, 힘들 때에도 상의를 걷어붙이지 않으며, 더울 때에도 하의를 걷어 올리지 않는다.

集說 喪有喪冠, 吉有吉冠, 非當免之時不可免. 有袒而露其裼衣者, 有袒而割牲者, 因勞事而袒, 則爲褻. 褰, 揭也. 涉淺而揭則可, 暑而揭其裳亦爲褻.

상을 치를 때에는 상관(喪冠)[14]을 쓰게 되고, 길한 시기에는 길관(吉冠)[15]을 쓰는데, 관을 벗어도 될 때가 아니라면 벗을 수 없다. 상의를 걷어붙여서 안에 입고 있는 석의(裼衣)를 드러내는 경우도 있고,[16] 상의를 걷어붙이고 희생물을 손질할 경우도 있지만,[17] 힘든 일을 했다고 해서 상의를 걷어붙인다면, 이것은 무례한 행동이 된다. '건(褰)'자는 "걷어 올린다."는 뜻이다. 하천을 건너게 되어, 하의를 걷어 올리는 것은 괜찮지만, 덥다고 하여 하의를 걷어 올린다면, 이 또한 무례한 행동이 된다.

---

14) 상관(喪冠)은 상복(喪服)을 착용할 때 쓰는 관(冠)이다. 상복은 수위에 따라 일반적으로 오복(五服)으로 나뉘게 되는데, '상관' 또한 각 상복의 종류에 따라 달라진다.

15) 길관(吉冠)은 길복(吉服)을 착용할 때 쓰는 관(冠)이다. '길복'은 제례(祭禮)나 의례(儀禮)를 시행할 때 착용하는 제복(祭服)과 예복(禮服)을 가리킨다. 신분의 등급 및 제사의 종류의 따라서 '길복'이 변화되는데, '길관' 또한 각 길복에 따라 변화된다. 한편 일상적으로 쓰는 '관' 또한 '길관'이라고 부른다. 길흉(吉凶)에 의해 각 시기를 구분하게 되면, 상사(喪事)나 재앙 등을 당했을 때에는 흉(凶)에 해당하고, 그 나머지 시기는 길(吉)한 시기에 해당하기 때문이다.

16) 『예기』 「곡례하(曲禮下)」 005장 : 執玉, 其有藉者則裼, 無藉者則襲.

17) 『예기』 「악기(樂記)」 074장 : 食三老五更於大學, 天子袒而割牲, 執醬而饋, 執爵而酳, 冕而摠干, 所以敎諸侯之弟也.

【166】

臨喪不笑.〈172〉 [本在"必執綍"下.]

상에 임해서는 웃지 않는다. [본래는 "반드시 상여줄을 잡고서 힘껏 도와야 한다."[18] 라고 한 문장 뒤에 수록되어 있었다.]

集說 以哀爲主.

상에서는 슬픔을 위주로 하기 때문이다.

【167】

當食不歎.〈174〉[19] [本在"入臨不翔"下.]

상에 임한 경우라 하더라도 식사를 하게 되면 탄식을 하지 않는다. [본래는 "곡을 하기 위해 들어설 때에는 용모를 꾸며서 나는 듯이 걷는 행위를 하지 않는다."라고 한 문장 뒤에 수록되어 있었다.]

集說 唯食忘憂, 非歎所也.

상에 임해서는 오직 식사를 할 때에만 근심을 잠시 잊게 될 뿐이니, 식사를 하는 곳은 탄식하는 장소가 아니기 때문이다.

【168】

臨樂不歎.〈178〉 [本在"執綍不笑"下.]

음악을 연주하는 장소에 가서는 탄식을 하지 않는다. [본래는 "상여줄을 잡을 때에는 웃어서는 안 된다."[20]라고 한 문장 뒤에 수록되어 있었다.]

---

18) 『예기』「곡례상」 171장 : 適墓不登壟, 助葬必執綍.

19) 『예기』「곡례상」 174장 : 望柩不歌. 入臨不翔. 當食不歎.

20) 『예기』「곡례상」 177장 : 送喪不由徑, 送葬不辟塗潦. 臨喪則必有哀色, 執綍不笑.

集說 亦爲非歎所也.

음악을 연주하는 장소 또한 탄식을 하는 곳이 아니기 때문이다.

【169】

臨祭不惰.〈194〉[21] [本在"亦士之辱也"下.]

제사에 임하게 되면 게으름을 피우지 않는다. [본래는 "사에게도 치욕스러운 일이다."[22]라고 한 문장 뒤에 수록되어 있었다.]

附註 臨祭不惰, 今刊本皆作臨喪, 當正之. 十三經註疏本作祭字, 通解亦然. 鄭註云: "爲無神也."

'임제불타(臨祭不惰)'의 '임제(臨祭)'에 대해 오늘날의 간행본에서는 모두 '임상(臨喪)'이라 기록하였는데, 이것은 마땅히 바로잡아야 한다. 『십삼경주소본』에서는 '상(喪)'자를 제(祭)자로 기록하였고, 『통해』에서도 이처럼 기록하였다. 정현의 주에서는 "제사 때 게으름을 피우는 것은 신이 찾아오지 않게끔 하는 행위이기 때문이다."라 했다.

類編 右視聽動作.

여기까지는 시청동작(視聽動作)에 대한 내용이다.

類編 孔子曰: "非禮勿視, 非禮勿聽, 非禮勿言, 非禮勿動." 君子之動作威儀, 必有其則, 可不敬歟? 故次以視聽動作.

공자는 "예가 아니면 보지도 말고, 예가 아니면 듣지도 말며, 예가 아니면

---

21) 『예기』「곡례상」194장 : 臨祭不惰. 祭服敝則焚之, 祭器敝則埋之, 龜筮敝則埋之, 牲死則埋之.

22) 『예기』「곡례상」193장 : 四郊多壘, 此卿大夫之辱也. 地廣大荒而不治, 此亦士之辱也.

말하지도 말고, 예가 아니면 행동하지도 말아라."23)라 했다. 군자의 행동과 위엄스러운 거동에는 분명 그에 대한 의칙이 있으니, 공경하지 않을 수 있겠는가? 그러므로 시청동작(視聽動作)에 대한 내용을 그 다음에 수록하였다.

---

23) 『논어』「안연(顏淵)」: 顏淵問仁. 子曰, "克己復禮爲仁. 一日克己復禮, 天下歸仁焉. 爲仁由己, 而由人乎哉?" 顏淵曰, "請問其目." 子曰, "非禮勿視, 非禮勿聽, 非禮勿言, 非禮勿動." 顏淵曰, "回雖不敏, 請事斯語矣."

◇ 언어의 예절[言語之禮]

【170】

在官言官, 在府言府, 在庫言庫, 在朝言朝.〈曲禮下-112〉[1] [本在"大夫與
士肄"下.]

관에 대한 내용이라면 관에 대해서 논의하고, 부에 대한 내용이라면 부에
대해서 논의하며, 고에 대한 내용이라면 고에 대해서 논의하고, 조정에 대
한 내용이라면 조정에 대해서 논의한다. [본래는 "대부와 사들은 그 일을 익혀야
한다."라고 한 문장 뒤에 수록되어 있었다.]

集說 其事或在官, 或在府, 或在庫, 或在朝, 隨其所在而謀議之. 官
者, 職守司存之總名. 府庫者, 貨器藏貯之異號. 朝, 則君臣會見之
公庭也.

그 사안이 간혹 관(官)에 해당하기도 하고, 혹은 부(府)에 해당하기도
하며, 혹은 고(庫)에 해당하기도 하고, 혹은 조(朝)에 해당하기도 하니,
해당하는 사안에 따라서 상의를 하는 것이다. '관(官)'이라는 말은 관리들
의 직책과 소속 실무자들을 총괄적으로 부르는 명칭이다. '부(府)'와 '고
(庫)'라는 것은 재화나 기물들을 보관하는 장소를 종류별로 다르게 부르
는 명칭이다. '조(朝)'는 군주와 신하가 서로 접견을 하는 궁중에 있는
마당이다.

【171】

朝言不及犬馬.〈曲禮下-113〉
조정에서 의논을 할 때에는 개나 말과 같이 미천한 대상들에 대해서는 언

---

1) 『예기』「곡례하(曲禮下)」112장 : 君命, 大夫與士肄, <u>在官言官, 在府言府, 在庫
言庫, 在朝言朝</u>.

급하지 않는다.

集說 犬馬微賤, 不當言之於朝.

개나 말들은 매우 미천한 대상들이므로, 조정에서 언급을 해서는 안 된다.

【172】

公庭不言婦女. 〈曲禮下-014〉[2] [本在"不言凶"下.]

군주의 궁에 있는 마당에서는 부녀자에 대한 언급을 하지 않는다. [본래는 "흉사에 대해서 언급하지 않는다."라고 한 문장 뒤에 수록되어 있었다.]

集說 呂氏曰: 公私之事不可相干, 私事不可言於公庭, 故公庭不言婦女.

여씨가 말하길, 공적인 일과 사적인 일은 서로 간여를 할 수 없고, 사적인 일을 군주의 궁에 있는 마당에서 언급할 수 없다. 그러므로 공정에서는 부녀자에 대해서 언급하지 않는 것이다.

【173】

在朝言禮, 問禮對以禮. 〈曲禮下-115〉 [本在"君子謂之固"下.]

조정에 있을 때에는 예에 맞게 말을 해야 하니, 예에 맞게 질문해야 하고, 예에 맞게 대답해야 한다. [본래는 "군자는 예법과는 거리가 멀다고 말했다."[3]라고 한 문장 뒤에 수록되어 있었다.]

---

2) 『예기』「곡례하(曲禮下)」 014장 : 居喪, 未葬, 讀喪禮, 旣葬, 讀祭禮, 喪復常, 讀樂章. 居喪不言樂, 祭事不言凶, <u>公庭不言婦女.</u>

3) 『예기』「곡례하(曲禮下)」 114장 : 輟朝而顧, 不有異事, 必有異禮, 故輟朝而顧, <u>君子謂之固.</u>

集說 朝廷之上, 凡所當言者皆禮也. 一問一對, 必稽於禮. 孔子在宗廟朝廷, 便便言, 唯謹爾, 盡此道也.

조정에 들어가서는 마땅히 언급해야 할 말들을 모두 예에 맞게 말해야 한다. 한 차례 질문을 하고 한 차례 대답을 할 때에도, 반드시 예에 맞게 해야 한다. 공자는 종묘나 조정에 있을 때에는 말을 잘 했지만, 다만 조심스럽게 하였다고 했으니,[4] 바로 이러한 도리를 다한 것이다.

【174】
公事不私議.〈曲禮下-019〉[本在"不入公門"下.]

공적인 일에 대해서는 사적으로 의논하지 않는다. [본래는 "공문을 들어가지 않는다."[5]라고 한 문장 뒤에 수록되어 있었다.]

集說 馬氏曰: 季孫使冉有訪田賦於仲尼, 仲尼不對而私於冉有, 何也? 季氏用田賦, 非孔子所能止, 其私於冉有, 豈得已哉.

마씨가 말하길, 계손이 염유를 시켜서 공자에게 토지세에 대한 방책을 물었는데, 공자는 대답을 하지 않았고, 염유에게만 사적으로 얘기를 해준 것[6]은 무슨 까닭인가? 계손이 토지세를 거두려는 것은 공자가 저지할 수 있는 일이 아니었으니, 개인적으로 염유에게 말해준 것까지 그만둘 수 있었겠는가?

---

4) 『논어』「향당(鄕黨)」: 孔子於鄕黨, 恂恂如也, 似不能言者. 其在宗廟朝廷, 便便言, 唯謹爾.

5) 『예기』「곡례하(曲禮下)」018장 : 書方·衰·凶器, 不以告, 不入公門.

6) 『춘추좌씨전』「애공(哀公) 11년」: 季孫欲以田賦, 使冉有訪諸仲尼. 仲尼曰, "丘不識也." 三發, 卒曰, "子爲國老, 待子而行, 若之何子之不言也?" 仲尼不對, 而私於冉有曰, "君子之行也, 度於禮, 施取其厚, 事擧其中, 斂從其薄. 如是, 則以丘亦足矣. 若不度於禮, 而貪冒無厭, 則雖以田賦, 將又不足. 且子季孫若欲行而法, 則周公之典在; 若欲苟而行, 又何訪焉?" 弗聽.

【175】

居喪不言樂, 祭事不言凶. 〈曲禮下-014〉7) [本在"讀樂章"下.]

상중에 있을 때에는 음악에 대해 언급하지 않고, 제사를 지낼 때에는 흉사에 대해 언급하지 않는다. [본래는 "음악에 대한 시가들을 읽는다."라고 한 문장 뒤에 수록되어 있었다.]

集說 呂氏曰: 吉凶之事不相干, 哀樂之情不可以貳. 故喪, 凶事也, 不言樂, 祭, 吉事也, 不言凶.

여씨가 말하길, 길사와 흉사는 서로 간여할 수 없고,8) 슬픈 감정과 즐거운 감정은 동시에 가질 수가 없다. 그러므로 상은 흉사에 해당하기 때문에, 음악에 대해서 언급하지 않는 것이고, 제사는 길사에 해당하기 때문에, 흉사에 대해서 언급하지 않는 것이다.

【176】

儗人必於其倫. 〈曲禮下-072〉 [本在"不服其藥"下.]

사람을 비교할 때에는 반드시 그와 비슷한 부류 속에서 비교한다. [본래는 "그가 만든 약을 군주나 부모에게 복용시키지 않는다."9)라고 한 문장 뒤에 수록되어 있었다.]

---

7) 『예기』「곡례하(曲禮下)」 014장 : 居喪, 未葬, 讀喪禮, 旣葬, 讀祭禮, 喪復常, 讀樂章. <u>居喪不言樂, 祭事不言凶</u>, 公庭不言婦女.

8) 『예기』「상복사제(喪服四制)」 001장 : 凡禮之大體, 體天地, 法四時, 則陰陽, 順人情, 故謂之禮. 訾之者, 是不知禮之所由生也. 夫禮, <u>吉凶異道, 不得相干</u>, 取之陰陽也. 喪有四制, 變而從宜, 取之四時也. 有恩有理, 有節有權, 取之人情也. 恩者仁也, 理者義也, 節者禮也, 權者知也. 仁義禮知, 人道具矣.

9) 『예기』「곡례하(曲禮下)」 071장 : 君有疾飮藥, 臣先嘗之, 親有疾飮藥, 子先嘗之. 醫不三世, <u>不服其藥</u>.

集說 疏曰: 不得以貴比賤, 爲不敬也.

소에서 말하길, 존귀한 자를 미천한 자와 비교할 수 없으니, 이러한 일은 불경한 짓에 해당하기 때문이다.

集說 方氏曰: 禹・稷・顔回, 時不同矣, 孔子俱以爲賢, 儗之以道也, 夷・惠・伊尹, 迹不同矣, 孟子俱以爲聖, 儗之以心也. 子夏以有若似孔子, 徒儗之以貌而已, 不知聖賢之德不倫也. 公孫丑以管仲比孟子, 徒擬之以位而已, 不知王霸之道不倫也.

방씨가 말하길, 우・직・안회는 생존했던 시대가 서로 다르지만, 공자는 그들 모두를 현명한 자라고 여겼으니, 도리에 기준을 두고 비교를 한 것이며, 백이・유하혜・이윤의 치적은 서로 달랐지만, 맹자는 그들 모두를 성인이라고 여겼으니, 마음에 기준을 두고 비교를 한 것이다. 자하는 유약을 공자와 흡사하다고 여겼는데, 이것은 단지 그 모습에만 기준을 두고 비교를 한 것일 뿐이니, 성인이나 현인의 덕이 같지 않다는 사실을 알지 못했기 때문이다. 공손추는 관중을 맹자에 비견했는데, 이것은 단지 그 지위에 기준을 두고 비교를 한 것일 뿐이니, 왕도와 패도가 같지 않다는 사실을 알지 못했기 때문이다.

【177】

問天子之年, 對曰: "聞之, 始服衣若干尺矣." 〈曲禮下-073〉

천자의 나이를 묻게 되면, 천자의 신하가 대답하길, "제가 듣기로는 몇 척 정도 되는 옷을 비로소 입기 시작하셨다고 합니다."라고 말한다.

集說 若, 如也, 未定之辭. 數始於一而成於十, 干字從一從十, 故言若干. 謂或如一, 或如十, 凡數之未定者皆可言. 顔註食貨志云, "干, 箇也." 謂當如此箇數, 意亦近之.

'약(若)'자는 "~와 같다."는 뜻으로 확정하지 않는 말이다. 수(數)는 1부터

시작해서 10에서 완성이 되는데, '간(干)'자는 '일(一)'자와 '십(十)'자로
구성되어 있기 때문에, '약간(若干)'이라고 말한 것이다. 즉 이 말은 혹은
1과 같기도 하고, 혹은 10과 같기도 하다는 뜻으로, 수가 확정되지 않은
것에 대해서는 모두 '약간(若干)'이라고 말할 수 있다. 『한서』「식화지(食
貨志)」편에 대한 안사고[10]의 주에서는 "'간(干)'자는 '~개'라는 뜻이다."[11]
라고 했는데, 이 말은 마땅히 이와 같은 '~개의 수치'와 같다는 뜻으로,
그 의미가 또한 여기에서 말하는 뜻과 흡사하다.

【178】
問國君之年, 長曰: "能從宗廟社稷之事矣." 幼曰: "未能從宗廟社稷
之事也." 〈曲禮下-074〉

제후의 나이를 묻게 되면, 제후의 신하가 대답을 하며, 제후의 나이가 장성
한 나이에 해당한다면, "종묘와 사직의 제사를 잘 해내실 수 있습니다."라
고 말한다. 나이가 아직 어리다면, "종묘와 사직의 제사에 대해서 아직 잘
해내실 수 없습니다."라고 말한다.

集說 爲國以禮, 而禮莫重於祭宗廟社稷, 事無有先於此者, 能則知
其長, 未能則知其幼.

나라는 예로써 다스리고, 예 중에서 종묘와 사직에 대한 제사보다 막중한
것이 없으며, 일 중에서도 이 제사들보다 우선시 되는 것이 없으니, 이런
일들을 잘 해낼 수 있다면, 그가 장성했다는 사실을 알 수 있고, 아직
잘 해내지 못한다면, 그가 아직 어리다는 사실을 알 수 있다.

---

10) 안사고(顔師古, A.D.581~A.D.645) : 당(唐)나라 때의 학자이다. 자(字)는 주(籒)
이다. 안지추(顔之推)의 손자이다. 훈고학(訓詁學)에 뛰어났다. 오경(五經)의 문
자를 교정하여, 『오경정본(五經定本)』을 찬술하기도 하였다.

11) 이 문장은 『한서(漢書)』「식화지(食貨志)」편의 "又民用錢, 郡縣不同, 或用錢輕,
百加若干."이라는 기록에 대한 안사고(顔師古)의 주이다.

【179】

問大夫之子, 長曰: “能御矣.” 幼曰: “未能御也.”〈曲禮下-075〉

대부의 아들에 대해서 그 나이를 묻게 되면, 대부의 가신(家臣)이 대답하
며, 대부의 아들이 장성한 나이에 해당한다면, “수레를 잘 몰 수 있습니다.”
라고 말한다. 나이가 아직 어리다면, “수레를 아직은 잘 몰 수 없습니다.”라
고 말한다.

集說 古者五十命爲大夫, 故不問其年而問其子之長幼. 御, 謂御車
也. 御者六藝之一, 幼則未能.

고대에는 50세가 되면, 대부로 임명이 되었다.[12] 그렇기 때문에 대부의
나이에 대해서 묻지 않고, 그 아들의 나이에 대해서 묻는 것이다. ‘어(御)’
자는 수레를 몬다는 뜻이다. 수레를 모는 일은 육예(六藝)[13] 중의 하나
이니, 나이가 어리다면, 잘 할 수 없는 것이다.

集說 疏曰: 御, 謂主事也. 官有世功, 子學父業, 故有御事之因.

소(疏)에서 말하길, ‘어(御)’자는 일을 주관한다는 뜻이다. 그 관직에서
대대로 공적을 세운 일이 있다면, 자식이 그 지위를 물려받게 되어, 부친
의 업무에 대해 배우게 된다. 그렇기 때문에 일을 주관하게 되는 경우가
생기는 것이다.

---

12) 『예기』「왕제(王制)」 127장: 五十而爵, 六十不親學, 七十致政, 唯衰麻爲喪. /
『예기』「내칙(內則)」 112장 : 四十始仕, 方物出謀發慮, 道合則服從, 不可則去,
五十命爲大夫, 服官政. 七十致事. 凡男拜, 尙左手.

13) 육예(六藝)는 기본적으로 갖춰야 하는 여섯 가지 과목을 뜻한다. 여섯 가지 과목
은 예(禮), 음악[樂], 활쏘기[射], 수레몰기[御], 글쓰기[書], 셈하기[數]이며, 구체적
으로 말하자면 오례(五禮), 육악(六樂), 오사(五射), 오어(五馭: =五御), 육서(六
書), 구수(九數)를 가리킨다.

【180】

問士之子, 長曰: "能典謁矣." 幼曰: "未能典謁也." 〈曲禮下-076〉

사의 아들에 대해서 그 나이를 묻게 되면, 사의 아전들이 대답하며, 아들이 장성한 나이에 해당한다면, "빈객들을 대하며 아뢰고 청하는 일을 잘 합니다."라고 말한다. 나이가 아직 어리다면, "아뢰고 청하는 일을 아직은 잘 하지 못합니다."라고 말한다.

集說 謁, 請也. 典謁者, 主賓客告請之事. 士賤無臣下, 自典告也.

'알(謁)'자는 "청원한다."는 뜻이다. 따라서 '전알(典謁)'이라는 말은 빈객들을 대하며 아뢰고 청원하는 일을 주관한다는 뜻이다. 사의 신분은 미천하기 때문에 그 밑에 신하가 없으므로, 그 아들이 직접 아뢰는 일을 맡는 것이다.

【181】

問庶人之子, 長曰: "能負薪矣." 幼曰: "未能負薪也." 〈曲禮下-077〉

서인의 아들에 대해서 그 나이를 묻게 되면, 그의 동료가 대답하며, 아들이 장성한 나이에 해당한다면, "땔나무를 짊어질 수 있습니다."라고 말한다. 나이가 아직 어리다면, "땔나무 짊어지는 일을 아직은 잘 할 수 없습니다."라고 말한다.

集說 負薪者, 庶人力役之事, 長則能.

"땔나무를 짊어진다."라고 한 이유는 서인들은 노동에 종사하기 때문이니, 장성한 나이가 되면, 그 일을 잘 할 수 있다.

【182】

問國君之子長幼, 長則曰: “能從社稷之事矣.” 幼則曰: “能御.” “未能
御.” 問大夫之子長幼, 長則曰: “能從樂人之事矣.” 幼則曰: “能正於
樂人.” “未能正於樂人.” 問士之子長幼, 長則曰: “能耕矣.” 幼則曰:
“能負薪.” “未能負薪.” 〈少儀-033〉 [少儀. 本在“肅肅雍雍”下.]

제후의 자식에 대해 그 나이를 묻게 되면, 자식이 장성한 나이에 해당하면
“사직의 일을 잘해내실 수 있습니다.”라고 말하고, 나이가 어리다면 “수레
를 잘 모실 수 있습니다.”라고 말하고, 나이가 매우 어리다면, “아직은 수레
를 잘 모실 수 없습니다.”라고 말한다. 대부의 자식에 대해 그 나이를 묻게
되면, 자식이 장성한 나이에 해당하면, “대사악이 가르치는 일들에 대해서
잘 따를 수 있습니다.”라고 말하고, 나이가 어리다면, “악공들의 일에 대해
시비를 올바르게 가릴 수 있습니다.”라고 말하고, 나이가 매우 어리다면,
“아직은 악공들의 일에 대해 시비를 올바르게 가릴 수 없습니다.”라고 말한
다. 사의 자식에 대해 그 나이를 묻게 되면, 자식이 장성한 나이에 해당한
다면, “경작을 잘 할 수 있습니다.”라고 말하고, 나이가 어리다면, “땔나무
를 짊어질 수 있습니다.”라고 말하고, 나이가 매우 어리다면, “아직은 땔나
무를 짊어질 수 없습니다.”라고 말한다. [「소의」편의 문장이다. 본래는 “공경스럽고
조화롭다.”[14]라고 한 문장 뒤에 수록되어 있었다.]

集說 社稷之事, 如祭祀軍旅之類皆是也. 御者, 六藝之一. 國君尊,
故以社稷言. 樂人之事, 如周禮樂德 · 樂語 · 樂舞之類, 大司樂以敎
國子者. 正者, 正其善否. 大夫下於君, 故以敎子言. 士賤, 則以耕與
負薪言. 此與曲禮所記不同, 蓋記者之辭異耳.

사직에 대한 일은 제사를 지내거나 군대에 대한 일 등이 모두 여기에
해당한다. 수레를 모는 것은 육예 중 하나이다. 제후는 존귀하기 때문에
사직을 통해 언급한 것이다. 악인의 일은 『주례』에서 말한 악덕(樂德)[15] ·

---

14) 『예기』「소의(少儀)」 032장 : 言語之美, 穆穆皇皇. 朝廷之美, 濟濟翔翔. 祭祀之
美, 齊齊皇皇. 車馬之美, 匪匪翼翼. 鸞和之美, 肅肅雍雍.

악어(樂語)16) · 악무(樂舞)17) 등의 부류로,18) 대사악이 이를 통해 국자들을 가르쳤다. '정(正)'자는 선하고 그렇지 못함을 올바르게 가린다는 뜻이다. 대부는 제후보다 낮기 때문에 자식을 가르치는 일로 언급한 것이다. 사는 미천한 신분이니, 경작을 하거나 땔감을 짊어지는 일로 언급한 것이다. 이 내용은 「곡례」편에서 기록한 것과 동일하지 않은데, 아마도 『예기』

---

15) 악덕(樂德)은 음악을 가르치면서 교육했던 여섯 가지 음악의 덕목이다. 여섯 가지 덕목은 중(中) · 화(和) · 지(祇) · 용(庸) · 효(孝) · 우(友)이다. '중'은 충심을 뜻한다. '화'는 굳셈과 부드러움이 알맞은 것을 뜻한다. '지'는 공경함을 뜻한다. '용'은 항상된 법도를 지닌다는 뜻이다. '효'는 부모를 잘 섬기는 것을 뜻한다. '우'는 형제들과 잘 지내는 것을 뜻한다. 『주례』「춘관(春官) · 대사악(大司樂)」편에는 "以樂德敎國子: 中 · 和 · 祇 · 庸 · 孝 · 友."라는 기록이 있고, 이에 대한 정현의 주에서는 "中, 猶忠也; 和, 剛柔適也; 祇, 敬; 庸, 有常也; 善父母曰孝; 善兄弟曰友." 라고 풀이했다.

16) 악어(樂語)는 음악의 가사를 익힐 때의 여섯 가지 이론을 뜻한다. 여섯 가지 이론은 흥(興) · 도(道) · 풍(諷) · 송(誦) · 언(言) · 어(語)이다. '흥'은 선한 사물을 통해서 선한 사안을 비유하는 것이다. '도'는 인도한다는 뜻으로, 고대의 일을 언급하여 현재의 일에 알맞게 하는 것이다. '풍'은 가사를 암송하는 것이다. '송'은 소리에 맞춰서 읽는 것이다. '언'은 직접적으로 언급하는 것이다. '어'는 답변을 조술하는 것이다. 『주례』「춘관(春官) · 대사악(大司樂)」편에는 "以樂語敎國子: 興 · 道 · 諷 · 誦 · 言 · 語."라는 기록이 있고, 이에 대한 정현의 주에서는 "興者, 以善物喻善事; 道讀曰導, 導者, 言古以剴今也; 倍文曰諷; 以聲節之曰誦; 發端曰言; 答述曰語."라고 풀이했다.

17) 악무(樂舞)는 음악을 연주할 때 추는 육대(六代)의 춤을 뜻한다. 육대의 춤은 운문(雲門) · 대권(大卷) · 대함(大咸) · 대소(大韶) · 대하(大夏) · 대호(大濩) · 대무(大武)이다. '운문'과 '대권'은 황제(黃帝) 때의 악무이다. '대함'은 요(堯)임금 때의 악무이다. '대소'는 순(舜)임금 때의 악무이다. '대하'는 우(禹)임금 때의 악무이다. '대호'는 탕(湯)임금 때의 악무이다. '대무'는 무왕(武王)에 대한 악무이다. 『주례』「춘관(春官) · 대사악(大司樂)」편에는 "以樂舞敎國子: 舞雲門 · 大卷 · 大咸 · 大韶 · 大夏 · 大濩 · 大武."라는 기록이 있다.

18) 『주례』「춘관(春官) · 대사악(大司樂)」: 以樂德敎國子: 中 · 和 · 祇 · 庸 · 孝 · 友. 以樂語敎國子: 興 · 道 · 諷 · 誦 · 言 · 語. 以樂舞敎國子: 舞雲門 · 大卷 · 大咸 · 大韶 · 大夏 · 大濩 · 大武.

를 기록한 자가 달리 들었던 내용을 기록한 것일 뿐이다.

【183】

問國君之富, 數[上聲]地以對, 山澤之所出.〈曲禮下-078〉 [本在"未能負薪也"下.]

제후의 부유한 정도에 대해서 질문을 하면, 제후의 신하는 나라의 면적으로[數'자는 상성으로 읽는다.] 대답하며, 산림과 연못 지역에서 생산되는 물건들까지도 대답한다. [본래는 "땔나무 짊어지는 일을 아직은 잘 할 수 없습니다."19)라고 한 문장 뒤에 수록되어 있었다.]

集說 數地, 擧其土地之廣狹, 如百里 · 七十里 · 五十里, 各言之也. 山澤所出, 如魚鹽 · 蜃蛤 · 金玉 · 錫石之類也.

'수지(數地)'는 그 제후국의 크기를 말하는 것이니, 예를 들어 그 제후국의 크기가 사방 100리의 크기, 또는 사방 70리의 크기, 또는 사방 50리의 크기인 경우20)에 각각 그 수치를 들어서 대답을 한다는 뜻이다. 산림과 연못 지역에서 생산되는 것은 예를 들어 물고기나 소금, 이무기나 조개, 금이나 옥, 주석이나 돌 등의 물건들을 뜻한다.

【184】

問大夫之富, 曰: "有宰食力, 祭器 · 衣服不假."〈曲禮下-079〉

대부의 부유한 정도에 대해서 질문하면, 대부의 가신이 대답하길, "다스리는 읍이 있으시고, 백성들에게 거둬들인 세금으로 먹고 살만 하셔서, 제기나 제복 등을 다른 사람에게 빌리지 않습니다."라고 말한다.

---

19) 『예기』「곡례하(曲禮下)」 077장 : 問庶人之子, 長曰能負薪矣, 幼曰未能負薪也.
20) 『예기』「왕제(王制)」 003장 : 天子之田, 方千里, 公侯田, 方百里, 伯, 七十里, 子男, 五十里. 不能五十里者, 不合於天子, 附於諸侯, 曰附庸.

集說 宰, 邑宰也. 有宰則有采地矣. 食力, 謂食下民賦税之力. 衣服, 祭服也.

'재(宰)'자는 읍의 수장을 뜻한다. 재(宰)가 있다는 말은 곧 채지(采地)를 가지고 있다는 뜻이다. '식력(食力)'은 고을 백성들에게 거둬들인 세금의 힘으로 음식을 먹는다는 뜻이다. '의복(衣服)'은 곧 제복(祭服)을 뜻한다.

【185】

問士之富, 以車數對.〈曲禮下-080〉

사의 부유한 정도에 대해서 질문하면, 그의 아전은 사가 소유한 수레의 숫자로 대답한다.

集說 上士三命得賜車馬, 故問士富, 則以車數對也.

상사(上士) 중 천자에게 소속되어 3명(命)의 등급에 해당된다면, 수레와 말을 하사받을 수 있다. 그렇기 때문에 사의 부유함에 대해 질문하면, 수레의 숫자로 대답하는 것이다.

【186】

問庶人之富, 數[上聲]畜[許又反]以對.〈曲禮下-081〉

서인의 부유한 정도에 대해서 질문하면, 그의 동료는 서인이 소유한 가축['畜'자는 '許(허)'자와 '又(우)'자의 반절음이다.]의 수를 셈하여['數'자는 상성으로 읽는다.] 대답을 한다.

集說 庶人受田有定制, 惟畜牧之多寡在乎人, 故數畜以對也.

서인들이 받는 토지의 크기에는 정해진 제도가 있는데,[21] 다만 가축의

---

21) 『예기』「왕제(王制)」 005장 : 制農田百畝, 百畝之分, 上農夫食九人, 其次食八

수량은 그 사람의 노력 여하에 달린 것이다. 그렇기 때문에 가축의 수를 헤아려서 대답하는 것이다.

【187】

國君去其國, 止之曰: "奈何去社稷也?" 大夫曰: "奈何去宗廟也?" 士曰: "奈何去墳墓也?"〈037〉[22) [本在"拜而後對"下.]

군주가 그 나라를 버리고 떠나게 되면, 그를 제지하며 "어찌하여 사직을 버리고 떠나시는 것입니까?"라고 하며, 대부가 그 나라를 버리고 떠나게 되면, 그를 제지하며 "어찌하여 종묘를 버리고 떠나시는 것입니까?"라고 하고, 사가 그 나라를 버리고 떠나게 되면, 그를 제지하며 "어찌하여 선조의 묘를 버리고 떠나시는 것입니까?"라고 한다. [본래는 "절을 한 이후에 대답을 한다."[23)라고 한 문장 뒤에 수록되어 있었다.]

集說 趙氏曰: 社, 所以祭五土之神. 稷, 所以祭五穀之神. 稷非土無以生, 土非稷無以見生生之效, 故祭社必及稷, 以其同功均利以養人故也. 周禮大司徒, "設社稷之壇", 壇者, 累土以爲高也. 不屋而壇, 社壇在東, 稷壇在西.

조씨가 말하길, 사(社)[24)는 오토(五土)[25)의 신에게 제사를 지내는 장소

人, 其次食七人, 其次食六人, 下農夫食五人. 庶人在官者, 其祿以是爲差也.

22) 『예기』「곡례하(曲禮下)」 037장: <u>國君去其國, 止之曰, "奈何去社稷也?" 大夫曰, "奈何去宗廟也?" 士曰, "奈何去墳墓也?"</u> 國君死社稷, 大夫死衆, 士死制.

23) 『예기』「곡례하(曲禮下)」 036장: 大夫私行, 出疆必請, 反必有獻. 士私行, 出疆必請, 反必告. 君勞之, 則拜, 問其行, <u>拜而后對</u>.

24) 사(社)는 흙을 쌓아서 만든 제단을 뜻한다. 고대에는 분봉을 받게 되면, 흙을 쌓고 그곳에 적합한 나무를 심어서, 토지신이 머무는 장소로 여기고, 이곳에서 제사를 지냈다. 이러한 뜻에서 연유하여, '사'는 토지신에 대한 제사와 그 제단, 그리고 토지신을 가리키는 용어로도 사용되었고, 국가를 상징하는 용어로도 사용되었다.

25) 오토(五土)는 청색(靑色)·적색(赤色)·백색(白色)·흑색(黑色)·황색(黃色)의

이며, 직(稷)26)은 오곡(五穀)27)의 신에게 제사를 지내는 장소이다. 곡식은 흙이 아니면 생장할 수 없고, 흙은 곡식이 아니면 생생(生生)하는 공덕을 드러낼 수가 없다. 그렇기 때문에 사(社)에 제사를 지내게 되면, 반드시 직(稷)까지도 제사를 지내니, 둘 모두 동일한 공덕과 균일한 이로움으로 사람을 이롭게 만들어주기 때문이다. 『주례』「대사도(大司徒)」편에서는 "사직의 제단을 만든다."28)라고 하였는데, '유(壝)'라는 것은 흙을 쌓아서 높게 만든 것이다. 지붕을 씌우지 않고, 제단만 만들며, 사(社)의 제단은 동쪽에 두고, 직(稷)의 제단은 서쪽에 두었다.

다섯 가지 색깔의 흙을 뜻한다. 고대에는 천자가 제후를 분봉해줄 때, 다섯 가지 색깔의 토양 중 각 방위에 맞는 색깔의 흙을 줌으로써 사(社)의 제단을 쌓는데 사용하도록 했다. 동쪽 지역에 분봉해주는 제후에게는 청색의 흙을 주었고, 남쪽 지역에 분봉해주는 제후에게는 적색의 흙을 주었으며, 서쪽 지역에 분봉해주는 제후에게는 백색의 흙을 주었고, 북쪽 지역에 분봉해주는 제후에게는 흑색의 흙을 주었으며, 중앙 지역에 분봉해주는 제후에게는 황색의 흙을 주었다.

26) 직(稷)은 곡식신에게 제사를 지내던 장소이다. 곡식의 종자가 되는 식물을 심어서 곡식신을 상징적으로 나타내었다.

27) 오곡(五穀)은 곡식을 총칭하는 말로 사용되는데, 본래 다섯 가지 곡식을 뜻한다. 그러나 다섯 가지 곡식이 구체적으로 무엇을 가리키는지에 대해서는 이견이 많다. 『주례』「천관(天官)・질의(疾醫)」편에는 "以五味・五穀・五藥養其病."이라는 기록이 있고, 이에 대한 정현의 주에서는 "五穀, 麻・黍・稷・麥・豆也."라고 풀이했다. 즉 이 문장에서는 '오곡'을 마(麻)・메기장[黍]・차기장[稷]・보리[麥]・콩[豆]으로 설명하고 있다. 그리고 『맹자』「등문공상(滕文公上)」편에는 "樹藝五穀, 五穀熟而民人育."이라는 기록이 있고, 이에 대한 조기(趙岐)의 주에서는 "五穀謂稻・黍・稷・麥・菽也."라고 풀이했다. 즉 이 문장에서는 '오곡'을 쌀[稻]・메기장[黍]・차기장[稷]・보리[麥]・대두[菽]로 설명하고 있다. 그리고 『초사(楚辭)』「대초(大招)」편에는 "五穀六仞."이라는 기록이 있는데, 이에 대한 왕일(王逸)의 주에서는 "五穀, 稻・稷・麥・豆・麻也."라고 풀이했다. 즉 이 문장에서는 '오곡'을 쌀[稻]・차기장[稷]・보리[麥]・콩[豆]・마(麻)로 설명하고 있다. 이 외에도 각종 주석에 따라 해당 작물이 달라진다.

28) 『주례』「지관(地官)・대사도(大司徒)」 : 而辨其邦國都鄙之數, 制其畿疆而溝封之, 設其社稷之壝而樹之田主, 各以其野之所宜木, 遂以名其社與其野.

【188】

朝廷曰退, 燕遊曰歸, 師役曰罷.〈少儀-023〉²⁹⁾ [本在"不請退"下.]

되돌아가는 일에 있어서 그 장소가 조정이라면 '퇴(退)'라 부르고, 한가롭게 거처하는 장소라면 '귀(歸)'라 부르며, 병역이나 부역을 하던 곳이라면 '파(罷)'라 부른다. [본래는 "물러나고자 청해서는 안 된다."라고 한 문장 뒤에 수록되어 있었다.]

集說 朝廷人之所趨, 故於其還曰退, 退則爲出故也. 燕遊不可以久, 故於其還曰歸, 歸有所止故也. 師役勞苦爲甚, 故於其還曰罷, 以其疲故也.

조정은 사람들이 종종걸음으로 나아가는 장소이기 때문에, 되돌아가는 것에 있어서는 '퇴(退)'라고 부르니, 물러나게 된다면 밖으로 나가기 때문이다. 한가롭게 있을 경우에는 오래도록 있을 수 없기 때문에, 되돌아가는 것에 있어서는 '귀(歸)'라고 부르니, 돌아가는 것에는 그치는 바가 있기 때문이다. 병역이나 부역 등은 매우 수고롭기 때문에, 되돌아가는 것에 있어서는 '파(罷)'라고 부르니, 피로하기 때문이다.

集說 愚按: 罷, 當讀如欲罷不能之罷.

내가 생각하기에, '파(罷)'자는 "그만두고자 하지만 그만둘 수 없다."³⁰⁾라고 했을 때의 '파(罷)'자처럼 해석해야 한다.

【189】

賀娶妻者曰: "某子使某, 聞子有客, 使某羞."〈105〉 [本在"弗與爲友"下.]

---

29) 『예기』「소의(少儀)」 023장 : 請見不請退. <u>朝廷曰退, 燕遊曰歸, 師役曰罷.</u>

30) 『논어』「자한(子罕)」 : 夫子循循然善誘人, 博我以文, 約我以禮, <u>欲罷不能.</u> 旣竭吾才, 如有所立卓爾. 雖欲從之, 末由也已.

아내를 맞이한 자에게 축하의 말을 전할 때에는 "아무개께서 아무개인 저를 시켜서 대신 보내니, 당신에게 아내를 맞이하는 경사가 있다는 소식을 듣고서, 저 아무개를 시켜서 부조를 보냈습니다."라고 한다. [본래는 "그와 함께 친교를 맺지 않아야 한다."³¹⁾라고 한 문장 뒤에 수록되어 있었다.]

集說 呂氏曰: 賀者, 以物遺人而有所慶也. 著代以爲先祖後, 人子之所不得已, 故不用樂, 且不賀也. 然爲酒食以召鄕黨僚友, 則遺問不可廢也, 故其辭曰, 聞子有客, 使某羞. 舍曰昏禮而謂之有客, 則所以羞者, 佐其供具之費而已, 非賀也, 作記者, 因俗之名稱賀.

여씨가 말하길, '하(賀)'라는 것은 물건을 남에게 보내는 것으로, 경축할 만한 일이 생겼을 때 쓰는 말이다. 결혼을 하여 부친의 지위를 계승해서, 가문의 대를 잇는 것은 선조의 뒤를 잇기 위함이니, 자식된 자에게는 부득이한 일이다. 그렇기 때문에 음악을 사용하지 않고,³²⁾ 또 축하도 하지 않는 것이다.³³⁾ 그러나 술과 음식을 차려서 향당의 친우들을 초청하게 되면, 답례로 예물(禮物)을 보내는 일까지 폐지할 수는 없게 된다. 그렇기 때문에 이러한 경우 축하하는 말에서, "그대에게 아내를 맞이한 일이 있다는 소식을 듣고서, 아무개를 시켜서 부조를 보낸다."고 말하는 것이다. 해당 집안에서는 혼례라고 부르기는 하지만, 본래 하례를 하지 않기 때문에, 아내를 맞이하였다고 직접적으로 말하지 않는다. 그 대신 빈객들이 혼례 때문에 찾아왔으므로, "손님이 드는 일이 있다."라고 부르게 되

---

31) 『예기』「곡례상」 104장 : 寡婦之子, 非有見焉, <u>弗與爲友</u>.

32) 『예기』「증자문(曾子問)」 020장 : 孔子曰 嫁女之家, 三夜不息燭, 思相離也. <u>取婦之家, 三日不擧樂</u>, 思嗣親也. 三月而廟見, 稱來婦也. 擇日而祭於禰, 成婦之義也.

33) 『예기』「교특생(郊特牲)」 017장 : 共牢而食, 同尊卑也, 故婦人無爵, 從夫之爵, 坐以夫之齒. 器用陶匏, 尙禮然也, 三王作牢用陶匏. 厥明, 婦盥饋. 舅姑卒食, 婦餕餘, 私之也. 舅姑降自西階, 婦降自阼階, 授之室也. <u>昏禮不用樂</u>, 幽陰之義也. 樂, 陽氣也. <u>昏禮不賀</u>, 人之序也.

니, 부조를 하는 이유 또한 행사를 치르는데 소용되는 물건의 비용을 돕기 위해서일 뿐이며, 정식으로 축하하는 것은 아니다. 다만 『예기』를 기록한 자는 세속에서 쓰는 용어에 따라서, '하(賀)'라고 기록한 것이다.

【190】

納女於天子, 曰備百姓, 於國君, 曰備酒漿, 於大夫, 曰備掃[去聲]灑
[所買反].〈曲禮下-119〉[本在"脯脩棗栗"下.]

천자에게 딸을 시집보낼 때에는 "천자께서 거느리시는 여러 첩들 중의 한 명으로 충당하길 원합니다."라고 말하며, 제후에게 딸을 시집보낼 때에는 "술이나 젓갈을 담그는데 필요한 여자로 충당하길 원합니다."라고 말하고, 대부에게 딸을 시집보낼 때에는 "집안을 청소하는데['掃'자는 거성으로 읽는다. '灑'자는 '所(소)'자와 '買(매)'자의 반절음이다.] 필요한 여자로 충당하길 원합니다."라고 말한다. [본래는 "육포, 조미육포, 대추, 밤이다."[34]라고 한 문장 뒤에 수록되어 있었다.]

集說 呂氏曰: 不敢以伉儷自期, 願備妾媵之數而已. 皆自卑之辭.

여씨가 말하길, 천자에게 시집을 보내면서 이처럼 말한 것은 자신의 딸이 감히 천자와 짝이 되는 정식 배필이 되기를 스스로 기대하지 않고, 천자가 채워야 하는 첩들의 수를 채우기만을 바랄 따름이라는 뜻이다. 이러한 말들은 모두 스스로를 겸손하게 낮추는 말이다.

【191】

適有喪者曰 "比[妣]." 童子曰 "聽事."〈少儀-002〉[本在"替曰聞名"下.]

상을 당한 자에게 찾아가서 만나보고자 할 때에는 "아무개는 명령을 전달

---

34) 『예기』「곡례하(曲禮下)」 118장 : 婦人之摯, 棋·榛·脯·脩·棗·栗.

하는 자를 돕고자['比'자의 음은 '妣(비)'이다.] 합니다."라고 말한다. 어린아이인
경우라면 "아무개는 명령을 전달하는 자의 지시를 따르고자 합니다."라고
말한다. [본래는 "찾아온 자가 장님인 경우라면 아무개는 명령을 전달하는 자에게 제 이름
이 전해지기를 원한다고 말한다."[35]라고 한 문장 뒤에 수록되어 있었다.]

集說 適, 往也. 其辭云, 某願比於將命者. 喪不主相見, 來欲比方於
執事之人也. 童子未成人, 其辭則云, 某願聽事於將命者, 謂來聽主
人以事見使令也.

'적(適)'자는 "가다."는 뜻이다. 전하는 말에서는 "아무개는 명령을 전달하
는 자를 돕고자 합니다."라고 말한다. 상사에서는 서로 만나보는 것을
위주로 하지 않으니, 찾아와서 일을 맡아보는 자를 돕고자 하는 것이다.
어린아이는 아직 성인이 아니므로, 전하는 말에 있어서는 "아무개는 명령
을 전달하는 자의 지시를 따르고자 합니다."라고 말하니, 찾아와서 주인
이 어떤 일에 따라 시키는 일들을 따르고자 한다는 의미이다.

【192】

適公卿之喪, 則曰: "聽役於司徒."〈少儀-003〉

공이나 경의 상에 가서 찾아뵙고자 한다면, "아무개는 사도의 심부름을 따
르고자 합니다."라고 말한다.

集說 孟獻子之喪, 司徒旅歸四布, 則公卿之喪, 司徒掌其事也. 故
云某願聽役於司徒.

맹헌자의 상에서 사도는 그 휘하의 하사들을 시켜서, 부의로 들어왔던
재화 중 남은 것들을 부의를 보내준 사방의 여러 사람들에게 되돌려주도

---

35) 『예기』「소의(少儀)」 001장 : 聞始見君子者辭, 曰: "某固願聞名於將命者." 不得
階主. 適者曰: "某固願見." 罕見曰 "聞名." 亟見曰: "朝夕." 瞽曰: "聞名."

록 했으니, 공이나 경의 상에 있어서는 사도가 그 일들을 담당했다. 그렇기 때문에 "아무개는 사도의 심부름을 따르고자 합니다."라고 말하는 것이다.

【193】

君將適他, 臣如致金玉貨貝於君, 則曰: "致馬資於有司." 敵者曰: "贈從[去聲]者."〈少儀-004〉

제후가 장차 다른 나라로 가게 될 때, 신하가 만약 군주에게 금은보화 및 여비를 바치게 된다면, "유사에게 수레나 말 등을 사용할 때 필요한 재화를 바칩니다."라고 말하며, 만약 신분이 대등한 자에게 주는 경우라면, "이러한 물건을 종자에게['從'자는 거성으로 읽는다.] 보냅니다."라고 말한다.

集說 適他, 謂以朝會之事而出也. 馬資, 謂資給道路車馬之費也.

'적타(適他)'는 조회 등의 일 때문에 국경을 벗어난다는 뜻이다. '마자(馬資)'는 도로에서 사용할 수레나 말 등의 비용을 보탠다는 뜻이다.

【194】

臣致襚於君, 則曰: "致廢衣於賈[架]人." 敵者曰: "襚." 親者兄弟不以襚進.〈少儀-005〉

신하가 죽은 군주에게 수의를 보내게 되면, "가인에게['賈'자의 음은 '架(가)'이다.] 보잘것없는 의복을 보냅니다."라고 말한다. 상대가 자신과 신분이 대등한 자라면, "수의를 보냅니다."라고 말한다. 친족의 형제들에 대해서는 다른 사람을 통해 수의를 전달하지 않는다.

集說 以衣送死者謂之襚. 稱廢衣者, 不敢必用之以斂, 將廢棄之也. 賈人, 識物價貴賤, 而主君之衣物者也. 敵者則直以襚言矣. 凡致襚若非親者, 則須擯者傳辭將進以爲禮. 若親者兄弟之類, 但直將進而陳之, 不須執以將命, 故云不以襚進也. 士喪禮大功以上同財之親, 襚不將命, 卽陳於房中. 小功以下及同姓等皆將命.

상례에 사용될 의복을 죽은 자에게 보내는 것을 '수(襚)'라고 부른다. '폐의(廢衣)'라고 지칭하는 것은 감히 염을 할 때 반드시 사용되기를 기필할 수 없고 버려질 수도 있기 때문이다. '가인(賈人)'은 물건을 감정하여 가치를 매기고, 군주의 의복 등을 담당하는 자이다. 신분이 대등한 경우라면, 단지 수의를 보낸다고 말할 따름이다. 무릇 수의를 보내는 경우, 만약 친족이 아닌 경우라면, 반드시 의례를 돕는 자가 말을 전달하고, 그것을 가져가서 바치는 것을 예법으로 삼는다. 그런데 친족의 형제들에 대해서라면, 단지 직접 그것을 가져가서 진열하니, 명령을 전달하는 자에게 들려 보낼 필요가 없다. 그렇기 때문에 "다른 자가 수의를 들고 가도록 하지 않는다."고 했다. 『의례』「사상례(士喪禮)」편에서는 대공복으로부터 그 이상의 상복을 착용하는 친족 중 재화를 함께 쓰는 친족인 경우라면, 수의는 명령을 전달하는 자에게 전달하지 않고, 곧 방 안에 진열한다. 소공복으로부터 그 이하의 상복을 착용하는 친족 및 단지 동성인 자 등을 위해서라면 모두 명령을 전달하는 자를 통한다고 했다.

【195】
臣爲[去聲]君喪, 納貨貝於君, 則曰: "納甸於有司."〈少儀-006〉[36) [五段少儀]
신하는 군주의 상을 위해서['爲'자는 거성으로 읽는다.] 군주에게 재물을 보내게 된다면, "부여받은 채읍에서 산출된 물건을 유사에게 드렸습니다."라고 말한다. [여기까지의 5개 단락은 「소의」편의 문장이다.]

---

36) 『예기』「소의(少儀)」 006장 : 臣爲君喪, 納貨貝於君, 則曰: "納甸於有司." 賵馬入廟門. 賻馬與其幣大白兵車, 不入廟門.

集說 納, 入也. 甸, 田也. 臣受君之田邑, 此納者, 田野所出, 故云
納甸也.

'납(納)'자는 "들이다."는 뜻이다. '전(甸)'자는 농경지를 뜻한다. 신하는
군주로부터 식읍을 받는데, 이때 들이는 물건은 식읍으로 받은 땅에서
산출된 것이기 때문에, "채읍에서 산출된 것을 들입니다."라고 말한다.

【196】
君使士射, 不能則辭以疾, 言曰: "某有負薪之憂." 〈曲禮下-008〉 [本在"世
子同名"下.]

군주가 사에게 활을 쏘도록 시켰는데, 활을 잘 쏘지 못한다면 질병을 핑계
로 사양하며, "아무개인 저는 이전에 땔나무를 짊어지게 되어 병이 든 상태
입니다."라고 말한다. [본래는 "세자와 같은 글자로 이름을 짓는다."[37]라고 한 문장
뒤에 수록되어 있었다.]

集說 呂氏曰: 射者, 男子之所有事, 不能, 可以疾辭, 不可以不能辭
也. 負薪, 賦役, 士之所親事者, 疾則不能矣, 故曰負薪之憂也.

여씨가 말하길, 활쏘기는 남자가 자주 하던 일인데, 잘 하지 못한다면
병을 핑계로 사양할 수 있으나 잘 쏘지 못한다는 말로 사양을 할 수는
없다. 땔나무를 짊어지는 일은 천한 자들이 하는 노역으로, 사는 직접
그 일을 하게 되는데 이를 통해 병에 걸렸다면 활쏘기를 잘 할 수 없다.
그렇기 때문에 땔나무를 짊어져서 생긴 병이라고 말하는 것이다.

---

37) 『예기』「곡례하」 007장 : 君大夫之子, 不敢自稱曰余小子, 大夫士之子, 不敢自
稱曰嗣子某, 不敢與世子同名.

【197】

弔喪弗能賻[附], 不問其所費. 問疾不能遺[去聲], 不問其所欲. 見人不
能館, 不問其所舍. 〈169〉 [本在"傷而不弔"下.]

상을 당한 사람에게 조문을 함에 부의['賻'자의 음은 '附(부)'이다.]를 할 수 있는
형편이 안 된다면, 상사를 치르는데 필요한 것들을 묻지 않는다. 병이 걸린
자에게 병문안을 감에 그가 원하는 것을 줄['遺'자는 거성으로 읽는다.] 형편이
안 된다면, 그가 바라는 것들을 묻지 않는다. 사람을 만남에 그 사람에게
숙소를 제공할 형편이 안 된다면, 그가 어디에 묵는지 묻지 않는다. [본래는
"슬퍼만 하고 조문은 하지 않는다."[38]라고 한 문장 뒤에 수록되어 있었다.]

集說 以貨財助喪事曰賻. 此三事不能, 則皆不問者, 以徒問爲可愧
也.

재화로 상사를 돕는 것을 '부(賻)'라고 부른다. 위에서 언급한 세 가지
일들에서 대해서 능력이 안 된다면, 모두 질문을 하지 않는데, 그 이유는
단지 묻기만 하는 것은 부끄러워할 만한 일이 되기 때문이다.

【198】

賜人者, 不曰來取, 與人者, 不問其所欲. 〈170〉

군자에게 하사를 할 때에는 "와서 가져가라."라고 말하지 않으며, 소인에게
물건을 줄 때에는 그가 바라는 것들에 대해서 묻지 않는다.

集說 賜者, 君子; 與者, 小人.

하사를 하는 경우는 그 대상이 군자이고, 그냥 주는 경우는 그 대상이
소인이다.

---

38) 『예기』「곡례상」168장 : 知生者弔, 知死者傷. 知生而不知死, 弔而不傷. 知死
而不知生, 傷而不弔.

集說 朱氏曰: 君子有守, 必將之以禮, 故不曰來取. 小人無厭, 必節之以禮, 故不問其所欲.

주씨가 말하길, 군자는 도리를 지키는 자이니, 반드시 예법에 따라서 그에게 물건을 바쳐야 한다. 그렇기 때문에 "와서 가져가라."라고 말하지 않는다. 반면 소인은 염치가 없으니, 반드시 예법에 따라서 그들을 조절해야 한다. 그렇기 때문에 그가 바라는 것들에 대해서 묻지 않는다.

附註 賜人者不曰來取, 註以君子小人言, 未必然. 賜者, 尊者贈遺幼賤之名; 與者, 平交相贈遺之稱, 而亦可互言, 不必如是太拘.

'사인자불왈래취(賜人者不曰來取)'에 대해, 주에서는 군자와 소인으로 설명을 했는데, 반드시 그렇지만은 않은 것 같다. '사(賜)'라는 것은 존장자가 어리고 미천한 자에게 물건을 보내줄 때 쓰는 말이고, '여(與)'는 평소 교분이 있던 자들이 서로 물건을 보내줄 때 쓰는 말인데, 또한 서로 호환해서 말할 수 있으므로, 주석의 설명과 같이 너무 얽매일 필요는 없다.

【199】

入竟[境]而問禁, 入國而問俗, 入門而問諱.〈202〉 [本在"小功不諱"下.]

국경['竟'자의 음은 '境(경)'이다.]에 들어서게 되면 그 나라에서 적용하고 있는
금령에 대해 물어보고, 그 나라의 국성에 들어서게 되면 그 나라에서 시행
되고 있는 풍속에 대해 물어보며, 그 집에 들어서면 피휘를 해야만 하는
글자들을 물어본다. [본래는 "소공복을 입는 관계에 해당하는 친척에 대해서는 피휘를
하지 않는다."[1]라고 한 문장 뒤에 수록되어 있었다.]

集說 馬氏曰: 問禁, 慮得罪於君也, 問俗, 慮得罪於衆也, 問諱, 慮
得罪於主人也.

마씨가 말하길, 금령을 묻는 이유는 군주에게 죄를 짓게 될까 염려되기
때문이다. 풍속을 묻는 이유는 사람들에게 죄를 짓게 될까 염려되기 때문
이다. 피휘하는 글자들을 묻는 이유는 그 집의 주인에게 죄를 짓게 될까
염려되기 때문이다.

類編 右言語之禮.

여기까지는 '언어지례(言語之禮)'에 대한 내용이다.

類編 傳曰: "言者, 身之文也." 君子之於言語, 可不愼歟? 故次以言
語.

전하는 말에서는 "말은 몸을 꾸미는 문식이다."[2]라 했다. 따라서 군자는
언어에 대해 신중히 하지 않을 수 있겠는가? 그러므로 언어에 대한 내용
을 그 다음에 수록하였다.

---

1) 『예기』「곡례상」 201장 : 夫人之諱, 雖質君之前, 臣不諱也, 婦諱不出門. 大功
   小功不諱.
2) 『춘추좌씨전』「희공(僖公) 24년」 : 言, 身之文也. 身將隱, 焉用文之? 是求顯也.

禮記類編大全卷之二

『예기유편대전』 2권

「곡례하」편 문장 순서 비교		
『예기집설』	『예기유편대전』	
	구분	문장
001		曲禮上-112
002		少儀-057
003		少儀-058
004		少儀-066
005		少儀-067後
006		少儀-065
007		少儀-071
008		少儀-068
009		少儀-069
010		少儀-056
011		少儀-060
012		玉藻-030
013		少儀-064
014		少儀-070後
015	飮食之禮	少儀-037
016		少儀-070前
017		少儀-072
018		少儀-061
019		曲禮上-129
020		曲禮上-118
021		曲禮上-119
022		曲禮上-120
023		曲禮上-121
024		曲禮上-122前
025		曲禮上-123
026		曲禮上-131
027		玉藻-091
028		玉藻-092
029		玉藻-093
030		少儀-067前

『예기집설』	『예기유편대전』	
	구분	문장
031		曲禮上-132
032		玉藻-028前
033		少儀-040
034		少儀-062
035	男女之禮	曲禮上-108
036		曲禮上-109
037		曲禮上-111
038		曲禮上-094
039		曲禮上-095
040		曲禮上-096
041		曲禮上-097
042		曲禮上-098
043		曲禮上-100
044		曲禮上-101
045		曲禮上-102
046		曲禮上-103
047		曲禮上-104
048	事親之禮	曲禮上-034
049		曲禮上-037
050		曲禮上-038
051		曲禮上-041
052		曲禮上-042
053		曲禮上-043
054		曲禮上-044
055		曲禮上-045
056		曲禮上-035
057		曲禮上-036
058		曲禮上-047
059		曲禮上-048
060		內則-071
061		曲禮上-099
062		玉藻-110
063		曲禮上-046

「곡례하」편 문장 순서 비교

「곡례하」편 문장 순서 비교		
『예기집설』	『예기유편대전』	
	구분	문장
064		玉藻-108
065		曲禮上-133
066		玉藻-111
067		玉藻-112
068		曲禮上-192
069		069
070		070
071		071
072		玉藻-016
073		玉藻-017
074		玉藻-076
075		曲禮上-217
076		曲禮上-058
077		玉藻-113
078		玉藻-114
079		玉藻-075
080		少儀-059
081		玉藻-021
082		玉藻-025
083		玉藻-026
084	事君之禮	玉藻-027
085		玉藻-029
086		曲禮上-195
087		曲禮上-127
088		曲禮上-128
089		玉藻-097
090		玉藻-098
091		玉藻-099
092		曲禮上-157
093		曲禮上-158
094		曲禮上-159
095		112前
096		曲禮上-198

『예기집설』	『예기유편대전』	
	구분	문장
097		雜記下-083
098		015
099		016
100		017
101		018
102		曲禮上-182
103		035
104		036
105		檀弓下-099
106		023
107		011
108		少儀-025
109		少儀-027
110		037後
111		檀弓上-079
112		雜記下-084
113		曲禮上-193
114		雜記下-073後
115		少儀-076
116		少儀-077
117		少儀-078
118		少儀-043
119		少儀-044
		少儀-045
		少儀-046
	獻遺授受之禮	少儀-047
		少儀-048
		少儀-049
		少儀-050
		少儀-051
		少儀-052
		曲禮上-143
		曲禮上-144

표 위 제목: 「곡례하」편 문장 순서 비교

『예기집설』	『예기유편대전』	
	구분	문장
		曲禮上-145
		曲禮上-146
		曲禮上-147
		曲禮上-148
		曲禮上-149
		曲禮上-150
		曲禮上-151
		曲禮上-152
		曲禮上-153
		曲禮上-154
		曲禮上-155
		曲禮上-135
		曲禮上-136
		曲禮上-137
		曲禮上-138
		曲禮上-139
		曲禮上-140
		曲禮上-141
		曲禮上-142
		曲禮上-156
		檀弓上-148
		玉藻-102
		玉藻-103
		玉藻-104
		玉藻-105
		玉藻-100
		玉藻-101
		玉藻-106
		玉藻-107
		玉藻-094
		玉藻-095
		雜記下-032
	喪祭之禮	曲禮上-164

『곡례하』편 문장 순서 비교 (table title)

『예기집설』	『예기유편대전』	
	구분	문장
		曲禮上-165
		曲禮上-166
		玉藻-037
		014前
		曲禮上-167
		曲禮上-168
		曲禮上-171
		曲禮上-177後
		曲禮上-174前
		曲禮上-175
		曲禮上-176前
		曲禮上-176後
		曲禮上-177前
		020
		021
		022
		010
		曲禮上-162前
		喪服小記-022
		喪服小記-023
		曲禮上-194後
		082
		083
		116
		085
		曲禮上-163
		084
		086
		087
		088
		089
		090
		091

표 제목: 「곡례하」편 문장 순서 비교

「곡례하」편 문장 순서 비교		
『예기집설』	『예기유편대전』	
	구분	문장
		092
		093
		094
		095
		096
		097
		098
		099
		100
		101
		102
		103
		104
		105
		106

◇ 음식에 대한 예절[飮食之禮]

【001】

凡進食之禮, 左殽右胾[側吏反], 食[嗣]居人之左, 羹居人之右. 膾炙[柘] 處外, 醯醬處內, 葱渫[裔]處末, 酒漿處右, 以脯脩置者, 左朐[劬]右末.〈曲禮上-112〉 [本在"笄而字"下.]

무릇 음식을 올릴 때의 예법에서는 뼈에 살점이 붙은 고기들은 좌측에 놓고, 살코기['胾'자는 '側(측)'자와 '吏(리)'자의 반절음이다.]를 썬 것은 우측에 놓아두며, 밥['食'자의 음은 '嗣(사)'이다.]은 사람이 앉는 자리의 좌측에 놓아두고, 국은 사람의 우측에 놓아둔다. 생고기를 잘게 저민 것과 불로 익힌 고기['炙'자의 음은 '柘(자)'이다.]들은 효(殽)와 자(胾) 바깥쪽에 놓아두고, 고기를 찍어먹는 젓갈류는 효와 자 안쪽에 놓아두며, 채소절임['渫'자의 음은 '裔(예)'이다.] 등은 가장 끝에 놓아두고, 술이나 음료 등은 국의 오른쪽에 놓아두며, 포를 놓을 때에는 굽힌['朐'자의 음은 '劬(구)'이다.] 쪽을 좌측으로 가도록 하고, 끝부분을 우측으로 가도록 놓는다. [본래는 "비녀를 꼽고 자를 지어준다."[1]라고 한 문장 뒤에 수록되어 있었다.]

集說 肉帶骨曰殽, 純肉切曰胾. 骨剛故左, 肉柔故右. 飯左羹右, 分燥濕也. 膾炙異饌, 故在殽胾之外. 醯醬食之主, 故在殽胾之內. 葱渫, 烝葱, 亦菹類. 加豆也, 故處末. 酒漿, 或酒或漿也, 處羹之右. 若兼設, 則左酒右漿.

뼈에 살점이 붙은 것을 '효(殽)'라 부르고, 살코기를 썬 것을 '자(胾)'라 부른다. 뼈는 튼튼한 종류이기 때문에 음양의 법도에 따라 양(陽)에 해당하는 좌측에 두고, 고기는 부드럽기 때문에 음(陰)에 해당하는 우측에 둔다. 밥을 좌측에 두고 국을 우측에 두는 것은 마르고 습한 차이에 따른 구분이다. 잘게 저민 생고기와 불고기는 특별한 음식이기 때문에, 효와

---

1) 『예기』「곡례상(曲禮上)」 111장 : 女子許嫁, <u>笄而字</u>.

자 밖에 둔다. 젓갈류들은 음식을 찍어먹는데 주가 되기 때문에, 효와
자 안쪽에 둔다. '총예(葱渫)'는 찐 파이니, 또한 채소절임 종류이다. 이
음식은 추가적으로 차려내는 두(豆)에 올리기 때문에 가장 끝 쪽에 둔다.
술과 음료 중 한 가지만 차려낼 때, 어떤 때는 술을 사용하기도 하고,
또 어떤 때는 음료를 사용하는데, 이런 경우에는 국의 우측에 놓아둔다.
만약 두 가지를 모두 차리게 된다면, 좌측에는 술을 두고 우측에는 음료
를 둔다.

集說 疏曰: 脯訓始, 始作卽成也. 脩訓治, 治之乃成. 薄折曰脯, 捶
而施薑桂曰腶脩. 朐, 謂中屈也. 左朐, 朐置左也. 脯脩處酒左, 以燥
爲陽也.

소에서 말하길, '포수(脯脩)'에서의 포(脯)자는 시(始)자의 뜻으로, 최초
로 손질을 하여 완성한다는 의미이다. 수(脩)자는 치(治)자의 뜻으로, 다
듬어서 완성한다는 의미이다. 고기를 얇게 저민 것을 '포(脯)'라 부르며,
방망이로 다듬질하고 그 위에 생강이나 계피 등을 뿌린 것을 '단수(腶脩)'
라고 부른다. '구(朐)'자는 중간을 굽힌다는 뜻이다. '좌구(左朐)'라는 말
은 굽힌 쪽을 좌측으로 둔다는 뜻이다. 포 등을 술의 좌측에 놓는 이유는
음양으로 따지면, 마른 음식은 양(陽)에 해당하기 때문이다.

集說 呂氏曰: 其末在右, 便於食也. 食脯脩者先末也.

여씨가 말하길, 포의 끝부분을 우측으로 두는 이유는 먹기 편하도록 하기
위해서이다. 포를 먹을 때에는 먼저 끝부분부터 먹는다.

【002】
羞濡魚者進尾, 冬右腴, 夏右鰭[奇], 祭膴[許].〈少儀-057〉[本在"僕爵皆居
右"下.]

물기가 있는 생선을 음식으로 진설할 때에는 꼬리 쪽이 앞을 향하도록 두고, 겨울에는 배 쪽이 오른쪽으로 가도록 진설하며, 여름에는 지느러미가 ['鰭'자의 음은 '奇(기)'이다.] 오른쪽으로 가도록 진설하고, 제사를 지낼 때에는 배 쪽의 살찐 부위로['膴'자의 음은 '許(허)'이다.] 제사를 지낸다. [본래는 "준이 사용하는 술잔들은 모두 우측에 놓아둔다."²⁾라고 한 문장 뒤에 수록되어 있었다.]

集說 擘濕魚從後起, 則脅肉易離, 故以尾向食者, 若乾魚則進首也. 腴, 腹下肥處. 鰭在脊. 冬時陽氣在下, 夏則陽在上, 凡陽氣所在之處肥美. 右之者, 便於食也. 祭膴者, 剬魚腹下大臠以祭也. 此言尋常燕食進魚者如此, 祭祀及饗食正禮者不然.

물기가 있는 물고기를 뒤로부터 찢으면, 옆의 가시와 살점이 쉽게 분리된다. 그렇기 때문에 꼬리 쪽이 식사하는 자를 향하도록 둔다. 만약 마른 물고기라면 머리 쪽을 앞으로 둔다. '유(腴)'는 배 쪽의 살찐 부위이다. 지느러미는 등뼈 쪽에 있다. 겨울에는 양기가 밑으로 내려가니, 여름의 경우에는 양기가 위로 상승한다. 무릇 양기가 있는 부위는 살찌고 맛있는 부위가 된다. 우측으로 둔다는 것은 식사를 하는데 편리하도록 하기 위해서이다. '제허(祭膴)'라는 말은 물고기 배 쪽의 큰 살점을 잘라내서 그것으로 제사를 지낸다는 뜻이다. 이 내용은 일상적인 연사에서는 물고기를 이처럼 진설하지만, 제사를 지내거나 향례 및 사례 등의 정식 의례를 시행할 경우에는 이처럼 하지 않는다는 사실을 나타낸다.

【003】

凡齊[去聲], 執之以右, 居之於左.〈少儀-058〉 [二段少儀. 下並同.]
무릇 음식에 맛을 첨가하는['齊'자는 거성으로 읽는다.] 것들은 오른손으로 잡고, 좌측에 맛을 내는 대상을 놓는다. [여기까지의 2개 단락은 「소의」편의 문장이다.

---

2) 『예기』「소의(少儀)」 056장 : 客爵居左, 其飮居右. 介爵 · 酢爵 · 僎爵皆居右.

아래도 모두 이와 같다.]

集說 凡調和鹽梅者, 以右手執之, 而居羹器於左, 則以右所執者調
之爲便也.

무릇 음식의 맛을 조화롭게 만드는 소금이나 매실 등은 오른손으로 잡고
좌측에 국그릇 등을 놓으니, 오른손으로 잡고 있는 것으로 맛을 내기에
편리하도록 하기 위해서이다.

【004】

凡羞, 有湆[泣]者不以齊[去聲].〈少儀-066〉 [本在"不提心"下.]

무릇 음식 중에 국물이['湆'자의 음은 '泣(읍)'이다.] 있는 것이라면, 조미를['齊'자
는 거성으로 읽는다.] 가미하지 않는다. [본래는 "중앙 부분을 자르지 않는다."[3]라고 한
문장 뒤에 수록되어 있었다.]

集說 湆, 大羹也. 大羹不和, 故不用鹽梅之齊也.

'읍(湆)'은 대갱(大羹)[4]이다. 대갱에는 조미를 가미하지 않기 때문에, 소
금이나 매실 등의 조미료를 사용하지 않는다.

【005】

羞首者, 進喙[充芮反]祭耳.〈少儀-067〉[5] [本在"絕其本末"下.]

음식 중 머리가 있는 것을 진설하게 되면, 입 쪽이['喙'자는 '充(충)'자와 '芮(예)'

---

3) 『예기』「소의(少儀)」 065장 : 牛羊之肺, 離而<u>不提心</u>.

4) 대갱(大羹)은 조미료를 첨가하지 않은 고깃국이다. 『예기』「악기(樂記)」편에는
大饗之禮, 尚玄酒而俎腥魚, <u>大羹不和</u>, 有遺味者矣."라는 기록이 있고, 이에 대
한 정현의 주에서는 "大羹, 肉湆, 不調以鹽菜."라고 풀이했다.

5) 『예기』「소의(少儀)」 067장 : 爲君子擇葱薤, 則絕其本末. <u>羞首者, 進喙祭耳</u>.

자의 반절음이다.] 군자를 향하도록 진설하고, 군자는 귀 부분을 가져다가 음식에 대한 제사를 지낸다. [본래는 "뿌리와 끝부분을 자른다."라고 한 문장 뒤에 수록되어 있었다.]

集說 喙, 口也. 以口向尊者, 而尊者先取耳以祭也.

'훼(喙)'자는 입을 뜻한다. 입을 존귀한 자 쪽으로 향하도록 하고, 존귀한 자는 먼저 귀 부분을 가져다가 제사를 지낸다.

附註 喙吁芮反. 註充芮反非.

'喙'자는 '吁(우)'자와 '芮(예)'자의 반절음이다. 주에서 '充(충)'자와 '芮(예)'자의 반절음이라고 한 말은 잘못되었다.

【006】

牛羊之肺, 離而不提[丁禮反]心.〈少儀-065〉[本在"凡洗必盥"下.]

소나 양의 폐에 대해서는 자르되 중앙 부분을 자르지['提'자는 '丁(정)'자와 '禮
(례)'자의 반절음이다.] 않는다. [본래는 "무릇 술잔을 씻을 때에는 반드시 그보다 먼저 손을
씻어야 한다."¹⁾라고 한 문장 뒤에 수록되어 있었다.]

集說 提, 猶絶也. 心, 中央也. 牛羊之肺雖割離之, 而不絶中央少
許, 使可手絶之以祭也. 不言豕, 事同可知.

'제(提)'자는 "자른다."는 뜻이다. '심(心)'자는 중앙을 뜻한다. 소나 양의
폐는 비록 잘라서 나누게 되지만, 중앙의 일정부분은 자르지 않으니, 손
으로 끊어서 제사를 지낼 수 있게끔 하기 위해서이다. 돼지 등에 대해서
언급하지 않은 것은 그 사안이 동일하여, 동일하게 따른다는 사실을 알
수 있기 때문이다.

【007】

牛與羊魚之腥, 聶[泥涉反]而切之爲膾. 麋鹿爲菹, 野豕爲軒[去聲], 皆
聶而不切. 麕[俱倫反]爲辟[壁]雞, 兔爲宛脾, 皆聶而切之. 切葱若薤,
實之醯以柔之.〈少儀-071〉[本在"不嘗羞"下.]

소나 양 및 물고기 중 생고기에 대해서는 얇게 저며서['聶'자는 '泥(니)'자와 '涉
(섭)'자의 반절음이다.] 잘라내어 회로 만든다. 큰 사슴과 사슴은 저로 만들고,
야생 돼지는 헌으로['軒'자는 거성으로 읽는다.] 만드니, 모두 얇게 저미되 잘라
내지 않는다. 노루는['麕'자는 '俱(구)'자와 '倫(륜)'자의 반절음이다.] 벽계로['辟'자의
음은 '壁(벽)'이다.] 만들고, 토끼는 완비로 만드니, 얇게 저며서 잘라낸다. 파
와 염교는 잘라서 식초에 담가 부드럽게 만든다. [본래는 "음식들을 맛보지 않는
다."²⁾라고 한 문장 뒤에 수록되어 있었다.]

---

1) 『예기』「소의(少儀)」 064장 : 凡洗必盥.

集說 臠而切之者, 謂先臠爲大臠, 而後報切之爲膾也. 餘見內則.

얇게 저며서 잘라내는 것은 먼저 저며서 큰 덩어리로 자르고, 그 후에 재차 잘라서 회로 만든다는 뜻이다. 나머지 설명은 『예기』「내칙(內則)」 편에 나온다.

【008】

尊者以酌者之左爲上尊.〈少儀-068〉 [本在"進喙祭耳"之下.]

술동이를 진설하는 자는 술을 따라주는 자의 좌측 방향을 상등의 술동이를 놓아두는 장소로 삼는다. [본래는 "입 쪽이 군자를 향하도록 진설하고 군자는 귀 부분을 가져다가 음식에 대한 제사를 지낸다."[3]라고 한 문장 뒤에 수록되어 있었다.]

集說 尊者, 謂設尊之人也. 酌者, 酌酒之人也. 人君陳尊在東楹之西, 南北列之, 設尊者在尊西而向東, 以右爲上, 酌人在尊東而向西, 以左爲上, 二人俱以南爲上也. 上尊在南, 故云以酌者之左爲上尊.

'준자(尊者)'는 술동이를 진설하는 사람을 뜻한다. '작자(酌者)'는 술을 따라주는 사람을 뜻한다. 군주는 술동이를 진설할 때, 동쪽 기둥의 서쪽에 두고, 남북 방향으로 나열하는데, 술동이를 진설하는 자는 술동이의 서쪽에서 동쪽을 바라보게 되고, 우측을 존귀한 방위로 삼으며, 술을 따라주는 자는 술동이의 동쪽에서 서쪽을 바라보게 되고, 좌측을 존귀한 방위로 삼으며, 또 두 사람은 모두 남쪽을 존귀한 방향으로 삼는다. 상등의 술동이가 남쪽에 있기 때문에, "술을 따라주는 자의 좌측 방향을 상등의 술동이를 놓는 자리로 삼는다."고 말한 것이다.

---

2) 『예기』「소의(少儀)」 070장 : 飮酒者, 襚者・醮者, 有折俎不坐, 未步爵<u>不嘗羞</u>.
3) 『예기』「소의」 067장 : 爲君子擇葱薤, 則絶其本末. 羞首者, <u>進喙祭耳</u>.

【009】

尊壺者面其鼻.〈少儀-069〉

술동이나 호를 진설할 때에는 그것들의 코 부위가 존귀한 자를 향하도록 진설한다.

集說 尊與壺皆有面, 面有鼻, 鼻宜向尊者, 故云尊壺者面其鼻. 言設尊設壺, 皆面其鼻也.

술동이와 호는 모두 얼굴에 해당하는 부분이 있고, 얼굴 부분에는 코로 여기는 부분이 있는데, 코 부위는 마땅히 존귀한 자를 향하도록 진설해야 한다. 그렇기 때문에 "술동이와 호는 그 코를 향하도록 한다."고 말한 것이니, 술동이와 호를 진설할 때에는 그 코가 존귀한 자를 향하도록 진설해야 한다는 의미이다.

附註 尊壺, 謂以壺爲尊也.

'준호(尊壺)'는 호(壺)를 술동이로 삼는다는 뜻이다.

【010】

客爵居左, 其飲居右. 介爵·酢爵·僎[遵]爵皆居右. 〈少儀-056〉[本在"辭馬則止"下.]

연회를 하며 술을 마시게 되면, 빈객이 주인으로부터 받은 술잔은 자신의 좌측에 놓아두고, 자신이 마시던 술잔은 우측에 놓아둔다. 빈객의 부관이 사용하는 술잔, 빈객이 주인에게 답례로 따라준 술잔, 준이['僎'자의 음은 '遵(준)'이다.] 사용하는 술잔들은 모두 우측에 놓아둔다. [본래는 "주인은 사양하니, 그런 뒤에는 행동을 그친다."[1]라고 한 문장 뒤에 수록되어 있었다.]

集說 疏曰: 鄕飲酒禮, 主人酬賓之爵, 賓受奠觶于薦東, 是容爵居左也. 旅酬之時, 一人擧觶于賓, 賓奠觶于薦西, 至旅酬, 賓取薦西之觶以酬主人, 是其飲居右也. 介, 賓副也. 酢, 客酌還答主人也. 僎, 鄕人來觀禮副主人者也. 鄕飲禮, 介爵及主人受酢之爵幷僎爵, 皆不明奠置之所, 故記者於此明之.

소에서 말하길, 『의례』 「향음주례(鄕飲酒禮)」의 기록에 따르면, 주인이 빈객에게 권하는 술잔에 있어서, 빈객은 그것을 받아서 음식이 차려진 곳 동쪽에 술잔 치를 내려놓는다고 했으니, 이것이 빈객이 받은 술잔은 좌측에 놓아둔다는 뜻이다. 여수를 시행할 때, 한 사람이 빈객에게 치를 들어 올리면, 빈객은 음식이 차려진 곳 서쪽에 치를 내려놓고, 여수를 해야 할 때가 되면, 빈객은 음식이 차려진 곳 서쪽에 내려둔 치를 들어서 주인에게 술을 권하니, 이것이 자신이 마시던 술잔은 우측에 놓아둔다는 뜻이다. '개(介)'는 빈객의 부관을 뜻한다. '초(酢)'라는 것은 빈객이 술을 따라서 재차 주인에게 답례로 술을 권한다는 뜻이다. '준(僎)'[2]은 향인들

---

1) 『예기』「소의(少儀)」 055장 : 燕侍食於君子, 則先飯而後已. 毋放飯, 毋流歠, 小飯而亟之, 數噍毋爲口容. 客自徹, 辭焉則止.

2) 준(僎)은 준(遵)이라고도 부르며, 향음주례(鄕飲酒禮) 등을 시행할 때 주인(主人)이 시행하는 의례절차를 보좌하던 사람이다.

중 찾아와서 의례 시행을 살펴보고 주인을 보좌하는 자이다. 「향음주례」
에서는 부관이 마시는 술잔 및 주인이 빈객으로부터 답례로 받은 술잔,
준의 술잔 등에 대해서는 모두 그 술잔을 놓아두는 장소를 언급하지 않았
다. 그렇기 때문에 『예기』를 기록한 자는 이곳 문장에서 그 사실을 명시
한 것이다.

集說 今按: 賓坐南向, 故以東西分左右也.

현재 살펴보니, 빈객의 자리는 남쪽을 바라보게 되어 있다. 그렇기 때문
에 동쪽과 서쪽을 각각 좌측과 우측으로 구분지은 것이다.

【011】

酌尸之僕, 如君之僕. 其在車, 則左執轡, 右受爵, 祭左右軌范乃飮.
〈少儀-060〉[本在"詔辭自右"之下.]

시동의 수레를 모는 자에게 술을 따라 줄 때에는 군주의 수레를 모는 자에
게 술을 따라줄 때처럼 한다. 그가 수레에 있게 되면, 왼손으로 고삐를 잡
고, 오른손으로 술잔을 받아서, 수레바퀴의 좌우측과 식의 앞부분에 술을
뿌려 제사를 지내고, 곧 그 술을 마신다. [본래는 "군주의 명령을 전달하는 자는
군주의 우측에서 한다."[3]라고 한 문장 뒤에 수록되어 있었다.]

集說 尸之僕, 御尸車者. 軌, 轂末也. 范, 軾前也. 尸僕·君僕之在
車, 以左手執轡, 右手受爵, 祭軌之左右及范, 乃飮之也.

'시지복(尸之僕)'은 시동의 수레를 모는 자를 뜻한다. '궤(軌)'는 수레바
퀴의 끝부분이다. '범(范)'은 식의 앞부분이다. 시동의 수레를 모는 자와
군주의 수레를 모는 자가 수레에 있으면, 왼손으로 고삐를 잡고 오른손으
로 술잔을 받으며, 수레바퀴의 좌우측과 식의 앞부분에 술을 뿌려 제사를

---

3) 『예기』「소의(少儀)」 059장 : 贊幣自左, <u>詔辭自右</u>.

지내고, 곧 그 술을 마신다.

【012】

凡尊必尙玄酒. 唯君面尊. 唯饗野人皆酒. 大夫側尊用棜[於據反], 士
側尊用禁.〈玉藻-030〉[玉藻. 本在"坐右納左"下.]

무릇 술동이를 진설할 때에는 반드시 현주를 가장 상등으로 높여서 설치한
다. 오직 군주만이 술동이를 향해서 앉는다. 다만 야인들에게 연회를 베풀
때에는 현주는 없고 모두 술로만 차린다. 대부가 진설하는 측준에는 받침대
로 어를['棜'자는 '於(어)'자와 '據(거)'자의 반절음이다.] 사용하고, 사의 측준에는 금
을 사용한다. [「옥조」편의 문장이다. 본래는 "우측 무릎을 꿇고서 좌측 신발을 신는다."[4]라
고 한 문장 뒤에 수록되어 있었다.]

集說 尊尙玄酒, 不忘古也. 君坐必向尊, 示惠自君出, 而君專之也.
饗野人, 如蜡祭之飮是也. 禮不下庶人, 唯使之足於味而已, 故一用
酒也. 側, 旁側也, 謂設尊在賓主兩楹之間, 旁側夾之, 故云側尊. 棜
禁, 見禮器.

술동이에 있어서 현주를 숭상하는 것은 고대의 예법을 잊을 수 없기 때문
이다. 군주가 앉을 때에는 반드시 술동이를 향해 앉으니, 그 은혜가 군주
로부터 나왔고 군주만이 술동이에 대해서 마음대로 할 수 있음을 드러내
기 위해서이다. 야인에게 향연을 베푼다는 것은 사제사에서 음주를 하는
경우와 같은 것이 여기에 해당한다. 예법은 서인들에게까지 적용되지 않으
니, 오직 그들로 하여금 그 맛을 충족시키기만 할 따름이다. 그렇기 때문
에 일괄적으로 술만 사용하는 것이다. '측(側)'자는 측면을 뜻하니, 빈객

---

4) 『예기』「옥조(玉藻)」029장 : 君若賜之爵, 則越席再拜稽首受. 登席祭之飮, 卒
爵而俟君卒爵, 然後授虛爵. 君子之飮酒也, 受一爵而色洒如也, 二爵而言言
斯, 禮已三爵而油油以退. 退則坐取屨, 隱辟而後屨, 坐左納右, <u>坐右納左</u>.

과 주인이 있는 양쪽 기둥 사이에 술동이를 설치하여, 측면에서 감싸게
한다. 그렇기 때문에 '측준(側尊)'이라고 부르는 것이다. '어(棜)'와 '금
(禁)'에 대해서는 그 설명이 『예기』「예기(禮器)」편에 나온다.

集說 疏曰: 若一尊亦曰側尊, 故士冠禮云: 側尊一甒醴在服北. 註
云: "無偶曰側, 與此側別."

소에서 말하길, 만약 하나의 술동이만을 사용하게 되면, 이것을 또한 '측
준(側尊)'이라고 부른다. 그렇기 때문에 『의례』「사관례(士冠禮)」편에서
는 "측준으로 1개의 무(甒)에 단술을 담아서 의복의 북쪽에 놓아둔다."5)
라고 했던 것이고, 정현의 주에서는 "짝으로 설치되는 것이 없을 때에는
'측(側)'이라고 부르니, 여기에서 말하는 측면의 술동이와는 구별된다."라
고 한 것이다.

集說 馬氏曰: 面尊則不側, 側尊則不面. 尊於房戶之間, 賓主共之
是也.

마씨가 말하길, 술동이를 향하게 한다면, 측면에 놓아두는 것이 아니며,
측면에 술동이를 놓아둔다면, 향하도록 놓아두는 것이 아니다. 방(房)과
호(戶) 사이에 술동이를 놓아둔 것은 빈객과 주인이 함께 사용하는 것이다.

【013】
凡洗必盥. 〈少儀-064〉 [本在"坐祭立飲"下]

무릇 술잔을 씻을 때에는 반드시 그보다 먼저 손을 씻어야 한다. [본래는
"무릎을 꿇고 술에 대한 제사를 지내고, 서서 술을 마신다."6)라고 한 문장 뒤에 수록되어

---

5) 『의례』「사관례(士冠禮)」 : 側尊一甒醴在服北. 有篚實勺·觶·角柶. 脯醢. 南
上.
6) 『예기』「소의(少儀)」 063장 : 小子走而不趨, 擧爵則坐祭立飲.

있었다.]

集說 洗, 洗爵也. 盥, 洗手也. 凡洗爵必先洗手, 示潔也.

'세(洗)'는 술잔을 씻는다는 뜻이다. '관(盥)'은 손을 씻는다는 뜻이다. 무릇 술잔을 씻을 때에는 반드시 손을 먼저 씻어서, 청결함을 보여야 한다.

【014】

未步爵不嘗羞.〈少儀-070〉⁷⁾ [本在"折俎不坐"下.]

무산작의 의례에서 술잔을 아직 돌리지 않았다면 음식들을 맛보지 않는다.
[본래는 "절조가 있는 경우에는 자리에 앉지 않는다."라고 한 문장 뒤에 수록되어 있었다.]

集說 步, 行也. 無筭爵之禮, 行爵之後乃得嘗羞, 謂庶羞也. 若正羞脯醢, 則飲酒之前得嘗之.

'보(步)'자는 "시행하다."는 뜻이다. 무산작의 의례를 시행할 때, 술잔을 돌린 이후라면 곧 음식을 맛볼 수 있으니, 여기에서 말한 '수(羞)'는 여러 찬들을 뜻한다. 만약 정찬이나 포 및 육장의 경우라면, 술을 마시기 전에도 맛볼 수 있다.

【015】

取俎・進俎不坐.〈少儀-037〉 [本在"葛絰而麻帶"下.]

도마에서 제수를 취하거나 도마에 제수를 진설할 때에는 무릎을 꿇지 않는다. [본래는 "갈로 된 수질을 쓰고, 마로 된 요대를 찬다."⁸⁾라고 한 문장 뒤에 수록되어 있었다.]

---

7) 『예기』「소의(少儀)」 070장 : 飲酒者, 磯者・醮者, 有折俎不坐, <u>未步爵不嘗羞</u>.
8) 『예기』「소의(少儀)」 036장 : 葛絰而麻帶.

집설 取俎, 就俎上取肉也. 進俎, 進肉於俎也. 俎有足, 立而取進爲便, 故不跪.

'취조(取俎)'는 도마로 다가가 그 위에 있는 고기를 가져간다는 뜻이다. '진조(進俎)'는 도마에 고기를 진설한다는 뜻이다. 도마에는 다리가 붙어 있어서, 서서 그곳에서 물건을 취하거나 진설하는 것이 편리하다. 그렇기 때문에 무릎을 꿇지 않는다.

【016】

飮酒者, 禨[曁]者·醮者, 有折俎不坐. 〈少儀-070〉9) [本在"面其鼻"下.]

술을 마실 경우, 그것이 목욕을 한 후에 마시는 것이거나['禨'자의 음은 '曁(기)'이다.] 관례를 치른 뒤에 마시는 것이라면, 절조가 있는 경우에는 자리에 앉지 않는다. [본래는 "코 부위가 존귀한 자를 향하도록 진설한다."10)라고 한 문장 뒤에 수록되어 있었다.]

집설 禨, 沐而飮酒也. 醮, 冠而飮酒也. 折俎, 折骨體於俎也. 禨醮小事爲卑, 折俎禮盛, 故禨醮而有折俎則不坐, 無俎則可坐也.

'기(禨)'는 목욕을 하고 술을 마신다는 뜻이다. '초(醮)'는 관례를 치르고 술을 마신다는 뜻이다. '절조(折俎)'는 희생물의 뼈와 몸체를 갈라서 도마에 올린 것을 뜻한다. 목욕을 한 후에 술을 마시거나 관례를 치르고 술을 마시는 것은 작은 일에 해당하여 상대적으로 미천한 의례인데, 절조를 차리는 예법은 융성한 것이기 때문에, 목욕을 하고 술을 마시거나 관례를 치르고 술을 마시는데, 절조가 차려지게 된다면 자리에 앉지 않고, 절조가 없다면 앉을 수 있다.

---

9) 『예기』 「소의(少儀)」 070장 : 飮酒者, 禨者·醮者, 有折俎不坐, 未步爵不嘗羞.
10) 『예기』 「소의(少儀)」 069장 : 尊壺者面其鼻.

【017】

其有折俎者, 取祭反之不坐, 燔[煩]亦如之. 尸則坐.〈少儀-072〉[本在"以柔之"下.]

절조가 있을 경우, 그곳에서 희생물의 폐를 가져다가 음식에 대한 제사를 지내거나 다시 되돌려놓을 때에는 모두 자리에 앉지 않고, 불로 구운 고기에['燔'자의 음은 '煩(번)'이다.] 대한 경우에도 이처럼 한다. 만약 시동의 입장이라면 자리에 앉아서 시행한다. [본래는 "부드럽게 만든다."[11]라고 한 문장 뒤에 수록되어 있었다.]

集說 有折骨體之俎者, 若就俎取肺而祭之, 及祭竟而反此所祭之物於俎, 皆立而爲之. 燔, 燒肉也. 此肉亦在俎, 其取祭與反亦皆不坐, 故云燔亦如之. 尸則坐者, 言不坐者賓客之禮耳, 尸尊, 祭反皆坐也.

희생물의 뼈와 몸체를 갈라서 도마에 담긴 것이 있는데, 만약 그 도마에다가 희생물의 폐를 가져다가 제사를 지내고, 제사가 끝나서 제사를 지냈던 희생물의 부위를 도마에 돌려놓을 때에는 모두 서서 시행한다. '번(燔)'은 불로 구운 고기이다. 이러한 고기 또한 도마에 담겨 있어서, 그것을 가져다가 제사를 지내거나 또는 되돌려 놓게 된다면, 이러한 경우에도 모두 자리에 앉지 않는다. 그렇기 때문에 "구운 고기도 이처럼 한다."라고 한 것이다. "시동이라면 앉는다."는 말은 앉지 않는다는 것은 빈객이 시행하는 예법일 뿐이며, 시동은 존귀한 존재이므로, 제사를 지내거나 도마에 되돌려놓을 때에는 모두 자리에 앉는다는 뜻이다.

---

11) 『예기』「소의(少儀)」 071장 : 牛與羊魚之腥, 聶而切之爲膾. 麋鹿爲菹, 野豕爲軒, 皆聶而不切. 麕爲辟雞, 兎爲宛脾, 皆聶而切之. 切蔥若薤, 實之醯以柔之.

【018】

凡羞, 有俎者, 則於俎內祭.〈少儀-061〉[六段少儀. 本在"軌范乃飮"下.]

무릇 음식 중에 도마에 담겨진 것이라면, 도마 사이에 덜어내지 않고 도마 안에서 제사를 지낸다. [6개 단락은 「소의」편의 문장이다. 본래는 "식의 앞부분에 술을 뿌려 제사를 지내고, 곧 그 술을 마신다."12)라고 한 문장 뒤에 수록되어 있었다.]

集說 羞在豆, 則祭之豆間之地. 俎長而橫於人之前, 則祭之俎內也.

음식 중 두에 담겨진 것이라면, 두 사이의 자리에서 음식을 덜어내어 제사를 지낸다. 도마는 길이가 길고, 상대 앞에 가로로 진설되니, 도마 내에서 음식에 대한 제사를 지낸다.

【019】

餕[俊]餘不祭. 父不祭子, 夫不祭妻.〈曲禮上-129〉[本在"其餘皆寫"下.]

제사를 지내고 남은 음식들을['餕'자의 음은 '俊(준)'이다.] 받아오게 되면, 그 음식으로는 제사를 지내지 않는다. 부친을 제사지낸 음식으로는 자식에 대한 제사를 지내지 않고, 남편을 제사지낸 음식으로는 아내에 대한 제사를 지내지 않는다. [본래는 "기타 씻을 수 없는 그릇에 담긴 것들이라면, 모두 다른 곳에 옮겨 담아서 먹는다."13)라고 한 문장 뒤에 수록되어 있었다.]

集說 尸餕鬼神之餘, 臣餕君之餘, 賤餕貴之餘, 下餕上之餘, 皆餕也. 此謂助祭執事, 或爲尸而所得餕之餘肉以歸, 則不可以之祭其先. 雖父之尊, 亦不以祭其子, 夫之尊, 亦不以祭其妻, 以食餘之物褻也. 一說此祭是每食必祭之祭, 食人之餘, 及子進饌於父, 妻進饌於

---

12) 『예기』「소의(少儀)」 060장 : 酌尸之僕, 如君之僕. 其在車, 則左執轡, 右受爵, 祭左右軌范乃飮.

13) 『예기』「곡례상(曲禮上)」 128장 : 御食於君, 君賜餘, 器之漑者不寫, 其餘皆寫.

夫, 皆不祭而食. 蓋敬主人之饌, 故祭而後食. 食人之餘而祭則褻,
施於卑者, 則非尊者之道.

시동이 남겨주는 대궁밥은 귀신이 흠향하고 남은 음식들이고, 신하가 받
게 되는 남은 음식들은 군주가 먹고 남은 음식들이며, 천한 자가 받게
되는 남은 음식들은 존귀한 자가 먹고 남은 음식들이고, 아랫사람이 받게
되는 남은 음식들은 윗사람이 먹고 남은 음식들인데, 이것들을 모두 '준
(餕)'이라고 한다. 이곳 문장에서 말하는 경우는 제사를 돕게 되어 일을
맡아보았거나, 혹은 그 제사의 시동을 맡게 되어, 제사를 지내고 남은
음식들을 얻어서 돌아오게 된 경우로, 이러한 음식들로는 자기 선조에
대한 제사를 지낼 수 없다는 뜻이다. 비록 부친은 존귀한 존재라고 하지
만, 또한 부친의 제사 때 사용한 음식으로 자식에 대한 제사를 지낼 수
없고, 남편도 존귀한 존재라고 하지만, 또한 남편의 제사 때 사용한 음식
으로 아내에 대한 제사를 지낼 수 없으니, 사용하고 남은 음식들은 더럽
기 때문이다. 일설에는 이곳에서 말하는 제사[祭]는 매 식사 때마다 반드
시 지내게 되는 음식에 대한 제사를 뜻하니, 남을 대접하고 남은 음식
및 자식이 부친에게 올렸던 음식, 부인이 남편에게 올렸던 음식들에 대해
서는 제사를 지내지 않고 그냥 먹게 된다는 뜻이라고 한다. 아마도 주인
(主人)이 대접해준 음식들을 공경하게 대하기 때문에, 제사를 지낸 이후
에 먹게 될 것이다. 그런데 남을 대접하고 남은 음식으로 제사를 지내게
된다면, 그 예법을 더럽히게 되며, 또 이러한 음식을 자신보다 낮은 자에
게 베풀게 된다면, 그것은 존귀한 자가 실천해야 할 도리가 아니다.

【020】

共食不飽, 共飯不澤手.〈曲禮上-118〉 [本在"不拜而食"下.]

다른 사람과 함께 음식을 먹을 때에는 배불리 먹는 것을 추구하지 않고,
다른 사람과 함께 한 그릇에 있는 밥을 먹을 때에는 손을 문지르지 않는다.

[본래는 "절을 하지 않고 음식을 먹는다."14)라고 한 문장 뒤에 수록되어 있었다.]

集說 呂氏曰: 共食者, 所食非一品 共飯者, 止飯而已. 共食而求飽, 非讓道也. 不澤手者, 古之飯者以手, 與人共飯, 摩手而有汗澤, 人將惡之而難言.

여씨가 말하길, "함께 음식을 먹는다."고 하였는데, 이때 먹게 되는 음식은 한 종류를 가리키는 것이 아니고, "함께 밥을 먹는다."고 하였는데, 이때에는 단지 밥만을 가리킬 따름이다. 함께 음식을 먹으면서 배불리 먹는 것을 추구한다면, 이것은 겸양의 도리에 어긋난다. "손을 문지르지 않는다."고 하였는데, 그 이유는 고대에는 밥을 손으로 떠서 먹었는데, 다른 사람과 함께 한 그릇에 있는 밥을 먹으면서, 손을 비벼서 땀이나 물기 등이 배어나오면, 상대방은 그것을 싫어하면서도 말하기 곤란하게 되기 때문이다.

【021】
毋摶[徒丸反]**飯**[去聲], **毋放飯**[上聲], **毋流歠** 〈曲禮上-119〉

밥['飯'자는 거성으로 읽는다.]을 뭉치지['摶'자는 '徒(도)'자와 '丸(환)'자의 반절음이다.] 말아야 하며, 밥을 먹을 때에는['飯'자는 상성으로 읽는다.] 크게 떠서 먹어서는 안 되고, 물을 들이키듯 먹어서는 안 된다.

集說 毋摶者, 若取飯作摶, 則易得多, 是欲爭飽也.

"뭉치지 말아야 한다."고 했는데, 만약 밥을 떠다가 뭉치게 되면, 손쉽게 많이 먹을 수 있으니, 이것은 배부르게 먹고자 하여 상대방과 다투려고 하는 행위에 해당한다.

---

14) 『예기』「곡례상(曲禮上)」 117장 : 侍食於長者, 主人親饋, 則拜而食, 主人不親饋, 則<u>不拜而食</u>.

朱子曰: 放, 謂食之放肆而無所節也. 流, 謂飮之流行而不知
止也.

주자가 말하길, '방(放)'자는 밥을 맘대로 떠먹으며 절제하는 점이 없다는
뜻이다. '유(流)'자는 물이 흘러내리듯 그칠 줄 모른다는 뜻이다.

【022】

毋咤[陟嫁反]食, 毋齧骨, 毋反魚肉, 毋投與狗骨, 毋固獲.〈曲禮上-120〉
음식 앞에서 혀를 차서는['咤'자는 '陟(척)'자와 '嫁(가)'자의 반절음이다.] 안 되며,
고기의 뼈를 씹어서는 안 되고, 물고기나 고기 등을 먹을 때에는 남은 것을
그릇에 도로 엎어놓아서는 안 되며, 개에게 먹고 남은 뼈다귀를 던져주어
서는 안되고, 특정 부위를 반드시 자신이 먹고자 덤벼서는 안 된다.

咤食, 謂當食而叱咤. 疏謂以舌口中作聲. 毋咤, 恐似於氣之
怒也. 毋齧, 嫌其聲之聞也. 毋反魚肉, 不以所餘反於器. 謂已歷口,
人所穢也. 毋投與狗骨, 不敢賤主人之物也. 求之堅曰固, 得之難曰
獲, 固獲, 謂必欲取之也.

'타식(咤食)'은 음식을 앞에 놓고 혀를 찬다는 뜻이다. 소에서는 "입속에
서 혀를 움직여서 소리를 낸다는 뜻이다."라고 하였다. 혀를 차지 못하게
하는 이유는 그 모습이 마치 성난 것처럼 보이게 될까 염려되기 때문이
다. "뼈를 씹어서는 안 된다."고 한 이유는 뼈를 씹는 소리가 들리게 되는
것이 꺼려지기 때문이다. '무반어육(毋反魚肉)'이라는 말은 물고기나 고
기를 먹고서 남은 것을 그릇에 도로 내려놓지 말라는 뜻이다. 즉 이미
자신의 입이 닿은 것이라서 사람들이 더럽게 생각하기 때문이라는 의미
이다. "개에게 뼈를 던져주어서는 안 된다."고 하였는데, 그 이유는 주인
이 차려준 음식을 감히 천시해서는 안 되기 때문이다. 단호하게 구하는
것을 '고(固)'라 부르고, 얻기 힘든 것을 '획(獲)'이라 부르니, '고획(固獲)'
은 반드시 차지하려고 한다는 뜻이다.

【023】

毋揚飯[去聲], 飯[上聲]黍毋以箸[筯]. 〈曲禮上-121〉

밥['飯'자는 거성으로 읽는다.]을 먹을 때에는 열기를 식히기 위해 손으로 부채질을 해서는 안 되며, 기장밥을 먹을 때에는['飯'자는 상성으로 읽는다.] 젓가락['箸'자의 음은 '筯(저)'이다.]을 사용해서는 안 된다.

> 集說 揚, 謂以手散其熱氣, 嫌於欲食之急也. 毋以箸, 貴其匕之便也.

'양(揚)'자는 손으로 부채질을 하여 밥의 열기를 식힌다는 뜻이니, 음식을 빨리 먹고자 하는 것처럼 보이게 될까 염려되기 때문이다. 젓가락을 사용하지 못하게 하는 이유는 기장밥을 먹을 때에는 숟가락을 사용하니, 숟가락을 사용하게 된 편리함을 귀하게 여기기 때문이다.

【024】

毋嚃[塔]羹, 毋絮[摛據反]羹, 毋刺[七迹反]齒, 毋歠醢. 〈曲禮上-122〉 [15]

건더기가 있는 국은 혹 들이키듯['嚃'자의 음은 '塔(탑)'이다.] 먹어서는 안 되며, 국이 싱겁더라도 간을 맞춰서는['絮'자는 '摛(리)'자와 '據(거)'자의 반절음이다.] 안 되고, 이쑤시개로 이를 쑤셔서는['刺'자는 '七(칠)'자와 '迹(적)'자의 반절음이다.] 안 되며, 싱겁다 하더라도 젓갈을 마셔서는 안 된다.

> 集說 羹之有菜宜用挾, 不宜以口還取食之也. 絮, 就器中調和也. 口容止, 不宜以物刺於齒也. 醢宜鹹, 歠之以其味淡也.

채소 건더기가 있는 국을 먹을 때에는 젓가락을 사용해야만 하며, 입으로 혹 들이키며 건더기까지 먹어서는 안 된다. '서(絮)'자는 자기 앞에 놓인

---

15) 『예기』「곡례상(曲禮上)」 122장 : *毋嚃羹, 毋絮羹, 毋刺齒, 毋歠醢.* 客絮羹, 主人辭不能亨. 客歠醢, 主人辭以窶.

254 譯註 禮記類編大全

국그릇에 간을 맞춘다는 뜻이다. 입모양은 경거망동해서는 안 되니, 뾰족한 물건으로 이를 쑤셔서는 안 된다. 젓갈은 본래 그 맛이 짜야 하는데, 젓갈을 들이키는 이유는 젓갈 자체의 맛이 싱겁기 때문이다.

【025】

濡肉齒決, 乾肉不齒決. 毋嘬[楚怪反]炙[拓]. 〈曲禮上-123〉 [本在"辭以窶"下.]

조리된 고기는 이빨로 끊어서 먹고, 마른 고기는 이빨로 끊어서 먹지 않는다. 불고기[炙'자의 음은 '拓(척)'이다.] 등은 한 입에['嘬'자는 '楚(초)'자와 '怪(괴)'자의 반절음이다.] 먹지 않는다. [본래는 "가난하여 맛을 제대로 내지 못해서 미안하다고 말한다."[16]라고 한 문장 뒤에 수록되어 있었다.]

集說 濡肉, 殽胾之類. 乾肉, 脯脩之類. 決, 斷也. 不齒決, 則當治之以手也.

'유육(濡肉)'은 뼈에 살점이 붙은 고기 요리나 살코기 요리 등을 뜻한다. '건육(乾肉)'은 포나 수 등을 뜻한다. '결(決)'자는 "끊는다."는 뜻이다. 이빨로 끊지 않는다면 마땅히 손으로 찢어야 하는 것이다.

集說 疏曰: 火灼曰炙. 若食炙, 不一舉而併食, 併食之曰嘬, 是貪食也.

소에서 말하길, 불로 구운 고기를 '적(炙)'이라 부른다. 만약 불고기를 먹게 된다면, 한 번에 집어서 한꺼번에 입에 넣고 먹지 않으니, 한꺼번에 먹는 것은 '최(嘬)'라 부르고, 이것은 식탐이 있는 것에 해당한다.

---

16) 『예기』「곡례상(曲禮上)」 122장 : 毋嚃羹, 毋絮羹, 毋刺齒, 毋歠醢. 客絮羹, 主人辭不能亨. 客歠醢, 主人辭以窶.

【026】
羹之有菜者用梜[頰], 其無菜者不用梜.〈曲禮上-131〉 [本在"偶坐不辭"下.]
국 중에 야채 건더기가 들어간 것은 젓가락['梜'자의 음은 '頰(협)'이다.]을 사용
해서 먹고, 야채 건더기가 없는 국은 젓가락을 사용해서 먹지 않는다. [본래
는 "다른 손님과 함께 동석하게 된다고 하더라도, 음식들을 많이 내오는 것에 대해서 사양하
지 않는다."17)라고 한 문장 뒤에 수록되어 있었다.]

集說 梜, 著也. 無菜者, 汁而已, 直歠之可也.
'협(梜)'자는 젓가락을 뜻한다. 야채 건더기가 없는 국은 액체만 있을 따
름이니, 직접 입을 대고 마셔도 괜찮다.

【027】
一室之人非賓客, 一人徹. 壹食之人一人徹. 凡燕食, 婦人不徹.〈玉藻
-091〉 [玉藻, 下二段同. 本在"自徹之"下.]
함께 거처하며 같은 일을 하는 자들이 모여서 식사를 할 때에는 빈객과
주인의 구분이 없게 되므로, 나이 어린 자 1명이 상을 치운다. 같은 일을
하게 되어 함께 모여 식사를 할 때에도 나이 어린 자 1명이 상을 치운다.
무릇 연사를 할 때에는 부인이 그 상을 치우지 않는다. [「옥조」편의 문장이며,
아래 2개 단락도 동일하다. 본래는 "직접 장을 치운다."18)라고 한 문장 뒤에 수록되어 있었
다.]

集說 一室之人, 同居共事者也. 壹食之人, 爲同事而相聚以食者
也. 二者皆爲無賓主之分, 故但推少者一人徹之而已. 婦人不徹, 弱
不勝事也.

---

17) 『예기』「곡례상(曲禮上)」 130장 : 御同於長者, 雖貳不辭, 偶坐不辭.
18) 『예기』「옥조(玉藻)」 090장 : 侍食於先生異爵者, 後祭先飯. 客祭, 主人辭曰:
"不足祭也." 客飧, 主人辭以疏. 主人自置其醬, 則客自徹之.

'일실지인(一室之人)'은 함께 거처하며 같은 일에 종사하는 자들을 뜻한다. '일사지인(壹食之人)'은 같은 일을 하기 위해 함께 모여서 식사를 같이 하는 자들을 뜻한다. 두 경우에는 모두 빈객과 주인에 대한 구분이 없게 된다. 그렇기 때문에 단지 나이 어린 자 1명이 상을 치울 따름이다. 부인이 상을 치우지 않는 것은 연약하여 그 일을 감당할 수 없기 때문이다.

【028】
食棗桃李弗致于核. 瓜祭上環食中棄所操.〈玉藻-092〉

대추 · 복숭아 · 오얏을 먹을 때에는 씨를 버리지 않는다. 오이를 먹을 때에는 상단의 둥근 단면을 떼어내어 제사를 지내고, 중간부분을 먹으며, 손으로 잡았던 부분은 버린다.

集說 致, 謂委棄之也. 曲禮曰: "其有核者懷其核." 上環, 橫切之圓如環也.

'치(致)'자는 버린다는 뜻이다. 「곡례」편에서는 "과실 중에 씨가 있는 것은 그 씨를 함부로 버리지 않고 간직한다."[19]라고 했다. '상환(上環)'은 가로로 절단한 단면이 고리처럼 둥근 것을 뜻한다.

附註 食棗桃李弗致于核, 註: "致, 委棄之也." 按: 此言食桃李者, 謹食其肉而已, 毋或極其核而轢齧, 爲其容止之不雅也. 致, 極至之謂, 註說不長. 觀于字, 可見文理.

'식조도리불치우핵(食棗桃李弗致于核)'에 대해, 주에서는 "'치(致)'자는 버린다는 뜻이다."라 했다. 살펴보니, 이것은 복숭아와 오얏을 먹을 때에는 조심스럽게 그 과육만 먹을 따름이며, 혹여라도 그 씨앗이 있는 부분까지 끝까지 먹어 이빨로 깨물지 말라는 뜻으로, 그 모습이 단아하지 못

---

19) 『예기』「곡례상(曲禮上)」 127장 : 賜果於君前, 其有核者懷其核.

하기 때문이다. 따라서 '치(致)'자는 끝까지 이른다는 뜻으로, 주의 설명은 뛰어나지 못하다. '우(于)'자를 살펴보면 이러한 문리를 확인할 수 있다.

【029】

凡食果實者後君子, 火孰者先[去聲]君子.〈玉藻-093〉

무릇 음식을 먹음에 있어서, 과실을 먹을 때에는 존귀한 자보다 뒤에 먹고, 불로 익힌 음식을 먹을 때에는 존귀한 자보다 먼저['先'자는 거성으로 읽는다.] 맛을 본다.

集說 古人嘗藥嘗食, 蓋恐其不善, 或爲尊者害耳. 果實生成之味, 當使尊者先食. 火孰者先君子, 嘗食之禮也.

고대인들이 탕약과 음식을 먼저 맛보았던 것은 그것이 좋지 않은 것이어서, 혹여 존귀한 자에게 해를 끼치게 될까를 염려했기 때문이다. 과실은 자연 상태의 음식이므로, 마땅히 존귀한 자로 하여금 먼저 드시게 해야 한다. 불로 익힌 음식의 경우, 존귀한 자보다 먼저 먹는 이유는 음식을 미리 맛보는 예법에 해당하기 때문이다.

【030】

爲君子擇葱薤, 則絶其本末.〈少儀-067〉 1) [少儀. 本在"不以齊"下.]

군자를 위해서 파나 염교 등을 고르게 되면, 뿌리와 끝부분을 자른다. [「소의」 편의 문장이다. 본래는 "조미를 가미하지 않는다."2)라고 한 문장 뒤에 수록되어 있었다.]

【031】

爲[去聲]天子削爪者副[普逼反]之, 中以絺[摛]. 爲國君者華之, 中以綌 [隙]. 爲大夫累[力果反]之, 士竭[帝]之, 庶人龁[恨沒反]之.〈曲禮上-132〉 [本 在"其無菜者不用挾"下.]

---

1) 『예기』「소의(少儀)」 067장 : <u>爲君子擇葱薤, 則絶其本末.</u> 羞首者, 進噣祭耳.

2) 『예기』「소의(少儀)」 066장 : 凡羞, 有湆者, <u>不以齊.</u>

천자를 위하여['爲'자는 거성으로 읽는다.] 참외를 깎을 때에는 껍질을 깎고 나서
네 등분으로 쪼개고 다시 가로로 자른['副'자는 '普(보)'자와 '逼(핍)'자의 반절음이
다.] 다음 고운 갈포['絺'자의 음은 '摛(리)'이다.]로 덮어서 올린다. 제후를 위하여
참외를 깎을 때에는 껍질을 깎고 나서 반으로 쪼개고 다시 가로로 자른
다음 거친 갈포['綌'자의 음은 '隙(극)'이다.]로 덮어서 올린다. 대부를 위하여 참
외를 올릴 때에는 껍질만 벗겨서['累'자는 '力(력)'자와 '果(과)'자의 반절음이다.] 올
린다. 사에 대해서는 꼭지만 따서['寘'자의 음은 '帝(제)'이다.] 주고, 서인들은
직접 깨물어['齕'자는 '恨(한)'자와 '沒(몰)'자의 반절음이다.] 먹는다. [본래는 "야채 건더
기가 없는 국은 젓가락을 사용해서 먹지 않는다."[3]라고 한 문장 뒤에 수록되어 있었다.]

集說 疏曰: 削, 刊也. 副, 析也. 絺, 細葛也. 刊其皮而析爲四解, 又
橫解而以細葛巾覆之而進也. 華, 半破也. 綌, 麤葛也. 諸侯禮降, 故
破而不四析, 亦橫斷之, 用麤葛巾覆之而進也. 爾雅: "瓜曰華之." 郭
璞云: "食啖治擇之名." 累, 倮也, 不巾覆也. 寘, 謂脫花處. 寘之者,
去寘而已. 齕, 齧也. 齕之, 不橫斷也. 此等級不同, 非謂平常之日,
當是公庭禮會之時.

소에서 말하길, '삭(削)'자는 "깎는다."는 뜻이다. '부(副)'자는 "자른다."는
뜻이다. '치(絺)'자는 가는 갈포를 뜻한다. 참외의 껍질을 깎고서 네 조각
으로 자르며, 또한 가로로 다시 한 번 잘라서, 가는 갈포로 덮어서 올리는
것이다. '화(華)'자는 반으로 쪼갠다는 뜻이다. '격(綌)'자는 거친 갈포를
뜻한다. 제후에 해당하는 예법은 천자보다 낮추기 때문에, 반으로 쪼개기
만 하고, 네 등분으로 자르지 않는 것이며, 또한 반으로 쪼갠 것을 가로로
다시 잘라서, 거친 갈포를 사용하여 덮어서 올린다. 『이아』에서는 "참외
를 쪼개는 것을 '화(華)'라고 부른다."[4]라고 했으며, 이 문장에 대해서 곽
박(郭璞)[5]은 "'화(華)'라는 말들은 음식을 먹을 때 다듬는다는 명칭이다."

---

3) 『예기』「곡례상(曲禮上)」 131장 : 羹之有菜者用梜, 其無菜者不用梜.
4) 『이아』「석목(釋木)」 : 瓜曰華之, 桃曰膽之, 棗李曰寘之, 樿梨曰鑽之.
5) 곽박(郭璞, A.D.276~A.D.324) : =곽경순(郭景純). 진(晉)나라 때의 학자이다. 자

라고 했다. '누(累)'자는 "벗긴다."는 뜻이며, 천을 이용해서 덮지 않는다. '체(薑)'자는 꽃이 피는 꼭지 부분을 딴다는 뜻이다. "체한다."는 말은 곧 꼭지만 제거할 따름이라는 뜻이다. '흘(齕)'자는 "깨문다."는 뜻이다. "깨물어 먹는다."는 말은 가로로 자르지 않는다는 뜻이다. 이곳 문장에서 언급하는 방법들은 각각의 등급에 따라 다른데, 평상시 때의 예절을 뜻하는 말이 아니며, 마땅히 군주의 조정에서 예법에 따라 회동할 때에 적용되는 방법이다.

集說 劉氏曰: 大夫以上皆曰爲者, 有司爲之也. 士庶人不曰爲者, 自爲之也.

유씨가 말하길, 대부 이상의 계급에 대해서는 모두 '위(爲)'자를 기록하고 있으니, 유사가 그 일을 대신한다는 뜻이다. 사와 서인에 대해서는 '위(爲)'자를 기록하지 않았으니, 직접 그 일을 한다는 뜻이다.

集說 方氏曰: 巾以絺綌者, 當暑以凉爲貴也.

방씨가 말하길, 가는 갈포나 거친 갈포 등으로 뒤덮는 이유는 날씨가 더울 때에는 서늘한 음식을 귀한 것으로 여기기 때문이다.

附註 爲國君華之, 華音乖, 中分也. 按周禮"華離", 亦此字.

'위국군화지(爲國君華之)'라 했는데, '華'자의 음은 '乖(괴)'이니, 가운데를 가른다는 뜻이다. 살펴보니, 『주례』에서 '화리(華離)'[6]라고 한 말 또한 바로 이 글자에 해당한다.

(字)는 경순(景純)이다. 저서로는 『이아주(爾雅注)』, 『방언주(方言注)』, 『산해경주(山海經注)』 등이 있다.

6) 『주례』「하관(夏官)・형방씨(形方氏)」: 形方氏; 掌制邦國之地域, 而正其封疆, 無有華離之地.

【032】

凡侑食不盡食, 食於人不飽.〈玉藻-028〉⁷⁾ [玉藻. 本在“授從者”下.]

무릇 식사를 권유할 때에는 음식들을 모두 먹지 않고, 남에게서 식사를 대접받을 때에는 배가 부르도록 먹지 않는다. [「옥조」편의 문장이다. 본래는 “종자에게 건넨다.”⁸⁾라고 한 문장 뒤에 수록되어 있었다.]

集說 食而勸侑, 禮之勤也. 食之不盡與不飽, 禮之謙也.

식사를 하며 음식을 더 먹으라고 권유하는 것은 예에 따라 힘쓰는 것이다. 식사를 하며 음식들을 다 먹지 않고 배가 부르도록 먹지 않는 것은 예에 따라 겸양하는 것이다.

【033】

未嘗不食新.〈少儀-040〉 [本在“燕則有之”下.]

새로 수확한 음식을 침묘에 아직 바치지 않았다면, 새로 수확한 것을 먼저 먹지 않는다. [본래는 “연례를 시행하는 경우라면 당상에서 신발을 벗는 경우도 있다.”⁹⁾라고 한 문장 뒤에 수록되어 있었다.]

集說 嘗者, 薦新物於寢廟也. 未薦, 則孝子不忍先食. 一云, 嘗, 秋祭也.

‘상(嘗)’은 침묘(寢廟)¹⁰⁾에 새로 수확한 물건을 바친다는 뜻이다. 아직

---

7) 『예기』「옥조(玉藻)」 028장 : <u>凡侑食不盡食, 食於人不飽</u>, 唯水漿不祭, 若祭爲已僣卑.

8) 『예기』「옥조(玉藻)」 027장 : 君未覆手, 不敢飧; 君旣食, 又飯飧. 飯飧者, 三飯也. 君旣徹, 執飯與醬乃<u>出授從者</u>.

9) 『예기』「소의(少儀)」 039장 : 凡祭, 於室中堂上無跣, <u>燕則有之</u>.

10) 침묘(寢廟)는 ‘묘(廟)’와 ‘침(寢)’을 합쳐 부르는 말이다. 종묘(宗廟)에 있어서, 앞에 있는 정전(正殿)을 ‘묘’라고 부르며, 뒤에 있는 후전(後殿)을 ‘침’이라고 부른다.

바치지 않았다면 자식은 차마 부모보다 먼저 먹을 수 없다. 한편으로 '상
(嘗)'은 가을에 지내는 정규 제사를 뜻한다고 말한다.

【034】

君子不食圂[豢]腴.〈少儀-062〉[二段少儀. 本在"俎內祭"下.]

군자는 개나 돼지의[圂'자의 음은 '豢(환)'이다.] 창자를 먹지 않는다. [2개 단락은
「소의」편의 문장이다. 본래는 "도마 안에서 제사를 지낸다."[11]라고 한 문장 뒤에 수록되어
있었다.]

集說 圂, 與豢同, 謂犬豕也. 腴, 腸也. 犬豕亦食米穀, 其腹與人相
似, 故不食其腸也.

'환(圂)'자는 환(豢)자와 동일하니, 개와 돼지를 뜻한다. '유(腴)'자는 창
자를 뜻한다. 개와 돼지 또한 곡식을 먹어서, 그것의 창자는 사람의 것과
유사하다. 그렇기 때문에 그 창자를 먹지 않는 것이다.

이때 '묘'는 접신(接神)하는 장소이기 때문에 앞쪽에 있는 것이다. '침'은 의관(衣
冠) 등을 보관하는 장소이다. '묘'에 비해 상대적으로 낮기 때문에 뒤에 위치하게
된다. 그리고 '묘'에는 동서쪽에 상(廂)이 있고, 서장(序牆)이 있는데, '침'에는 단
지 실(室)만이 있게 된다. 『시』「소아(小雅) · 교언(巧言)」편에는 "奕奕寢廟, 君
子作之."라는 용례가 있다. 또한 『예기』「월령(月令)」편에는 "寢廟畢備."이라는
기록이 있는데, 이에 대한 정현의 주에서는 "凡廟, 前曰廟, 後曰寢."이라고 풀이
하였으며, 공영달(孔穎達)의 소(疏)에서는 "廟是接神之處, 其處尊, 故在前, 寢,
衣冠所藏之處, 對廟爲卑, 故在後. 但廟制有東西廂, 有序牆, 寢制唯室而已.
故釋宮云, 室有東西廂曰廟, 無東西廂有室曰寢, 是也."라고 풀이하였다. 또한
'침묘'는 사람이 거주하는 집과 종묘를 지칭하는 용어로 사용되기도 한다. 『시』「대
아(大雅) · 숭고(崧高)」편에는 "有俶其城, 寢廟旣成."이라는 기록이 있는데, 이
에 대한 공영달의 소에서는 "寢, 人所處, 廟神亦有寢, 但此宜, 處人神, 不應獨言
廟事, 故以爲人寢也."라고 풀이하였다.

11) 『예기』「소의(少儀)」 061장 : 凡羞, 有俎者, 則於俎內祭.

右飮食之禮

여기까지는 음식지례(飮食之禮)에 대한 내용이다.

類編 孔子曰: "禮之初, 始諸飮食." 易・頤之象曰: "君子以愼言語,
節飮食." 二者養德養身之要也, 故言語之下, 次以飮食.

공자는 "예의 기원은 음식에서 비롯되었다."[12]라 했고, 『역』「이괘(頤卦)」
의 「상전」에서는 "군자가 그것을 본받아 언어를 삼가고 음식을 절제한
다."[13]라 했다. 둘은 덕을 기르고 몸을 기르는 요체가 된다. 그렇기 때문
에 언어에 대한 내용 뒤에 음식에 대한 내용을 수록한 것이다.

---

12) 『예기』「예운(禮運)」 006장 : <u>夫禮之初, 始諸飮食</u>. 其燔黍捭豚, 汚尊而抔飮, 蕢
    桴而土鼓, 猶若可以致其敬於鬼神.
13) 『역』「이괘(頤卦)」 : 象曰, 山下有雷, 頤, <u>君子以, 愼言語, 節飮食</u>.

【035】

男女異長.〈曲禮上-108〉[本在"不以山川"下.]

남자와 여자는 서열을 정할 때 각각 별도로 정한다. [본래는 "산천 등의 지명으로 짓지 않는다."[1]라고 한 문장 뒤에 수록되어 있었다.]

集說 各爲伯仲, 示不相干雜之義也.

남자와 여자가 각자 첫째나 둘째의 순서를 정한다는 뜻으로, 즉 장유의 순서가 서로 뒤섞여서는 안 된다는 의미를 나타내고 있다.

【036】

男子二十, 冠而字.〈曲禮上-109〉

남자들은 20세가 되면 관례를 치러주며 자(字)를 지어준다.

集說 冠而字之, 敬其名也.

관례를 치르고서 아들에게 자(字)를 지어주니, 자식의 이름을 공경하기 때문이다.[2]

---

1) 『예기』「곡례상(曲禮上)」 107장 : 名子者, 不以國, 不以日月, 不以隱疾, 不以山
川.

2) 『의례』「사관례(士冠禮)」 : 三加彌尊, 諭其志也. 冠而字之, 敬其名也. / 『예기』
「교특생(郊特牲)」 063장 : 適子冠於阼, 以著代也. 醮於客位, 加有成也. 三加彌
尊, 喩其志也. 冠而字之, 敬其名也.

【037】

女子許嫁, 笄而字.〈曲禮上-111〉 [本在"君前臣名"下.]

여자의 경우에는 혼인이 결정된 이후에야 비녀를 꼽고 자를 지어준다. [본래
는 "군주 앞에서도 신하들은 자신의 이름을 일컫게 된다."[3]라고 한 문장 뒤에 수록되어 있었
다.]

集說 許嫁, 則十五而笄; 未許嫁, 則二十而笄. 亦成人之道也, 故字
之.

혼인이 결정된 이후라면, 15세 때 비녀를 꼽게 되고, 아직 혼인이 결정되
지 않은 경우라면, 20세가 되어서야 비녀를 꼽게 된다. 비녀를 꼽는 행위
또한 성인으로 대우하는 도리이다. 그렇기 때문에 비녀를 꼽은 다음에는
자(字)로 부르는 것이다.

【038】

男女不雜坐, 不同椸[移]枷[架], 不同巾櫛, 不親授.〈曲禮上-094〉 [本在"不
出中間"下.]

남자와 여자는 자리를 섞어서 함께 앉지 않고, 옷걸이['椸'자의 음은 '移(이)'이
다. '枷'자의 음은 '架(가)'이다.]를 함께 쓰지 않으며, 수건과 빗을 함께 쓰지 않
고, 물건을 건넬 때에는 직접 주지 않는다. [본래는 "그 사이로 지나가지 않는다."[4]
라고 한 문장 뒤에 수록되어 있었다.]

集說 內則註云, 植者曰楎, 橫者曰椸. 枷, 與架同, 置衣服之具也.
巾以涗潔, 櫛以理髮. 此四者皆所以遠私褻之嫌.

『예기』「내칙(內則)」편에 대한 주에서는 수직으로 세워둔 옷걸이를 '휘

---

3) 『예기』「곡례상(曲禮上)」 110장: 父前子名, <u>君前臣名</u>.
4) 『예기』「곡례상(曲禮上)」 093장: 離坐離立, 毋往參焉. 離立者, <u>不出中間</u>.

(楎)’라 부르고, 가로로 걸어둔 옷걸이를 ‘이(椸)’라 부른다고 했다.[5] ‘가(枷)’자와 시렁을 뜻하는 가(架)자는 같은 글자로, 옷을 걸어두는 도구이다. 수건으로 물기를 닦고, 빗으로는 머리를 단정하게 만든다. 이러한 네 가지 지침들은 모두 남녀가 사적으로 친하게 지낸다는 의심을 멀리하는 방법이다.

【039】

嫂叔不通問, 諸母不漱[平聲]裳. 〈曲禮上-095〉

형수와 시동생은 안부를 묻거나 선물을 건네지 않고, 부친의 첩들 중 아들을 낳은 여자에게는 하의를 세탁['漱'자는 평성으로 읽는다.]시키지 않는다.

集説 不通問, 無問遺之往來也. 諸母, 父妾之有子者. 漱, 浣也. 裳, 賤服. 不使漱裳, 亦敬父之道也.

“통문하지 않는다.”는 말은 안부를 묻고 또 선물 등을 보내며 교류를 하지 않는다는 뜻이다. ‘제모(諸母)’는 부친의 첩들 중에서 아들을 낳은 여자들을 가리킨다. ‘수(漱)’자는 “세탁한다.”는 뜻이다. 하의는 천한 의복이다. 그녀들로 하여금 하의를 세탁시키지 않는 것은 또한 부친을 공경하는 도리이다.

【040】

外言不入於梱, 內言不出於梱. 〈曲禮上-096〉

집밖의 말들이 집안으로 들어와서는 안 되고, 집안의 말들이 집밖으로 나

---

5) 이 문장은 『예기』「내칙(內則)」 084장의 “男女不同椸枷, 不敢縣於夫之楎椸, 不敢藏於夫之篋笥, 不敢共湢浴. 夫不在, 斂枕篋, 簟席襡器而藏之. 少事長, 賤事貴, 咸如之.”에 대한 주이다.

가서는 안 된다.

集說 梱, 門限也. 內外有限, 故男不言內, 女不言外.

'곤(梱)'자는 문턱을 뜻한다. 내외에는 경계가 있다. 그렇기 때문에 남자는 집밖으로 나가서 집안의 일들을 말하지 않는 것이며, 여자는 집안에서 집밖의 얘기들을 하지 않는 것이다.

【041】

女子許嫁, 纓, 非有大故, 不入其門.〈曲禮上-097〉

여자는 혼인이 결정되면, 영(纓)이라는 것을 차게 되니, 중요한 일이 아니라면, 그 여자가 있는 장소에 함부로 들어가지 않는다.

集說 許嫁則繫以纓, 示有所繫屬也. 此與幼所佩香纓不同. 大故, 大事也.

혼인이 결정되면, '영(纓)'을 차게 되니, 다른 남자에게 종속되어 있음을 나타내는 것이다. 여기에서 말하는 영(纓)과 어린아이들이 차는 향기 나는 영은 다른 것이다. '대고(大故)'는 중요한 일을 뜻한다.

【042】

姑·姊妹·女子子, 已嫁而反, 兄弟不與同席而坐, 弗與同器而食.
〈曲禮上-098〉

고모 및 자매, 딸자식 등이 이미 시집을 갔다가 문제가 생겨 되돌아왔다면, 그녀들의 형제들은 같은 자리에 앉지 않고, 같은 밥상에서 식사를 하지 않는다.

集說 女子子, 重言子者, 別於男子也. 專言兄弟者, 遠同等之嫌.

딸자식을 '여자자(女子子)'라고 하여, '자(子)'자를 두 번 기록하는 것은 남자(男子)라는 단어와 구별하기 위해서이다. '형제(兄弟)'라고만 언급한 이유는 동등한 부류의 남녀 사이에서 혐의가 생기는 것을 멀리하기 위해서이다.

【043】

男女非有行媒, 不相知名, 非受幣, 不交不親.〈曲禮上-100〉[本在"父子不同席"下.]

남자와 여자 집안 사이에 중매가 오고가는 일이 없다면, 서로 이름을 알지 못하며, 혼인이 약속되어 예물을 받은 관계가 아니라면, 교제하지 않고 친하게 지내지도 않는다. [본래는 "부자관계에서는 자리를 함께 해서 앉지 않는다."[6]라고 한 문장 뒤에 수록되어 있었다.]

集說 行媒, 謂媒氏之往來也. 名, 謂男女之名也. 受幣, 然後親交之禮分定.

'행매(行媒)'는 매씨(媒氏)[7]가 혼인을 성사시키기 위해 양측 집안을 왕래한다는 뜻이다. '명(名)'자는 혼례를 치를 남자와 여자의 이름을 뜻한다. 예물을 받은 연후에야 친하게 지내며 교제를 할 수 있는 예법상의 권한이 확정된다.

---

6) 『예기』「곡례상(曲禮上)」 099장 : 父子不同席.

7) 매씨(媒氏)는 남녀의 혼인을 주관했던 관리이다. 고대에는 남자의 나이가 30세가 되도록 장가를 들지 않았으면, 매씨가 주관하여 혼인을 시켰다. 여자의 경우에는 20세를 기준으로 혼인을 치르게 시켰다. 『주례』「지관(地官)·매씨(媒氏)」편에는 "媒氏掌萬民之判, 凡男女自成名以上, 皆書年月日名焉. 令男三十而娶, 女二十而嫁."라는 기록이 있다. 이러한 뜻에서 파생하여, 후대에는 중매를 주선했던 자를 부르는 용어로도 사용되었다.

【044】

故日月以告君, 齊戒以告鬼神, 爲酒食以召鄉黨僚友, 以厚其別[彼列反]也.〈曲禮上-101〉

그러므로 혼인 날짜를 정하여 군주에게 아뢰고, 재계를 하고서 조상에게 아뢰며, 음식과 술을 차려서 향당의 친구들을 초청하여 연회를 베푸니, 이렇게 함으로써 남녀 사이의 유별['別'자는 '彼(피)'자와 '列(렬)'자의 반절음이다.]함을 더욱 신중하게 지키는 것이다.

集說 日月, 娶婦之期也, 媒氏書之以告于君. 厚其別者, 重愼男女之倫也.

'일월(日月)'은 부인을 맞이하는 날짜를 뜻하니, 매씨(媒氏)가 그 날짜를 기록하여, 군주에게 아뢰는 것이다. '후기별(厚其別)'이라는 말은 남녀 간의 유별함을 더욱 신중하게 지킨다는 뜻이다.

【045】

取[去聲]妻, 不取同姓.〈曲禮上-102〉

아내를 맞이['取'자는 거성으로 읽는다.]할 때 동성인 사람들 중에서는 선택하지 않는다.

集說 鄭氏曰: 爲其近禽獸.

정현이 말하길, 동성(同姓)인 신부를 맞이하는 행동은 금수에 가까운 행동이기 때문이다.

【046】

故買妾, 不知其姓, 則卜之.〈曲禮上-103〉

그러므로 부인의 몸종을 들일 때에도, 만약 그녀의 성을 알 수 없는 상황이라면, 점을 쳐서 길흉을 판단한다.

集說 卜其吉凶.

길흉을 점치는 것이다.

【047】

寡婦之子, 非有見[現]焉, 弗與爲友.〈曲禮上-104〉

과부의 아들에 대해서는 함부로 친교를 맺지 않으니, 그의 재능과 학덕이
남다르다는 것이 나타나지['見'자의 음은 '現(현)'이다.] 않는다면, 그와 함께 친
교를 맺지 않아야 한다.

集說 有見, 才能卓異也. 若非有好德之實, 則難以避好色之嫌, 故
取友者謹之.

"나타남이 있다."는 말은 재능이 탁월하여 남다르다는 뜻이다. 만약 덕을
추구하는 본성을 가지고 있지 않다면, 호색한이라는 혐의를 피하기 어렵
게 된다. 그렇기 때문에 친구를 선택하는 일에 대해서 신중하게 행동했던
것이다.

類編 右男女之禮.

여기까지는 '남녀지례(男女之禮)'에 대한 내용이다.

類編 記曰: "飲食男女, 人之大欲存焉." 君子治心修身, 以此爲切
要, 故飲食之下, 次以男女.

『예기』에서는 "먹고 마시며 남녀 간에 관계를 맺는 것 속에는 사람의
가장 큰 욕망이 존재한다."[8]라 했다. 군자는 마음과 몸을 다스림에 이것

---

8) 『예기』「예운(禮運)」 030장 : <u>飲食男女, 人之大欲存焉</u>. 死亡貧苦, 人之大惡存

을 절실하고 긴요한 것으로 삼는다. 그렇기 때문에 음식에 대한 내용 뒤에 남녀에 대한 내용을 수록한 것이다.

焉. 故欲惡者, 心之大端.

◇ 부모를 섬기는 예절[事親之禮]

【048】

凡爲人子之禮, 冬溫而夏淸[七性反], 昏定而晨省, 在醜夷不爭.〈曲禮上
-034〉[本在"不辭讓而對非禮"下.]

무릇 자식된 자들이 지켜야 하는 예법은 겨울에는 부모를 따뜻하게 해드리
고 여름에는 시원하게[淸'자는 '七(칠)'자와 '性(성)'자의 반절음이다.] 해드리며, 저
녁에는 잠자리를 살피고 새벽에는 문안인사를 드리며, 동료들과 있을 때에
는 다투지 않는 것이다. [본래는 "먼저 사양하지도 않고 즉각 대답을 하는 것은 예가
아니다."[1]라고 한 문장 뒤에 수록되어 있었다.]

集說 溫以禦其寒, 淸以致其凉, 定其衽席, 省其安否. 醜, 同類也.
夷, 平等也. 一朝之忿, 忘其身, 則害及其親, 故在群衆儕輩之中, 壹
於遜讓.

따뜻하게 해서 부모가 추위를 타지 않도록 하는 것이며, 차갑게 해서 시
원함을 느낄 수 있도록 하는 것이다. 또한 부모의 잠자리를 살피고, 부모
의 안부를 묻는 것이다. '추(醜)'자는 동년배들을 뜻한다. '이(夷)'자는 같
은 무리들을 뜻한다. 잠깐의 분노로 자신의 본분을 잊고서 행동한다면,
그 해악이 부모에게까지 미친다.[2] 그렇기 때문에 여러 무리들과 함께
있을 때에는 겸손함으로 일관하는 것이다.

---

1) 『예기』 「곡례상(曲禮上)」 033장 : 謀於長者, 必操几杖以從之. 長者問, 不辭讓
   而對, 非禮也.
2) 『논어』 「안연(顏淵)」 : 樊遲從遊於舞雩之下, 曰, "敢問崇德, 脩慝, 辨惑." 子曰,
   "善哉問! 先事後得, 非崇德與? 攻其惡, 無攻人之惡, 非脩慝與? 一朝之忿, 忘
   其身以及其親, 非惑與?"

【049】

夫爲人子者, 出必告[梏], 反必面, 所遊必有常, 所習必有業.〈曲禮上
-037〉 [本在"孝子之行也"下.]

무릇 자식된 자들은 집밖을 나설 때에는 반드시 부모에게 그 사실을 아뢰
고, ['告'자의 음은 '梏(곡)'이다.] 집으로 되돌아와서는 반드시 부모를 뵈며, 가는
곳에는 반드시 일정한 범위가 있어야 하고, 학습하는 것에는 반드시 과업
이 있어야 한다. [본래는 "자식이 시행해야 할 행동들이다."[3]라고 한 문장 뒤에 수록되어
있었다.]

集說 出則告違, 反則告歸. 又以自外來, 欲省顔色, 故言面. 遊有
常, 身不他往也; 習有業, 心不他用也.

집을 나설 경우에는 외출한다는 사실을 아뢰고, 돌아와서는 돌아온 사실
을 아뢴다. 또한 밖에서부터 집으로 돌아왔을 때에는 부모에게 별일이
없는지 안색을 확인하고자 하여, "뵙는다."라고 말한 것이다. "가는 곳에
일정한 범위가 있다."는 말은 몸이 바르지 못한 곳으로 가지 않는다는
뜻이고, "학습하는 것에 과업이 있다."는 말은 마음이 바르지 못한 곳에
힘을 쏟지 않는다는 뜻이다.

【050】

恒言不稱老.〈曲禮上-038〉

자식된 자들은 평상시 쓰는 말에서, 자신을 지칭하며 늙었다거나 노인이라
는 말을 쓰지 않는다.

集說 恒言, 平常言語之間也. 自以老稱, 則尊同於父母, 而父母爲

---

3) 『예기』「곡례상」 036장 : 見父之執, 不謂之進不敢進, 不謂之退不敢退, 不問不
敢對, 此孝子之行也.

過於老矣. 古人所以斑衣娛戲者, 欲安父母之心也.

'항언(恒言)'은 평상시에 쓰는 말들을 뜻한다. 자식이 본인을 노인이라고 부르게 되면, 존귀함이 부모와 같아지게 되거나, 부모를 매우 늙은 것으로 여긴 것이 된다. 고대인들이 나이가 들었음에도, 부모 앞에서 색동옷을 입고 재롱을 피웠던 까닭은 부모의 마음을 편안하게 해드리기 위해서였다.

【051】

爲人子者, 居不主奧, 坐不中席, 行不中道, 立不中門.〈曲禮上-041〉[本在"長者必異席"下.]

자식된 자들은 집에 머무를 때 방의 아랫목에 머물지 않고, 앉을 때에는 자리의 중앙에 앉지 않으며, 길을 갈 때에는 도로의 중앙으로 걷지 않고, 서 있을 때에는 문 가운데 서 있지 않는다. [본래는 "가장 연장자가 되는 자는 반드시 무리들과 자리를 따로 해서 앉는다."[4]라고 한 문장 뒤에 수록되어 있었다.]

集說 室西南隅, 爲奧. 主奧·中席, 皆尊者之道也. 行道, 則或左或右, 立門, 則避棖闑之中, 皆不敢迹尊者之所行也. 古者男女異路, 路各有中, 門中央有闑, 闑之兩旁有棖也.

방의 서남쪽 보퉁이를 '오(奧)'라고 부른다. 아랫목에 앉고 자리의 중앙에 앉는 것은 모두 신분이 존귀하고 나이가 많은 자가 따르는 법도이다. 길을 갈 때 좌측으로 걷거나 우측으로 걷고, 문에 설 때 문설주와 중앙 말뚝 사이를 피하는 이유는 모두 존장자가 다니는 곳을 감히 지나갈 수 없기 때문이다. 고대에는 남자와 여자가 다른 길로 걸었고,[5] 도로에는 각각 중앙에 길이 따로 있었으며, 문 중앙에는 말뚝이 있었고, 말뚝의 양쪽

---

4) 『예기』「곡례상(曲禮上)」 040장 : 群居五人, 則長者必異席.

5) 『예기』「왕제(王制)」 140장 : 道路, 男子由右, 婦人由左, 車從中央.

가에는 문설주가 있었다.

【052】

食饗, 不爲槩.〈曲禮上-042〉

손님을 대접하거나 제사를 지내기 위해 음식을 준비할 때에는 자기 마음대로 음식 수량을 정해서는 안 된다.

集說 食饗, 如奉親延客及祭祀之類皆是. 不爲槩, 量順親之心, 而不敢自爲限節也.

'사향(食饗)'은 예를 들어 부친의 뜻을 받들어 손님들을 대접하는 음식을 준비하거나 제사 때 음식을 준비하는 것 등이 모두 여기에 해당한다. '불위개(不爲槩)'라는 말은 부친의 마음을 헤아려서 따라야 하며, 감히 자기 마음대로 음식 수량을 정해서는 안 된다는 뜻이다.

【053】

祭祀, 不爲尸.〈曲禮上-043〉

제사를 지낼 때, 본인은 시동의 역할을 맡지 않는다.

集說 呂氏曰: 尸取主人之子行而已. 若主人之子, 是使父北面而事之, 人子所不安, 故不爲也.

여씨가 말하길, 시동은 제주의 자식 항렬에 있는 친인척 중에서 뽑을 따름이다. 만약 제주의 아들을 시동으로 삼는다면, 이것은 부친으로 하여금 북면을 하게 만들어서, 자신을 섬기게 하는 꼴이 되니, 자식된 자는 편안하게 여길 수 없게 된다. 그렇기 때문에 제주의 아들을 시동으로 삼지 않는다.

【054】

聽於無聲, 視於無形. ⟨曲禮上-044⟩

자식된 자들은 부모가 말씀을 하기도 전에 그 의중을 헤아려서 마음의 소리를 들어야 하고, 부모가 행동하기도 전에 그 의중을 헤아려서 드러나지 않은 것들을 살펴보아야 한다.

集說 先意承志也.

부모의 뜻을 먼저 헤아려서 그 뜻을 받든다는 의미이다.[6]

集說 疏曰: 雖聽而不聞父母之聲, 雖視而不見父母之形. 然常於心想像, 似見形聞聲, 謂父母將有教, 使已然.

소에서 말하길, 비록 듣는다고 표현했지만 실제로 부모가 하지도 않은 말을 듣는 것이 아니며, 비록 본다고 표현했지만 실제로 부모가 행동하지도 않은 모습들을 보는 것이 아니다. 그러나 항상 마음속에 부모에 대한 생각을 품고 있다면, 마치 그 모습을 보고 그 음성을 듣는 것처럼 된다. 따라서 이 문장의 본의는 부모가 장차 하교를 내리게 될 때, 그렇게 행동할 수 있도록 자신을 미리 대비시킨다는 뜻이다.

【055】

不登高, 不臨深, 不苟訾[紫], 不苟笑. 孝子不服闇[暗], 不登危, 懼辱親也. ⟨曲禮上-045⟩

자식된 자들은 높은 곳에 오르지 않고, 깊은 곳에 가지 않으며, 구차하게 남을 헐뜯지['訾'자의 음은 '紫(자)'이다.] 않고, 구차하게 웃지 않아야 한다. 또한

---

6) 『예기』「제의(祭義)」 032장 : 曾子曰: "孝有三: 大孝尊親, 其次弗辱, 其下能養." 公明儀問於曾子曰: "夫子可以爲孝乎?" 曾子曰: "是何言與? 是何言與? 君子之所謂孝者, <u>先意承志</u>, 諭父母於道. 參直養者也, 安能爲孝乎?"

자식된 자들은 어두운 장소['闇'자의 음은 '暗(암)'이다.]에서 일하지 않고, 위험한 곳에 오르지 않아야 하니, 이러한 행동들이 부친을 욕되게 할까 걱정되기 때문이다.

集說 疏曰: 不服闇者, 不行事於暗中. 一則爲卒有非常, 二則生物嫌, 故孝子戒之.

소에서 말하길, '불복암(不服闇)'이라는 말은 어두운 곳에서 일을 하지 않는다는 뜻이다. 그 이유는 첫 번째 별안간 비상사태가 생기게 될지도 몰라서이며, 두 번째 남들의 의심을 사기 쉽기 때문이다. 그래서 자식들은 그러한 것들을 경계한다.

集說 呂氏曰: 苟訾近於讒, 苟笑近於諂.

여씨가 말하길, 구차하게 남을 헐뜯는 것은 참소에 가깝고, 구차하게 웃는 것은 아첨에 가깝다.

【056】

夫爲人子者, 三賜不及車馬. 故州閭鄕黨稱其孝也. 兄弟親戚稱其慈也, 僚友稱其弟也, 執友稱其仁也, 交遊稱其信也.〈曲禮上-035〉[本在"在醜夷不爭"下.]

무릇 자식된 자들은 관직생활을 하더라도 부친이 생존해 계시다면, 3명(命)의 관리 등급을 받아도 말과 수레는 받지 않는다. 말과 수레를 받게 되면 자신의 신분이 존귀해져서 부친과 같아지기 때문이다. 이처럼 자신을 부친보다 낮추기 때문에 마을사람들은 그의 효성을 칭송하게 되고, 형제와 친척들은 그의 자애로움을 칭송하게 되며, 동료 관리들은 그의 공손함을 칭송하게 되고, 함께 수학한 동문들은 그의 인자함을 칭송하게 되며, 주위의 친우들은 그의 신의를 칭송하게 된다. [본래는 "동료들과 있을 때에는 다투지 않는 것이다.[7]"라는 문장 뒤에 수록되어 있었다.]

集說 言爲人子, 謂父在時也. 古之仕者, 一命而受爵, 再命而受衣服, 三命而受車馬. 有車馬, 則尊貴之體貌備矣. 今但受三賜之命, 而不與車馬同受, 故言不及車馬也. 君之有賜, 所以禮其臣, 子之不受, 不敢並於親也. 二十五家爲閭, 四閭爲族, 五百家爲黨, 二千五百家爲州, 一萬二千五百家爲鄕. 孝之所該者大, 故其稱最廣, 曰慈, 曰弟, 曰仁, 曰信, 皆孝之事也. 僚友, 官同者. 執友, 志同者. 同師之友, 其執志同, 故曰執友. 交遊, 則泛言遠近之往來者.

'위인자(爲人子)'라고 한 말은 곧 부친이 생존해 계실 때를 가리킨다. 고대에 벼슬살이를 했던 자들은 1명(命)에 작위를 하사받았고, 2명(命)에 의복을 하사받았으며, 3명(命)에 수레와 말을 하사받았다. '거마(車馬)'를 갖추게 되면, 존귀한 신분을 가진 사람으로써의 풍모를 갖추게 된다. 이곳 문장의 뜻은 3명의 등급을 하사받게 되더라도, 일반적인 3명의 관리들과는 달리 거마는 받지 않는다는 뜻이다. 그렇기 때문에 "거마까지는 받지 않는다."라고 말한 것이다. 군주가 하사품을 내려주는 것은 자신의 신하를 예로 대접하는 방법이다. 그러나 자식이 그것들을 받지 않는 것은 감히 부친과 대등한 신분이 될 수 없기 때문이다. 주대의 행정제도에서는 25개의 가(家)를 1개의 여(閭)로 삼았고, 4개의 여(閭)를 1개의 족(族)으로 삼았으며, 500개의 가(家)는 1개의 당(黨)으로 삼았고, 2500개의 가(家)를 1개의 주(州)로 삼았으며, 12,500개의 가(家)를 1개의 향(鄕)으로 삼았다.[8] 효가 차지하는 비중이 크기 때문에, 그의 효성을 칭찬하는 것이 이처럼 가장 널리 퍼져나간 것이며, 자애로움·공손함·인자함·신의라는 덕목들은 모두 효를 시행하는 일들이다. '요우(僚友)'는 동료 관리들

---

7) 『예기』「곡례상(曲禮上)」 034장 : 凡爲人子之禮, 冬溫而夏凊, 昏定而晨省, 在醜夷不爭.

8) 『주례』「지관(地官)·대사도(大司徒)」 : 令五家爲比, 使之相保. 五比爲閭, 使之相受. 四閭爲族, 使之相葬. 五族爲黨, 使之相救. 五黨爲州, 使之相賙. 五州爲鄕, 使之相賓.

이다. '집우(執友)'는 뜻을 함께 하는 동문들이다. 같은 스승 밑에서 배운 벗들은 지니고 있는 뜻이 같다. 그렇기 때문에 '집우(執友)'라고 부르는 것이다. '교유(交遊)'는 거리에 상관없이 교우하고 있는 사람들을 범칭하는 말이다.

【057】

見父之執, 不謂之進不敢進, 不謂之退不敢退, 不問不敢對, 此孝子之行[去聲]也.〈曲禮上-036〉

부친의 친우들을 뵐 때에는 부친이 자신에게 가까이 오라고 명령하지 않으면 감히 가까이 가지 않고, 이제 그만 물러가라고 명령하지 않으면 감히 물러나지 않으며, 친우분이 직접 하문하지 않았다면 감히 대답을 하지 않으니, 이것이 바로 자식이 시행해야 할 행동['行'자는 거성으로 읽는다.]들이다.

集說 父之執, 父同志之友也. 謂之, 命之也. 敬之同於父.

'부지집(父之執)'은 부친과 동문수학하여 뜻을 함께 하는 부친의 친우들이다. '위지(謂之)'는 "아들에게 명령한다."는 뜻이다. 부친의 친우들에 대해서도, 부친을 대하듯 공경하는 것이다.

【058】

爲人子者, 父母存, 冠衣不純[準]素.〈曲禮上-047〉 [本在"不有私財"下.]

자식된 자들은 부모가 생존해 계신다면, 관과 의복을 백색으로 치장하거나 가선을['純'자의 음은 '準(준)'이다.] 대지 않는다. [본래는 "사사롭게 재물을 축적하지 않는다."9)라고 한 문장 뒤에 수록되어 있었다.]

---

9) 『예기』「곡례상(曲禮上)」 046장 : 父母存, 不許友以死, 不有私財.

集說 疏曰: 冠純, 冠飾也. 衣純, 深衣領緣也.

소에서 말하길, '관순(冠純)'은 관을 치장한 것이다. '의순(衣純)'은 심의(深衣)10)의 가장자리를 꾸민 것이다.

【059】

孤子當室, 冠衣不純采. 〈曲禮上-048〉

부모가 돌아가셔서 고아가 된 자들 중 부친의 뒤를 이은 적장자는 관과 의복에 채색으로 치장하거나 가선을 대지 않는다.

集說 呂氏曰: 當室, 謂爲父後者. 問喪曰, "童子不緦, 唯當室緦", 亦指爲父後者. 所謂不純采者, 雖除喪猶純素也. 惟當室者行之, 非當室者不然也.

여씨가 말하길, '당실(當室)'은 부친의 후계자가 된 자를 가리킨다. 『예기』「문상(問喪)」편에서는 "동어린아이는 시마복을 착용하지 않는데, 오직 당실만이 상복을 착용한다."11)라고 하였는데, 이 문장에 나타난 당실이라는 말 또한 부친의 후계자가 된 자를 가리킨다. 이른바 "채색으로 치장하거나 가선을 대지 않는다."라고 한 이유는 비록 상을 끝냈다 하더라도, 여전히 순백색의 옷을 착용하기 때문이다. 그러나 이러한 규정은 오직 후계자가 된 자만이 따르는 것으로, 후계자가 아닌 자들은 이처럼 하지 않는다.

---

10) 심의(深衣)는 일반적으로 상의와 하의가 서로 연결된 옷을 뜻한다. 제후, 대부(大夫), 사(士)들이 평상시 집안에 거처할 때 착용하던 복장이기도 하며, 서인(庶人)에게는 길복(吉服)에 해당하기도 한다. 순색에 채색을 가미하기도 했다.

11) 『예기』「문상(問喪)」 008장 : 或問曰: "免者以何爲也?" 曰: "不冠者之所服也. 禮曰: '童子不緦, 唯當室緦.' 緦者其免也, 當室則免而杖矣."

【060】

凡父母在, 子雖老不坐.〈內則-071〉12) [內則. 本在"簪亦如之"下.]

부모가 모두 생존해 계시다면, 그 자식은 비록 노년에 이르렀다 하더라도 자리에 앉지 않는다. [「내칙」편의 문장이다. 본래는 "장님에 대해서도 이처럼 한다."라고 한 문장 뒤에 수록되어 있었다.]

附註 子雖老不坐, 陳註坐必解以跪, 此坐字解以跪, 則不通. 只以安坐爲義.

'자수로불좌(子雖老不坐)'에 대해, 진호의 주에서는 '좌(坐)'자를 굳이 무릎을 꿇는다는 뜻으로 풀이를 했는데, 이곳에 나온 좌(坐)자를 무릎을 꿇는다는 의미로 풀이하면 내용이 통하지 않는다. 따라서 단지 편안히 앉는다는 의미로 보아야 한다.

---

12) 『예기』「내칙(內則)」 071장：凡養老, 有虞氏以燕禮, 夏后氏以饗禮, 殷人以食禮, 周人脩而兼用之. 凡五十養於鄉; 六十養於國; 七十養於學, 達於諸侯; 八十拜君命, 一坐再至, 簪亦如之; 九十者使人受. 五十異粻, 六十宿肉, 七十貳膳, 八十常珍, 九十飮食不違寢, 膳飮從於遊可也. 六十歲制, 七十時制, 八十月制, 九十日修, 惟絞・紟・衾・冒, 死而後制. 五十始衰, 六十非肉不飽, 七十非帛不煖, 八十非人不煖, 九十雖得人不煖矣. 五十杖於家, 六十杖於鄉, 七十杖於國, 八十杖於朝, 九十者天子欲有問焉, 則就其室, 以珍從. 七十不俟朝, 八十月告存, 九十日有秩. 五十不從力政, 六十不與服戎, 七十不與賓客之事, 八十齊喪之事弗及也. 五十而爵, 六十不親學, 七十致政. 凡自七十以上, 惟衰麻爲喪. 凡三王養老皆引年. 八十者一子不從政, 九十者其家不從政, 簪亦如之. 凡父母在, 子雖老不坐. 有虞氏養國老於上庠, 養庶老於下庠; 夏后氏養國老於東序, 養庶老於西序; 殷人養國老於右學, 養庶老於左學; 周人養國老於東膠, 養庶老於虞庠. 虞庠在國之西郊. 有虞氏皇而祭, 深衣而養老; 夏后氏收而祭, 燕衣而養老; 殷人冔而祭, 縞衣而養老; 周人冕而祭, 玄衣而養老.

【061】

父子不同席. 〈曲禮上-099〉 [本在"不與同器而食"下.]

부자관계에서는 자리를 함께 해서 앉지 않는다. [본래는 "같은 밥상에서 식사를 하지 않는다."[1]라고 한 문장 뒤에 수록되어 있었다.]

集說 尊卑之等異也.

부친과 자식은 신분의 등급이 다르기 때문이다.

【062】

父命呼, 唯[上聲]而不諾, 手執業則投之, 食在口則吐之, 走而不趨.
〈玉藻-110〉 [玉藻. 本在"乘路車不式"上.]

부친이 명령하고 부르시면, 유라고['唯'자는 상성으로 읽는다.] 대답하며 낙이라고 대답하지 않고, 손으로 어떤 일을 하고 있다면 그것을 내던지며, 음식이 입에 있다면 그것을 뱉어버리고, 신속히 달려가며 종종걸음으로 가지 않는다. [「옥조」편의 문장이다. 본래는 "노거에 탔을 때에는 수레의 식을 잡고 공경을 표하는 절차를 하지 않는다."[2]라고 한 문장 뒤에 수록되어 있었다.]

集說 應辭, 唯速而恭, 諾緩而慢.

응답하는 말에 있어서, '유(唯)'라고 말하는 것은 신속하며 공손한 모습이 되고, '낙(諾)'이라고 말하는 것은 느긋하고 태만한 모습이 된다.

---

1) 『예기』「곡례상(曲禮上)」098장 : 姑·姊妹·女子子, 已嫁而反, 兄弟弗與同席而坐, 弗與同器而食.

2) 『예기』「옥조(玉藻)」109장 : 禮不盛, 服不充, 故大裘不裼, 乘路車不式.

【063】

父母存, 不許友以死, 不有私財. 〈曲禮上-046〉 [本在"懼辱親也"下.]

자식된 자들은 부모가 생존해 계신다면, 친구를 위해서 목숨을 버리지 않으며, 사사롭게 재물을 축적하지 않는다. [본래는 "부친을 욕되게 할까 걱정되기 때문이다."³⁾라고 한 문장 뒤에 수록되어 있었다.]

集說 不許友以死, 謂不爲其友報仇也. 親在而以身許人, 是有忘親之心; 親在而以財專己, 是有離親之志.

"친구를 위해서 목숨을 버리지 않는다."는 말은 친구를 위해 원수를 갚는 일 등을 하지 않는다는 뜻이다. 부모가 생존해 계신데도, 자신의 생명을 담보로 남의 일을 들어준다면, 이러한 행위의 이면에는 부모에 대한 생각을 잊고 제멋대로 행동하려는 마음이 있는 것이다. 또한 부모가 생존해 계신데도, 사사롭게 재물을 독차지한다면, 이러한 행위의 이면에는 부모의 가르침을 어기려는 뜻이 있는 것이다.

【064】

親在, 行禮於人稱父. 人或賜之, 則稱父拜之. 〈玉藻-108〉 [玉藻. 本在"上大夫承賀"下.]

부친이 생존해 계신 경우라면, 남에 대해서 어떠한 예법을 시행할 때, 항상 자신의 부친을 일컫게 된다. 다른 사람이 간혹 어떤 물건을 주게 된다면, 자신의 부친을 일컬으며 절을 한다. [「옥조」편의 문장이다. 본래는 "상대부가 직접 축하하는 것을 받아들인다."⁴⁾라고 한 문장 뒤에 수록되어 있었다.]

---

3) 『예기』「곡례상(曲禮上)」 045장 : 不登高, 不臨深, 不苟訾, 不苟笑. 孝子不服闇, 不登危, <u>懼辱親也</u>.

4) 『예기』「옥조(玉藻)」 107장 : 士於大夫不承賀, 下大夫於<u>上大夫承賀</u>.

集說 方氏曰: 不敢私交, 不敢私受故也.

방씨가 말하길, 감히 사적인 교류를 할 수 없고, 감히 사적으로 받아들일
수 없기 때문이다.

【065】

父母有疾, 冠者不櫛, 行不翔, 言不惰[徒禾反], 琴瑟不御. 食肉不至變
味, 飲酒不至變貌. 笑不至矧, 怒不至詈[力智反]. 疾止復故. 〈曲禮上
-133〉[本在"庶人齕之"下.]

부모가 병환에 들면, 성인 남자는 머리를 빗지 않고, 걸어 다닐 때에는 날
듯이 걷지 않으며, 말을 할 때에는 다른 일에 대해서는 언급하지 않고, ['惰'
자는 '徒(도)'자와 '禾(화)'자의 반절음이다.] 금슬 등의 악기를 연주하지 않는다. 고
기를 먹을 수는 있되 맛이 물릴 때까지 많이 먹지 않고, 음주를 할 때에도
안색이 변할 때까지 마시지 않는다. 웃을 때에는 잇몸이 드러나서는 안
되고, 성낼 때에는 크게 꾸짖을 정도로 화를 내지 않는다. ['詈'자는 '力(력)'자와
'智(지)'자의 반절음이다.] 부모의 병이 다 나아야만, 평상시대로 돌아간다. [본래
는 "서인들은 직접 깨물어 먹는다."5)라고 한 문장 뒤에 수록되어 있었다.]

集說 此言養父母疾之禮. 不櫛, 不爲飾也. 不翔, 不爲容也. 不惰,
不及他事也, 疏謂, "惰, 訑不正之言." 琴瑟不御, 以無樂意也. 猶可
食肉, 但不至厭飫而口味變耳, 猶可飲酒, 但不至醺酣而顏色變耳.
齒本曰矧, 笑而見矧, 是大笑也, 怒罵曰詈, 怒而至詈, 是甚怒也. 皆
爲忘憂, 故戒之. 復故, 復常也.

이 문장은 부모가 병환에 들었을 때 봉양하는 예법을 언급하고 있다. "머
리를 빗지 않는다."는 말은 용모를 꾸미지 않는다는 뜻이다. "날듯이 걷

---

5) 『예기』「곡례상(曲禮上)」 132장 : 爲天子削瓜者副之, 巾以絺. 爲國君者華之,
巾以綌. 爲大夫累之, 士疐之, 庶人齕之.

지 않는다."는 말은 걸을 때 행동거지를 꾸미지 않는다는 뜻이다. '불타(不惰)'는 다른 일들에 대해서 언급하지 않는다는 뜻인데, 소에서는 "'타(惰)'는 거짓되고 바르지 못한 말이다."라고 했다. "금슬을 연주하지 않는다."고 한 이유는 음악을 연주하고 싶은 뜻 자체가 없기 때문이다. 부모가 병환에 들었을 때에는 오히려 고기를 먹을 수 있지만, 배가 부르도록 먹어서 입맛이 변하게 될 때까지 먹지는 않을 뿐이며, 이러한 상황에서도 오히려 술을 마실 수 있지만, 취기가 올라서 안색이 변할 때까지는 마시지 않을 뿐이다. 잇몸을 '신(齗)'이라고 부르는데, 웃을 때 잇몸이 드러나는 것은 크게 웃는 경우에 해당하며, 화를 내면서 욕을 하는 것을 '이(詈)'라고 부르는데, 화를 내면서 꾸짖는 데까지 도달하면, 이것은 매우 화난 경우에 해당한다. 이러한 규정을 짓는 이유는 위에서 언급하고 있는 행동들은 모두 부모에 대한 근심을 잊고 제멋대로 하는 행동이기 때문에 경계를 한 것이다. '복고(復故)'는 일상으로 돌아간다는 뜻이다.

【066】

親老, 出不易方, 復不過時. 親癠[才細反], 色容不盛, 此孝子之疏節也.〈玉藻-111〉 [本在"走而不趨"下]

부모가 늙으셨다면, 출타를 할 때 미리 아뢴 장소를 바꾸지 않고, 되돌아올 때에는 정해진 시간을 넘기지 않는다. 부모에게 병환이['癠'자는 '才(재)'자와 '細(세)'자의 반절음이다.] 있다면, 얼굴빛과 행동거지를 좋게 꾸미지 않으니, 이것은 자식이 일상적으로 따라야 하는 소소한 예절에 해당한다. [본래는 "신속히 달려가며 종종걸음으로 가지 않는다."[6]라고 한 문장 뒤에 수록되어 있었다.]

集說 易方, 則恐召己而莫知所在; 過時, 則恐失期而貽親之憂. 癠,

---

6) 『예기』「옥조(玉藻)」110장 : 父命呼, 唯而不諾, 手執業則投之, 食在口則吐之, <u>走而不趨</u>.

286 譯註 禮記類編大全

病也. 疏節, 謂常行疏略之禮而已, 非大節也. 易方, 則恐召己而莫知
所在; 過時, 則恐失期而貽親之憂. 瘠, 病也. 疏節, 謂常行疏略之禮
而已, 非大節也.

장소를 바꾼다면, 자신을 불렀을 때 어느 곳에 있는지 알지 못하게 될까
를 염려하는 것이며, 시간을 넘긴다면, 시기를 놓쳐서 부모에게 근심을
끼치게 될까를 염려하는 것이다. '제(瘠)'자는 질병을 뜻한다. '소절(疏
節)'은 일상적으로 시행하는 소략한 예법일 따름이라는 의미로, 큰 예절
이 아니다.

【067】

**父沒而不能讀父之書, 手澤存焉爾. 母沒而杯圈[起權反]不能飮焉, 口
澤之氣存焉爾.**〈玉藻-112〉[二段玉藻]

부친이 돌아가시면 부친이 읽으시던 책은 차마 읽을 수가 없으니, 부친의
손때가 남아있기 때문이다. 모친이 돌아가시면 모친이 사용하시던 술잔 등
을['圈'자는 '起(기)'자와 '權(권)'자의 반절음이다.] 이용해서 술이나 음료를 마실 수
없으니, 입이 닿았던 부분에 모친의 기운이 남아있기 때문이다. [2개 단락은
「옥조」편의 문장이다.]

集說 不能, 猶不忍也. 手之所持, 猶存其潤澤之迹. 杯圈, 盛酒漿之
器, 屈木爲之, 若卮匜之屬也. 口澤之氣, 亦謂常用以飮, 故口所潤澤
猶有餘氣. 此所以不忍讀, 不忍飮也.

'불능(不能)'은 차마 할 수 없다는 뜻이다. 손으로 잡았던 것에는 여전히
그 손때가 남아있다. 술잔이나 잔은 술과 음료를 담는 그릇인데, 나무를
깎아서 만드니, 마치 치나 이 등의 부류와 같은 것이다. 입이 닿았던 기운
또한 항상 이것을 사용하여 음료를 마셨기 때문에, 입이 닿았던 부분에는
여전히 남아있는 기운이 있는 것이다. 이것이 바로 차마 읽지 못하고,
차마 그것으로 마실 수 없는 이유이다.

【068】

父之讎, 弗與共戴天, 兄弟之讎, 弗反兵, 交遊之讎, 不同國.〈曲禮上 -192〉 [本在"各司其局"下.]

부친의 원수와는 같은 하늘 아래에서 함께 살지 않고, 형제의 원수에 대해서는 복수를 하기 위해 항상 무기를 휴대하므로 무기를 가지러 돌아가지 않으며, 친구의 원수와는 같은 나라에서 살지 않는다. [본래는 "그 영역을 담당한다."7)라고 한 문장 뒤에 수록되어 있었다.]

集說 不反兵, 謂常以殺之之兵器自隨也.

"병기를 가지러 돌아가지 않는다."는 말은 그를 죽이기 위한 병기를 항상 지니고 있어서, 즉각 복수를 시행한다는 뜻이다.

集說 呂氏曰: 殺人者死, 古今之達刑也. 殺之而義, 則無罪, 故令勿讐, 調人之職是也. 殺而不義, 則殺者當死, 宜告于有司而殺之, 士師之職是也. 二者皆無事乎復讐也. 然復讐之文, 雜見于經傳, 考其所以, 必其人勢盛, 緩則不能執, 故遇則殺之, 不暇告有司也. 父者子之天, 不能復父讐, 仰無以視乎皇天矣. 報之之意, 誓不與讐俱生, 此所以弗共戴天也.

여씨가 말하길, 사람을 죽인 자는 사형에 처하니, 이것은 예나 지금이나 통행되는 형벌이다. 그러나 살인을 하고도 그 일이 의로운 일에 해당한다면, 죄가 되지 않는다. 그렇기 때문에 이러한 경우를 대비하여, 개개인들로 하여금 복수를 하지 못하게 하였으니, 조인(調人)8)이 담당했던 일이

---

7) 『예기』「곡례상(曲禮上)」191장 : 進退有度, 左右有局, 各司其局.

8) 조인(調人)은 백성들 사이에서 일어난 분쟁을 해결해주는 일을 담당한 관리이다. 『주례』「지관사도(地官司徒)」편에는 "調人下士二人, 史二人, 徒十人."이라는 기록이 있다. 즉 '조인'은 『주례』의 체제에 따르면 지관(地官)에 소속되어 있었으며, 하사(下士) 2명이 담당을 하였고, 그 휘하에는 잡무를 담당하는 사(史) 2명, 도(徒) 10명이 배속되어 있었다. 또 『주례』「지관(地官)·조인(調人)」편에는 "調

바로 이러한 것들이다. 그리고 사람을 죽였는데, 그 일이 의롭지 못하다면, 살인을 한 자는 마땅히 사형을 받게 되니, 유사(有司)에게 알려서, 그에게 사형을 집행하는데, 사사(士師)⁹⁾가 담당했던 일이 바로 이러한 것들이다. 이처럼 두 관직을 둠으로써, 모든 경우에 있어서 복수를 하는 일이 일어나지 않게끔 한 것이다. 그런데도 복수를 한다는 문장이 경전의 기록 속에 여기저기 나타나고 있는데, 그 이유를 살펴보면, 아마도 원수의 세력이 강성하여, 늦추다보면 잡을 수 없게 되는 경우에 해당할 것이다. 그렇기 때문에 원수를 만나면 곧바로 복수를 하게 되어, 유사에게 알릴 틈이 없었던 것이다. 부친은 자식에게는 하늘과도 같은 존재이니, 부친의 원수에게 복수를 할 수 없다면, 우러러 하늘을 쳐다볼 수 없게 된다. 원수를 갚겠다는 뜻에서, 원수와 함께 세상을 살아가지 않겠다고 맹세를 하는 것이니, 이것이 바로 같은 하늘 아래에서 함께 살지 않겠다고 하는 이유이다.

【069】

爲人臣之禮, 不顯諫, 三諫而不聽, 則逃之. 〈069〉 [本在"滅同姓名"下.]
신하된 자의 예법에서는 군주에게 드러내놓고 간언을 하지 않으니, 도리에 따라 세 번 간언을 했는데도 군주가 말을 듣지 않는다면, 그 지위를 떠나는 것이다. [본래는 "동성인 국가를 멸망시킨다."¹⁰⁾라고 한 문장 뒤에 수록되어 있었다.]

人, 掌司萬民之難而諧和之."라는 기록이 있고, 이에 대한 정현의 주에서는 "難, 相與爲仇讎. 諧猶調也."라고 풀이했다.

9) 사사(士師)는 사사(士史)라고도 부르며, 고대에 금령(禁令)이나 형벌 및 옥사 등을 담당하던 관리이다. 『주례』「추관(秋官)·사사(士師)」편에는 "士師之職, 掌國之五禁之法, 以左右刑罰. 一曰宮禁, 二曰官禁, 三曰國禁, 四曰野禁, 五曰軍禁."이란 기록이 있다.

10) 『예기』「곡례하」 068장 : 天子不言出, 諸侯不生名, 君子不親惡. 諸侯失地名, 滅同姓名.

集説 陳氏曰: 孔子之於魯, 百里奚之於秦, 未嘗諫而去, 龍逢之於夏, 比干之於殷, 則死於諫而不去, 何也? 蓋事有輕重, 勢有可否, 君子以禮爲守, 以義爲行, 迹雖不同, 其趨一也.

진씨가 말하길, 공자는 노나라에서 일찍이 간언을 하지도 않았는데 떠났고, 백리해도 진나라에서 일찍이 간언을 하지도 않았는데 떠났으며, 용방은 하나라에서 간언을 하다가 죽게 되었는데도 떠나지 않았고, 비간도 은나라에서 간언을 하다가 죽게 되었는데도 떠나지 않았던 것은 무슨 이유인가? 무릇 사안에는 경중의 차이가 있고, 당시의 정세에 따라서도 떠나도 괜찮은 경우가 있고 또 그렇지 않은 경우가 있기 때문이니, 군자는 예에 따라 수호하고, 의에 따라 실천을 하므로, 그 자취가 비록 서로 같지 않은 것 같지만, 그들이 추종하였던 것은 동일한 것이다.

【070】

子之事親也, 三諫而不聽, 則號[平聲]泣而隨之.〈070〉

자식이 부친을 섬길 때, 올바른 도리에 따라 세 차례 간언을 했는데도 부친이 그 말에 따르지 않는다면, 울부짖으며['號'자는 평성으로 읽는다.] 부친의 말에 따른다.

集説 呂氏曰: 君臣, 義合也, 父子, 天合也. 君臣其合也與父子同, 其不合也去之, 與父子異也.

여씨가 말하길, 군주와 신하의 관계는 도의에 따라 의기투합한 관계이며, 부친과 자식의 관계는 하늘이 맺어준 관계이다. 군주와 신하가 의기투합을 하였을 때에는 부모와 자식의 관계와 같지만, 의기투합하지 못했을 때 떠나는 것은 부모와 자식의 관계와는 다른 것이다.

君有疾飲藥, 臣先嘗之, 親有疾飲樂, 子先嘗之. 醫不三世, 不服其藥.〈071〉

군주에게 질병이 생겨서 탕약을 먹게 되면, 탕약의 이상 유무를 확인하기 위해 신하가 먼저 그 탕약을 맛보고, 부모에게 질병이 생겨서 탕약을 먹게 되면, 자식이 먼저 그 탕약을 맛본다. 의관 집안에서 그 직책을 3세대 이상 전승하지 않았다면, 그가 만든 약을 군주나 부모에게 복용시키지 않는다.

集說 呂氏曰: 醫三世, 治人多, 用物熟矣. 功已試而無疑, 然後服之, 亦謹疾之道也.

여씨가 말하길, 의관의 직업을 3세대나 지내게 되면, 사람의 병을 다스린 경험이 많아서 약재를 사용하는데 능숙하다. 그 능력이 이미 검증이 되어 의심할 것이 없게 된다. 따라서 이러한 사람이 만든 탕약인 연후에야 그 것을 먹으니, 이 또한 질병에 대해서 신중하게 처신하는 도리이다.

類編 右事親之禮.

여기까지는 '사친지례(事親之禮)'에 대한 내용이다.

類編 易曰: "有男女然後有夫婦, 有夫婦然後有父子, 有父子然後有君臣, 有君臣然後有上下, 有上下然後禮義有所錯." 此人道之大端也, 故事親事君之禮次之.

『역』에서 말하길, "남녀가 있은 뒤에야 부부관계가 생기고, 부부관계가 생긴 뒤에야 부자관계가 생기며, 부자관계가 생긴 뒤에야 군신관계가 생기고, 군신관계가 생긴 뒤에야 상하관계가 생기며, 상하관계가 생긴 뒤에야 예의(禮義)를 둘 곳이 있게 된다."[11]라 했다. 이것은 인도의 큰 단서

---

11) 『역』「서괘전(序卦傳)」: 有天地然後有萬物, 有萬物然後有男女, <u>有男女然後有夫婦, 有夫婦然後有父子, 有父子然後有君臣, 有君臣然後有上下, 有上下然</u>

에 해당한다. 그렇기 때문에 부모를 섬기고 군주를 섬기는 예를 그 다음
에 수록하였다.

後禮義有所錯.

◇ 군주를 섬기는 예절[事君之禮]

【072】

將適公所, 宿齊戒, 居外寢, 沐浴. 史進象笏, 書思對命.〈玉藻-016〉[本
在"乃屨進飮"下.]

대부가 군주가 계신 장소로 가게 되면, 하루 전에 재계를 하고, 외침에 머
물며, 목욕을 한다. 대부에게 소속된 사는 상아로 만든 홀을 바치니, 이것
을 통해서 생각한 것, 대답할 것, 명령한 것 등에 대해 기록한다. [본래는
"그런 뒤에는 신발을 신고 나아가서 술을 마신다."[1]라고 한 문장 뒤에 수록되어 있었다.]

集說 大夫之有史, 蓋掌文史之事耳, 非史官之比也. 思, 謂意所思
念欲告君之事. 對, 謂君若有問則對答之辭. 命, 謂君所命令當奉行
者. 此三者, 皆書之於笏, 故曰書思對命. 皆謂敬謹之至, 恐或遺忘
也.

대부는 사라는 관리를 휘하에 두고 있는데, 무릇 문서 기록 등의 사안을
담당할 따름이니, 사관에 비견되는 자가 아니다. '사(思)'자는 마음으로
생각하여 군주에게 아뢰고자 하는 사안을 뜻한다. '대(對)'자는 군주가
만약 하문을 하게 되면 대답해야 할 말을 뜻한다. '명(命)'자는 군주가
명령을 하여 마땅히 시행해야 하는 것을 뜻한다. 이 세 가지 것들은 모두
홀에 기록한다. 그렇기 때문에 "생각한 것, 대답할 것, 명령한 것에 대해
서 기록한다."라고 말한 것이다. 이 모든 조치들은 공경하고 삼가는 것을
지극히 하는 것을 뜻하니, 아마도 놓치거나 잊은 것이 있게 될까를 염려
했기 때문이다.

附註 書思對命, 謂書其所思於笏, 以對君之命. 註以思對命三者,

---

1) 『예기』「옥조(玉藻)」 015장 : 浴用二巾, 上絺下綌. 出杅履蒯席, 連用湯, 履蒲
席, 衣布晞身, <u>乃屨進飮</u>.

各取一義, 恐不然.

'서사대명(書思對命)'은 홀에 생각했던 바를 기록하여 군주의 명령에 대답한다는 뜻이다. 주에서는 사(思)・대(對)・명(命)이라는 세 가지에 대해 각각의 의미를 취하였는데, 아마도 그렇지 않을 것이다.

【073】

旣服, 習容觀[去聲]玉聲乃出, 楫私朝煇如也, 登車則有光矣.〈玉藻
-017〉

대부가 조복을 차려입으면, 군주 앞에서 시행해야 하는 용모 및 위엄스러
운 행동거지와 『觀』자는 거성으로 읽는다.] 패옥의 소리 등에 대해 연습하고 나
가며, 자기 집의 사조(私朝)¹⁾에서 가신과 읍을 하는데, 용모와 단정함이
훌륭하게 나타나며, 수레에 타게 되면 더욱 훌륭하게 나타난다.

集說 旣服, 著朝服畢也. 容觀, 容貌儀觀也. 玉聲, 佩王之聲也. 楫
私朝, 與其家臣楫而往朝于君也. 煇與光, 皆言德容發越之盛, 光則
又盛於煇矣.

'기복(旣服)'은 조복 착용하는 일이 끝났다는 뜻이다. '용관(容觀)'은 용
모와 위엄스러운 행동거지를 뜻한다. '옥성(玉聲)'은 패옥의 소리를 뜻한
다. "사조에서 읍을 한다."는 말은 그의 가신과 함께 읍을 하고 찾아가서
군주에게 조회를 한다는 뜻이다. '휘(煇)'자와 '광(光)'자는 덕성에 따른
용모와 단정함이 융성함을 뜻하는데, '광(光)'은 또한 '휘(煇)'보다도 융성
한 것이다.

【074】

凡君召以三節, 二節以走, 一節以趨, 在官不俟屨, 在外不俟車.〈玉藻
-076〉 [三段玉藻. 本在"聽鄕任左"下]
무릇 군주가 신하를 부를 때에는 삼절로 부르게 된다. 이절로 부르게 되면

---

1) 사조(私朝)는 가조(家朝)와 같은 말이다. 대부(大夫)가 자신의 가(家)에 갖추고
있는 조정으로, 이곳에서 업무를 집행한다. 국가의 공적인 업무를 처리하는 군주
의 조정과 대비가 되므로, '사조'라고 부르는 것이다. 대부는 통치 단위가 가(家)이
므로, 대부가 가지고 있는 조정을 '가조'라고 부르는 것이다.

신하는 달려오게 되고, 일절로 부르게 되면 신하는 걸어오게 된다. 신하가
조정에 있을 때에는 신발을 제대로 갖춰 신을 때까지 기다리지 않고 신속
히 가며, 외부에 있을 때에는 수레가 올 때까지 가다리지 않고 신속히 간
다. [3개 단락은 「옥조」편의 문장이다. 본래는 "군주의 명령을 듣기 위해 몸을 향함에는
좌측 귀에 치중한다."[2]라고 한 문장 뒤에 수록되어 있었다.]

集說 疏曰: 節以王爲之, 所以明信輔於君命者也. 君使使召臣, 有
二節時, 有一節時, 故合云三節也. 隨事緩急, 急則二節, 故走; 緩則
一節, 故趨. 官, 謂朝廷治事處也. 外, 謂其室及官府也. 在官近, 故
云屨; 在外遠, 故云車.

소에서 말하길, '절(節)'은 옥으로 만들게 되니, 신의를 밝혀서 군주의 명
령을 보필하는 것이다. 군주가 사신을 시켜서 신하를 부를 때에는 이절로
부를 때가 있고, 일절로 부를 때가 있다. 그렇기 때문에 둘을 합쳐서 '삼
절(三節)'이라고 말한 것이다. 사안에 따라 완급이 있으니, 급박한 경우
라면 이절로 부르게 된다. 그렇기 때문에 달려가는 것이다. 다소 느슨한
사안이라면 일절로 부르게 된다. 그렇기 때문에 종종걸음으로 걸어가는
것이다. '관(官)'은 조정에서 정무를 처리하는 장소를 뜻한다. '외(外)'는
그의 집 및 관부를 뜻한다. 관처럼 근처에 있기 때문에 신발을 언급한
것이고, 집이나 관부처럼 멀리 떨어진 곳에 있기 때문에 수레를 언급한
것이다.

【075】

君命召, 雖賤人, 大夫士必自御[迓]之. 〈曲禮上-217〉 [本在"入里必式"下.]

군주가 명령을 내려서 신하를 불러들이는 경우, 심부름을 하는 자가 비록

---

2) 『예기』 「옥조(玉藻)」 075장 : 凡侍於君, 紳垂, 足如履齊, 頤霤垂拱, 視下而聽
上, 視帶以及袷, <u>聽鄕任左</u>.

신분이 매우 천한 자일지라도, 대부나 사는 반드시 직접 그를 맞이['御'자의 음은 '迓(아)'이다.]해야 한다. [본래는 "마을에 들어서면 반드시 식을 잡고 예의를 표한다."³⁾ 라고 한 문장 뒤에 수록되어 있었다.]

集說 御, 讀爲迓, 迎也. 自迎之, 所以敬君命.

'어(御)'자는 아(迓)자로 읽으니, "맞이한다."는 뜻이다. 직접 그들을 맞이하는 이유는 군주의 명령을 공경하기 때문이다.

【076】

大夫士出入君門, 由闑[魚列反]右, 不踐閾.〈曲禮上-058〉 [本在"必愼唯諸" 下.]

대부와 사가 군주가 사는 궁성의 문을 출입하는 경우에는 문에 설치한 말뚝['闑'자는 '魚(어)'자와 '列(렬)'자의 반절음이다.]의 오른편을 경유하며, 문턱을 밟지 않는다. [본래는 "대답을 할 때에는 반드시 신중하게 해야만 한다."⁴⁾라고 한 문장 뒤에 수록되어 있었다.]

集說 闑, 門橛也. 當門之中, 闑東爲右. 主人入門而右, 客入門而左. 大夫士由右者, 以臣從君, 不敢以賓敵主也.

'얼(闑)'자는 문에 설치한 말뚝을 뜻한다. 이 말뚝의 위치는 문의 정중앙에 해당하니, 말뚝의 동쪽이 오른쪽이 된다. 그 집의 주인이 문으로 들어갈 때에는 오른쪽으로 들어가고, 빈객이 문으로 들어갈 때에는 왼쪽으로 들어간다. 대부와 사가 오른쪽을 경유해서 들어가는 것은 신하된 입장에서 군주를 따를 때에는 감히 손님의 신분을 자처하여 주인과 마주대하듯 군주를 대할 수 없기 때문이다.

---

3) 『예기』「곡례상(曲禮上)」 216장 : 故君子式黃髮, 下卿位, 入國不馳, 入里必式.
4) 『예기』「곡례상(曲禮上)」 057장 : 毋踐屨, 毋踖席, 摳衣趨隅, 必愼唯諾.

【077】

君入門, 介拂闑[臬], 大夫中棖[橙]與闑之間, 士介拂棖.〈玉藻-113〉[本在
"氣存焉爾"下.]

양국의 제후가 접견하면, 군주가 문으로 들어설 때 얼과 등 사이로 들어가
며, 개는 얼을[闑'자의 음은 '臬(얼)'이다.] 스칠 듯한 곳에 위치하고, 대부는 등과
['棖'자의 음은 '橙(등)'이다.] 얼 사이에 위치하며, 사 중의 개가 된 자는 등을
스칠 듯한 곳에 위치한다. [본래는 "모친의 기운이 남아있기 때문이다."[5]라고 한 문장
뒤에 수록되어 있었다.]

> **集說** 此言兩君相見之時. 入門, 入大門也. 介, 副也. 闑, 門中央所
> 豎短木也. 棖者, 門之兩旁長木, 所謂楔也. 君入當棖闑之中, 主君
> 在闑東, 賓在闑西. 主君上擯, 在君後稍近西而拂闑; 賓之上介, 在賓
> 後稍近東. 而拂闑大夫之爲擯爲介者, 各當君後而在棖闑二者之中;
> 士之爲擯爲介者, 則各拂東西之棖也.

이 문장은 양국의 제후가 서로 접견할 때에 대한 내용이다. '입문(入門)'
은 궁의 대문으로 들어간다는 뜻이다. '개(介)'는 부관을 뜻한다. '얼(闑)'
은 문의 중앙에 세워둔 길이가 짧은 나무이다. '등(棖)'은 문의 양측에
세워둔 길이가 긴 나무이니, 이른바 문설주를 뜻한다. 군주가 들어갈 때
에는 등과 얼 사이로 가야하며, 빙문을 받는 제후는 얼의 동쪽에 위치하
고, 빈객으로 찾아간 제후는 얼의 서쪽에 위치한다. 빙문을 받는 제후의
상빈(上擯)[6]은 군주의 뒤에 위치하여 조금 더 서쪽으로 치우쳐서 얼을
스치듯이 서 있게 되고, 빈객으로 찾아간 제후의 상개는 군주의 뒤에 위
치하여 조금 더 동쪽으로 치우쳐서 얼을 스치듯이 서 있게 된다. 대부

---

5) 『예기』「옥조(玉藻)」 112장 : 父沒而不能讀父之書, 手澤存焉爾. 母沒而杯圈不
能飮焉, 口澤之氣存焉爾.

6) 상빈(上擯)은 빈(擯)들 중에서도 가장 직위가 높았던 자를 뜻한다. 빈객(賓客)이
방문했을 때, 주인(主人)의 부관이 되어, 빈객과의 사이에서 시행해야 할 일들을
도왔던 부관들을 '빈'이라고 부른다.

중에 빈이나 개가 된 자들은 각자 군주보다 뒤에 위치하여, 등과 얼의 중앙에 위치하고, 사 중에 빈이나 개가 된 자들은 각자 동서쪽에 있는 등을 스치듯이 서 있게 된다.

【078】

賓入不中門, 不履閾, 公事自闑西, 私事自闑東.〈玉藻-114〉

경이나 대부가 빈객이 되어 빙문을 할 때에는 문의 중앙으로 들어가지 않으며, 문지방을 밟지 않고, 군주의 명령에 따른 공적인 사안이라면 얼의 서쪽을 통해서 들어가고, 개인적인 사안이라면 얼의 동쪽을 통해서 들어간다.

集說 此賓謂鄰國來聘之卿大夫也. 入不中門, 謂入門稍東而近闑也. 閾, 門限也. 聘享是奉君命而行, 謂之公事. 入自闑西, 用賓禮也. 若私覿私面, 謂之私事, 以其非君命故也. 入自闑東, 從臣禮也.

여기에서 말하는 빈객은 이웃나라에서 빙문으로 찾아온 경이나 대부를 뜻한다. 들어갈 때 문의 중앙으로 들어가지 않는다는 말은 문으로 들어갈 때 동쪽으로 치우쳐서 얼에 가깝게 이동한다는 뜻이다. '역(閾)'은 문지방을 뜻한다. 빙문을 하여 선물을 바치는 것은 군주의 명령을 받들어서 시행하는 것이니, '공사(公事)'라고 부른 것이다. 들어갈 때 얼의 서쪽을 통해 들어가는 것은 빈객의 예법에 따르는 것이다. 만약 사적으로 찾아뵙고 사적으로 만나보는 경우라면, '사사(私事)'라고 부르니, 군주의 명령으로 찾아가는 것이 아니기 때문이다. 들어갈 때 얼의 동쪽을 통해 들어가는 것은 신하의 예법에 따르는 것이다.

【079】

凡侍於君, 紳垂, 足如履齊[咨], 頤霤垂拱, 視下而聽上, 視帶以及袷[劫], 聽鄉[去聲]任左.〈玉藻-075〉[三段玉藻. 本在"皆從男子"下.]

무릇 군주를 모시고 서 있을 때에는 몸을 숙이게 되므로, 허리띠의 늘어뜨린 끈은 밑으로 늘어지게 되며, 발은 하의의 가장자리를['齊'자의 음은 '咨(자)'이다.] 밟고 있는 것처럼 되고, 머리도 앞으로 숙이게 되어 턱이 지붕의 처마처럼 튀어나오게 되며, 공수를 한 손은 밑으로 늘어지게 되고, 시선은 밑을 향하되 귀는 위를 향해 군주의 말을 들으며, 시선은 허리띠로부터 옷깃이 겹쳐진 부위까지를['袷'자의 음은 '劫(겁)'이다.] 바라보고, 군주의 명령을 듣기 위해 몸을 향함에는['鄉'자는 거성으로 읽는다.] 좌측 귀에 치중한다. [3개 단락은 「옥조」편의 문장이다. 본래는 "모두 남편의 작위에 따른 복장을 착용한다.[7]"라고 한 문장 뒤에 수록되어 있었다.]

集說 立而磬折, 則紳必垂; 身折則裳下之緝委地, 故足如踐之也. 頤, 頷也. 霤, 屋簷也. 身俯故頭臨前, 而頤之垂如屋霤然. 垂拱, 亦謂身俯則手之拱者下垂也. 視雖在下, 而必側面向上以聽尊者之言, 故云視下而聽上也. 袷, 交領也. 視則自帶至袷, 高下之則也. 凡立者尊右, 坐者尊左, 侍而君坐, 則臣在君之右, 是以聽向皆任左以向君.

서서 경이 구부러져 있는 것처럼 허리를 굽힌다면 신은 반드시 늘어지게 되며, 몸을 굽힌다면 하의의 가장자리가 땅에 닿기 때문에, 발은 그것을 밟고 있는 형상처럼 된다. '이(頤)'는 턱을 뜻한다. '유(霤)'는 지붕의 처마를 뜻한다. 몸을 굽혔기 때문에 머리는 앞으로 숙여지고, 턱이 늘어진 모습은 지붕의 처마처럼 된다. '수공(垂拱)'은 또한 몸을 굽히게 된다면 공수를 한 손이 밑으로 늘어뜨려진 것을 뜻한다. 시선은 비록 밑 부분에 있지만, 반드시 얼굴을 기울여서 위를 향하게 하여, 존귀한 자의 말을

---

7) 『예기』 「옥조(玉藻)」 074장 : 唯世婦命於奠繭, 其他則皆從男子.

듣는다. 그렇기 때문에 시선을 밑으로 하되 윗사람의 말을 듣는다고 말한 것이다. '겁(袷)'은 옷깃이 교차하는 부분이다. 시선의 경우에는 허리띠로부터 겁 사이에 두니, 시선의 높낮이를 맞추는 법칙이다. 무릇 서 있게 될 때 존귀한 자는 우측에 위치하고, 앉을 때 존귀한 자는 좌측에 위치하며, 시중을 들며 군주가 앉아 있는 경우라면, 신하는 군주의 우측에 위치한다. 이러한 까닭으로 군주를 향해 말씀을 듣게 될 경우에는 모두 좌측에 치중하여 군주를 향하는 것이다.

【080】

贊幣自左, 詔辭自右. 〈少儀-059〉 [少儀. 本在"居之於左"之下.]

군주를 대신하여 폐물을 받는 자는 군주의 좌측에서 받고, 군주의 명령을 전달하는 자는 군주의 우측에서 한다. [「소의」편의 문장이다. 본래는 "좌측에 맛을 내는 대상을 놓는다."[8]라고 한 문장 뒤에 수록되어 있었다.]

集說 此言相禮者爲君受幣, 則由君之左, 傳君之辭命於人, 則由君之右也.

이 내용은 의례를 돕는 자가 군주를 위해서 폐물을 받는다면 군주의 좌측에서 하고, 상대에 대해서 군주의 말이나 명령을 전달한다면 군주의 우측에서 한다는 뜻이다.

【081】

侍坐則必退席, 不退則必引而去君之黨. 〈玉藻-021〉 [本在"無所不讓也"下.]

군주를 모시고 앉을 때에는 반드시 자리를 물려서 측면에 있는 별도의 자리로 나아가서 앉는다. 만약 물러갈 수 없는 상황이라면, 반드시 그 자리를

---

8) 『예기』「소의(少儀)」 058장 : 凡齊, 執之以右, 居之於左.

피하여 군주의 친족이 앉아있는 자리 밑에 앉는다. [본래는 "겸양을 하지 않는 경우가 없기 때문이다."⁹⁾라고 한 문장 뒤에 수록되어 있었다.]

集說 臣侍君之坐, 若側旁有別席, 則退就別席. 或旁無別席可退, 或有席而君不命之退, 則當引而却離, 坐於君親黨之下也. 一說黨屬 於鄕而小, 故以爲旁側之喻.

신하가 군주를 모시고 앉을 때, 만약 측면에 별도의 자리가 있다면, 물러나서 별도의 자리로 나아가 앉는다. 혹여 측면에 물러나서 앉을 수 있는 별도의 자리가 없거나 혹은 자리가 있지만, 군주가 물러나라는 명령을 내리지 않았다면, 마땅히 그 자리를 피하여, 서로의 거리를 두니, 군주와 관계가 가까운 자들이 앉는 자리 밑에 자리를 잡고 앉는다. 일설에서는 당(黨)은 향(鄕)에 소속되어 있고 크기가 작은 행정구역이기 때문에, 이것을 통해 측면에 있다는 사실을 비유한 것이라고 한다.

【082】

若賜之食而君客之, 則命之祭然後祭, 先飯[上聲]辯[徧]嘗羞, 飮而俟.
〈玉藻-025〉 [本在"去席尺"下.]

만약 군주가 식사를 함께 하도록 은혜를 베풀고, 군주가 빈객에 대한 예법으로 대우한다면, 군주가 음식에 대한 제사를 지내라고 명령을 내린 뒤에야 제사를 지내며, 먼저 음식을 맛보니['飯'자는 상성으로 읽는다.] 음식들에 대해서 두루['辯'자의 음은 '徧(편)'이다.] 맛을 보며, 음료를 마셔서 입을 헹구고 난 뒤에 군주가 식사를 시작할 때까지 기다린다. [본래는 "자리와 1척 정도 떨어지게 둔다."¹⁰⁾라고 한 문장 뒤에 수록되어 있었다.]

---

9) 『예기』「옥조(玉藻)」 020장 : 大夫前詘後詘, 無所不讓也.
10) 『예기』「옥조(玉藻) 024장 : 讀書食, 則齊豆去席尺.

集說 客之, 以客禮待之也. 然必命之祭然後祭者, 不敢以客禮自居
也. 先食而徧嘗諸味, 亦示臣爲君嘗食之禮也. 飮而俟者, 禮食未飧
以前, 啜飮以利滑喉中, 不令澁噎. 今君猶未飧, 故臣亦不敢飧而先
嘗羞, 嘗羞畢而啜飮以俟君飧, 臣乃敢飧也.

'객지(客之)'는 빈객에게 베푸는 예법에 따라 대우한다는 뜻이다. 그러나
반드시 음식에 대한 제사를 지내라고 명령을 내린 뒤에야 제사를 지내는
것은 감히 빈객에 대한 예법으로 자처할 수 없기 때문이다. 먼저 음식을
먹으며 여러 음식들을 두루 맛보는 것 또한 신하가 군주를 위해서 음식을
맛보는 예를 나타내기 위해서이다. '음이사(飮而俟)'는 예사를 할 때, 아
직 식사를 하기 이전에 음료를 마셔서 입안을 깔끔하게 하며 껄끄럽거나
목이 메지 않도록 하는 것이다. 현재의 상황은 군주가 아직 식사를 하기
이전이다. 그렇기 때문에 신하 또한 감히 식사를 본격적으로 시작하지
못하고, 우선적으로 음식들의 맛을 보니, 음식 맛보는 일이 끝나면 음료
를 마시고 군주가 식사를 시작할 때까지 기다린 뒤에야, 신하도 곧 식사
를 할 수 있다.

【083】

若有嘗羞者, 則俟君之食然後食, 飯[上聲]飮而俟. 君命之羞, 羞近者,
命之品嘗之, 然後唯所欲. 凡嘗遠食, 必順近食.〈玉藻-026〉

만약 음식을 맛보는 자가 따로 있다면, 군주가 식사를 시작할 때까지 기다
린 뒤에야 식사를 하니, 먼저 음료를 마신[飯'자는 상성으로 읽는다.] 뒤에 기다
린다. 군주가 음식에 대해서 맛을 보라고 명령을 내리면, 가까이에 있는
음식 한 종류만을 맛보고, 군주가 음식들에 대해서 두루 맛을 보라고 명령
을 한 이후에는 자신이 먹고 싶은 것을 맛보게 된다. 그러나 모든 경우에
있어서 멀리 있는 음식을 맛보기 위해서는 반드시 가까이에 있는 음식부터
맛보기 시작한다.

集說 此謂君但賜之食, 而非客之者, 則膳宰自嘗羞, 故云若有嘗羞者. 此臣既不祭不嘗, 則俟君食乃食也. 雖不嘗羞, 亦先飲, 飲以利喉而俟君也. 羞近者, 但於近處食一羞也. 品, 猶徧也. 凡嘗遠食, 必自近者始, 客與不客皆然, 故云凡也.

이 내용은 군주가 단지 식사를 하도록 은혜를 베풀고, 빈객으로 대우하지 않았을 경우를 뜻하니, 이러한 경우라면 선재가 직접 음식들을 맛보게 된다. 그렇기 때문에 "만약 음식을 맛보는 자가 있다면"이라고 말한 것이다. 이때의 신하는 이미 음식에 대한 제사를 지내지 않고 음식을 맛보지도 않으니, 군주가 식사를 시작하길 기다린 뒤에야 식사를 하게 된다. 비록 음식에 대해서 맛을 보지 않지만, 또한 먼저 음료를 마시니, 음료를 마셔서 입안을 헹구고 군주가 식사하기를 기다린다. '수근(羞近)'이라는 말은 단지 가까운 곳에 있는 한 가지 음식만을 먹어본다는 뜻이다. '품(品)'자는 두루라는 뜻이다. 모든 경우에 있어서 멀리 있는 음식을 맛볼 때에는 반드시 가까운 곳에 있는 음식부터 맛보기 시작하니, 빈객으로 대우하거나 그렇지 않을 때에도 모두 이처럼 한다. 그렇기 때문에 모두라고 말한 것이다.

【084】
君未覆手, 不敢飱[孫]; 君旣食, 又飯[上聲]飱. 飯飱者, 三飯也. 君旣徹, 執飯[去聲]與醬乃出授從[去聲]者.〈玉藻-027〉

군주가 식사를 마치며 손으로 입을 가리고 문지르지 않았다면, 감히 밥에 물을 말지['飱'자의 음은 '孫(손)'이다.] 않는다. 군주가 식사를 마치면 또한 밥에 물을 말아서 먹는다.['飯'자는 상성으로 읽는다.] 밥에 물을 말아서 먹을 때에는 세 차례 물을 말게 된다. 군주가 식사를 끝내고 음식들을 치우게 되면, 직접 밥그릇과['飯'자는 거성으로 읽는다.] 장을 담았던 그릇을 들고, 밖으로 나가서 종자에게['從'자는 거성으로 읽는다.] 건넨다.

覆手者, 謂食畢而覆手以循口之兩旁, 恐有殽粒汚著之也. 飱,
以飮澆飯也. 禮食竟, 更作三飱以助飽實, 故君未覆手, 則臣不敢飱,
明不敢先君而飽也. 旣, 猶畢也. 君畢食, 則臣更飯飱也. 三飯竝是
飱, 謂三度飱也. 故曰飯飱者三飯也. 君食意, 旣徹饌, 臣乃自執己
之飯與醬出授己之從者, 此食己所當得故也. 此非客禮, 故得以己饌
擥從者, 故公食大夫禮, 賓取粱與醬降奠于堂西, 不以出也. 若非君
臣, 但是降等者, 則徹之以授主人之相者. 故曲禮云: "徹飯齊以授相
者也."

'부수(覆手)'는 식사가 끝나서 손으로 입을 가리고 입의 양쪽 주변을 문지
르는 것이니, 고기의 살점이나 밥알 등 더러운 것들이 붙어 있을까를 염
려하기 때문이다. '손(飱)'은 물을 밥에 만 것이다. 예법에 따르면, 식사가
끝날 때, 다시금 세 차례 손을 하여 포만감이 들도록 한다. 그렇기 때문에
군주가 아직 손으로 입을 가리지 않았다면, 신하는 감히 손을 하지 못하
는 것이니, 감히 군주보다 먼저 포만하게 먹을 수 없음을 나타내기 위해
서이다. '기(旣)'자는 "마치다."는 뜻이다. 군주가 식사를 마치면 신하는
다시금 밥에 대해서 손을 한다. '삼반(三飯)' 또한 손에 해당하니, 세 차례
손을 하는 것이다. 그렇기 때문에 밥에 대해서 손을 하며 삼반(三飯)을
한다고 말한 것이다. 군주가 식사를 끝내고 음식들을 치웠다면, 신하는
곧 자신이 먹었던 밥그릇과 장이 담긴 그릇을 직접 들고서 밖으로 나가
자신의 종자에게 건네니, 이 음식들은 자신이 얻은 것에 해당하기 때문이
다. 이 내용 또한 빈객의 예법으로 대우하는 경우가 아니다. 그렇기 때문
에 자신이 먹었던 음식을 종자에게 건넬 수 있다. 그래서 『의례』「공사대
부례(公食大夫禮)」편에서는 빈객이 조밥과 장을 가지고 내려가서 계단
의 서쪽에 놓아둔다고 하였던 것이니, 이것을 가지고 밖으로 나갈 수 없
기 때문이다. 만약 군주와 신하의 관계가 아니고, 단지 신분의 차등만
있는 경우라면, 음식을 치워서 주인의 의례를 돕는 자에게 건넨다. 그렇
기 때문에 「곡례」편에서는 "밥그릇과 젓갈 등을 치우며 시중을 들던 자

에게 건넨다."¹¹⁾라고 말한 것이다.

【085】

君若賜之爵, 則越席再拜稽首受. 登席祭之飮, 卒爵而俟君卒爵, 然後授虛爵. 君子之飮酒也, 受一爵而色洒[先典反]如也, 二爵而言言[聞]斯, 禮已三爵而油油以退. 退則坐取屨, 隱辟[僻]而後屨, 坐左納右, 坐右納左. 〈玉藻-029〉 [五段玉藻. 本在"爲已傑卑"下.]

군주가 만약 술잔을 하사하게 되면, 자리를 넘어가서 재배를 하고 머리를 조아린 뒤에 술잔을 받는다. 자리에 올라와서는 받은 술잔을 조금 덜어내어 제사를 지내고, 그런 뒤에 술을 다 마셔서 술잔을 비우고 군주가 술잔을 비울 때까지 기다리며, 그런 뒤에는 빈 잔을 다시 건넨다. 군자가 술을 마심에 있어서, 첫 번째 잔을 받을 때에는 얼굴빛을 예법에 맞게 엄숙하게[洒자는 '先(선)'자와 '典(전)'자의 반절음이다.] 하며, 두 번째 잔을 받을 때에는 뜻과 기운이 조화롭고 기뻐하도록[言자의 음은 '聞(은)'이다.] 하고, 예법에 따르면 세 번째 술잔을 받는 것에서 그치고 유유히 물러난다. 물러나게 되면 무릎을 꿇고서 신발을 들고, 사람들이 보지 못하는 곳으로 간[辟자의 음은 '僻(벽)'이다.] 이후에 신발을 신는데, 좌측 무릎을 꿇고서 우측 신발을 신고, 우측 무릎을 꿇고서 좌측 신발을 신는다. [5개 단락은 「옥조」편의 문장이다. 본래는 "너무 억누르고 낮추는 꼴이 된다."¹²⁾라고 한 문장 뒤에 수록되어 있었다.]

集說 洒如, 禮度明肅之貌. 言言, 與誾誾同, 意氣和悅之貌. 已, 止也. 油油, 謹重自得之貌. 坐取屨, 跪而取屨也. 隱辟而后屨, 不敢向人而著屨也. 跪左足而納右足之屨, 跪右足而納左足之屨, 此納屨之

---

11) 『예기』「곡례상(曲禮上)」 124장 : 卒食, 客自前跪, <u>徹飯齊以授相者</u>, 主人興辭於客, 然後客坐.

12) 『예기』「옥조(玉藻)」 028장 : 凡侑食不盡食, 食於人不飽, 唯水漿不祭, 若祭爲<u>已傑卑</u>.

儀也.

'선여(洒如)'는 예법에 따른 청명하고 엄숙한 모습을 뜻한다. '은은(言言)'은 은은(誾誾)과 같으니, 뜻과 기운이 온화하고 기뻐하는 모습을 뜻한다. '이(已)'자는 "그치다."는 뜻이다. '유유(油油)'는 신중하며 자득한 모습을 뜻한다. '좌취구(坐取屨)'는 무릎을 꿇고서 신발을 든다는 뜻이다. 보이지 않는 곳에 간 이후에 신발을 신는 것은 감히 다른 사람을 향한 상태에서 신발을 착용할 수 없기 때문이다. 좌측 무릎을 꿇고서 우측 발에 신발을 신는 것이고, 우측 무릎을 꿇고서 좌측 발에 신발을 신는 것이니, 이것은 신발을 신는 의례 규범에 해당한다.

附註 二爵而言言斯禮已, 按: 已語辭, 言此乃禮也. 註云"已, 止也", 未當. 舊註"言言斯"句, 亦非. 坐左納右, 言退則坐以取屨, 而若坐於君之左, 則先納右足, 若坐於君之右則先納左足, 使身微背, 示其敬也. 註未當.

'이작이언언사례이(二爵而言言斯禮已)'라고 했는데, 살펴보니, '이(已)'자는 어조사이니, 이처럼 하는 것이 곧 예라는 뜻이다. 주에서는 "'이(已)'자는 그친다는 뜻이다."라 했는데 타당하지 못하다. 옛 주에서는 '언언사(言言斯)'에서 구문을 끊었는데, 이 또한 잘못된 해석이다. '좌좌납우(坐左納右)'라고 했는데, 물러난다면 무릎을 꿇고서 신발을 신게 되고, 만약 군주의 좌측에서 무릎을 꿇는다면 먼저 우측 신발을 신고 만약 군주의 우측에서 무릎을 꿇는다면 먼저 좌측 신발을 신어서 몸을 조금 등지게 하여 공경의 뜻을 드러낸다는 의미이다. 따라서 주의 해석은 타당하지 못하다.

【086】

凡祭於公者, 必自徹其俎.〈曲禮上-195〉[本在"死則埋之"下.]

무릇 군주의 제사를 돕는 자들은 반드시 제 스스로 자기 몫으로 올라온
도마의 고기를 치워서 가져가야 한다. [본래는 "죽으면 땅에 묻는다."[1]라고 한 문장
뒤에 수록되어 있었다.]

집설 疏曰: 此謂士助君祭也. 若大夫以上, 則君使人歸其俎, 若大
夫以下, 自祭其廟, 則使人歸賓俎.

소에서 말하길, 이 문장의 내용은 사 계급이 군주의 제사를 돕는 경우에
해당한다. 만약 대부 이상의 계급인 경우라면, 군주가 사람을 시켜서, 그
에게 도마에 올렸던 고기를 보내준다. 그리고 만약 대부 이하의 계급에
서, 자신의 종묘에서 제사를 지내게 된다면, 이때에도 역시 사람을 시켜
서, 빈객들에게 대접하는 도마에 담긴 음식을 보내준다.

집설 呂氏曰: 執臣子之敬, 毋敢視賓客, 故自徹其俎以出也.

여씨가 말하길, 신하된 자의 공경함을 지켜야 하기 때문에, 감히 군주의
빈객에 해당하는 예법대로 할 수 없는 것이다. 그러므로 자신에게 차려졌
던 도마의 고기들을 직접 치워서, 밖으로 가지고 나가는 것이다.

【087】

賜果於君前, 其有核者懷其核.〈曲禮上-127〉[本在"賤者不敢辭"下]

군주 앞에서 과일을 하사받게 되면, 과실 중에 씨가 있는 것은 그 씨를
함부로 버리지 않고 간직한다. [본래는 "미천한 신분을 가진 자는 감히 사양하지 않는
다."[2]라고 한 문장 뒤에 수록되어 있었다.]

---

1) 『예기』「곡례상(曲禮上)」 194장 : 臨祭不惰. 祭服敝則焚之, 祭器敝則埋之, 龜
筴敝則埋之, 牲死則埋之.

敬君賜, 故不敢棄核.

군주의 하사품을 공경스러운 태도로 대하기 때문에, 그 씨까지도 감히
버리지 않는 것이다.

【088】

御食於君, 君賜餘, 器之漑者不寫, 其餘皆寫.〈曲禮上-128〉

군주를 모시고 식사 시중을 들 때, 군주가 먹고 남은 음식을 하사해주면,
그 음식이 담긴 그릇이 만약 씻을 수 있는 것이라면 다른 곳에 옮겨 담아서
먹지 않고, 기타 씻을 수 없는 그릇에 담긴 것들이라면 모두 다른 곳에
옮겨 담아서 먹는다.

集說 御食於君者, 君食而臣爲之勸侑也. 君以食之餘者賜之, 若陶
器或木器, 可以洗滌者, 則卽食之, 或其器是萑竹所織, 不可洗滌者,
則傳寫於他器而食之, 不欲口澤之瀆也.

"군주를 모시고 식사를 한다."는 말은 군주가 식사를 할 때 신하가 군주를
위해 반찬이나 술 등을 권유하는 경우를 뜻한다. 군주가 식사를 하고 남
은 음식들을 하사하게 되었는데, 만약 그 음식이 담긴 그릇이 도기나 목
기여서 씻을 수 있는 것이라면, 곧바로 그 그릇에 놓고 먹게 되고, 만약
그 그릇이 갈대나 대나무를 엮어 만든 것이어서 세척이 불가능한 것이라
면, 다른 그릇에 전부 옮겨 담아서 먹게 되니, 자신의 입으로 군주가 사용
하는 그릇을 적셔서, 더럽게 되는 것을 바라지 않기 때문이다.

---

2) 『예기』「곡례상(曲禮上)」 126장 : 長者賜, 少者賤者不敢辭.

【089】

君賜車.馬, 乘以拜賜[句絶]; 衣服, 服以拜賜.〈玉藻-097〉[本在"不食肉而殮"下.]

군주가 수레와 말을 하사하게 되면, 그 물건이 집에 당도했을 때 절을 하며
받고, 다음날 그것을 타고 군주가 계신 곳에 찾아가서 하사를 해준 것에
대해 절을 한다.['賜'자에서 구문을 끊는다.] 의복을 하사한 경우에도, 그 물건이
도착했을 때 절을 하며 받고, 다음날 그것을 착용하고 군주가 계신 곳에
찾아가서 하사를 해준 것에 대해 절을 한다. [본래는 "고기도 먹지 않은 채 물에
밥을 말았다."³⁾라고 한 문장 뒤에 수록되어 있었다.]

集說 君賜反門旣拜受矣, 明日又乘服詣君所而拜謝其賜. 所謂再
拜, 敬之至也. 二賜字句絶, 本朱子說.

군주가 하사를 한 물건이 자신의 집 대문에 당도하면, 그때 이미 절을
하며 물건을 받게 되고, 다음날에는 또한 수레나 말은 그것을 타고 의복
은 착용을 하여, 군주가 계신 장소로 가서 하사를 해준 것에 대해 절을
하며 감사를 표한다. 이른바 '재배(再拜)'라는 것은 공경함을 지극히 나
타낸 것이다. 2개의 '사(賜)'자에서 구문을 끊으니, 이것은 주자의 주장에
따른 것이다.

附註 君賜車馬句, 此與小學句絶少異.

'군사거마(君賜車馬)'에서 구문을 끊으니, 이곳 문장은 『소학』에서 구문
을 끊는 것과 조금 차이를 보인다.⁴⁾

---

3) 『예기』「옥조(玉藻)」 096장 : 孔子食於季氏, 不辭, <u>不食肉而殮</u>.
4) 『소학』「명륜(明倫)」 : 禮記曰: <u>君賜, 車馬</u>, 乘以拜賜, 衣服, 服以拜賜.

【090】

君未有命, 弗敢卽乘服也.〈玉藻-098〉

천자에게 하사품을 받았다 하더라도, 자신의 군주가 그것을 사용해도 좋다
는 명령을 내린 적이 없다면, 감히 하사받은 수레나 말을 타지 않고, 하사
받은 의복을 착용하지 않는다.

集說 此謂諸侯之卿大夫爲使臣而受天子之賜, 歸而獻諸其君, 君
命之乘服乃得乘服, 故君未有命, 不敢卽乘服也. 左傳: "杜洩將以路
葬, 南遺謂季孫曰: '叔孫未乘路, 葬焉用之?' 季孫使杜洩舍路, 不可.
曰: '夫子受命於朝而聘于王, 王思舊勳而賜之路. 復命而致之君, 君
不敢逆王命而復賜之.'"

이 내용은 제후에게 소속된 경이나 대부가 사신이 되었을 때, 천자로부터
하사를 받아서, 본국으로 되돌아와 자신의 군주에게 헌상을 하고, 군주가
그 물건에 대해서 타거나 착용하라고 명령을 내려야만, 타거나 착용할
수 있다는 뜻이다. 그렇기 때문에 군주가 아직 명령을 내리지 않았다면,
감히 곧바로 타거나 착용하지 않는 것이다. 『좌전』에서는 "두설은 대로
를 이용하여 장례를 치르고자 하였는데, 남유는 계손에게, '숙손은 대로
를 탄 적이 없는데, 장례를 치름에 어찌 대로를 사용할 수 있습니까?'라
고 했다. 계손은 두설로 하여금 대로를 사용하지 말도록 했는데, 두설은
불가하다고 하며, '숙손은 조정으로부터 명령을 받아서 천자를 빙문하였
는데, 천자께서 예전의 훈공을 생각하시어 대로를 하사하셨습니다. 숙손
이 되돌아와서 보고를 하고, 받았던 수레를 군주께 바쳤는데, 군주께서는
감히 천자의 명령을 거역하지 못하시고 재차 하사를 했습니다.'"1)라고

---

1) 『춘추좌씨전』「소공(昭公 4년) : 杜洩將以路葬, 且盡卿禮. 南遺謂季孫曰, "叔
孫未乘路, 葬焉用? 且家卿無路, 介卿以葬, 不亦左乎?" 季孫曰, "然." 使杜洩
舍路, 不可, 曰, "夫子受命於朝而聘於王, 王思舊勳而賜之路, 復命而致之君,
君不敢逆王命而復賜之, 使三官書之. 吾子爲司徒, 實書名; 夫子爲司馬, 與工

했다.

附註 君未有命, 不敢卽乘服, 註說雖據春秋傳文, 義欠明暢. 一云:
"君有賜於卿士, 必有命書. 此言車服, 雖在門, 必待命書而乘服." 似
差長.

"군주가 아직 명령을 내리지 않았다면 감히 곧바로 수레나 말을 타지 않
고 의복을 착용하지 않는다."라 했는데, 주의 해석은 비록 『춘추전』의
기록에 근거했지만 의미가 다소 분명하게 드러나지 않는다. 일설에는 "군
주가 경이나 사에게 하사를 할 때에는 반드시 명령을 기록한 문서가 있게
된다. 이곳에서는 수레와 의복이 비록 그 집안에 있더라도 반드시 군주의
명령을 기록한 문서가 오기를 기다렸다가 타거나 착용한다는 뜻이다."라
했는데, 아마도 이것이 보다 나은 설명인 것 같다.

正書服; 孟孫爲司空以書勳. 今死而弗以, 是棄君命也. 書在公府而弗以, 是廢
三官也. 若命服, 生弗敢服, 死又不以, 將焉用之?" 乃使以葬.

【091】

君賜, 稽首據掌致諸地.〈玉藻-099〉[三段玉藻.]

군주가 하사를 하면, 신하는 머리를 조아리고 좌측 손을 우측 손 위에 포개어 머리와 손이 땅에 닿도록 절을 한다. [3개 단락은 「옥조」편의 문장이다.]

集說 據, 按也, 覆左手以按於右手之上. 致, 至也, 頭及手俱至地也.

'거(據)'자는 "누르다."는 뜻이다. 좌측 손으로 덮으며 우측 손 위로 포개는 것이다. '치(致)'자는 "이르다."는 뜻이니, 머리와 손을 모두 땅바닥에 닿도록 하는 것이다.

【092】

凡爲君使者, 已受命, 君言不宿於家.〈曲禮上-157〉[本在"如使之容"下.]

무릇 군주를 위해 사신의 임무를 맡은 자가 이미 군주의 명령을 받았다면, 군주의 명령이 자신의 집에 머물게 해서는 안 된다. [본래는 "실제로 심부름을 갔을 때처럼 용모를 갖춘다."[1]라고 한 문장 뒤에 수록되어 있었다.]

集說 受命卽行.

군주의 명령을 받았으면, 곧바로 길을 떠나야 한다.

【093】

君言至, 則主人出拜君言之辱, 使者歸, 則必拜送于門外.〈曲禮上-158〉

---

1) 『예기』「곡례상(曲禮上)」 156장 : 凡以弓·劍·苞·苴·簞·笥問人者, 操以受命, <u>如使之容</u>.

군주의 명령을 받은 사신이 당도하게 되면, 주인은 문밖으로 나와서 군주의 명령이 누추한 자신의 집까지 오게 한 일에 절을 하며 사죄하고, 사신이 돌아가게 되면, 반드시 문밖으로 나와서 절을 하며 그를 전송해야 한다.

集說 至則拜命, 歸則拜送, 皆敬君也.

사신이 도착하게 되면 절을 하며 명령을 받고, 사신이 돌아가게 되면 절을 하며 그를 전송하니, 이러한 행위들은 모두 군주를 공경하는 태도이다.

【094】

若使人於君所, 則必朝服而命之, 使者反, 則必下堂而受命.〈曲禮上 -159〉

만약 사람을 시켜서 군주가 계신 곳에 보내게 된다면, 반드시 조복(朝服)을 착용하고서, 심부름하는 자에게 명령을 내리고, 심부름을 보낸 자가 돌아오게 되면, 반드시 당하로 내려와서 군주가 보낸 명령을 받아야 한다.

集說 呂氏曰: 使人於君所, 不下堂, 反則下堂受命者, 始以己命往, 終以君命歸, 故使者反而後致其敬, 往則否也.

여씨가 말하길, 사람을 시켜서 군주가 계신 곳에 보내게 될 때에는 당하로 내려가지 않지만, 심부름을 보낸 자가 돌아오게 되면, 당하로 내려가서 군주가 보낸 명령을 받게 된다. 이러한 차이가 생기는 이유는 처음에 심부름을 보낼 때에는 자신의 명령을 보내는 것이며, 돌아왔을 때에는 군주의 명령을 받아서 가져온 것이다. 그렇기 때문에 심부름을 보낸 자가 돌아온 이후에 자신의 군주를 공경하는 마음을 다하게 되는 것이며, 보낼 때에는 그렇게 하지 않는 것이다.

【095】

君命, 大夫與士肄[異].〈112〉[2) [本在"傾則姦"下.]

군주가 명령을 내리면, 대부와 사들은 그 일을 익혀야['肄'자의 음은 '異(이)'이다.] 한다. [본래는 "옆으로 비껴보면 간사하게 보인다."[3)라고 한 문장 뒤에 수록되어 있었다.]

集說 人君有命令, 則大夫士相與肄習之.

군주가 명령을 내리게 되면, 대부와 사들은 서로 협력하여 그 일을 익힌다.

【096】

君所無私諱, 大夫之所有公諱.〈曲禮上-198〉[本在"不諱王父母"下.]

군주가 있는 장소에서는 개인적으로 피휘하던 글자들을 그대로 쓰고, 대부가 있는 장소에서는 군주와 관련된 피휘 글자들을 모두 피해서 쓴다. [본래는 "조부모의 이름을 피휘하지 않는다."[4)라고 한 문장 뒤에 수록되어 있었다.]

集說 私諱不避於公朝, 大夫則諱其先君也.

개인적으로 피휘하는 말들은 군주의 조정에서까지 피휘를 하지 않고, 대부가 있는 장소에서는 선군들의 이름을 피휘한다.

【097】

過而擧君之諱, 則起. 與君之諱同, 則稱字.〈雜記下-083〉[雜記. 本在"君命焉爾"下.]

---

2) 『예기』 「곡례하」 112장 : 君命, 大夫與士肄, 在官言官, 在府言府, 在庫言庫, 在朝言朝.

3) 『예기』 「곡례하」 111장 : 凡視, 上於面則敖, 下於帶則憂, 傾則姦.

4) 『예기』 「곡례상(曲禮上)」 197장 : 逮事父母, 則諱王父母, 不逮事父母, 則不諱王父母.

실수로 군주의 피휘를 말하게 되면 자리에서 일어난다. 신하의 이름이 군주의 피휘와 동일하다면, 자를 지칭한다. [「잡기」편의 문장이다. 본래는 "군주의 명령에 따라 그처럼 되었을 뿐이다."[5]라고 한 문장 뒤에 수록되어 있었다.]

集說 過, 失誤也. 擧, 猶稱也. 起, 起立也. 失言不自安, 故起立, 示改變之意. 諸臣之名或與君之諱同, 則稱字也.

'과(過)'자는 실수로 잘못을 저질렀다는 뜻이다. '거(擧)'자는 "지칭한다."는 뜻이다. '기(起)'자는 일어난다는 뜻이다. 실언을 하여 스스로 편안할 수 없기 때문에 일어나니, 생각을 고친다는 뜻을 나타낸다. 여러 신하들의 이름 중에는 간혹 군주의 피휘와 동일한 경우가 있으니, 이러한 경우라면 자를 지칭한다.

附註 與君之諱同則稱字, 不必諸臣之名, 如唐時稱劉淵爲元海·石虎爲季龍之類.

"군주의 피휘와 동일하다면 자를 지칭한다."라 했는데, 반드시 제신들의 이름만 이처럼 하는 것이 아니니, 예를 들어 당나라 때 남북조시대 한나라의 초대왕인 유연(劉淵)을 원해(元海)라 하고[6] 후조의 3대 왕 석호(石虎)를 계룡(季龍)이라 한[7] 부류와 같다.

---

5) 『예기』「잡기하(雜記下)」 082장 : 孔子曰, "管仲遇盜取二人焉, 上以爲公臣, 曰, '其所與遊辟也. 可人也.' 管仲死, 桓公使爲之服." 宦於大夫者之爲之服也, 自管仲始也, <u>有君命焉爾也</u>.

6) 당나라 태조의 이름이 '이연(李淵)'이었기 때문에 유연을 자인 '원해(元海)'로 불렀다는 뜻이다.

7) 당나라 태조의 조부의 이름이 '이호(李虎)'였기 때문에 석호를 자인 '계룡(季龍)'으로 불렀다는 뜻이다.

【098】

振書端書於君前, 有誅. 倒筴側龜於君前, 有誅.〈015〉 [本在"不言婦女"
下.]

군주 앞에서 서적의 먼지를 털거나 정돈을 하면 벌을 받는다. 군주 앞에서
시초를 뒤엎거나 거북껍질을 비껴놓는다면 벌을 받는다. [본래는 "부녀자에
대한 언급을 하지 않는다."[1]라고 한 문장 뒤에 수록되어 있었다.]

集說 人臣以職分內事事君, 每事當謹之於素. 文書簿領已至君前,
乃始振拂其塵埃而端整之, 卜筮之官, 龜筴乃所奉以周旋者, 於君前
而顚倒反側之狀, 此皆不敬其職業而慢上者, 故皆有罰.

신하는 자신이 맡은 직분에 해당하는 일을 가지고 군주를 섬기니, 평소에
도 매사에 신중을 기해야만 한다. 문서나 장부를 이미 군주 앞으로 가지
고 갔는데, 그제야 비로소 서적에 묻어있는 먼지를 털거나 단정하게 정리
하고, 거북점과 시초점을 담당하는 관리에게 있어서 거북껍질과 시초라
는 것은 받들어서 들고 가야하는 대상인데, 군주 앞으로 가지고 갔을 때,
뒤엎거나 비껴놓는 일이 발생한다면, 이들은 모두 자신이 맡은 직업을
공경하게 시행하지 않고, 군주에게 태만하게 행동한 경우에 해당한다.
그렇기 때문에 이러한 자들은 모두 벌을 받는 것이다.

【099】

龜·筴·几·杖·席·蓋, 重[平聲]素·袗[軫]·絺綌, 不入公門.〈016〉
거북껍질·시초·안석·지팡이·자리·덮개를 들거나 상의와 하의가 모
두['重'자는 평성으로 읽는다.] 흰색인 옷·홑옷['袗'자의 음은 '軫(진)'이다.]·삼베옷
을 입고는 공문으로 들어가지 않는다.

<hr>

1) 『예기』「곡례하」 014장 : 居喪, 未葬, 讀喪禮, 旣葬, 讀祭禮, 喪復常, 讀樂章.
   居喪不言樂, 祭事不言凶, 公庭<u>不言婦女</u>.

集說 龜‧筮, 所以問吉凶, 嫌豫謀也. 几‧杖, 所以優高年, 嫌自尊也. 席, 所以坐臥. 蓋, 所以敝日與雨. 絺綌, 所以涼體. 袗, 單也, 單則見體而褻. 此三者, 宴安之具也. 重素, 衣裳皆素也, 以非吉服, 故亦不可以入公門.

거북껍질과 시초는 길흉을 묻는 도구이니, 이것을 가지고 들어간다면 미리 어떤 일을 모의한다는 혐의를 받게 된다. 안석과 지팡이는 나이가 많은 자를 대우하는 도구인데, 이것을 가지고 들어간다면 자기 스스로를 존귀하게 여긴다는 혐의를 받게 된다. 자리는 앉거나 누울 때 쓰는 도구이다. 덮개는 햇빛이나 비를 가리는 도구이다. 삼베옷은 몸을 시원하게 하는 의상이다. '진(袗)'자는 홑옷을 뜻하는데, 홑옷을 입게 된다면 신체가 겉으로 비춰지게 되어 무례를 범하게 된다. 이 세 가지 것들은 몸을 편안하게 해주는 것이다. '중소(重素)'는 상의와 하의가 모두 흰색인 옷으로, 길복(吉服)[2]이 아니기 때문에, 또한 그것을 입고서 공문으로 들어갈 수 없다.

[100]

苞[白表反]屨‧扱[揷]衽‧厭[於涉反]冠, 不入公門.〈017〉

표괴풀['苞'자는 '白(백)'자와 '表(표)'자의 반절음이다.]로 엮은 짚신을 신거나 앞자락을 허리띠에 꼽거나['扱'자의 음은 '揷(삽)'이다.] 염관(厭冠)을['厭'자는 '於(어)'자와 '涉(섭)'자의 반절음이다.] 쓰고서는 공문으로 들어가지 않는다.

集說 苞, 讀爲藨, 以藨蒯之草爲齊衰喪屨也. 扱衽, 以深衣前衽扱

---

2) 길복(吉服)에는 세 가지 뜻이 있다. 첫 번째는 제사 때 입는 복장인 제복(祭服)을 뜻한다. 제사(祭祀)는 길례(吉禮)에 해당하므로, 그때 착용하는 복장을 '길복'이라고 부르는 것이다. 두 번째는 예의를 갖출 때 입는 예복(禮服)을 범칭하는 말이다. 세 번째는 흉사나 상사가 없이 일상적인 때 착용하는 복장을 가리키기도 한다.

之於帶也. 蓋親初死時, 孝子以號踊履踐爲妨, 故扱之也. 厭冠, 喪
冠也. 吉冠有纚有梁, 喪冠無之, 故厭帖然也. 此皆凶服, 故不可以
入公門.

'포(苞)'자는 표(藨)자로 풀이하니, 표괴(藨蒯)라는 풀로 엮어서 만든 신
발로, 자최복(齊衰服)3)이라는 상복에 신는 짚신이다. '급임(扱袵)'은 심
의(深衣)의 앞자락을 허리띠에 꼽는다는 뜻이다. 부모의 초상 때 자식은
울부짖으며 용(踊)4)을 하는데, 옷자락이 밟혀서 방해가 되기 때문에 앞
자락을 허리띠에 꼽는 것이다. '염관(厭冠)'5)은 상중에 쓰는 관이다. 길
한 때 착용하는 관은 갓끈과 관의 장식인 양(梁)이 있는데, 상관에는 이
러한 것들이 없다. 그러므로 관의 모양을 지지해주는 것이 없어서 푹 꺼
져서 눌러있게 된다. 이 모든 것들은 흉복에 해당하므로, 이것을 착용하
고서 공문으로 들어갈 수 없다.

【101】

書方・衰[催]・凶器, 不以告, 不入公門.〈018〉

서방이나 상복['衰'자의 음은 '催(최)'이다.] 및 흉기 등은 미리 보고하지 않았다
면, 그것들을 가지고 공문을 들어가지 않는다.

---

3) 자최복(齊衰服)은 상복(喪服) 중 하나로, 오복(五服)에 속한다. 거친 삼베를 사용
해서 만들며, 자른 부위를 꿰매어 가지런하게 정리하기 때문에, '자최복'이라고
부른다. 이 복장을 입게 되는 기간에도 여러 종류가 있는데, 3년 동안 입는 경우는
죽은 계모(繼母)나 자모(慈母)를 위한 경우이고, 1년 동안 입는 경우는 손자가
죽은 조부모를 위해 입는 경우와 남편이 죽은 아내를 입는 경우 등이다. 그리고
1년 동안 '자최복'을 입는 경우, 그 기간을 자최기(齊衰期)라고도 부른다. 또 5개월
동안 입는 경우는 죽은 증조부나 증조모를 위한 경우이며, 3개월 동안 입는 경우는
죽은 고조부나 고조모를 위한 경우 등이다.
4) 용(踊)은 상중(喪中)에 취하는 행동으로, 곡(哭)에 맞춰서 발을 구르는 행위이다.
5) 염관(厭冠)은 소공복(小功服) 이하의 상에서 착용하는 관을 뜻한다.

集說 方, 板也. 書方者, 條錄送死物件於方板之上也. 衰, 五服之衰也. 凶器, 若棺槨墻翣明器之屬. 不以告不入公門, 謂告則可入者, 蓋臣變有死於宮中者, 君亦許其殯而成喪, 然必先告乃得將入也.

'방(方)'자는 나무판을 뜻한다. '서방(書方)'이라는 것은 죽은 자를 전송하는 일에 필요한 물건들을 나무판 위에 조목별로 기록해둔 것이다. '최(衰)'자는 오복(五服)에 해당하는 상복들을 뜻한다. '흉기(凶器)'는 관·외관·장삽(牆翣)⁶⁾·명기(明器)⁷⁾ 등을 뜻한다. 이러한 것들을 보고하지 않았다면 공문으로 들어가지 않는다는 말은 보고를 하면 가지고 들어갈 수 있다는 뜻이니, 아마도 신하나 첩 등이 궁 안에서 사망했을 때, 군주가 또한 그들의 빈소 차리는 것을 허락하여, 상례를 갖출 수 있게 된 경우인데, 반드시 먼저 보고를 해야만 곧 그것들을 가지고 공문으로 들어갈 수 있다.

【102】

刑人不在君側.〈曲禮上-182〉 [本在"刑不上大夫"下.]

형벌을 받은 적이 있던 자는 군주의 곁에 있지 않는다. [본래는 "형벌은 대부에게까지는 적용시키지 않는다."⁸⁾라고 한 문장 뒤에 수록되어 있었다.]

集說 人君當近有德之人, 又以慮其怨恨而爲變也. 閽弑餘祭者, 是刑人在側之禍也.

군주는 마땅히 덕이 있는 자를 가까이 해야 한다는 뜻이며, 또한 형벌을 받은 적이 있는 자가 원한을 품고서 변심을 하게 될까 염려되기 때문이

---

6) 장삽(牆翣)은 관(棺)을 치장하는 일종의 장식품으로, 병풍처럼 생긴 것이다.

7) 명기(明器)는 '명기(冥器)'라고도 부른다. 장례(葬禮) 때 시신과 함께 매장하는 순장품을 뜻한다.

8) 『예기』「곡례상(曲禮上)」181장 : 刑不上大夫.

다. 문지기가 오나라 자작인 여제를 시해한 것9)은 형벌을 받은 적이 있던
자를 곁에 두었기 때문에 초래된 화이다.

【103】

士有獻於國君, 他日, 君問之曰: "安取彼?" 再拜稽首, 而后對. 〈035〉
[本在"不徹琴瑟"下.]

사가 군주에게 헌상품을 올린 적이 있는데, 다른 날에 군주가 그에게 하문
하길, "어디에서 저 물건을 얻었는가?"라고 하면, 사는 재배를 하고 머리를
조아리며, 그런 이후에 대답한다. [본래는 "금슬 등의 악기를 거둬들이지 않는다."10)
라고 한 문장 뒤에 수록되어 있었다.]

集説 安取彼, 猶言何所得彼物也.

'안취피(安取彼)'라는 말은 "어느 곳에서 저 물건을 얻었는가?"라고 말한
것과 같다.

【104】

大夫私行, 出疆必請, 反必有獻. 士私行, 出疆必請, 反必告. 君勞[去
聲]之, 則拜, 問其行, 拜而後對. 〈036〉

대부가 개인적으로 출행을 하여, 국경을 벗어나게 된다면 반드시 군주에게
허락을 받아야 하고, 돌아와서는 반드시 헌상품을 바쳐야 한다. 사가 개인
적으로 출행을 하여, 국경을 벗어나게 된다면 반드시 군주에게 허락을 받
아야 하고, 돌아와서는 반드시 돌아왔다는 사실을 아뢰어야 한다. 군주가
그의 노고를 위로['勞'자는 거성으로 읽는다.]하면 절을 하고, 그의 여행에 대해

---

9) 『춘추』「양공(襄公) 29년」 : 閽弑吳子餘祭.
10) 『예기』「곡례하」 034장 : 君無故, 玉不去身, 大夫無故, 不徹縣, 士無故, <u>不徹琴</u>
瑟.

서 묻게 되면, 절을 한 이후에 대답한다.

集說 大夫士以私事出疆, 皆請於君, 其反也, 大夫有獻而士不獻, 不以卑者之物瀆尊上也, 故但告還而已. 勞之者, 慰勞其道路之勞苦. 問其行者, 詢其游歷之所至也. 先拜後答, 急謝見問之寵也.

대부와 사가 개인적인 일로 국경을 벗어나게 되면, 모든 경우에 있어서 군주에게 허락을 받아야 하며, 돌아왔을 때 대부의 경우에는 헌상품을 올리지만, 사는 헌상을 하지 않는다. 그 이유는 신분이 비천한 자의 선물로 존귀한 자를 욕보일 수 없기 때문이다. 그래서 단지 돌아온 사실만을 아뢸 따름이다. "위로를 한다."는 말은 그가 긴 여정 동안 겪었던 노고에 대해 위로를 한다는 뜻이다. "여행에 대해서 묻는다."는 말은 그가 여정 중에 거쳐 갔던 곳에 대해서 묻는다는 뜻이다. 먼저 절을 한 이후에 대답을 하는 것은 군주를 알현했을 때, 하문을 해준 은총에 대해서 급히 사양을 하게 되기 때문이다.

【105】

仕而未有祿者, 君有饋焉曰"獻", 使[去聲]焉曰"寡君". 違而君薨, 弗爲服也.〈檀弓下-099〉 [本在"後難繼也"下.]

벼슬살이를 시작했지만 아직 녹봉을 하사받지 못한 자는 군주로부터 음식이 하사되면, 그 음식을 '헌(獻)'이라 부르고, 사신으로[使'자는 거성으로 읽는다.] 갔을 때에는 자신의 임금을 가리켜서 '과군(寡君)'이라 지칭한다. 도의가 어긋나서 떠나가게 되면 군주가 죽었을 때, 군주를 위해서 상복을 착용하지 않는다. [본래는 "이후에는 이처럼 따르기가 어렵게 될 것이다."[11]라고 한 문장 뒤에

---

11) 『예기』「단궁하(檀弓下)」098장 : 季子皐葬其妻, 犯人之禾. 申祥以告, 曰: "請庚之". 子皐曰: "孟氏不以是罪予, 朋友不以是棄予, 以吾爲邑長於斯也. 買道而葬, 後難繼也."

수록되어 있었다.]

集說 王制云, "位定然後祿之", 此蓋初試爲士, 未賦廩祿者. 有饋於
君則稱獻, 出使他國則稱寡君, 此二事皆與群臣同; 獨違離之後而君
薨則不爲舊君服, 此則與群臣異. 所以然者, 以其未嘗食君之祿也.
『예기』「왕제(王制)」편에서는 "작위가 확정된 이후에야 녹봉을 준다."[12]
라고 했으니, 이곳 문장에서 언급하는 대상은 최초 시험을 쳐서 사가 되
었으므로, 아직 녹봉을 하사받지 못한 자일 것이다. 군주에게서 음식을
받게 된다면, 그것을 '헌(獻)'이라고 부르며, 국경을 벗어나 다른 나라로
사신으로 가게 된다면, 자신의 군주를 가리켜서, '과군(寡君)'이라고 지칭
하게 되니, 이러한 두 사안들은 모두 뭇 신하들이 따르는 규정과 같은
것이다. 다만 서로 도리가 어긋나서 떠나게 된 이후에, 군주가 죽게 된다
면, 옛 군주를 위해서는 상복을 입지 않는데, 이것만이 뭇 신하들과 다른
점이다. 이처럼 하는 이유는 일찍이 군주로부터 녹봉을 하사받지 못했기
때문이다.

集說 方氏曰: 湯之於伊尹, 學焉而後臣之, 方其學也, 賓之而不臣.
此所謂仕而未有祿者, 若孟子之在齊是也. 惟其賓之而弗臣, 故有饋
焉, 不曰'賜'而曰'獻', 將命之使不曰'君'而曰'寡君', 蓋獻爲貢上之辭,
而寡則自謙之辭故也. 以其有賓主之道, 而無君臣之禮, 故違而君
薨, 弗爲服也. 其曰違, 則居其國之時, 固服之矣.
방씨가 말하길, 탕임금은 이윤에 대해서, 학문을 익히고 난 뒤에 그를
신하로 삼았으니, 학문을 익힐 때에는 빈객으로 대했던 것이며, 신하로
대했던 것이 아니다. 이곳에서 이른바 벼슬살이를 했지만 아직 녹봉을

---

12) 『예기』「왕제(王制)」 022장 : 凡官民材, 必先論之, 論辨然後, 使之, 任事然後,
爵之, <u>位定然後, 祿之</u>. 爵人於朝, 與士共之, 刑人於市, 與衆棄之.

받지 못한 자라고 한 경우는 마치 맹자가 제나라에 머물러 있었던 경우와 같다. 단지 빈객으로만 대하고 신하로 여기지 않았기 때문에, 군주가 음식을 보내게 될 때에도 '사(賜)'라고 부르지 않고 '헌(獻)'이라고 불렀던 것이며, 명령을 받들어 사신으로 가게 될 때에도, 자신의 군주를 가리켜서 '군(君)'이라 지칭하지 않고 '과군(寡君)'이라고 불렀던 것이니, 무릇 '헌(獻)'은 윗사람에게 무언가를 바칠 때 쓰는 말이며, '과(寡)'는 제 스스로 겸손하게 낮추는 말이기 때문이다. 둘 사이에 빈객과 주인이 따르는 도리가 포함되어 있고, 군주와 신하가 따르는 예가 적용되지 않기 때문에, 떠나게 되면 그 군주가 죽게 되더라도 그를 위해서 상복을 착용하지 않는다. "떠난다."라고 했으므로, 그 나라에 머물러 있을 때에는 진실로 상복을 착용하는 것이다.

附註 仕而未有祿, 註有二說. 按: 仕而未及食祿, 則分義尙淺, 故其仕之時, 雖執臣禮, 違則不反服. "君有饋", 言有饋於君, 文義似不便, 而古文如此處甚多, 當從此說.

'사이미유록(仕而未有祿)'에 대해 주에는 두 가지 주장이 나온다. 살펴보니, 벼슬살이를 시작했지만 아직 녹봉을 받는데 이르지 않았다면 본분에 따른 도의가 여전히 낮은 단계이다. 그렇기 때문에 벼슬살이를 시작했을 때에는 비록 신하의 예를 따르지만, 떠나게 되면 되돌아와서 상복을 착용하지 않는다. '군유궤(君有饋)'는 군주에게서 음식을 받았다는 뜻인데, 문장과 뜻이 순조롭지 못한 것 같지만, 고문에는 이와 같은 곳이 매우 많으므로, 마땅히 이 주장에 따라야 한다.

【106】

大夫士去國, 祭器不踰竟[境]. 大夫寓祭器於大夫, 士寓祭器於士.
〈023〉[本在"不斬於丘木"下.]

대부와 사가 그 나라를 떠나게 될 때에는 제기를 가지고 국경['竟'자의 음은
'境(경)'이다.]을 벗어나지 않는다. 대부의 경우에는 자신과 동급인 대부에게
제기를 맡기고, 사의 경우에도 자신과 동급인 사에게 제기를 맡긴다. [본래는
"묘역에 심어둔 나무를 베지 않는다."[1]라고 한 문장 뒤에 수록되어 있었다.]

集說 呂氏曰: 臣之所以有宗廟祭器以事其先者, 君之祿也. 今去位
矣, 乃挈器以行, 是竊君之祿以辱其先, 此祭器所以不踰竟也. 寓寄
於爵等之同者, 使之可用也.

여씨가 말하길, 신하가 종묘를 세우고 제기를 마련하여, 선조들을 섬길
수 있었던 것은 군주가 준 녹봉 때문이다. 그런데 만약 그 지위를 버리고
서 곧 제기를 들고 다른 곳으로 떠난다면, 이것은 군주의 녹봉을 훔치는
꼴이 되어 그의 선조를 욕보이게 된다. 이것이 바로 제기를 가지고 국경
을 넘을 수 없는 이유이다. 작위와 등급이 같은 자에게 맡기는 이유는
그로 하여금 쓸 수 있도록 하기 위해서이다.

集說 馬氏曰: 微子抱祭器而之周, 何也? 君子爲己不重, 爲人不輕,
抱君之祭器可也, 抱己之祭器不可也.

마씨가 말하길, 은나라 때의 현신인 미자가 제기를 안고서 주나라로 갔던
것은 어째서인가? 군자는 자신을 위한 일을 중시하지 않고, 남을 위한
일에는 경시하지 않으니, 군주의 제기를 대신 안고 가는 것은 시행 가능
한 일이지만, 자신의 제기를 안고 가는 것은 안 되는 일이다.

---

1) 『예기』「곡례하」022장 : 無田祿者, 不設祭器, 有田祿者, 先爲祭服. 君子雖貧,
不粥祭器, 雖寒, 不衣祭服, 爲宮室, <u>不斬於丘木</u>.

【107】

去國三世, 爵祿有列於朝, 出入有詔於國, 若兄弟宗族猶存, 則反告
於宗後. 去國三世, 爵祿無列於朝, 出入無詔於國, 唯興之日, 從新
國之法. 〈011〉 [本在 "審行之" 下.]

본국을 떠난 지 3세대가 지나더라도, 본국에 남아 있는 족인들 중 작위와
녹봉을 가지고 조정에 근무하는 자가 있다면, 그가 다른 나라에 출입할
때에는 자신의 본국에 그 사실을 알리며, 만약 그의 형제와 종족이 여전히
본국아 남아 있는 경우라면, 경조사가 생겼을 때 돌아가서 종족의 후손들
에게 그 사실을 알린다. 본국을 떠난 지 3세대가 지났는데, 족인들 중 그
나라에서 작위와 녹봉을 가진 자가 없다면, 그가 다른 나라에 출입하는
사실을 본국에 알리지 않고, 오직 그가 새로 거주하는 나라에서 경이나
대부의 반열에 오른 이후에야, 새로 정착한 나라의 예법을 따르게 된다.
[본래는 "신중하게 시행한다."2)라고 한 문장 뒤에 수록되어 있었다.]

集說 去本國雖已三世, 而舊君猶仕其族人於朝, 以承祖祀, 此人往
來出入他國, 仍詔告於本國之君. 其宗族兄弟猶存, 則必有宗子, 凡
冠娶妻必告, 死必赴, 不忘親也. 若去國三世, 朝無仕宦之列, 出入與
舊君不相聞, 其時已久, 其義已絕, 可以改其國之故矣. 然猶必待興
起而爲卿大夫, 乃從新國之法, 厚之至也.

본국을 떠난 지 비록 3세대가 지났더라도, 옛 나라의 군주가 여전히 그의
족인들을 조정에서 근무하게 하여 선조의 제사를 받들게 하였다면, 그
사람은 다른 나라에 왕래하거나 출입할 때, 곧 그 사실을 본국의 군주에
게 아뢰게 된다. 그리고 그의 종족과 형제들이 여전히 그 나라에 남아
있다면, 그 나라에는 반드시 종자가 있게 된다. 따라서 관례나 혼례를
치를 때에는 반드시 종자에게 그 사실을 알리며, 죽었을 때에도 반드시

---

2) 『예기』 「곡례하」 010장 : 君子行禮, 不求變俗. 祭祀之禮, 居喪之服, 哭泣之位,
   皆如其國之故, 謹修其法而審行之.

부고를 알리니, 친족을 잊어버릴 수 없기 때문이다. 만약 그 나라를 떠난 후 3세대가 지난 후에, 그 나라의 조정에서 관리로 임명되어 조정의 반열에 오른 자가 없다면, 그 사람은 다른 나라에 출입할 때, 옛 나라의 군주에게 그 소식을 알리지 않으니, 관계를 맺은 시기가 이미 오래되어, 둘 사이에서 지켜야 하는 도리도 이미 단절된 것이므로, 자신의 본국에서 지키던 옛 관습을 고칠 수가 있다. 그러나 반드시 등용이 되어 경이나 대부가 된 이후까지 기다린 다음에야, 곧 새로 정착한 나라의 예법에 따르게 되니, 후덕함이 지극한 것이다.

【108】

事君者, 量[去聲]而后入, 不入而后量. 凡乞假於人, 爲[去聲]人從事者 亦然. 然故上無怨而下遠[去聲]罪也. 〈少儀-025〉 [少儀下同. 本在"雖請退可 也"下.]

군주를 섬길 때에는 먼저 헤아린['量'자는 거성으로 읽는다.] 이후에야 그의 휘하로 들어가니, 들어간 이후에 헤아리는 것이 아니다. 무릇 남에게 무언가를 요구하거나 빌리고, 또 남을 위해['爲'자는 거성으로 읽는다.] 어떤 일에 종사할 때에도 이처럼 한다. 이처럼 하기 때문에 윗사람은 노여워하는 일이 없고, 아랫사람은 죄를 멀리하게['遠'자는 거성으로 읽는다.] 된다. [「소의」편의 문장이며 아래도 이와 같다. 본래는 "비록 물러가기를 청하더라도 괜찮다."[3]라고 한 문장 뒤에 수록되어 있었다.]

集說 先度其君之可事而后事之, 則道可行而身不辱. 入而后量, 則 有不勝其輕進之悔者矣. 或乞, 或假, 或任人之事, 亦必量其可而后 行. 上無怨, 下遠罪, 爲事君者言之.

---

3) 『예기』「소의(少儀)」 024장：待坐於君子, 君子欠伸・運笏・澤劍首・還屨・問 日之蚤莫, 雖請退可也.

먼저 군주를 섬길 수 있는지를 헤아린 이후에 섬긴다면, 도를 시행할 수 있고 본인을 욕되게 하지 않는다. 그러나 섬긴 뒤에야 헤아린다면, 경솔하게 관직에 나아가서 발생한 후회를 감당할 수 없게 된다. 요구하거나 빌리거나 남의 일을 떠맡는 경우에도 반드시 가능한지의 여부를 헤아린 후에야 시행해야 한다. 윗사람은 성냄이 없고 아랫사람이 죄를 멀리한다는 말은 군주를 섬기는 자를 위해서 한 말이다.

集說 馬氏曰: 古之人有能盡臣道, 量而后入者, 莫如伊周. 不入而后量者, 莫如孔·孟.

마씨가 말하길, 고대인들 중 신하의 도리를 다한 사람에 있어서, 헤아린 이후에 들어가서 섬긴 자로는 이윤이나 주공만한 자가 없다. 또 들어간 이후에 헤아리지 않은 자로는 공자나 맹자만한 자가 없다.

【109】

爲人臣下者, 有諫而無訕[所諫反], 有亡而無疾, 頌而無諂[諂], 諫而無驕, 怠則張而相[去聲]之, 廢則掃而更[平聲]之, 謂之社稷之役.〈少儀 -027〉 [本在"不戲色"下.]

남의 신하가 된 자는 간언은 하되 헐뜯는['訕'자는 '所(소)'자와 '諫(간)'자의 반절음이다.] 일은 없으며, 도망은 가되 미워함이 없고, 칭송은 하지만 아첨하지['諂'자의 음은 '諂(첨)'이다.] 않으며, 간언은 하지만 교만함이 없으니, 어떤 사안이 느슨해지면 다시 흥기시켜 돕고['相'자는 거성으로 읽는다.] 어떤 사안이 폐지되면 폐단을 제거하여 새롭게 고치니['更'자는 평성으로 읽는다.] 이러한 자를 사직에 공적을 세운 신하라 부른다. [본래는 "희롱하는 표정을 지어서는 안 된다."[4]라고 한 문장 뒤에 수록되어 있었다.]

---

4) 『예기』「소의(少儀)」 026장 : 不窺密, 不旁狎, 不道舊故, <u>不戲色</u>.

疏曰: 諫而無驕者, 謂君若從己之諫, 己不得恃己言行無用而
生驕慢也.

소에서 말하길, "간하되 교만함이 없다."고 했는데, 군주가 만약 자신의
간언을 따른다면, 본인은 자신의 말이 시행되고 모의한 것이 사용되는
것을 믿고서 교만한 마음이 생겨나도록 해서는 안 된다는 뜻이다.

方氏曰: 君有過, 諫之使止可也, 訕之則不恭. 諫不從, 逃而去
之可也, 疾之則太傷. 頌而無諂, 則所頌爲公; 諫而無驕, 則所諫爲
正. 事弛而不力爲怠, 事弊而無用爲廢. 相之, 更之, 則君豈有失德,
國豈有廢事哉? 謂之社稷之役, 以其有勞於社稷也.

방씨가 말하길, 군주에게 과실이 있으면, 간언을 하여 군주로 하여금 그
치게 하는 것은 옳지만, 헐뜯는다면 공손하지 못하게 된다. 간언을 따르
지 않으면, 피하여 그 자리를 떠나는 것은 옳지만, 미워하게 된다면 큰
해를 당한다. 칭송을 하되 아첨함이 없다면, 칭송한 것은 공적인 것이
되고, 간언을 하되 교만함이 없다면, 간언을 한 것은 올바른 것이 된다.
사안이 느슨해지고 힘을 쓰지 않는 것은 태만함이 되고, 사안에 폐단이
발생하고 사용됨이 없다면 폐지함이 된다. 돕고 고친다면, 군주가 어찌
덕을 잃고, 국가에 어찌 사안을 폐지하는 일이 있겠는가? 그를 사직을
돕는 신하라 부르는 것은 그가 사직에 대해 공적을 세웠기 때문이다.

【110】
國君死社稷, 大夫死衆, 士死制. 〈037〉[5] [本在"去墳墓也"下.]
군주는 국가를 위해 목숨을 바치고, 대부는 군사들을 위해 목숨을 바치며,
사는 제도의 수호를 위해 목숨을 바친다. [본래는 "선조의 묘를 버리고 떠난다."라

---

5) 『예기』「곡례하」 037장 : 國君去其國, 止之曰: "奈何去社稷也?" 大夫曰: "奈何
去宗廟也?" 士曰: "奈何去墳墓也?" 國君死社稷, 大夫死衆, 士死制.

고 한 문장 뒤에 수록되어 있었다.]

集說 死社稷, 謂國亡與亡也. 死衆, 謂討罪禦敵, 敗則死之也. 死制, 受命於君, 難毋苟免也.

'사사직(死社稷)'은 국가가 망하면 함께 죽는다는 뜻이다. '사중(死衆)'은 죄인을 토벌하고 적군을 방어하다가 패하게 되면 죽는다는 뜻이다. '사제(死制)'는 군주의 명령을 지키다가 곤경에 처하게 되면 구차하게 모면하지 않는다는 뜻이다.

集說 方氏曰: 國君曰死社稷, 而大夫士不曰死宗廟墳墓, 何也? 蓋止其去者存乎私情, 死其事者止乎公義也.

방씨가 말하길, 군주에 대해서는 "사직을 위해서 목숨을 바친다."고 말했는데, 대부와 사에 대해서는 "종묘와 묘를 위해서 목숨을 바친다."고 말하지 않았다. 그 이유는 어째서인가? 아마도 대부와 사가 그 나라를 버리고 떠날 때, 만류하는 것은 사적인 감정에 달려 있는 것이고, 그 일을 위해 죽는다는 것은 공적인 도리에 달려있기 때문일 것이다.

附註 此言士卑無官守, 故以法度處身也.

이것은 사는 신분이 미천하여 관직을 고수함이 없기 때문에 법도로써 처신한다는 뜻이다.

【111】

君子曰: "謀人之軍師, 敗則死之; 謀人之邦邑, 危則亡之."〈檀弓上
-079〉[檀弓. 本在"兄弟之貧者"下.]

군자가 말하길, "남의 군대를 부리는 장수가 되었는데 만약 전쟁에서 패하게 된다면 본인 또한 죽어야 마땅하다. 남의 나라를 위해 정사를 도모했는데 그 나라가 위태롭게 된다면 자신 또한 물러나는 것이 마땅하다."라고 했다. [「단궁」편의 문장이다. 본래는 "형제들 중 가난한 자들"[1]이라고 한 문장 뒤에 수록되어 있었다.]

集說 應氏曰: 衆死而義不忍獨生, 焉得而不死; 國危而身不可獨存, 焉得而不亡.

응씨가 말하길, 병사들이 죽었으므로 의에 따라 차마 홀로 살아갈 수 없으니, 어찌 죽지 않을 수가 있겠는가? 나라가 위태로워지면 제 자신만 홀로 그 자리를 보존할 수가 없으니, 어찌 물러나지 않을 수가 있겠는가?

【112】

內亂不與[去聲]焉, 外患弗辟[避]也.〈雜記下-084〉[雜記. 本在"則稱字"下.]
내란에는 간여하지['與'자는 거성으로 읽는다.] 않고, 외환에는 피하지['辟'자의 음은 '避(피)'이다.] 않는다. [「잡기」편의 문장이다. 본래는 "자를 지칭한다."[2]라고 한 문장 뒤에 수록되어 있었다.]

集說 內亂, 謂本國禍難也. 言卿·大夫在國, 若同僚中有謀作亂者,

---

1) 『예기』「단궁상(檀弓上)」 078장 : 子柳之母死, 子碩請具. 子柳曰: "何以哉?" 子碩曰: "請粥[育]庶弟之母." 子柳曰: "如之何其粥人之母以葬其母也? 不可." 旣葬, 子碩欲以賻布之餘具祭器. 子柳曰: "不可. 吾聞之也, 君子不家於喪. 請班諸兄弟之貧者."

2) 『예기』「잡기하(雜記下)」 083장 : 過而擧君之諱, 則起. 與君之諱同, 則稱字.

力能討, 則討之, 力不能討, 則謹自畏避, 不得干與. 其或冠患在外,
如隣國來攻, 或戎狄侵擾, 則不可逃避, 當盡力捍禦, 死義可也.

'내란(內亂)'은 본국에서 발생한 환란을 뜻한다. 즉 경과 대부가 본국에
있는데, 만약 동료 중에 모의를 하여 혼란을 일으키는 자가 있는 경우,
토벌할 수 있는 역량이 된다면 토벌하고, 토벌할 수 있는 역량이 없다면,
조심하며 스스로 피해야 하고 환란에 참여할 수 없다. 간혹 외지에서 환
란이 발생한 경우, 예를 들어 이웃 나라에서 침공하거나 오랑캐들이 침입
한 경우라면, 피할 수 없으니, 마땅히 힘을 다해 막아야 하고, 의로움에
따라 목숨을 걸어야 옳다.

【113】
四郊多壘, 此卿大夫之辱也. 地廣大荒而不治, 此亦士之辱也. 〈曲禮
上-193〉 [本在"不同國"下.]

사방의 교외에 보루가 많은 것은 경과 대부에게는 치욕스러운 일이다. 땅
은 광대하지만 매우 황폐하여 경작조차 이루어지지 않는 것은 또한 경이나
대부뿐만 아니라 사에게도 치욕스러운 일이다. [본래는 "같은 나라에서 살지 않는
다."3)라고 한 문장 뒤에 수록되어 있었다.]

集說　四郊者, 王城之外四面近郊五十里, 遠郊百里. 侯國亦各有四
郊, 里數則各隨其地之廣狹而爲遠近也. 壘者, 屯軍之壁. 卿大夫不
能謀國, 數見侵伐, 故多壘. 土廣人稀, 荒穢不理, 此二者固皆卿大夫
之責, 士卑不與謀國, 而田里之事則其職也, 故言亦士之辱.

사방의 교외에 대해 설명하자면, 천자의 국성 경계점으로부터 사방으로
50리 떨어진 곳까지가 근교(近郊)가 되고, 국성의 경계점으로부터 100리

---

3) 『예기』「곡례상(曲禮上)」 192장 : 父之讎, 弗與共戴天, 兄弟之讎, 不反兵, 交遊
之讎, 不同國.

떨어진 곳까지가 원교(遠郊)가 된다. 제후의 나라에도 또한 사방에 교외 지역이 설치되어 있었는데, 그 거리는 각각 그들이 하사받은 제후국의 넓이에 따라서, 원교와 근교의 거리를 정하게 된다. 보루라는 것은 군대를 배치시키는 주둔지이다. 경과 대부들이 나라를 제대로 수호하지 못하여, 다수의 침약을 당하게 되었기 때문에, 보루를 많이 만들게 된 것이다. 토지가 광대한데 사람이 적다면, 황폐해져서 경작을 하지 못하게 되니, 이 두 가지 것들은 진실로 경과 대부들의 책임이다. 그런데 사 계층은 신분이 낮으므로, 경이나 대부들과 함께 국가를 수호하기 위한 일에 참여할 수 없고, 경작지를 다스리는 일에만 책무가 있다. 그렇기 때문에 또한 사에게도 치욕스러운 일이 된다고 언급한 것이다.

【114】

君子有五恥: 居其位無其言, 君子恥之. 有其言無其行, 君子恥之. 旣得之而又失之, 君子恥之. 地有餘而民不足, 君子恥之. 衆寡均而倍焉, 君子恥之. 〈雜記下-073〉[4] 〔雜記. 本在"患弗能行也"下.〕

군자에게는 다섯 가지 치욕이 있다. 해당 지위에 있으면서도, 지위에 걸맞은 좋은 말을 한 적이 없다면, 군자는 이것을 치욕스럽게 생각한다. 좋은 말을 했지만, 그것을 시행함이 없다면, 군자는 이것을 치욕스럽게 생각한다. 덕을 갖췄다고 하여 이미 해당 지위를 얻었는데, 재차 덕이 없다는 이유로 물러나게 된다면, 군자는 이것을 치욕스럽게 생각한다. 채지로 받은 땅이 넓은데도 백성들이 충분히 모여들지 않는다면, 군자는 이것을 치욕스럽게 생각한다. 임무를 부여받은 양이 상대와 균등한데도 상대의 공적이 자신보다 배가 된다면, 군자는 이것을 치욕스럽게 생각한다. 「잡기」편의 문장

---

4) 『예기』「잡기하(雜記下)」 073장 : 君子有三患: 未之聞, 患弗得聞也. 旣聞之, 患弗得學也. 旣學之, 患弗能行也. 君子有五恥: 居其位無其言, 君子恥之. 有其言無其行, 君子恥之. 旣得之而又失之, 君子恥之. 地有餘而民不足, 君子恥之. 衆寡均而倍焉, 君子恥之.

이다. 본래는 "시행하지 못하게 될까를 근심한다."라고 한 문장 뒤에 수록되어 있었다.]

集說 君子五恥, 言爲政之君子也. 居位而無善言之可聞, 是不能講明政事, 一恥也. 有言無行, 是言行不相顧, 二恥也. 始以有德而進, 今以無德而退, 三恥也. 不能撫民, 使之逃散, 四恥也. 國有功役, 己與彼衆寡相等, 而彼之功績倍於己, 是不能作興率勵其下, 五恥也.

군자의 다섯 가지 치욕은 정치를 시행하는 군자에 대한 내용이다. 해당 지위에 있으면서 칭송을 받을 만한 좋은 말을 한 적이 없다면, 이것은 정사에 대해서 제대로 설명할 수 없는 것이니, 첫 번째 치욕이다. 그러한 말을 했지만 시행함이 없다면, 이것은 말과 행실이 서로 돌아보지 못한 것이니, 두 번째 치욕이다. 처음에는 덕을 갖췄기 때문에 등용이 되었는데, 현재 덕이 없어서 물러나게 되는 것이 세 번째 치욕이다. 백성들을 어루만질 수 없어서 그들을 흩어지게 하는 것이 네 번째 치욕이다. 국가에서 노역을 부여함이 있는데, 본인과 상대에게 부여된 양이 균등한데도, 상대의 공적이 자신보다 배가 된다면, 이것은 그 일을 진작시키거나 백성들을 통솔하여 독려하지 못한 것이니, 다섯 번째 치욕이다.

類編 右事君之禮.

여기까지는 '사군지례(事君之禮)'에 대한 내용이다.

類編 說見上節.

설명은 앞 절에 나온다.

◇ 물건을 바치고 보내며 주고받는 예절[獻遺授受之禮]

【115】

爲[去聲]人祭曰: "致福." 爲己祭而致膳於君子曰: "膳."〈少儀-076〉[本在 "辟咡而對"下.]

섭주가 되어 남을 위해['爲'자는 거성으로 읽는다.] 제사를 주관해서 지냈다면, 사람들이 돌아갈 때 제사 때 사용한 고기를 나눠주며, "제사를 지내며 얻은 복을 함께 나눕니다."고 말한다. 그리고 본인이 자신의 제사를 주관하게 되어, 군자에게 제사에 사용한 음식을 전하게 된다면, "맛있는 음식을 전합니다."고 말한다. [본래는 "입을 돌려서 존장자를 향하지 않도록 한 뒤에 대답을 해야 한다."[1]라고 한 문장 뒤에 수록되어 있었다.]

集說 爲人祭, 攝主也. 其歸胙將命之辭言致福, 謂致其祭祀之福也. 曰膳, 則善味而已.

남을 위해 제사를 지낸다는 것은 섭주를 가리킨다. 사람들에게 제사 때 사용된 고기를 들려서 보낼 때 전달하는 말에 있어서는 '치복(致福)'이라고 전하니, 제사를 지내며 얻은 복을 함께 나눈다는 뜻이다. '선(膳)'이라고 말했다면, 맛있는 음식이라는 뜻일 뿐이다.

【116】

祔練曰: "告."〈少儀-077〉

부제나 연제를 지내고서 그 고기를 전하게 되면, "그 사안을 알립니다."고 말한다.

集說 言告其事也. 顔淵之喪, 亦饋孔子祥肉.

---

1) 『예기』「소의(少儀)」 075장 : 洗盥執食飮者, 勿氣, 有問焉, 則辟咡而對.

禮記類編大全卷之二 335

그 사안을 알린다는 뜻이다. 안연의 상에서도 공자에게 대상을 치르고
난 고기를 보냈다.

【117】

凡膳告於君子, 主人展之以授使者于阼階之南南面, 再拜稽首送,
反命, 主人又再拜稽首. 其禮大牢則以牛左肩臑[奴道反]折九个, 少牢
則以羊左肩七个, 犆[特]豕則以豕左肩五个.〈少儀-078〉

무릇 군주에게 고기를 보내서 맛있는 음식이라고 알리거나 그 사안을 아뢰
게 되면, 주인은 먼저 그것을 풀어서 확인하고, 동쪽 계단의 남쪽에서 남쪽
을 바라보며 심부름을 하는 자에게 건네며, 재배를 하고 머리를 조아린
뒤에 보낸다. 심부름을 한 자가 다녀와서 그 사안을 보고하면, 주인은 또한
재배를 하고 머리를 조아린다. 그 예법에 있어서 태뢰를 사용했다면, 소의
좌측 어깨로부터 다리까지를['臑'자는 '奴(노)'자와 '道(도)'자의 반절음이다.] 9개의
부위로 나눠서 보내고, 소뢰를 사용했다면, 양의 좌측 어깨로부터 다리까
지를 7개의 부위로 나눠서 보내며, 한 마리의['犆'자의 음은 '特(특)'이다.] 돼지를
사용했다면, 돼지의 좌측 어깨로부터 다리까지를 5개의 부위로 나눠서 보
낸다.

集說 膳告, 承上文而言. 臂臑, 肩脚也. 九筒, 自肩上至蹄折爲九段
也. 周人牲體尙右, 右邊已祭, 故獻其左.

'선(膳)'과 '고(告)'는 앞 문장과 연이어서 한 말이다. '비노(臂臑)'는 어깨
부분과 다리부분을 뜻한다. '구개(九箇)'는 어깨의 상단부분부터 발까지
를 9단으로 자른다는 뜻이다. 주나라 때에는 희생물의 몸체 중에서도 우
측을 숭상했는데, 우측의 몸체로는 이미 제사를 지냈기 때문에, 좌측 부
위를 보내는 것이다.

附註 南面上, 又有南字.

'남면(南面)'이라는 글자 앞에 재차 남(南)자가 있다.

【118】

其以乘壺酒束脩一犬賜人, 若獻人, 則陳酒執脩以將命, 亦曰: "乘壺
酒束脩一犬." 〈少儀-043〉 [本在"乘馬弗賈"下.]

4개의 호에 담긴 술과 속수 및 한 마리의 개를 아랫사람에게 하사하거나
윗사람에게 바칠 때라면, 술을 진설하고, 육포를 들고서 말을 전달하며,
또한 "4개의 호에 담긴 술과 속수와 한 마리의 개입니다."라고 말한다. [본래
는 "수레 및 말에 대해서는 가치를 평가하지 않는다."[1]라고 한 문장 뒤에 수록되어 있었다.]

集說 乘壺, 四壺也. 束脩, 十脡脯也. 卑者曰賜, 尊者曰獻.

'승호(乘壺)'는 4개의 호를 뜻한다. '속수(束脩)'는 열 가닥의 마른 육포를
뜻한다. 신분이 낮은 자에게 줄 때에는 "하사한다."고 말하며, 존귀한 자
에게 바칠 때에는 "바친다."고 말한다.

【119】

其以鼎肉, 則執以將命. 〈少儀-044〉

만약 부위별로 잘라낸 고기를 하사하거나 바치는 경우라면, 그것을 들고서
말을 전달한다.

集說 鼎肉, 謂肉之已解剔而可升鼎者, 故可執也.

'정육(鼎肉)'은 고기를 이미 부위별로 잘라서 정에 넣을 수 있도록 한 것
이다. 그렇기 때문에 들고 갈 수 있다.

---

1) 『예기』「소의(少儀)」 042장 : 貳車者, 諸侯七乘, 上大夫五乘, 下大夫三乘. 有貳
車者之乘馬服車不齒, 觀君子之衣服服劍乘馬弗賈.

【120】

其禽加於一雙, 則執一雙以將命, 委其餘. 〈少儀-045〉

조류를 하사하거나 바칠 경우 그 수가 한 쌍보다 많다면, 한 쌍만 들고
가서 말을 전달하고, 나머지는 문밖에 진열해 둔다.

集說 加於一雙, 不止一雙也. 委其餘, 陳列于門外也.

"한 쌍보다 많다."는 말은 한 쌍에만 그치지 않는다는 뜻이다. "그 나머지
는 내려놓는다."는 말은 문밖에 진열한다는 뜻이다.

【121】

犬則執緤[息列反], 守[去聲]犬田犬則授擯者, 旣受乃問犬名. 〈少儀-046〉

개를 하사하거나 바치게 된다면 개줄을['緤'자는 '息(식)'자와 '列(렬)'자의 반절음이
다.] 잡고서 가며, 집을 지키는['守'자는 거성으로 읽는다.] 개나 사냥용 개를 바치
는 경우라면 주인의 부관에게 건네고, 부관은 개를 넘겨받은 뒤 개의 이름
을 묻는다.

集說 緤, 牽犬繩也. 犬有三種, 守禦宅舍曰守犬, 田獵所用曰田犬,
充庖廚所烹曰食犬.

'설(緤)'은 개를 끌고 갈 때 사용하는 끈이다. 개에는 세 종류가 있다.
집을 지키는 개는 '수견(守犬)'이라 부르고, 사냥에 사용하는 개는 '전견
(田犬)'이라 부르며, 주방에서 식재료로 사용하는 것은 '식견(食犬)'이라
부른다.

【122】

牛則執紖[直軫反], 馬則執靮[的], 皆右之. 〈少儀-047〉

하사하거나 바치는 것이 소라면 소고삐를['紖'자는 '直(직)'자와 '軫(진)'자의 반절음

이다.] 잡고 가고, 말이라면 말고삐를['靮'자의 음은 '的(적)'이다.] 잡고 가는데, 모두 오른손으로 잡는다.

集說 紖・靮, 皆執之以牽者. 右之者, 以右手牽, 由便也.

'진(紖)'과 '적(靮)'은 모두 잡고서 끌고 갈 때 사용하는 고삐들이다. '우지(右之)'는 오른손으로 끌고 간다는 뜻이니, 힘을 쓰기에 편리하기 때문이다.

【123】

臣則左之.〈少儀-048〉

포로를 하사하거나 바치는 경우라면, 왼손으로 포로의 오른쪽 소매를 잡는다.

集說 臣, 征伐所獲民虜也. 曲禮云: "獻民虜者操右袂." 左之, 以左手操其右袂, 而右手得以制其非常也.

'신(臣)'자는 정벌을 해서 포획한 포로를 뜻한다. 『예기』「곡례(曲禮)」편에서는 "포로를 헌상할 때에는 포로의 우측 소매를 잡아서 바친다."고했다. 왼손으로 잡는 것은 왼손으로 포로의 오른쪽 소매를 잡고, 오른손으로 비정상적인 행위를 하는 것에 대해 제어할 수 있기 때문이다.

【124】

車則說[脫]綏, 執以拊命. 甲若有以前之, 則執以拊命, 無以前之, 則袒櫜[羔]奉[上聲]胄.〈少儀-049〉

수레를 하사하거나 바치는 경우라면 수레에 탈 때 잡는 끈을 풀어서['說'자의 음은 '脫(탈)'이다.] 그것을 잡고 나아가서 말을 전달한다. 갑옷을 하사하거나 바치는 경우 만약 그보다 먼저 건넬 것이 있다면, 먼저 건넬 것을 잡고 나아가서 말을 전달하고, 만약 먼저 건넬 것이 없다면, 갑옷 주머니를['櫜'자의 음은 '羔(고)'이다.] 열어서 갑옷을 꺼낸 뒤 투구를 받들고['奉'자는 상성으로 읽는다.] 나아가서 말을 전달한다.

集說 前之, 謂以他物先之也. 古人獻物必有先之者, 如左傳所云: "乘韋先牛十二"之類是也. 袒, 開也. 櫜, 弢甲之衣也. 胄, 兜鍪也. 謂開櫜出甲, 而奉胄以將命也.

'전지(前之)'는 다른 사물을 그보다 앞서 바친다는 뜻이다. 고대인들은 사물을 헌상할 때 반드시 그보다 앞서 바치는 것들이 있었으니, 예를 들어 『좌전』에서 "4마리의 소가죽을 먼저 바치고, 소 12마리를 바쳤다."[2]고 한 부류와 같다. '단(袒)'자는 "열다."는 뜻이다. '고(櫜)'는 갑옷을 넣어두는 주머니이다. '주(胄)'는 투구를 뜻한다. 즉 갑옷을 넣어둔 주머니를 열어서 갑옷을 꺼내고, 투구를 받들고서 말을 전달한다는 뜻이다.

【125】
器則執蓋, 弓則以左手屈韣[獨]**執拊**[無]. 〈少儀-050〉
그릇을 하사하거나 바치는 경우라면 뚜껑을 들고 나아가서 말을 전달하고, 활의 경우라면 왼손으로 활집을['韣'자의 음은 '獨(독)'이다.] 접어 파지하는 부분에서['拊'자의 음은 '無(무)'이다.] 잡은 뒤, 오른손으로 끝을 잡고 나아가서 말을 전달한다.

集說 執蓋, 蓋輕便於執也. 韣, 弓衣. 拊, 弓把. 左手屈弓衣幷於把而執之, 而右手執簫以將命. 曲禮云: "右手執簫, 左手承拊", 是也.

"뚜껑을 잡는다."는 말은 뚜껑이 가벼워서 잡기에 편리하기 때문이다. '독(韣)'은 활을 넣어두는 활집이다. '부(拊)'는 활의 부위 중 손으로 파지하는 부분이다. 왼손은 활집을 접어 손으로 파지하는 부분에서 함께 잡고,

---

2) 『춘추좌씨전』 「희공(僖公) 33년」 : 及滑, 鄭商人弦高將市於周, 遇之, 以<u>乘韋先,</u> <u>牛十二</u>犒師.

오른손으로는 활 몸통 끝의 머리 부분을 잡고서 말을 전달한다. 「곡례」 편에서는 "우측 손으로는 활의 끝부분을 잡고, 좌측 손으로는 활 중앙 손잡이를 받쳐서 준다."[3]고 했다.

【126】

劍則啓櫝蓋襲之, 加夫[扶]襓[饒]與劍焉.〈少儀-051〉

검을 하사하거나 바치는 경우라면, 검을 넣는 상자를 열고, 상자의 뚜껑을 상자 밑에 합치며, 상자 안에 검집을 넣고, 검집['夫'자의 음은 '扶(부)'이다. '襓'자의 음은 '饒(요)'이다.] 위에 검을 올리며, 이것을 가지고 가서 말을 전달한다.

集說 啓, 開也. 櫝, 劍匣也. 蓋者, 匣之蓋也. 襲, 郃合也. 夫襓, 劍衣也. 開匣以其蓋郃合於匣之底下, 乃加襓於匣中, 而以劍置襓上也.

'계(啓)'자는 "열다."는 뜻이다. '독(櫝)'은 검을 넣는 상자이다. '개(蓋)'는 상자의 뚜껑이다. '습(襲)'은 합친다는 뜻이다. '부요(夫襓)'는 검집이다. 상자를 열고 그 뚜껑을 상자의 바닥에 합한 뒤 상자 안에 검집을 넣고, 검은 검집 위에 올려둔다는 뜻이다.

附註 加夫襓, 夫, 語辭. 註云: "夫襓, 劍衣." 未然.

'가부요(加夫襓)'라 했는데, '부(夫)'자는 어조사이다. 주에서는 "'부요(夫襓)'는 검집이다."라 했는데, 아마도 그렇지 않을 것이다.

---

3) 『예기』「곡례상(曲禮上)」143장 : 凡遺人弓者, 張弓尙筋, 弛弓尙角. <u>右手執簫,</u> <u>左手承弣.</u> 尊卑垂帨. 若主人拜, 則客還辟, 辟拜.

笏・書・脩・苞苴・弓・茵・席・枕・几・穎[京領反]・杖・琴・瑟
[句], 戈有刃者櫝[句], 筴籥, 其執之皆尚左手. 刀卻刃授穎, 削[笑]授拊.
凡有刺[次]刃者以授人, 則辟[僻]刃.〈少儀-052〉

홀・서책・육포・깔개를 대고 감싼 것・활・왕골자리・자리・베개・안
석・나무 베개['穎'자는 '京(경)'자와 '領(령)'자의 반절음이다.]・지팡이・금・슬이
나['瑟'자에서 구문을 끊는다.] 창 중 칼날이 있어서 상자에 넣은 것['櫝'자에서 구문
을 끊는다.] 시초・피리 등을 하사하거나 바치게 되면, 그것을 잡을 때에는
모두 왼손을 위로 가게 해서 윗부분을 잡고 오른손으로는 밑을 받친다.
칼을 건넬 때에는 칼날을 피하여 손잡이 끝에 있는 고리 부분을 건네고,
굽어 있는 칼을['削'자의 음은 '笑(소)'이다.] 건넬 때에는 손잡이를 건넨다. 무릇
날카로운['刺'자의 음은 '次(차)'이다.] 칼날이 있는 것을 상대에게 건넬 때라면,
칼날이 상대를 향하지 않도록 피해서['辟'자의 음은 '僻(벽)'이다.] 준다.

集說 笏也, 書也, 脯脩也, 苞苴也, 苴籍而苞裹之, 非特魚肉, 他物
亦可苞苴以遺人也. 弓也, 茵褥也, 席也, 枕也, 几也, 穎, 警枕也, 杖
也, 琴也, 瑟也, 戈有刃者, 櫝而致之也. 筴, 蓍也. 籥, 如笛而三孔
也. 凡十六物, 左手執上, 右手棒下, 陰陽之義也. 穎, 刀鐶也. 削, 曲
刀也. 拊, 刀把也. 辟, 偏也. 謂不以刃正向人也.

홀을 뜻한다. 서책을 뜻한다. 육포를 뜻한다. '포저(苞苴)'라고 했는데,
이것은 깔개를 대고 감싼 것이니, 물고기나 육고기뿐만 아니라, 다른 사
물들 또한 감싸서 타인에게 줄 수 있다. 활을 뜻한다. 왕골 등으로 짠
자리를 뜻한다. 자리를 뜻한다. 베개를 뜻한다. 안석을 뜻한다. '경(穎)'
은 나무로 만든 베개를 뜻한다. 지팡이를 뜻한다. 금을 뜻한다. 슬을 뜻
한다. 창 중에 칼날이 있는 것은 상자에 넣어서 전달한다. '책(筴)'은 시초
이다. '약(籥)'은 피리와 비슷한데, 세 개의 구멍이 있는 것이다. 무릇 이
러한 열여섯 가지 사물들은 왼손으로 그 위를 잡고 오른손으로 밑을 받치
니, 음양의 뜻에 따르기 때문이다. '영(穎)'은 칼의 손잡이 끝에 고리가

있는 부분이다. '소(削)'는 칼날이 굽어 있는 칼이다. '부(拊)'는 칼을 파지하는 부분이다. '벽(辟)'은 한쪽으로 치우친다는 뜻이다. 즉 칼날이 곧바로 상대를 향하게 할 수 없다는 의미이다.

【128】

凡遺[去聲]人弓者, 張弓尚筋, 弛弓尚角. 右手執簫, 左手承弣[無]. 尊卑垂悅[稅]. 若主人拜, 則客還[旋]辟[闢], 辟[避]拜.〈曲禮上-143〉[本在"操書致"之下.]

무릇 활을 남에게 증여['遺'자는 거성으로 읽는다.]할 때, 팽팽하게 시위를 당겨둔 활은 시위가 위로 향하도록 하고, 느슨하게 풀어둔 활은 활의 몸체에 붙은 얇은 쇠뿔이 위로 향하도록 한다. 우측 손으로는 활의 끝부분을 잡고, 좌측 손으로는 활 중앙 손잡이['拊'자의 음은 '無(무)'이다.]를 받쳐서 준다. 서로 신분의 차이가 없을 때에는 허리를 조금 숙여서 허리에 찬 헝겊['悅'자의 음은 '稅(세)'이다.]이 늘어지도록 한다. 만약 주인이 절을 한다면, 빈객은 조금씩 뒷걸음질로['還'자의 음은 '旋(선)'이다.] 자리를 비켜서['辟'자의 음은 '闢(벽)'이다.] 절하는 것을 피한다.['辟'자의 음은 '避(피)'이다. 본래는 "해당 물건에 대해 자세히 기록한 문서를 가져다가 바친다."[1]라고 한 문장 뒤에 수록되어 있었다.]

集說 弓之體, 角內而筋外. 尚, 使之在上也. 皆取其勢之順也. 簫, 弰末也. 疏云: "剡之差斜如簫, 故名." 弣, 中央把處也. 悅, 佩巾也. 客主尊卑相等, 則授受之際, 皆稍磬折而見其悅之垂也. 此時弓尚在客手, 故不容答主人之拜, 而少逡巡遷延以辟之. 辟, 猶開也, 謂離其所立之處.

활의 몸체에서 '각(角)'은 안쪽이 되고 '근(筋)'은 바깥쪽이 된다. '상(尙)'자는 대상을 위쪽으로 한다는 뜻이다. 이러한 행동들은 모두 활의 순한

---

1) 『예기』「곡례상(曲禮上)」 142장 : 獻田宅者, 操書致.

모양새를 따르는 것이다. '소(簫)'는 활고자의 끝 부분이다. 소에서 말하길, "비스듬하게 깎은 모습이 퉁소와 유사하기 때문에, '소(簫)'라고 부르는 것이다."라고 했다. '부(拊)'는 중앙 부위의 손으로 잡는 곳이다. '세(帨)'는 허리에 차는 헝겊이다. 빈객과 주인의 신분이 대등한 경우라면, 서로 물건을 주고받을 때, 양쪽 모두 조금 허리를 숙여서, 허리에 차고 있는 수건이 늘어져 있는 모습이 보이게 된다. 이 시기에는 활이 아직 빈객의 손에 들려 있기 때문에, 주인이 절을 할 때 답배를 하는 것이 수월치 않아서, 조금씩 뒷걸음질을 쳐서 뒤로 물러나 피해주는 것이다. '벽(辟)'자는 "벌린다."는 뜻이니, 서 있는 장소에서 떨어진다는 의미이다.

集說 呂氏曰: 下於上曰獻, 上於下曰賜, 敵者曰遺.

여씨가 말하길, 아랫사람이 윗사람에게 물건을 보내는 것을 '헌(獻)'이라 부르고, 윗사람이 아랫사람에게 물건을 주는 것을 '사(賜)'라 부르며, 대등한 사람끼리 물건을 보내는 것을 '유(遺)'라 부른다.

【129】

主人自受, 由客之左, 接下承拊, 鄉[去聲]與客竝, 然後受.〈曲禮上-144〉
주인은 직접 받으며 빈객의 왼쪽에서 물건을 받으니, 좌측 손은 빈객의 손 아래쪽으로 대고, 우측 손으로 손잡이를 받쳐서 받는다. 물건을 주고받을 때 바라보는 방향['鄉'자는 거성으로 읽는다.]은 빈객과 동일하여 빈객과 나란히 서며, 이러게 선 이후에 물건을 받는다.

集說 自受者, 以敵客不當使人受也. 由, 從也. 從客左邊而受, 則客在右矣, 於是主人郤左手以接客之下而承其拊, 又覆右手以捉弓之下頭而受之. 此時則主客竝立, 而俱南向也.

"직접 받는다."고 한 이유는 빈객의 신분이 자신과 대등하므로, 남을 시켜서 물건을 받을 수 없기 때문이다. '유(由)'자는 '~부터'라는 뜻이다. 빈객의 좌측으로부터 물건을 받게 된다면, 빈객은 주인의 우측에 있게 되는데, 이때 주인은 좌측 손을 빈객의 손 아래쪽으로 대서 활의 손잡이 부위를 받치며, 또 우측 손을 뒤집어서 활의 아래쪽 끝단을 잡고서 건네받는다. 이 시기에 주인과 빈객은 나란히 서서 모두 남쪽을 향하게 된다.

集說 方氏曰: 賓主異等, 則授受異向, 此賓主敵, 故鄕與客並也.
방씨가 말하길, 빈객과 주인의 신분이 다른 경우라면, 물건을 주고받을 때 각각 향하는 방향이 다른데, 이곳 문장에서 말하는 상황은 빈객과 주인의 신분이 대등한 경우이다. 그렇기 때문에 향하는 방향을 빈객과 나란히 하여 서게 되는 것이다.

【130】
進劍者, 左首.〈曲禮上-145〉
검을 남에게 증여할 때에는 검의 머리를 왼쪽으로 해서 준다.

集說 疏曰: 進, 亦遺也. 首, 劒拊環也. 客在右, 主人在左, 劒首爲尊, 以尊處與主人也. 假令對授, 則亦左首, 首尊, 左亦尊, 爲宜也.
소에서 말하길, '진(進)'자 또한 "증여한다."는 뜻이다. '수(首)'자는 손잡이 끝에 붙은 고리이다. 빈객은 우측에 있고, 주인은 좌측에 있는데, 검의 머리 부분은 존귀한 위치가 되므로, 존귀한 부분을 주인에게 건네는 것이다. 가령 마주보고 주고받게 된다면, 또한 검의 머리를 좌측으로 해서 주니, 검의 머리 부분이 존귀한 부분이고, 좌측 또한 존귀한 방향이 되므로, 이렇게 하는 것이 올바른 것이다.

【131】

進戈者, 前其鐏[在困反], 後其刃.〈曲禮上-146〉

과(戈)를 남에게 증여할 때에는 창 끝 부분의 무딘 쪽['鐏'자는 '在(재)'자와 '困(곤)'자의 반절음이다.]을 앞으로 하고, 창날 쪽은 뒤로 해서 건넨다.

集說 疏曰: 戈, 鉤孑戟也. 刃當頭而利, 鐏在尾而鈍. 不以刃授, 敬也.

소에서 말하길, '과(戈)'는 창끝이 구부러지고 길이가 짧은 창이다. 창날이 앞쪽에 있으므로 날카롭고, '준(鐏)'은 꼬리 쪽에 있으므로 무디다. 창날 쪽으로 건네지 않는 것은 상대방을 공경하기 때문이다.

【132】

進矛戟者, 前其鐓[隊].〈曲禮上-147〉

모(矛)와 극(戟)을 남에게 증여할 때에는 창의 자루 밑 부분['鐓'자의 음은 '隊(대)'이다.]을 앞으로 해서 건넨다.

集說 疏曰: 矛, 如鋋而三廉. 戟, 今之戟也. 鐓, 爲矛戟柄尾平底. 以平向人, 敬也. 亦應並授. 不云左右而云前後者, 互文也. 若相對, 則前後也, 若並授, 則左右也.

소에서 말하길, '모(矛)'는 작은 창인 연(鋋)과 비슷하지만 창날이 삼각형으로 되어 있다. '극(戟)'은 오늘날에도 사용하고 있는 극(戟)이다. '대(鐓)'는 모와 극' 자루 부분 중에서도 가장 밑의 평평한 부분이다. 평평한 부분을 상대방에게 향하는 것은 상대방을 공경하기 때문이다. 이러한 경우에도 또한 나란히 서서 주고받아야 한다. 좌우라고 언급하지 않고, 전후라고 언급한 이유는 서로 호환이 되도록 문장을 기록했기 때문이다. 만약 서로 마주보는 경우라면, 전후가 되고, 나란히 서서 주고받는 경우라면 좌우가 된다.

【133】
進几杖者, 拂之.〈曲禮上-148〉
안석과 지팡이를 남에게 증여할 때에는 먼지를 제거하고 준다.

集說 拭去塵也.
닦아서 먼지를 제거한다는 뜻이다.

【134】
效馬效羊者, 右牽之.〈曲禮上-149〉
말과 양을 바칠 때에는 우측 손으로 끌고 간다.

集說 效, 陳獻也. 以右手牽之爲便.
'효(效)'자는 진상한다는 뜻이다. 우측 손으로 끌고 가는 이유는 편리하기
때문이다.

【135】
效犬者, 左牽之.〈曲禮上-150〉
개를 바칠 때에는 좌측 손으로 끌고 간다.

集說 以右手防其齧噬.
개가 사람들을 무는 것을 우측 손으로 방지하기 위해서이다.

【136】
執禽者, 左首.〈曲禮上-151〉
새를 바칠 때에는 새를 잡고서 머리를 좌측 방향으로 해서 바친다.

集說 禽, 鳥也, 首尊. 主人在左, 故橫捧而以首授主人.

‘금(禽)’자는 조류를 뜻하며, 머리 부분이 귀한 부위가 된다. 주인이 좌측에 있게 되므로, 새를 바칠 때에는 가로로 눕히도록 새를 들어서, 머리 쪽을 주인에게 건네는 것이다.

【137】
飾羔鴈者以績[會].〈曲禮上-152〉
새끼양과 기러기를 바칠 때에는 구름무늬가 들어간 천으로[‘績’자의 음은 ‘會(회)’이다.] 덮어서 바친다.

集說 飾, 覆之也. 畫布爲雲氣, 以覆羔與鴈, 爲相見之贄也.

‘식(飾)’자는 천으로 덮는다는 뜻이다. 천에 구름무늬를 그려놓은 것으로 새끼 양과 기러기를 덮어서, 서로 만나볼 때의 선물로 삼는다.

附註 按: 羔鴈以綵絲繫而爲飾. 如鴈則繫觜, 羔則繫角是已.

살펴보니, 새끼양과 기러기는 채색된 끈으로 묶어서 장식을 한다. 기러기의 경우에는 부리를 묶고, 새끼양의 경우에는 뿔을 묶을 따름이다.

【138】

受珠玉者以掬.〈曲禮上-153〉

구슬과 옥을 받을 때에는 두 손으로 감싸서 조심스럽게 받는다.

集說 謂以兩手共承之也.

'국(掬)'이라는 말은 양손을 모두 이용해서 감싸듯이 받는다는 뜻이다.

【139】

受弓劍者以袂.〈曲禮上-154〉

활이나 검과 같은 병기들을 받을 때에는 소매로 손을 가리고서 받는다.

集說 謂以衣袂承接之, 不露手也.

옷소매로 받들듯이 들고 손을 드러내지 않는다는 뜻이다.

【140】

飲玉爵者, 弗揮.〈曲禮上-155〉

으로 된 술잔으로 술을 마실 때에는 술을 마시고 나서 잔을 털지 않는다.

集說 謂不可振去餘瀝, 恐失墜.

잔 바닥에 남아 있는 술을 털어낼 수 없다는 의미로, 아마도 실수로 땅에 떨어뜨리게 될 것을 걱정하기 때문일 것이다.

【141】

水潦降, 不獻魚鼈.〈曲禮上-135〉 [本在"專席而坐"下.]

물이 마르면, 물고기나 자라를 헌상하지 않는다. [본래는 "홑겹으로 된 자리에

앉는다."[1]라고 한 문장 뒤에 수록되어 있었다.]

集說 水涸魚鼈易得, 不足貴, 故不獻.

물이 마르면, 물고기나 자라 등을 쉽게 잡을 수 있게 되어서, 귀한 음식으로 여기기에는 충분치 못하다. 그렇기 때문에 헌상하지 않는 것이다.

【142】

獻鳥者, 佛[符勿反]其首, 畜[許六反]鳥者, 則勿佛也.〈曲禮上-136〉

사냥으로 잡은 새를 헌상할 때에는 새의 머리를 비틀어서['佛'자는 '符(부)'자와 '勿(물)'자의 반절음이다.] 바치고, 집에서 기르던['畜'자는 '許(허)'자와 '六(륙)'자의 반절음이다.] 새인 경우에는 머리를 비틀지 않고 바친다.

集說 佛, 謂振轉其首, 恐其喙之害人也. 畜者不然, 順其性也.

'불(佛)'자는 머리를 비튼다는 뜻이니, 아마도 새의 부리가 사람을 다치게 하지는 않을까 염려했기 때문일 것이다. 집에서 사육한 새는 그렇게 하지 않으니, 사나운 성질을 순하게 길들였기 때문이다.

【143】

獻車馬者, 執策綏.〈曲禮上-137〉

수레와 말을 헌상할 때에는 수레와 말을 직접 주는 것이 아니라 채찍과 수레를 탈 때 잡는 끈을 손에 쥐고서 그것들을 대신 바친다.

集說 疏曰: 策, 是馬杖. 綏, 是上車之繩. 車馬不上於堂, 但執策綏呈之, 則知有車馬.

---

1)『예기』「곡례상(曲禮上)」134장 : 有憂者, 側席而坐, 有喪者, 專席而坐.

소에서 말하길, '책(策)'자는 말의 채찍을 뜻한다. '수(綏)'자는 수레에 탈 때 쓰는 끈을 뜻한다. 수레와 말은 당 위로 가져갈 수 없으므로, 단지 채찍과 끈을 손에 들고서 드리는 것이니, 이 두 물건을 주게 된다면, 수레와 말을 바치기 위해 가져왔음을 알 수 있다.

【144】

獻甲者, 執冑; 獻杖者, 執末.〈曲禮上-138〉

갑옷을 헌상할 때에는 갑옷 전체를 바치는 것이 아니라 투구만을 가져가서 드리고, 지팡이를 헌상할 때에는 지팡이의 끝부분이 자신을 향하도록 잡는다.

集說 疏曰: 甲, 鎧也. 冑, 兜鍪也. 鎧大, 兜鍪小, 小者易擧, 執以呈之耳. 杖末拄地不淨, 故執以自向.

소에서 말하길, '갑(甲)'자는 갑옷을 뜻한다. '주(冑)'자는 투구를 뜻한다. 갑옷은 부피가 크지만, 투구는 부피가 작으니, 작은 것은 쉽게 운반할 수 있으므로, 투구를 가져가서 드리는 것일 뿐이다. 지팡이의 끝부분은 땅에 대는 부분이므로 깨끗하지 못하다. 그렇기 때문에 지팡이를 잡을 때에는 그 부분이 자신을 향하도록 잡는 것이다.

【145】

獻民虜者, 操右袂.〈曲禮上-139〉

포로를 헌상할 때에는 포로의 우측 소매를 잡아서 바친다.

集說 民虜, 征伐所俘獲之人口也. 持其右袖, 所以防異心.

'민로(民虜)'는 정벌을 하여 사로잡은 포로를 뜻한다. 포로의 우측 소매를 잡는 이유는 포로가 다른 마음을 먹는 것을 방지하기 위해서이다.

【146】

獻粟者, 執右契; 獻米者, 操量鼓. 〈曲禮上-140〉

찧지 않은 곡식을 헌상할 때에는 한 벌의 문서 장부를 찢어서 우측 부분의
문서를 가져다 드리고, 쌀을 헌상할 경우에는 용량을 재는 기구를 가져다
드린다.

> **集說** 疏曰: 契者, 兩書一札, 同而別之, 右者先書爲尊. 鼓, 量器名
> 也. 米云量, 則粟亦量, 粟云契, 則米亦書. 但米可卽食爲急, 故言量,
> 粟可久儲爲緩, 故云書. 書比量爲緩也.

소(疏)에서 말하길, '계(契)'라는 것은 두 벌로 쓴 하나의 문서인데, 동일
한 크기로 자르게 되면, 우측에 있던 문서 조각이 먼저 기록한 것이므로,
존귀한 대상이 된다. '고(鼓)'자는 용량을 재는 기구의 명칭이다. 쌀에
대해서는 용량을 재는 도구를 대신 준다고 하였다면, 찧지 않은 곡식에
대해서도 또한 용량을 재는 도구를 대신 준다고 할 수 있고, 찧지 않은
곡식에 대해서 문서 장부를 대신 준다고 하였다면, 쌀에 대해서도 또한
그 문서 장부를 대신 준다고 할 수 있다. 다만 쌀은 곧바로 먹을 수 있는
것이므로, 상대적으로 급선무인 대상이 된다. 그렇기 때문에 용량을 재는
기구로 말을 한 것이고, 찧지 않은 곡식은 오랜 기간 저장할 수 있으므로,
상대적으로 천천히 취급해도 되는 대상이 된다. 그렇기 때문에 문서로
말을 한 것이다. 문서는 용량을 재는 기구에 비해서 상대적으로 덜 급한
것이 되기 때문이다.

【147】

獻熟食者, 操醬齊[齊'자는 '牋(전)'자와 '西(서)'자의 반절음
이다.]**.** 〈曲禮上-141〉

익힌 음식을 헌상할 때에는 젓갈이나 장['齊'자는 '牋(전)'자와 '西(서)'자의 반절음
이다.]을 가지고 가서 바친다.

集說 疏曰: 醬齊爲食之主, 執主來, 則食可知. 如見芥醬, 必知獻魚膾之類.

소에서 말하길, 젓갈이나 장은 음식을 먹는데 위주가 되는 것이니, 위주가 되는 것을 들고 찾아왔다면, 음식을 가져왔다는 사실을 알 수 있다. 예를 들어 겨자가 들어간 장을 보이게 되면, 생선회 종류를 바친다는 사실을 확신할 수 있는 것과 같은 경우이다.

【148】
獻田宅者, 操書致. 〈曲禮上-142〉
전답이나 가옥을 헌상할 때에는 해당 물건에 대해 자세히 기록한 문서를 가져다가 바친다.

集說 書致, 謂詳書其多寡之數, 而致之於人也.
'서치(書致)'라는 말은 수량을 자세히 기록해서 남에게 준다는 뜻이다.

集說 呂氏曰: 古者田宅皆屬於公, 非民所得而有. 而此云獻者, 或上所賜予, 可爲己有者. 如采地之屬, 故可獻歟.
여씨가 말하길, 고대에는 전답과 가옥이 모두 군주에게 속한 물건이었으므로, 백성들이 소유할 수 있는 것이 아니었다. 그런데도 이곳에서 헌상한다고 기록한 것은 간혹 위정자가 자신에게 수여해줘서, 자신의 소유물로 삼을 수 있었던 것들을 뜻한다. 예를 들어 채지 등의 부류들이 여기에 해당한다. 그렇기 때문에 헌상할 수 있었을 것이다.

【149】

凡以弓 · 劍 · 苞 · 苴 · 簞 · 笥問人者, 操以受命, 如使[去聲]之容.〈曲
禮上-156〉 [本在"爵者弗揮"下.]

무릇 활 · 검 · 포 · 저 · 단 · 사를 상대방에게 보낼 때, 심부름을 맡은 자는
물건들을 손에 들고서 주인의 명령을 받으며, 실제로 심부름을 갔을 때['使'
자는 거성으로 읽는다.]처럼 용모를 갖추고 행동 절차들을 따르게 된다. [본래는
"잔을 털지 않는다."2)라고 한 문장 뒤에 수록되어 있었다.]

集說 苞者, 苞裹魚肉之屬. 苴者, 以草藉器而貯物也. 簞圓笥方, 皆
竹器. 問, 遺之也. 使者受命之時, 操持諸物, 卽習其威儀進退, 如至
彼國之儀容也.

'포(苞)'라는 것은 물고기나 고기 등을 포장한 것이다. '저(苴)'라는 것은
풀을 그릇의 바닥에 깔고서 음식물을 쌓아둔 것이다. '단(簞)'은 원형으로
생긴 것이며, '사(笥)'는 사각형으로 생긴 것인데, 이 모두는 대나무를 짜
서 만든 그릇들이다. '문(問)'자는 물건을 보낸다는 뜻이다. 심부름을 하
는 자가 주인의 명령을 받을 때에는 가지고 갈 여러 물건들을 손에 들고,
곧 심부름을 갔을 때 따르게 되는 위엄을 갖추고, 용모를 꾸미며, 나아가
고 물러나는 행동 절차 등을 익히게 되는데, 이것은 곧 심부름을 하게
될 나라에 실제로 갔을 때처럼 행동과 용모를 갖추는 것이다.

【150】

未仕者不敢稅人, 如稅人, 則以父兄之命.〈檀弓上-148〉 [檀弓. 本在"惡野
哭者"下.]

아직 벼슬살이를 하지 못한 자는 감히 남에게 물건을 보내줄 수 없으니,
만약 부득이하게 남에게 물건을 보내주어야만 하는 경우라면, 자신의 부형

---

2) 『예기』「곡례상(曲禮上)」 155장 : 飮玉爵者, 弗揮.

이 명령한 것이라 칭하며 물건을 보낸다. [「단궁」편의 문장이다. 본래는 "들판에서 곡하는 자를 미워했다."[3]라고 한 문장 뒤에 수록되어 있었다.]

集說 稅人, 以物遺人也. 未仕者身未尊顯, 故內則不可專家財, 外則不可私恩惠也. 或有情義之所不得已而當遺者, 則稱尊者之命而行之.

'세인(稅人)'은 남에게 물건을 보낸다는 뜻이다. 아직 벼슬살이를 하지 못한 자는 존귀함을 드러낼 수 없다. 그렇기 때문에 내적으로는 가산에 대해서 마음대로 할 수 없고, 외적으로는 사적인 은정과 은혜를 베풀 수 없다. 혹여 정감과 도리상 부득이하게 물건을 보내야만 하는 경우가 있다면, 존귀한 자의 명령이라고 일컬으며 물건을 보낸다.

【151】

凡獻於君, 大夫使宰, 士親, 皆再拜稽首送之. 膳於君有葷[熏]桃茢[列], 於大夫去[上聲]茢, 於士去葷, 皆造[七到反]於膳宰.〈玉藻-102〉[玉藻, 下並同. 本在"不同日"下.]

무릇 군주에게 헌상품을 바치게 된다면, 대부의 경우에는 본인이 직접 전달하지 않고 가신의 우두머리인 재를 시키고, 사는 신분이 미천하므로 자신이 직접 바치게 되는데, 모든 경우에 있어서 재배를 하고 머리를 조아린 뒤에 하급관리에게 전달하게 된다. 군주에게 맛있는 음식을 바치게 된다면, 훈['葷'자의 음은 '熏(훈)'이다.]·도·열이라는['茢'자의 음은 '列(렬)'이다.] 사물을 이용해서 상서롭지 못한 것들을 방지하는데, 신분에 따른 차등도 존재하니, 대부에게 음식을 바칠 경우에는 열을 제거하고['去'자는 상성으로 읽는다.] 사에게 음식을 바칠 경우에는 훈까지도 제거하며, 모든 경우에 있어서 주군에게 직접 전달하는 것이 아니라 음식을 담당하는 선재에게 전달한다. ['造'자는 '七(칠)'자와 '到(도)'자의 반절음이다. 「옥조」편의 문장이며, 아래도 모두 이와 같

---

3) 『예기』「단궁상(檀弓上)」 147장 : 孔子<u>惡野哭者</u>.

다. 본래는 "같은 날에 하지 않는다."[4]라고 한 문장 뒤에 수록되어 잇었다.]

集説 大夫不親往而使宰者, 恐勤君之降禮而受獻也. 士賤, 故得自往. 皆再拜稽首送之者, 言大夫初遣宰時, 己拜送矣, 及至君門以授小臣, 則或宰或士, 亦皆再拜而送之也. 膳, 美食也. 葷, 薑及辛菜也. 苅, 苕帚也. 膳宰, 主飲食者.

대부는 직접 찾아가지 않고 가신의 우두머리인 재를 시키는데, 그 이유는 아마도 군주가 예법을 낮춰서 헌상품을 받게 만드는 수고로움에 대해 염려했기 때문이다. 사는 신분이 미천하기 때문에, 자신이 직접 찾아갈 수 있다. "모두 재배를 하고 머리를 조아리며 보낸다."라고 했는데, 이것은 대부가 최초 재를 파견시킬 때, 대부 본인이 절을 하며 물건을 보내게 되고, 군주가 계신 궁문에 도달하여 하급관리에게 물건을 건네게 되면, 재 혹은 사는 또한 모두 재배를 하고 물건을 건넨다는 뜻이다. '선(膳)'자는 맛있는 음식을 뜻한다. '훈(葷)'은 생강 및 신채를 뜻한다. '열(苅)'은 초로 만든 빗자루이다. '선재(膳宰)'는 음식에 대한 일을 담당하는 관리이다.

集説 方氏曰: 膳必用葷桃苅者, 防不祥之存或于之也. 桃以其性. 葷以其氣, 苅以其形. 形不如氣, 氣不如性, 故貴賤多小之數, 去其一者苅, 去其二者葷, 惟桃不可去焉. 皆造膳宰者, 以不敢專達, 必待主膳之人達之也.

방씨가 말하길, 맛있는 음식에 대해서 반드시 훈·도·열을 사용하는 이유는 상서롭지 못한 물건이 간혹 끼어들 수 있음을 방지하기 위해서이다. 도를 사용하는 것은 그 성질 때문이며, 훈을 사용하는 것은 그 기운 때문이고, 열을 사용하는 것은 그 형체 때문이다. 형체는 기운만 못하고, 기운

---

4) 『예기』「옥조(玉藻)」 101장 : 凡賜君子, 與小人<u>不同日</u>.

은 성질만 못한다. 그렇기 때문에 신분의 등급에 따라 많게 하거나 적게 하는 차이가 있어서, 한 가지만 제거하는 경우에는 열을 빼고, 두 가지를 제거하는 경우에는 훈까지도 빼는데, 도만은 제거할 수 없다. "모두 선재에게 건넨다."라고 한 것은 감히 제 마음대로 전달을 할 수 없으므로, 반드시 음식을 담당하는 관리를 통해서 전달해야만 한다.

【152】

大夫不親拜, 爲[去聲]君之答己也.〈玉藻-103〉

대부가 직접 찾아가서 절을 하며 물건을 바치지 않는 것은 직접 찾아가게 되면, 군주가 자신에게 답배를 해야 하기 때문이다.['爲'자는 거성으로 읽는다.]

集說 釋所以不親獻之義.

직접 물건을 바치지 않는 의미를 풀이한 말이다.

【153】

大夫拜賜而退. 士待諾而退, 又拜. 弗答拜.〈玉藻-104〉

대부가 하사품을 받게 되면, 그 다음날 공문으로 찾아가서 하사를 해준 것에 대해 절을 하고 물러난다. 사는 자신이 찾아온 사실을 하급관리가 보고하고, 허락을 한다는 명령을 받을 때까지 기다렸다가 물러나며, 또한 군주가 허락을 해준 것에 대해 절을 한다. 군주는 사에 대해서 답배를 하지 않는다.

集說 大夫往君門而拜君昨日所賜, 及門, 卽告小臣. 小臣入白, 大夫卽拜, 拜竟卽退, 不待小臣出報, 恐君召進之而答拜也. 君不答士之拜, 故士拜竟則待小臣傳君之諾報而後退也. 又拜者, 小臣傳諾報而出, 士又拜君之諾也. 弗答拜, 謂君終不答士之拜也.

대부는 군주의 공문으로 찾아가서 군주가 어제 하사를 해준 물건에 대해 절을 하는데, 문에 도달하게 되면 곧 하급관리에게 알리게 한다. 하급관리가 들어가서 그 사실을 아뢰면, 대부는 곧 절을 하고, 절하는 일이 끝나면 곧바로 되돌아오며, 하급관리가 다시 나와서 아뢴 사실에 대해 보고를 할 때까지 기다리지 않으니, 아마도 군주가 그를 안으로 불러서 답배를 하게 됨을 염려했기 때문이다. 군주는 사의 절에 대해 답배를 하지 않는다. 그렇기 때문에 사는 절하는 것을 끝내면, 군주가 허락을 했다는 하급관리의 보고를 받을 때까지 기다린 뒤에야 물러가는 것이다. '우배(又拜)'라는 것은 허락을 했다는 보고를 전달하기 위해 하급관리가 밖으로 나오면, 사는 재차 군주가 허락을 해준 것에 대해 절을 한다는 뜻이다. '불답배(弗答拜)'라는 말은 군주는 끝내 사의 절에 대해서 답배를 하지 않는다는 뜻이다.

【154】

大夫親賜士, 士拜受, 又拜於其室. 衣服, 弗服以拜. 敵者不在, 拜於其室.〈玉藻-105〉

대부는 직접 사에게 하사품을 전달하고, 사는 절을 하며 그 물건을 받고, 또 그 다음날 그 집에 찾아가서 절을 하며 감사를 표하게 된다. 의복을 하사받은 경우에는 그 의복을 착용하고 절을 하지 않는다. 신분이 대등한 경우, 물건을 준 자가 부재중이라면, 물건을 받은 자는 이후 물건을 준 자의 집에 찾아가서 절을 한다.

集說 其室, 大夫之家也. 衣服不服以拜, 下於君賜也. 敵者, 尊卑相等也. 其室, 獻者之家也. 若當時主人在家而拜受, 則不復往彼家拜謝. 今主人不在, 不得拜受, 還家必往而拜之也. 若朋友, 則非祭肉不拜.

'기실(其室)'은 대부의 집을 뜻한다. 의복을 하사받은 경우, 그 의복을 착용하고서 절을 하지 않는 것은 군주에게 받은 하사품의 예법보다 낮추기 때문이다. '적자(敵者)'는 신분이 서로 대등한 자를 뜻한다. '기실(其室)'은 물건을 준 자의 집을 뜻한다. 만약 당시에 주인이 그 집에 있다면 절을 하고 받으니, 다시 상대방의 집에 찾아가서 절을 하며 감사를 표하지 않는다. 그런데 현재 주인이 부재중이므로 절을 하며 받을 수 없으니, 자신의 집으로 되돌아오게 되면 반드시 물건을 준 자에게 찾아가서 절을 하는 것이다. 만약 친구 사이라면, 제사를 지내고 나온 고기가 아닌 경우에는 절을 하며 받지 않는다.

【155】

酒肉之賜弗再拜.〈玉藻-100〉 [本在"致諸地也"下.]

하사품 중 술과 고기에 대해서는 자신의 집에서만 절을 하고 받으며, 다음 날 재차 찾아가서 절하는 절차를 시행하지 않는다. [본래는 "땅에 닿도록 절을 한다."5)라고 한 문장 뒤에 수록되어 있었다.]

集說 已拜受於家, 而明日又往拜, 謂之再拜. 酒肉之賜輕, 故惟拜受於家而已.

이미 자신의 집에서 절을 하며 하사품을 받았고, 그 다음날 재차 찾아가서 절을 하는 것을 '재배(再拜)'라고 부른다. 하사품 중 술과 고기는 상대적으로 덜 중요한 것이다. 그렇기 때문에 오직 자신의 집에서만 절을 하고 받을 따름이다.

【156】

凡賜君子, 與小人不同日.〈玉藻-101〉

무릇 군자에게 하사를 하거나 소인에게 물건을 수여할 때에는 같은 날에

---

5) 『예기』「옥조(玉藻)」 099장 : 君賜, 稽首據掌致諸地.

하지 않는다.

君子小人以位言, 君子曰賜, 小人曰與, 貴賤殊, 故不可同日也.

군자와 소인은 지위에 기준을 두고 말한 것이니, 군자에 대해서 "하사한다."라 말하고, 소인에 대해서 "수여하다."라 말한 것은 귀천의 등급에 따른 차이이다. 그렇기 때문에 같은 날에 줄 수 없다.

凡賜君子與小人, 謂與小人不同日, 非賜予之予.

'범사군자여소인(凡賜君子與小人)'이라고 했을 때, 이것은 소인과 같은 날에 하지 않는다는 의미로, '여(與)'자는 수여한다고 할 때의 여(予)자가 아니다.

【157】

凡於尊者有獻, 而弗敢以聞.〈玉藻-106〉

무릇 존귀한 자에게 헌상을 할 경우에는 감히 존귀한 자에게 직접적으로 그 말을 전달하지 않는다.

集說 不敢以聞者, 不敢直言獻於尊者, 如云致馬資於有司, 及贈從者之類也.

'불감이문(不敢以聞)'이라는 말은 존귀한 자에게 직접 헌상품에 대해 말을 하지 않는 것으로, 마치 "거마에 대한 비용을 유사에게 바칩니다."라고 말하고, "종자에게 이러한 물건을 보냅니다."라는 등의 말처럼 하는 것이다.

【158】

士於大夫不承賀, 下大夫於上大夫承賀.〈玉藻-107〉

사는 대부에 대해서 신분의 차이가 많이 나므로, 대부가 직접 축하하는 것을 받지 않으며, 하대부는 상대부에 대해서 신분의 차이가 적게 나므로, 상대부가 직접 축하하는 것을 받아들인다.

集說 士於大夫傳卑遠, 若有慶事, 不敢受大夫之親賀. 下大夫於上大夫尊卑近, 故可承受其親賀也.

사는 대부에 대해서 신분의 차이가 많이 나니, 만약 경사스러운 일이 있더라도, 감히 대부가 직접 축하하는 것을 받지 못한다. 하대부는 상대부에 대해서 신분의 차이가 많이 나지 않는다. 그렇기 때문에 직접 축하하는 것에 대해 받아들일 수 있다.

【159】

有慶, 非君賜不賀.〈玉藻-094〉 [本在"先君子"下.]

경사스러운 일이 있더라도, 군주가 하사를 해준 것이 아니라면, 축하를 하지 않는다. [본래는 "존귀한 자보다 먼저 맛을 본다."¹⁾라고 한 문장 뒤에 수록되어 있었다.]

集說 君賜, 如爵命 · 土田 · 車服之類皆是也. 言卿大夫士之家, 設有喜慶之事, 若是君命所賜則當賀, 非君賜則不賀, 蓋以君賜爲榮也. 一說, 有慶而君亦慶之, 則餘人亦致賀; 君無所賜, 則餘人亦不必賀也.

'군사(君賜)'는 작위의 명(命) 등급, 토지, 수레나 의복 등의 부류들이 모두 여기에 해당한다. 즉 경 · 대부 · 사의 집안에서 경사스러운 일이 있는데, 만약 군주가 명령을 내려서 하사를 해준 것이라면, 마땅히 축하를 해야 하지만, 군주가 하사를 해준 것이 아니라면, 축하를 하지 않는다는 뜻이니, 무릇 군주의 하사에 대해서 영광으로 여기기 때문이다. 일설에는 경사스러운 일이 있어서, 군주 또한 경하를 해준다면, 나머지 사람들 또한 축하를 전하게 되지만, 군주가 하사를 해준 것이 없다면, 나머지 사람들 또한 반드시 축하를 할 필요는 없다는 뜻이라고 한다.

【160】

有憂者.〈玉藻-095〉

근심스러운 일이 있는 경우이다.

集說 此下缺文.

이곳 문장 뒤에는 기록이 누락되었다.

---

1) 『예기』「옥조(玉藻)」093장 : 凡食果實者後君子, 火孰者先君子.

非爲[去聲]人喪, 問與[平聲]? 賜與?〈雜記下-032〉[雜記. 本在"不見大饗乎"下.]

남의 상을 위해서['爲'자는 거성으로 읽는다.] 상황을 물어보며 주는 것인가?['與' 자는 평성으로 읽는다.] 아니면 존귀한 자가 베풀어주는 것인가? [「잡기」편의 문장 이다. 본래는 "대향의 예법을 보지 못했습니까?"²)라고 한 문장 뒤에 수록되어 있었다.]

集說 此上有闕文, 言非爲其有喪而問遺之歟, 賜予之歟? 問, 敵者 之禮. 賜, 尊上之命.

이 문장 앞에는 빠진 문장이 있으니, "상이 발생했기 때문에 상황을 물어 보며 주는 것인가? 아니면 베풀어 주는 것인가?"라는 뜻이다. '문(問)'은 신분이 서로 대등할 때의 예법이다. '사(賜)'는 존귀한 자가 내리는 명령 이다.

附註 有憂者, 有憂服之人, 喪人. 無問遺人之禮, 惟於親故之喪, 或 有問遺之事, 故云.

'유우자(有憂者)'는 부모의 상복을 착용하고 있는 사람을 뜻하니, 상중에 있는 자를 의미한다. 남에게 묻고서 물건을 보내주는 예법은 없는데, 오 직 친척이나 예전부터 알고 지내던 친우의 상에서만 간혹 묻고서 보내주 는 일이 있기 때문에 이처럼 말한 것이다.

類編 右獻遺授受之禮.

여기까지는 '헌유수수지례(獻遺授受之禮)'에 대한 내용이다.

類編 說見少儀.

자세한 설명은 『예기』「소의(少儀)」편에 나온다.

---

2) 『예기』「잡기하(雜記下)」 031장 : 或問於曾子曰: "夫旣遣而包其餘, 猶旣食而裹 其餘與? 君子旣食則裹其餘乎?" 曾子曰: "吾子不見大饗乎? 夫大饗旣饗, 卷三 牲之俎歸于賓館, 父母而賓客之, 所以爲哀也. 子不見大饗乎?"

◇ 상사와 제사에 대한 예절[喪祭之禮]

【162】

居喪之禮, 毀瘠不形, 視聽不衰. 升降, 不由阼階, 出入, 不當門隧.
〈曲禮上-164〉[本在"不樂不弔"下.]

상을 치르는 예법에서는 슬픔 때문에 몸이 수척하게 되더라도, 그 상태가
피골이 상접한 지경까지 이르게 하지 않으며, 보고 듣는 것조차 못할 정도
까지 이르게 하지 않는다. 당에 오르거나 내려갈 때에는 부친이 사용하던
동쪽 계단을 이용하지 않고, 문을 출입할 때에도 부친이 사용하던 문의
중앙 길을 이용하지 않는다. [본래는 "즐거워하지도 않고 슬퍼하지도 않는다."[1]라고
한 문장 뒤에 수록되어 있었다.]

> **集說** 門隧, 謂門之中道也.

'문수(門隧)'는 대문의 가운데 길이다.

> **集說** 疏曰: 居喪許羸瘦, 不許骨露見. 骨爲形之主, 故謂骨爲形.

소에서 말하길, 상을 치를 때 여위고 수척해지는 것은 허용되어도, 피골
이 상접하게 되는 것은 허용되지 않는다. 뼈는 몸 형상의 중심이 된다.
그렇기 때문에 '골(骨)'을 형(形)이라고 한 것이다.

> **集說** 呂氏曰: 先王制禮, 毀不滅性. 毀瘠形, 視聽衰, 幾於滅性, 送
> 死之大事, 且將廢而莫之行, 則罪莫大焉. 不由阼階, 不當門隧, 執人
> 子之禮而未忍廢也.

여씨가 말하길, 선왕이 상례를 제정함에, 몸이 수척해지더라도 생명을
잃게 하지는 않았다. 수척해져서 피골이 상접하고, 보고 듣는 것조차 제
대로 안 되면, 거의 생명을 잃는 지경까지 간 것이며, 죽은 자를 전송하는

---

1) 『예기』「곡례상(曲禮上)」 163장 : 齊者, 不樂不弔.

큰 임무에 대해서도 그 예법이 중지되어 시행할 수 없게 되니, 이보다 더 큰 죄는 없다. 그 집의 주인이 본래 사용하게 되는 동쪽 계단을 이용하지 않고, 주인이 이용하는 문의 중앙 길로 다니지 않는 것은 자식으로서 지켜야 하는 예법을 차마 그만 둘 수 없기 때문이다.

【163】
居喪之禮, 頭有創[平聲]則沐, 身有瘍[羊]則浴, 有疾則飮酒食肉, 疾止復初. 不勝[升]喪, 乃比於不慈不孝.〈曲禮上-165〉

상을 치르는 예법에서는 머리에 부스럼['創'자는 평성으로 읽는다.]이 생기면 머리를 감을 수 있고, 몸에 종기['瘍'자의 음은 '羊(양)'이다.]가 생기면 목욕을 할 수 있으며, 병이 생기면 술을 마시고 고기도 먹을 수 있되, 병이 나으면 본래대로 돌아가서 상을 마저 치른다. 자신의 몸을 돌보지 않아서 상사를 끝까지 치르지['勝'자의 음은 '升(승)'이다.] 못하는 것은 곧 자애롭지 못하고 효성스럽지 못한 것에 해당한다.

集說 沐浴與飮酒食肉, 以權制者也, 故疾止則復初.

머리를 감거나 목욕을 하거나 술을 마시거나 고기를 먹는 것은 권도(權道)에 따라 임시방편으로 하는 것이다. 그렇기 때문에 병이 나으면 다시 본래대로 돌아가는 것이다.

集說 朱子曰: 下不足以傳後, 故比於不慈, 上不足以奉先, 故比於不孝.

주자가 말하길, 생명을 잃게 되면 아래로는 후손에게 가업을 전수할 수 없기 때문에, 자애롭지 못한 것이 되고, 위로는 선조를 봉양할 수 없기 때문에, 효성스럽지 못한 것이 된다.

【164】

五十不致毀, 六十不毀. 七十唯衰[催]麻在身, 飮酒食肉, 處於內.〈曲
禮上-166〉

상을 치르는 자들 중 50세가 된 자는 상을 치르되 몸을 크게 훼손시켜서는
안 되고, 60세가 된 자는 몸을 조금이라도 훼손시켜서는 안 된다. 70세가
된 자는 상복['衰'자의 음은 '催(최)'이다.]은 입되 평소처럼 술도 마시고 고기도
먹으며, 상중에 머물게 되는 임시막사에도 머물지 않고, 평소처럼 집안에
거처하게 된다.

集說 五十始衰, 故不極毀, 六十則又衰矣, 故不可毀. 七十之年, 去
死不遠, 略其居喪之禮者, 所以全其易盡之期也.

사람은 50세가 되면 비로소 기력이 떨어지기 시작한다. 그렇기 때문에
상사의 일로 자신의 몸을 크게 훼손해서는 안 된다. 60세가 되면 기력이
더욱 떨어지게 된다. 그렇기 때문에 몸을 훼손시킬 수 없다. 70이라는
나이는 죽을 때가 가까워진 나이이므로, 상을 치르는 예법에 대해서도
간소하게만 치르니, 그 이유는 상 기간을 손쉽게 끝낼 수 있도록 해주기
위해서이다.

【165】

五十不散[上聲]送, 親沒不髦.〈玉藻-037〉［玉藻. 本在"然後緌"下.］

50세가 되면, 비로소 쇠약해지기 시작하여 예법대로 갖추지 않으니, 요질
의 마를 늘어뜨리고[散'자는 상성으로 읽는다.] 상여를 전송하지 않으며, 부모가
돌아가시게 되면, 모의 머리 방식을 하지 않는다. [「옥조」편의 문장이다. 본래는
"그런 뒤에야 갓끈을 단다."²⁾라고 한 문장 뒤에 수록되어 있었다.]

---

2) 『예기』「옥조(玉藻)」036장 : 居冠屬武, 自天子下達, 有事然後緌.

集說 喪禮啓殯以後, 要経之麻散垂, 葬畢乃絞. 此言五十始衰, 不散麻以送葬也. 髦, 象幼時翦髮爲鬌之形. 父母在則用之, 故親沒則去此飾, 詳見內則.

상례에서 계빈을 한 이후에는 요질의 마를 흩트려 늘어뜨리는데, 장례를 끝낸 뒤에는 결속한다. 이 내용은 50세가 되면 비로소 쇠약해지기 시작하니, 마를 늘어트린 상태에서 장례 행렬을 전송하지 않는다는 뜻이다. '모(髦)'는 어린아이 때 머리카락을 깎아서 타의 형태로 만든 것을 본뜬 것이다. 부모가 생존해 계신다면, 이러한 머리모양에 따른다. 그렇기 때문에 부모가 돌아가시면, 이러한 머리장식을 제거하니, 자세한 설명은 『예기』「내칙(內則)」편에 나온다.

【166】

居喪, 未葬, 讀喪禮, 旣葬, 讀祭禮, 喪復常, 讀樂章. 〈014〉3) [本在"不爲父作謚"下.]

상중에 있으면서 아직 장례를 치르지 않았다면 상례에 대한 기록을 읽고, 이미 장례를 치렀다면 제례에 대한 기록을 읽으며, 상을 끝내고서 상복을 벗게 되었다면 음악에 대한 시가들을 읽는다. [본래는 "부친을 위하여 시호를 짓지 않는다."4)라고 한 문장 뒤에 수록되어 있었다.]

集說 復常, 除服之後也. 樂章, 弦歌之詩也.

"일상으로 돌아간다."는 말은 상복을 벗은 이후를 뜻한다. '악장(樂章)'은 연주를 하고 노래를 부를 때 사용되는 시이다.

---

3) 『예기』「곡례하」 014장 : 居喪, 未葬, 讀喪禮, 旣葬, 讀祭禮, 喪復常, 讀樂章.
　居喪不言樂, 祭事不言凶, 公庭不言婦女.
4) 『예기』「곡례하」 013장 : 已孤暴貴, 不爲父作謚.

呂氏曰: 讀是書, 非肄業也. 當是時, 不知是事, 不以禮事其親者也.

여씨가 말하길, 관련 책자들을 읽는 것이지, 학업을 익히는 것이 아니다. 해당 시기가 되었는데, 그 사안에 대해서 알지 못하면, 예법에 따라 그의 부친을 제대로 섬길 수 없다.

【167】

生與來日, 死與往日.〈曲禮上-167〉[本在"食肉處於內"下.]

상례를 치를 때, 살아 있는 자들에 관한 사항은 돌아가신 다음 날부터 날짜를 셈하고, 죽은 자에 관한 사항은 돌아가신 날부터 날짜를 셈한다. [본래는 "고기도 먹으며 평소처럼 집안에 거처하게 된다."5)라고 한 문장 뒤에 수록되어 있었다.]

與, 猶數也. 成服杖, 生者之事也. 數死之明日爲三日, 斂殯, 死者之事也. 從死日數之爲三日. 是三日成服者, 乃死之第四日也.

'여(與)'자는 "계산한다."는 뜻이다. 성복(成服)6)을 하며 지팡이를 잡는 일은 살아 있는 자들에게 해당하는 사안이다. 이 일은 돌아가신 날 다음 날부터 계산하여 3일째에 시행한다. 소렴(小斂)과 대렴(大斂)7)을 하고, 빈소를 차리는 일은 죽은 자에게 해당하는 사안이다. 이 일은 돌아가신 날부터 계산을 하여 3일째에 시행한다. 따라서 "3일째에 성복을 한다."는 말은 곧 돌아가시고 난 뒤, 제 4일째 되는 날에 한다는 뜻이다.

---

5) 『예기』「곡례상」166장 : 五十不致毁, 六十不毁. 七十唯衰麻在身, 飮酒食肉, 處於內.

6) 성복(成服)은 상례(喪禮)에서 대렴(大斂) 이후, 죽은 자와의 관계에 따라, 각각 규정에 맞는 상복(喪服)을 갖춰 입는다는 뜻이다.

7) 대렴(大斂)은 상례(喪禮) 절차 중 하나이다. 소렴(小斂)을 끝낸 뒤에, 시신을 관에 안치하는 절차이다.

【168】

知生者弔, 知死者傷. 知生而不知死, 弔而不傷. 知死而不知生, 傷
而不弔.〈曲禮上-168〉

죽은 자의 자식들을 알고 지내던 자는 조문을 하고, 죽은 자를 알고 지내던
자는 슬퍼한다. 죽은 자의 자식들만 알고, 죽은 자에 대해서 안면이 없는
경우라면, 조문만 하고 슬퍼하지는 않는다. 죽은 자를 알지만 죽은 자의
자식들에 대해서는 안면이 없는 경우라면, 슬퍼만 하고 조문은 하지 않는다.

集說 方氏曰: 不知生而弔之, 則其弔也, 近於諂, 不知死而傷之, 則
其傷也, 近於僞.

방씨가 말하길, 죽은 자의 자식들과 안면이 없는데도 조문을 한다면, 이
처럼 조문하는 행위는 아첨하는 행위에 가깝고, 죽은 자와 안면이 없는데
도 슬퍼한다면, 이처럼 슬퍼하는 행위는 거짓에 가깝다.

集說 應氏曰: 弔者, 禮之恤乎外, 傷者, 情之痛於中.

응씨가 말하길, 조문이라는 것은 걱정하는 마음이 겉으로 나타나게 된
예절이며, 슬퍼한다는 것은 통탄함이 마음속에서 생겨난 감정이다.

附註 弔而不傷, 按: 哭死曰傷, 問生曰弔. 所謂"弔而不傷"者, 只弔
於喪人, 而不入哭於靈筵. 傷而不弔云者, 只入哭而不請弔於生者.
古人之不苟於交際如此, 註說恐未暢.

'조이불상(弔而不傷)'이라 했는데, 살펴보니, 죽은 자를 위해 곡하는 것을
'상(傷)'이라 부르고, 산 자를 위문하는 것을 '조(弔)'라 부른다. 이른바
"조만 하고 상을 하지 않는다."는 것은 단지 상을 치르는 자에게 조를
하고 영연이 있는 곳으로 들어가서 곡을 하지 않는다는 뜻이다. 그리고
"상만 하고 조를 하지 않는다."라 말한 것은 단지 들어가서 곡만 하고
산 자에게 조문하길 청하지 않는 뜻이다. 옛 사람들이 교제를 함에 구차하
지 않았던 것이 이와 같으니, 주의 설명은 아마도 명확하지 못한 것 같다.

【169】

適墓不登壟, 助葬必執紼.〈曲禮上-171〉[本在"不問其所欲"下.]

무덤에 가서는 봉분에 오르지 않고, 장례를 도울 때에는 반드시 상여줄을 잡고서 힘껏 도와야 한다. [본래는 "그가 바라는 것들에 대해서 묻지 않는다."¹⁾라고 한 문장 뒤에 수록되어 있었다.]

> **集說** 壟, 墳堆也, 登之爲不敬. 紼, 引棺索, 執之, 致力也.

'농(壟)'은 봉분을 뜻하니, 봉문을 오르는 행위는 불경스러운 행동이 된다. '불(紼)'은 관을 끄는 상여줄을 뜻하니, 상여줄을 잡고서, 힘껏 돕는 것이다.

【170】

執紼不笑.〈曲禮上-177〉²⁾ [本在"必有哀色"下.]

상여줄을 잡을 때에는 웃어서는 안 된다. [본래는 "반드시 슬퍼하는 기색을 보여야 한다."라고 한 문장 뒤에 수록되어 있었다.]

【171】

望柩不歌. 入臨不翔.〈曲禮上-174〉³⁾ [本在"必違其位"下.]

영구를 바라볼 때에는 노래를 부르지 않는다. 곡을 하기 위해 들어설 때에는 용모를 꾸며서 나는 듯이 걷는 행위를 하지 않는다. [본래는 "반드시 그 자리에서 뒤로 물러나서 한다."⁴⁾라고 한 문장 뒤에 수록되어 있었다.]

---

1) 『예기』「곡례상(曲禮上)」 170장 : 賜人者, 不曰來取, 與人者, <u>不問其所欲</u>.

2) 『예기』「곡례상(曲禮上)」 177장 : 送喪不由徑, 送葬不辟塗潦. 臨喪則必有哀色, <u>執紼不笑</u>.

3) 『예기』「곡례상(曲禮上)」 174장 : <u>望柩不歌. 入臨不翔</u>. 當食不歎.

4) 『예기』「곡례상(曲禮上)」 173장 : 揖人, <u>必違其位</u>.

集說 不歌, 與不笑義同. 臨, 哭也. 不翔, 不爲容也.

노래를 부르지 않는 이유는 "웃지 않는다."는 이유와 동일하다. '임(臨)'자
는 곡을 한다는 뜻이다. "나는 듯이 걷지 않는다."는 말은 용모를 꾸미지
않는다는 뜻이다.

【172】

鄰有喪, 舂不相[去聲].〈曲禮上-175〉 里有殯, 不巷歌.〈曲禮上-176〉[5] [本在
"當食不歎"下.]

이웃에 상이 발생하면, 절구를 찧을 때 노래를 부르지['相'자는 거성으로 읽는
다.] 않는다. 마을에 빈소를 차린 집이 있다면 거리에서 노래를 부르지 않는
다. [본래는 "식사를 하게 되면 탄식을 하지 않는다."[6]라고 한 문장 뒤에 수록되어 있었다.]

集說 五家爲鄰. 相者, 以音聲相勸相. 蓋舂人歌以助舂也. 二十五
家爲里. 巷歌, 歌於巷也.

다섯 집을 묶어서, '인(鄰)'으로 삼는다.[7] "돕는다."는 말은 노래를 불러서
서로 열심히 하도록 권면하며 돕는 것이다. 무릇 절구를 찧는 사람들은
노래를 불러서, 절구 찧는 일을 열심히 하도록 서로 도왔을 것이다. 스물
다섯 집을 묶어서, '이(里)'로 삼았다.[8] '항가(巷歌)'는 거리에서 노래를
부른다는 뜻이다.

---

5) 『예기』「곡례상(曲禮上)」 176장 : 里有殯, 不巷歌. 適墓不歌. 哭日不歌.
6) 『예기』「곡례상(曲禮上)」 174장 : 望柩不歌. 入臨不翔. 當食不歎.
7) 『주례』「지관(地官)·수인(遂人)」 : 五家爲鄰, 五鄰爲里, 四里爲酇, 五酇爲鄙,
   五鄙爲縣, 五縣爲遂.
8) 『주례』「지관(地官)·수인(遂人)」 : 五家爲鄰, 五鄰爲里, 四里爲酇, 五酇爲鄙,
   五鄙爲縣, 五縣爲遂.

【173】

適墓不歌. 哭日不歌.〈曲禮上-176〉9)

묘에 갈 때에는 노래를 부르지 않는다. 곡하는 날에는 노래를 부르지 않는다.

【174】

送喪不由徑, 送葬不辟[避]塗潦.〈曲禮上-177〉10)

시신을 전송할 때에는 지름길을 경유하지 않으며, 장례 행렬을 전송할 때에는 진흙탕도 피하지['辟'자의 음은 '避(피)'이다.] 않는다.

> **集說** 不由徑, 不苟取其速也. 不避泥潦, 嫌於憚勞也.

"지름길을 경유하지 않는다."는 이유는 구차하게 빠른 길을 택하지 않기 때문이다. "진흙탕을 피하지 않는다."는 이유는 수고스러운 일을 꺼린다는 오해를 불러일으키기 때문이다.

【175】

君子將營宮室, 宗廟爲先, 廐庫爲次, 居室爲後.〈020〉 [本在"不私議"下.]

군자가 장차 궁실을 짓게 됨에는 가장 먼저 종묘를 짓고, 그 다음으로 마구간과 창고를 지으며, 마지막으로 자신이 머무는 집 건물을 짓는다. [본래는 "사적으로 의논하지 않는다."11)라고 한 문장 뒤에 수록되어 있었다.]

> **集說** 君子, 有位者也. 宗廟所以奉先, 故先營之. 廐以養馬, 庫以藏

---

9) 『예기』「곡례상(曲禮上)」 176장 : 里有殯, 不巷歌. <u>適墓不歌, 哭日不歌</u>.

10) 『예기』「곡례상(曲禮上)」 177장 : <u>送喪不由徑, 送葬不辟塗潦</u>. 臨喪則必有哀色, 執紼不笑.

11) 『예기』「곡례하」 019장 : 公事<u>不私議</u>.

物, 欲其不乏用也, 故次之. 居室則安身而已, 故又次之.

'군자(君子)'는 지위를 가지고 있는 자를 뜻한다. 종묘는 선조를 받드는 장소이기 때문에, 가장 먼저 짓는 것이다. 마구간은 말을 기르는 곳이고, 창고는 물건을 보관하는 곳이므로, 씀씀이를 궁핍하게 하지 않고자 하기 때문에, 종묘 다음으로 짓는 것이다. 거처하는 방은 자신의 몸을 안락하게 해줄 따름이므로, 또한 그 다음으로 짓는 것이다.

【176】

凡家造, 祭器爲先, 犧賦爲次, 養[去聲]器爲後. 〈021〉

무릇 대부가 자신의 영지를 통치할 때에는 제기가 우선이고, 그 다음으로는 희생물을 공납할 때 필요한 도구들을 만들며, 일반 식기[養'자는 거성으로 읽는다.]는 가장 마지막에 만든다.

集說 犧賦亦以造言者, 如周官牛人供牛牲之互與盆簝之類. 鄭註: "互, 若今屠家懸肉格. 盆以盛血. 簝, 受肉籠也."

'희부(犧賦)'에도 또한 "만든다."라는 글자를 붙여서 언급하였는데, 이 도구들은 마치 『주례』 「우인(牛人)」편에서 소를 희생물로 사용할 때 필요한 호(互) · 분(盆) · 요(簝) 등을 공급한다고 했을 때의 물건 등을 뜻한다.[12] 『주례』에 대한 정현의 주에서는 "호(互)는 마치 오늘날 푸줏간에서 고기를 걸어둘 때 쓰는 지지대와 같은 것이다. 분(盆)은 희생물의 피를 담는 그릇이다. 요(簝)는 희생물의 고기를 담는 바구니이다."라고 했다.

集說 疏曰: 家造, 謂大夫始造家事也. 諸侯大夫少牢, 此言犧牛也, 天子之大夫祭祀, 賦歛邑民供出牲牢, 故曰犧賦.

---

12) 『주례』 「지관(地官) · 우인(牛人)」 : 凡祭祀, 共其牛牲之互與其盆簝, 以待事.

소에서 말하길, '가조(家造)'는 대부가 자신의 영지에 대한 통치에 착수한다는 뜻이다. 제후에게 소속된 대부들은 제사 때 소뢰(少牢)13)를 사용하는데,14) 이곳 문장에서는 소를 희생물로 사용한다고 하였으니, 여기에서 말하는 대부들은 천자에게 소속된 대부에 해당하며, 천자에게 소속된 대부가 제사를 지내게 되면, 채읍(采邑)의 백성들에게서 세금을 거둬서, 희생물로 사용되는 가축들을 공납하도록 하기 때문에, '희부(犧賦)'라고 부른 것이다.

【177】

無田祿者, 不設祭器, 有田祿者, 先爲祭服. 君子雖貧, 不粥[育]祭器, 雖寒, 不衣[去聲]祭服, 爲宮室, 不斬於丘木.〈022〉

채읍으로 받은 영지가 없는 자의 경우, 반드시 제기를 마련해야 하는 것은 아니지만, 제복은 반드시 마련해야 하며, 영지가 있는 자의 경우에는 제기를 반드시 마련해야하지만, 그보다 앞서서 제복을 우선적으로 마련한다. 군자는 비록 가난하게 되더라도, 제기를 팔지['粥'자의 음은 '育(육)'이다.] 않고, 비록 춥다 하더라도 제복을 입지['衣'자는 거성으로 읽는다.] 않으며, 궁실을 지을 때에는 묘역에 심어둔 나무를 베지 않는다.

集說 呂氏曰: 祭器可假, 服不可假也. 丘木, 所以庇宅兆, 爲宮室而斬之, 是慢其先而濟吾私也.

여씨가 말하길, 제기의 경우 남에게 빌릴 수도 있지만, 제복은 빌릴 수가

---

13) 소뢰(少牢)는 제사에서 양(羊)과 돼지[豕] 두 가지 희생물을 사용하는 것을 뜻한다. 『춘추좌씨전』「양공(襄公) 22년」편에는 "祭以特羊, 殷以少牢."라는 기록이 있는데, 이에 대한 두예(杜預)의 주에서는 "四時祀以一羊, 三年盛祭以羊豕. 殷, 盛也."라고 풀이하였다.

14) 『예기』「내칙(內則)」089장 : 凡接子擇日. 冢子則大牢, 庶人特豚, 士特豕, 大夫少牢, 國君世子大牢. 其非冢子則皆降一等.

없다. '구목(丘木)'은 무덤을 둘러싸는 나무들이니, 궁실을 짓는다고 하여 이 나무들을 벤다면, 이것은 자신의 선조에게 태만하게 굴며, 자신의 개인적인 부분에만 윤택하게 하는 것이다.

【178】

君子行禮, 不求變俗. 祭祀之禮, 居喪之服, 哭泣之位, 皆如其國之故, 謹修其法而審行之.〈010〉 [本在"不顧望而對非禮也"下.]

군자가 의례를 시행함에 있어서, 그의 선조가 살았던 이전 나라의 오래된 풍속을 바꾸기를 원해서는 안 된다. 제사를 시행하는 예법, 상을 치르면서 입게 되는 상복, 곡읍을 할 때의 위치 등 모든 경우에 있어서도, 그의 이전 나라에서 시행했던 오래된 예법대로 따르며, 그 예법을 조심스럽게 살펴서 신중하게 시행한다. [본례는 "주위를 둘러보지 않고 대답을 하는 것은 비례이다."[15]라고 한 문장 뒤에 수록되어 있었다.]

集說 言卿大夫士有徙居他國者, 行禮之事, 不可變其故國之俗, 皆當謹修其典法而審愼以行之.

이 문장은 경·대부·사가 다른 나라로 옮겨서 거처하고 있을 때, 의례를 시행하는 일에 있어서, 그가 이전에 거주하고 있던 오래된 나라의 풍속을 바꿀 수 없으니, 모든 경우에 있어서 마땅히 조심스럽게 이전 나라에 전해져오던 규정과 방침들을 따라서, 자세하고 신중하게 시행해야 한다는 뜻이다.

附註 君子行禮, 不求變俗, 言君子居其鄕, 不變其俗, 如居魯而從魯俗, 居齊而從齊俗, 孔子之衣逢掖·冠章甫是也. 註以大夫徙居他國者, 不變其故國之俗爲言, 恐因下文"去國"一章, 相比而發此義.

---

15) 『예기』 「곡례하」 009장 : 侍於君子, <u>不顧望而對, 非禮也</u>.

"군자를 예를 시행하며 풍속 바꾸기를 원해서는 안 된다."라 했는데, 군자가 그 마을에 거주하게 되면 그 마을의 풍속을 바꾸지 않는다는 뜻이니, 예를 들어 노나라에 거주하게 된다면 노나라의 풍속에 따르고, 제나라에 거주하게 된다면 제나라의 풍속을 따르는 것으로, 공자가 소매가 넓은 옷을 착용했고 장보관을 썼던 것[16]이 이러한 경우에 해당한다. 주에서는 대부가 다른 나라로 옮겨 거주했을 때, 이전 나라의 풍속을 바꾸지 않아야 한다고 설명했는데, 아마도 아래문장에서 "본국을 떠난다."라고 한 장[17]으로 인해, 서로 대비해서 이러한 뜻을 도출한 것 같다.

---

16) 『예기』「유행(儒行)」 001장 : 魯哀公問於孔子曰: "夫子之服, 其儒服與?" 孔子對曰: "丘少居魯, 衣逢掖之衣. 長居宋, 冠章甫之冠. 丘聞之也, 君子之學也博, 其服也鄕, 丘不知儒服."

17) 『예기』「곡례하」 011장 : 去國三世, 爵祿有列於朝, 出入有詔於國, 若兄弟宗族猶存, 則反告於宗後. 去國三世, 爵祿無列於朝, 出入無詔於國, 唯興之日, 從新國之法.

【179】

禮曰: "君子抱孫不抱子." 此言孫可以爲王父尸, 子不可以爲父尸.

〈曲禮上-162〉[1] [本在"以全交也"下.]

고대의 예법에서는 "군자는 손자는 안아주지만 아들은 안지 않는다."고 하였다. 이 말은 곧 손자는 왕부(王父)의 시동이 될 수 있지만, 아들은 부친의 시동이 될 수 없다는 사실을 뜻한다. [본래는 "상호간의 우호를 온전히 유지한다."[2]라고 한 문장 뒤에 수록되어 있었다.]

集說 疏曰: 祭天地·社稷·山川·四方·百物及七祀之屬, 皆有尸. 外神不問同姓異姓, 但卜之吉, 則可爲尸. 祭勝國之社稷, 則士師爲尸. 惟祭殤無尸.

소에서 말하길, 천지(天地)[3]·사직(社稷)[4]·산천(山川)[5]·사방(四方)[6]

---

1) 『예기』「곡례상(曲禮上)」 162장 : 禮曰: "君子抱孫不抱子." 此言孫可以爲王父尸, 子不可以爲父尸. 爲君尸者, 大夫士見之則下之. 君知所以爲尸者則自下之, 尸必式. 乘必以几.

2) 『예기』「곡례상(曲禮上)」 161장 : 君子不盡人之歡, 不竭人之忠, 以全交也.

3) 천지(天地)는 천신(天神)과 지신(地神)을 뜻한다. 지신은 지기(地祇)라고 부르기도 한다. 천지에 대한 제사는 교(郊)에서 지냈기 때문에, 이 제사를 교제(郊祭) 또는 교사(郊祀)라고 부르기도 했다. 음양오행설(陰陽五行說)이 성행했던 시기에는 음양(陰陽)의 구분에 따라서 하늘에 대한 제사는 양(陽)에 해당하는 남쪽 교외에서 지냈고, 땅에 대한 제사는 음(陰)에 해당하는 북쪽 교외에서 지냈다. 『한서(漢書)』「교사지하(郊祀志下)」편에는 "帝王之事莫大乎承天之序, 承天之序莫重於郊祀. …… 祭天於南郊, 就陽之義也. 地於北郊, 卽陰之象也."라는 기록이 있다.

4) 사직(社稷)은 토지신과 곡식신을 뜻한다. 천자와 제후가 지냈던 제사이다. '사직'에서의 '사(社)'자는 토지신을 가리키고, '곡(稷)'자는 곡식신을 뜻한다.

5) 산천(山川)은 오악(五嶽)과 사독(四瀆)의 신들을 가리키기도 하며, 산과 하천의 신들을 두루 지칭하기도 한다. 오악은 대표적인 다섯 가지 산으로, 중앙의 숭산(嵩山), 동쪽의 태산(泰山), 남쪽의 형산(衡山), 서쪽의 화산(華山), 북쪽의 항산(恒山)를 가리킨다. 사독은 장강(長江), 황하(黃河), 회하(淮河), 제수(濟水)를 가리

· 백물(百物)7) 및 칠사(七祀)8) 등의 제사를 지낼 때에는 모두 시동이
있게 된다. 제사대상이 외신(外神)9)인 경우에는 시동이 군주와 동성(同

킨다.
6) 사방(四方)은 사방의 신(神)들을 가리킨다. 경우에 따라서 가리키는 신들이 다르
다. 『예기』「곡례하(曲禮下)」편에는 "天子祭天地, 祭四方, 祭山川, 祭五祀, 歲
徧."이라는 기록이 있는데, 이에 대한 정현의 주에서는 "祭四方, 謂祭五官之神於
四郊也. 句芒在東, 祝融·后土在南, 蓐收在西, 玄冥在北."이라고 풀이했다. 즉
'사방'에 해당하는 신은 오관(五官)을 주관하는 신들로, 사방의 교외에서 제사를
지냈기 때문에 '사방'이라고 표현한 것이다. 동쪽 교외에서는 구망(句芒)에 대한
제사를 지냈고, 남쪽 교외에서는 축융(祝融)과 후토(后土)에 대한 제사를 지냈으
며, 서쪽 교외에서는 욕수(蓐收)에 대한 제사를 지냈고, 북쪽 교외에서는 현명(玄
冥)에 대한 제사를 지냈다. 한편 『예기』「제법(祭法)」편에는 "四坎壇, 祭四方也."
라는 기록이 있는데, 이에 대한 정현의 주에서는 "四方, 卽謂山林·川谷·丘陵
之神也. 祭山林·丘陵於壇, 川谷於坎."이라고 풀이했다. 즉 '사방'에 해당하는
신은 산림이나 하천 등에 있는 신들로, 특정 대상이 없다. 산림이나 구릉의 신들에
게 제사를 지낼 때에는 제단을 쌓아서 지냈고, 하천이나 계곡의 신들에게 제사를
지낼 때에는 구덩이를 파서 지냈다.
7) 백물(百物)은 사방의 백신(百神)들을 지칭한다. 백신은 온갖 신들을 총칭하는 말
인데, 주요 신들은 제외되고, 주로 하위 신들을 가리킨다. 또한 고대에는 백신들에
게 지내는 제사를 사(蜡)라고 부르기도 했다.
8) 칠사(七祀)는 주(周)나라 때 제정된 일곱 종류의 제사이다. 천자가 지내는 제사를
뜻하며, 제사 대상은 사명(司命), 중류(中霤), 국문(國門), 국행(國行), 태려(泰
厲), 호(戶), 조(竈)이다. 『예기』「제법(祭法)」편에는 "王爲群姓立七祀. 曰司命,
曰中霤, 曰國門, 曰國行, 曰泰厲, 曰戶, 曰竈."라는 기록이 있다. 참고로 제후가
지내는 제사를 오사(五祀)라고 했으며, 그 대상은 사명(司命), 중류(中霤), 국문
(國門), 국행(國行), 공려(公厲)이고, 대부(大夫)가 지내는 제사를 삼사(三祀)라
고 했으며, 그 대상은 족려(族厲), 문(門), 행(行)이고, 적사(適士)가 지내는 제사
를 이사(二祀)라고 했으며, 그 대상은 문(門), 행(行)이고, 서사(庶士)나 서인(庶
人)들이 지내는 제사를 일사(一祀)라고 했으며, 그 대상은 호(戶)이기도 했고,
또는 조(竈)이기도 했다.
9) 외신(外神)은 내신(內神)과 상대되는 말이다. 교(郊)나 사(社) 등에서 지내는 제
사 대상을 '외신'이라고 부른다. 『예기』「곡례하(曲禮下)」편에 대한 손희단(孫希
旦)의 『집해(集解)』에서는 오징(吳澄)의 주장을 인용하여, "宗廟所祭者, 一家之

姓)인지 이성(異姓)인지를 따지지 않고, 단지 점을 쳐서 길하다고 나오면, 그 자를 시동으로 삼을 수가 있다. 승국(勝國)[10]의 사직에서 제사를 지내게 되면, 사사(士師)가 시동이 된다. 오직 요절한 자에 대한 제사에서만 시동이 없게 된다.

集說 呂氏曰: 抱孫不抱子, 古禮經語也. 曾子問曰: "孫幼, 則使人抱之." 抱孫之爲言, 生於孫幼, 且明尸必以孫, 以昭穆之同也. 古之祭祀必有尸, 尸, 神象也. 主人之事尸, 以子事父也.

여씨가 말하길, "손자는 안지만, 아들은 안지 않는다."는 말은 고대의 『예경』에 기록된 말이다. 『예기』「증자문(曾子問)」편에서는 "손자가 너무 어린 경우라면, 다른 사람을 시켜서 시동을 안고 있게 한다."[11]라고 하였으니, "손자를 안는다."는 말은 "손자가 너무 어리다."는 뜻에서 파생된 말이며, 또한 시동은 반드시 손자로 세운다는 뜻도 나타내고 있으니, 조부와 손자의 소목 항렬이 같기 때문이다. 고대의 제사에서는 반드시 시동을 세웠는데, 시동은 죽은 자의 신령을 형상화하기 때문이다. 그러므로 제주가 시동을 섬기는 일은 자식이 부친을 섬기는 도리로써 하게 된다.

神, 內神也, 故曰內事. 郊·社·山川之屬, 天下一國之神, 皆外神也, 故曰外事."라고 설명하였다. 즉 종묘(宗廟)에서 제사를 지내는 대상은 한 집안의 신(神)으로 '내신'이라고 부르며, 그 제사들을 내사(內事)라고 부른다. 또 교, 사 및 산천(山川) 등에 지내는 제사는 그 대상이 천하 및 한 국가의 신들이기 때문에, 그들을 '외신'이라고 부르며, 그 제사를 외사(外事)라고 부른다.

10) 승국(勝國)은 이전 왕조를 뜻한다. 망국(亡國)과 같은 용어이다. 현 왕제에게 패망한 나라인데, 현 왕제의 입장에서 보면 전 왕조는 승리의 대상이었으므로, '승국'이라고 부른 것이다. 『주례』「지관(地官)·매씨(媒氏)」편에는 "凡男女之陰訟, 聽之于勝國之社."라는 기록이 있고, 이에 대한 정현의 주에서는 "勝國, 亡國也."라고 풀이했다.

11) 『예기』「증자문(曾子問)」054장 : 曾子問曰: 祭必有尸乎, 若厭祭亦可乎. 孔子曰: 祭成喪者, 必有尸, 尸必以孫, 孫幼, 則使人抱之, 無孫, 則取於同姓, 可也.

【180】

父爲士, 子爲天子 · 諸侯, 則祭以天子 · 諸侯, 其尸服以士服.〈喪服小記-022〉 [本在"大夫之適子同"下.]

부친이 사의 신분이었고, 그의 자식이 천자나 제후가 되었다면, 제사를 지낼 때에는 자식에게 해당하는 천자나 제후의 예법을 사용하되, 시동의 복장은 부친의 계급에 해당하는 사의 복장을 사용한다. [본래는 "대부가 자신의 적자를 위해서 착용하는 상복과 동일하게 따른다."[12]라고 한 문장 뒤에 수록되어 있었다.]

集說 祭用生者之禮, 盡子道也. 尸以象神, 自用本服.

제사는 살아 있는 자에게 적용되는 예법에 따르니, 자식의 도리를 다하기 위해서이다. 시동은 신을 형상화하니, 그 자신은 본래의 복장에 따른다.

【181】

父爲天子 · 諸侯, 子爲士, 祭以士, 其尸服以士服.〈喪服小記-023〉 [二段 小記.]

부친이 천자나 제후의 신분이었지만, 자식이 사의 신분으로 전락했다면, 부친에 대한 제사는 사의 예법에 따라 지내고, 시동을 맡은 자도 사의 복장을 착용한다. [2개 단락은 「상복소기」편의 문장이다.]

集說 以天子 · 諸侯之禮祭其父之爲士者, 其禮伸, 故尸服死者之服, 爲禮之正. 以士之禮祭其父之爲天子 · 諸侯者, 其禮屈, 故尸服生者之服, 爲禮之變. 禮有曲而殺者, 此類是也.

천자와 제후에게 적용되는 예법으로 사의 신분이었던 부친에 대해 제사를 지내는 경우에는 그 예법을 펼칠 수 있기 때문에, 시동은 죽은 자에게

---

12) 『예기』「상복소기(喪服小記)」 021장 : 世子不降妻之父母. 其爲妻也, 與大夫之適子同.

해당하는 복장을 착용하니, 예법 중에서도 정례가 된다. 사의 예법으로 천자나 제후의 신분이었던 부친에 대해 제사를 지내는 경우에는 그 예법을 굽히기 때문에, 시동은 살아있는 자에게 적용되는 복장을 착용하니, 예법 중에서도 변례가 된다. 예 중에 굽혀서 낮추는 경우가 있는데, 바로 이러한 경우를 뜻한다.

【182】

祭服敝則焚之, 祭器敝則埋之, 龜筴敝則埋之, 牲死則埋之.〈曲禮上 -194〉[13] [本在"臨喪不惰"下.]

제사 때 착용하는 복장이 헐게 되면 불로 태워서 없애고, 제사 때 사용하는 기물들이 망가지게 되면 땅에 묻으며, 제사와 관련하여 점을 칠 때 사용하는 거북껍질과 산대가 망가지면 땅에 묻고, 제사 때 사용하는 희생물이 죽으면 땅에 묻는다. [본래는 "제사에 임하게 되면 게으름을 피우지 않는다."라고 한 문장 뒤에 수록되어 있었다.]

集說 呂氏曰: 人所用則焚之, 焚之, 陽也. 鬼神所用則埋之, 埋之, 陰也.

여씨가 말하길, 사람이 사용하는 것들에 대해서는 불로 태우니, 불로 태우는 행위는 음양으로 따지면 양(陽)에 해당하기 때문이다. 귀신에게 사용되는 것들은 매장하니, 매장하는 행위는 음(陰)에 해당하기 때문이다.

---

13) 『예기』 「곡례상(曲禮上)」 194장 : 臨祭不惰. <u>祭服敝則焚之, 祭器敝則埋之, 龜 筴敝則埋之, 牲死則埋之.</u>

【183】

天子祭天地, 祭四方, 祭山川, 祭五祀, 歲徧. 諸侯方祀, 祭山川, 祭
五祀, 歲徧. 大夫祭五祀, 歲徧. 士祭其先.〈082〉[本在"數畜以對"下.]

천자는 천지에 제사지내며, 사방에 제사지내고, 산천에 제사지내며, 오사
에 제사지내는데, 이러한 제사를 1년 동안 두루 지내게 된다. 제후는 자신
의 국가가 속한 방위에 대해서만 제사지내며, 영토 안에 있는 산천에 대해
서만 제사지내고, 오사에 제사지내는데, 1년 동안 두루 지내게 된다. 대부
는 오사에 대해서 제사지내는데, 1년 동안 두루 지내게 된다. 사는 그들의
선조에 대해서만 제사지낸다. [본래는 "소유한 가축의 수를 셈하여 대답을 한다."[14]라
고 한 문장 뒤에 수록되어 있었다.]

> **集說** 呂氏曰: 此章泛論祭祀之法. 冬日至祭天, 夏日至祭地, 四時
> 各祭其方以迎氣, 又各望祭其方之山川. 五祀, 則春祭戶, 夏祭竈, 季
> 夏祭中霤, 秋祭門, 冬祭行, 此所謂"歲徧". 諸侯有國, 國必有方, 祭
> 其所居之方而已, 非所居之方, 及山川不在境內者, 皆不得祭, 故曰
> "方祀". 祭法, 天子立七祀, 加以司命泰厲, 諸侯五祀, 有司命公厲而
> 無戶竈, 大夫三祀, 有族厲而無中霤戶竈, 士二祀, 則門行而已. 是法
> 考於經皆不合, 曾子問, "天子未殯, 五祀之祭不行", 士喪禮, 禱乎五
> 祀, 則自天子至士, 皆祭五祀. 祭法言涉怪妄不經, 至於所稱廟制, 亦
> 不與諸經合.

여씨가 말하길, 이곳 문장에서는 제사를 지내는 예법에 대해서 범범하게
논의를 하고 있다. 동지일이 되면, 하늘에 대한 제사를 지내고, 하지일이
되면 땅에 대한 제사를 지내는데,[15] 사계절마다 이처럼 각각의 방위에서
제사를 지내며, 그 계절의 기운을 맞이하고,[16] 또한 각각 그 방위에 있는

---

14) 『예기』「곡례하」081장 : 問庶人之富, <u>數畜以對</u>.

15) 『주례』「춘관(春官)·가종인(家宗人)」: 以冬日至致天神人鬼, 以夏日至致地示
物魅, 以禬國之凶荒·民之札喪.

산천(山川)에 망제(望祭)[17]를 지낸다. 오사(五祀)[18]에 제사를 지내는 경우에는 봄에는 호(戶)에 제사를 지냈고,[19] 여름에는 조(竈)에 제사를

---

16) 『예기』「월령(月令)」008장 : 是月也, 以立春, 先立春三日, 太史謁之天子曰, 某日立春, 盛德在木. 天子乃齊, 立春之日, 天子親帥三公九卿諸侯大夫, <u>以迎春於東郊</u>, 還反, 賞公卿大夫於朝, 命相, 布德和令, 行慶施惠, 下及兆民, 慶賜遂行, 毋有不當. / 『예기』「월령(月令)」072장 : 是月也, 以立夏, 先立夏三日, 太史謁之天子曰 某日立夏, 盛德在火. 天子乃齊, 立夏之日, 天子親帥三公九卿大夫, <u>以迎夏於南郊</u>, 還反, 行賞封諸侯, 慶賜遂行, 無不欣說. / 『예기』「월령(月令)」147장 : 是月也, 以立秋, 先立秋三日, 太史謁之天子曰 某日立秋, 盛德在金. 天子乃齊, 立秋之日, 天子親帥三公九卿諸侯大夫, <u>以迎秋於西郊</u>, 還反, 賞軍帥武人於朝. 天子乃命將帥, 選士厲兵, 簡練桀俊, 專任有功, 以征不義, 詰誅暴慢, 以明好惡, 順彼遠方. / 『예기』「월령(月令)」206장 : 是月也, 以立冬, 先立冬三日, 太史謁之天子曰 某日立冬, 盛德在水. 天子乃齊, 立冬之日, 天子親帥三公九卿大夫, <u>以迎冬於北郊</u>, 還反, 賞死事, 恤孤寡.

17) 망제(望祭)는 제사지내는 대상에 직접 찾아가서 지내는 제사가 아니라, 산 등에 올라서, 멀리 바라보며 지내는 제사이다. 『서』「우서(虞書)·순전(舜典)」편에는 "望于山川, 徧于群神."이라는 용례가 있다.

18) 오사(五祀)는 본래 주택 내외에 있는 대문[門], 방문[戶], 방 가운데[中霤], 부뚜막[竈], 도로[行]를 주관하는 다섯 신(神)들을 가리키기도 하며, 이들에게 지내는 제사를 지칭하기도 한다. 한편 계층별로 봤을 때, 통치자 계급은 통치 범위를 자신의 집으로 생각하여, 각각 다섯 대상에 대해서 대표적인 장소에서 제사를 지내기도 한다. 『예기』「월령(月令)」편에는 "天子乃祈來年于天宗, 大割祠于公社及門閭, 臘先祖五祀. 勞農以休息之."라는 기록이 있고, 이에 대한 정현의 주에서는 "五祀, 門, 戶, 中霤, 竈, 行也."라고 풀이했다. 한편 '오사' 중 행(行) 대신 우물[井]를 포함시키기도 한다. 『회남자(淮南子)』「시칙훈(時則訓)」편에는 "其位北方, 其日壬癸, 盛德在水, 其蟲介, 其音羽, 律中應鐘, 其數六, 其味鹹, 其臭腐. 其祀井, 祭先腎."이라는 기록이 있다. 그리고 이들에 대해 제사를 지내는 이유에 대해서, 『논형(論衡)』「제의(祭意)」편에서는 "五祀報門·戶·井·竈·室中霤之功. 門·戶, 人所出入, 井·竈, 人所欲食, 中霤, 人所託處, 五者功鈞, 故俱祀之."라고 설명한다. 즉 '오사'에 대한 제사는 그들에 대한 공덕에 보답을 하는 것으로, 문[門]과 호(戶)는 사람들이 출입을 하는데 편리함을 제공해주었고, 정(井)과 조(竈)는 사람들이 음식을 먹을 수 있도록 해주었으며, 중류(中霤)는 사람이 거처할 수 있도록 해주었기 때문에, 이들에 대해서 제사를 지내는 것이다.

지냈으며,20) 계하에는 중류(中霤)에서 제사를 지냈고, 가을에는 문(門)
에 제사를 지냈으며,21) 겨울에는 행(行)에 제사를 지냈으니,22) 이것이
이른바 "1년 동안 두루 지낸다."라는 말이다. 제후의 경우에는 자신의 국
가만 소유하고 있고, 제후국들은 반드시 사방 중 어느 한 방위에 해당하
므로, 그 나라가 위치한 방위에 대해서만 제사지낼 따름이니, 나라가 위
치한 방위가 아니거나, 자신의 국경 내에 있지 않은 산천에 대해서는 모
두 제사를 지낼 수 없다. 그렇기 때문에 '해당 방위에 대한 제사'라고 말
한 것이다. 『예기』「제법(祭法)」편에서는 천자는 '칠사(七祀)'를 지낸다
고 하여,23) 『예기』「월령(月令)」편에 기록된 '오사(五祀)'에 비해서 사명

---

19) 『예기』「월령(月令)」004장 : 其蟲鱗, 其音角, 律中太蔟, 其數八, 其味酸, 其臭
羶, 其祀戶, 祭先脾. / 『예기』「월령(月令)」023장 : 其日甲乙, 其帝太皞, 其神
句芒, 其蟲鱗, 其音角, 律中夾鍾, 其數八, 其味酸, 其臭羶, 其祀戶, 祭先脾.
/ 『예기』「월령(月令)」045장 : 其日甲乙, 其帝太皞, 其神句芒, 其蟲鱗, 其音角,
律中姑洗, 其數八, 其味酸, 其臭羶, 其祀戶, 祭先脾.

20) 『예기』「월령(月令)」068장 : 其蟲羽, 其音徵, 律中中呂, 其數七, 其味苦, 其臭
焦, 其祀竈, 祭先肺. / 『예기』「월령(月令)」089장 : 其日丙丁, 其帝炎帝, 其神
祝融. 其蟲羽, 其音徵, 律中蕤賓, 其數七, 其味苦, 其臭焦, 其祀竈, 祭先肺.
/ 『예기』「월령(月令)」114장 : 其日丙丁, 其帝炎帝, 其神祝融, 其蟲羽, 其音徵,
律中林鍾, 其數七, 其味苦, 其臭焦, 其祀竈, 祭先肺.

21) 『예기』「월령(月令)」141장 : 其日庚辛, 其帝少皞, 其神蓐收, 其蟲毛, 其音商,
律中夷則, 其數九, 其味辛, 其臭腥, 其祀門, 祭先肝. / 『예기』「월령(月令)」159
장 : 其日庚辛, 其帝少皞, 其神蓐收, 其蟲毛, 其音商, 律中南呂, 其數九, 其味
辛, 其臭腥, 其祀門, 祭先肝. / 『예기』「월령(月令)」178장 : 其日庚辛, 其帝少
皞, 其神蓐收, 其蟲毛, 其音商, 律中無射, 其數九, 其味辛, 其臭腥, 其祀門,
祭先肝.

22) 『예기』「월령(月令)」200장 : 其日壬癸, 其帝顓頊, 其神玄冥, 其蟲介, 其音羽,
律中應鍾, 其數六, 其味鹹, 其臭朽, 其祀行, 祭先腎. / 『예기』「월령(月令)」224
장 : 其日壬癸, 其帝顓頊, 其神玄冥, 其蟲介, 其音羽, 律中黃鍾, 其數六, 其味
鹹, 其臭朽, 其祀行, 祭先腎. / 『예기』「월령(月令)」248장 : 其日壬癸, 其帝顓
頊, 其神玄冥, 其蟲介, 其音羽, 律中大呂, 其數六, 其味鹹, 其臭朽, 其祀行,
祭先腎.

(司命)24)과 태려(泰厲)25)가 더 포함되어 있다. 『예기』「제법」편에서는 제후는 '오사(五祀)'를 지낸다고 하였는데,26) 사명(司命)과 공려(公厲)27)가 포함되어 있지만, 『예기』「월령」편에 기록된 호(戶)와 조(竈)가

---

23) 『예기』「제법(祭法)」013장 : <u>土爲群姓立七祀, 日司命, 日中霤, 日國門, 日國行, 日泰厲, 日戶, 日竈.</u> 土自爲立七祀. 諸侯爲國立五祀, 日司命, 日中霤, 日國門, 日國行, 日公厲. 諸侯自爲立五祀. 大夫立三祀, 日族厲, 日門, 日行. 適士立二祀, 日門, 日行. 庶士・庶人立一祀, 或立戶, 或立竈.

24) 사명(司命)은 삼명(三命)을 주관하는 신(神)이다. 천상의 신이 아니며, 궁중(宮中)에 있는 소신(小神)에 해당한다. '삼명'은 수명(受命), 조명(遭命), 수명(隨命)을 뜻한다. '수명(受命)'은 사람의 수명을 좌우하는 것이고, '조명(遭命)'은 선행을 하거나 흉재(凶災)를 만나는 등의 일을 좌우하는 것이며, '수명(隨命)'은 사람이 시행한 선악(善惡)에 따라 그에 해당하는 결과를 좌우하는 것이다. 『예기』「제법(祭法)」편에는 "土爲群姓立七祀, 日司命, 日中霤, 日國門, 日國行, 日泰厲, 日戶, 日竈."라는 기록이 있는데, 이에 대한 정현의 주에서는 "司命, 主督察三命."이라고 풀이했고, 공영달(孔穎達)의 소(疏)에서는 "日司命者, 宮中小神. 熊氏云: '非天之司命, 故祭於宮中.'"이라고 풀이했다.

25) 태려(泰厲)에 대해 설명하자면, '려(厲)'는 형벌과 주살을 담당하는 신(神)을 뜻한다. '태려'는 고대의 제왕(帝王)들 중 후손이 없는 자들을 뜻하는데, 이러한 귀신들은 귀의할 곳이 없어서, 백성들에게 재앙 내리는 것을 좋아한다. 그렇게 때문에 그들에 대해 제사를 지냄으로써, 위로를 하는 것이다. 『예기』「제법(祭法)」편에는 "土爲群姓立七祀, 日司命, 日中霤, 日國門, 日國行, 日泰厲, 日戶, 日竈."라는 기록이 있는데, 이에 대한 정현의 주에서는 "厲, 主殺罰."이라고 풀이했고, 공영달(孔穎達)의 소(疏)에서는 "日泰厲者, 謂古帝王無後者也. 此鬼無所依歸, 好爲民作禍, 故祀之也."라고 풀이했다.

26) 『예기』「제법(祭法)」013장 : 土爲群姓立七祀, 日司命, 日中霤, 日國門, 日國行, 日泰厲, 日戶, 日竈. 土自爲立七祀. <u>諸侯爲國立五祀, 日司命, 日中霤, 日國門, 日國行, 日公厲.</u> 諸侯自爲立五祀. 大夫立三祀, 日族厲, 日門, 日行. 適士立二祀, 日門, 日行. 庶士・庶人立一祀, 或立戶, 或立竈.

27) 공려(公厲)에 대해 설명하자면, '려(厲)'는 형벌과 주살을 담당하는 신(神)을 뜻한다. '공려'는 고대의 제후(諸侯)들 중 후손이 없는 자들을 뜻하는데, 제후들을 '공(公)'이라고 지칭하기 때문에, '공려'라고 부르게 되었다. 이러한 귀신들은 귀의할 곳이 없어서, 백성들에게 재앙 내리는 것을 좋아한다. 그렇게 때문에 그들에 대해 제사를 지냄으로써, 위로를 하는 것이다. 『예기』「제법(祭法)」편에는 "諸侯爲國

없다. 『예기』「제법」편에서는 대부는 '삼사(三祀)'를 지낸다고 하였는데,[28] 족려(族厲)[29]는 포함되어 있지만, 『예기』「월령」편에 기록된 중류(中霤), 호(戶), 조(竈)가 없다. 『예기』「제법」편에서는 사는 '이사(二祀)'를 지낸다고 하였는데,[30] 『예기』「월령」편에 기록된 문(門)과 행(行)만이 있을 따름이다. 그런데 이러한 예법을 다른 경전의 기록들과 비교해보면, 모두 부합되지 않는데, 『예기』「증자문(曾子問)」편에서는 "천자가 죽었을 때, 천자에 대한 빈소를 아직 차리지 않은 상태라면, 오사(五祀)에 대한 제사를 시행하지 않는다."[31]라고 하였고, 『의례』「사상례(士喪禮)」

立五祀, 曰司命, 曰中霤, 曰國門, 曰國行, 曰公厲."라는 기록이 있고, 이에 대한 정현의 주에서는 "厲, 主殺罰."이라고 풀이했고, 공영달(孔穎達)의 소(疏)에서는 "公厲者, 謂古諸侯無後者, 諸侯稱公, 其鬼爲厲, 故曰公厲."라고 풀이했다.

28) 『예기』「제법(祭法)」013장 : 王爲群姓立七祀, 曰司命, 曰中霤, 曰國門, 曰國行, 曰泰厲, 曰戶, 曰竈. 王自爲立七祀. 諸侯爲國立五祀, 曰司命, 曰中霤, 曰國門, 曰國行, 曰公厲. 諸侯自爲立五祀. 大夫立三祀, 曰族厲, 曰門, 曰行. 適士立二祀, 曰門, 曰行. 庶士‧庶人立一祀, 或立戶, 或立竈.

29) 족려(族厲)에 대해 설명하자면, '려(厲)'는 형벌과 주살을 담당하는 신(神)을 뜻한다. '족려'는 고대의 대부(大夫)들 중 후손이 없는 자들을 뜻하는데, '려(旅)'자는 무리들[衆]이라는 뜻으로, 대부들은 그 수가 많기 때문에, 해당하는 귀신들도 많다. 그렇기 때문에 '족려'라고 부르게 되었다. 이러한 귀신들은 귀의할 곳이 없어서, 백성들에게 재앙 내리는 것을 좋아한다. 그렇게 때문에 그들에 대해 제사를 지냄으로써, 위로를 하는 것이다. 『예기』「제법(祭法)」편에는 "大夫立三祀, 曰族厲, 曰門, 曰行."이라는 기록이 있고, 이에 대한 정현의 주에서는 "厲, 主殺罰."이라고 풀이했고, 공영달(孔穎達)의 소(疏)에서는 "族厲者, 謂古大夫無後者鬼也. 族, 衆也. 大夫衆多, 其鬼無後者衆, 故言族厲."라고 풀이했다.

30) 『예기』「제법(祭法)」013장 : 王爲群姓立七祀, 曰司命, 曰中霤, 曰國門, 曰國行, 曰泰厲, 曰戶, 曰竈. 王自爲立七祀. 諸侯爲國立五祀, 曰司命, 曰中霤, 曰國門, 曰國行, 曰公厲. 諸侯自爲立五祀. 大夫立三祀, 曰族厲, 曰門, 曰行. 適士立二祀, 曰門, 曰行. 庶士‧庶人立一祀, 或立戶, 或立竈.

31) 『예기』「증자문(曾子問)」037장 : 天子崩, 未殯, 五祀之祭, 不行, 旣殯而祭, 其祭也, 尸入, 三飯不侑, 酳不酢而已矣. 自啓, 至于反哭, 五祀之祭, 不行, 已葬而祭, 祝畢獻而已.

편에서는 오사(五祀)에 대해 기도를 올린다고 하였으니,32) 천자로부터 사 계급에 이르기까지 모든 계층이 오사(五祀)에 대한 제사를 지냈던 것이다. 『예기』「제법」편에서 언급하는 내용들은 괴이하고 망령되어, 예법에 들어맞지 않고, 또한 묘의 제도를 기록한 부분에 있어서도, 여러 경전의 기록들과 부합되지 않는다.

【184】

凡祭, 有其廢之, 莫敢擧也, 有其擧之, 莫敢廢也, 非其所祭而祭之, 名曰深祀. 淫祀無福. 〈083〉

무릇 제사에서는 그 대상을 폐지하게 되면 그 대상에게는 감히 제사를 시행하지 않으며, 이미 제사 대상에 포함시켜서 제사를 시행하고 있다면 감히 그 대상을 제외시키지 않으니, 제사를 지내야 할 대상이 아닌데도 제사를 지내는 것을 '음사(淫祀)'라 부른다. 음사를 지낸다고 하더라도 신이 축복을 내려주는 일은 없다.

集說 呂氏曰: 廢之莫敢擧, 如已毀之宗廟 · 變置之社稷, 不可復祀也. 擧之莫敢廢, 如已修之壇墠而輒毀, 已正之昭穆而輒變也. 非所祭而祭之, 如法不得祭, 與不當祭而祭之者也. 魯立武宮, 立煬宮, 擧其廢也, 躋僖公, 廢其擧也. 魯之郊禘, 與祀文王, 祀爰居, 祭所不當祭也. 淫, 過也. 以過事神, 神弗享也, 故無福.

여씨가 말하길, 제사를 폐지하면 감히 다시 지낼 수 없으니, 이미 훼철한 종묘나 다른 곳으로 장소를 옮긴 사직 등에 대해서는 본래의 대상에게 다시 제사를 지낼 수 없는 것이다. 제사를 시행하면, 감히 폐지할 수 없으니, 이미 쌓아둔 제단33)을 갑작스럽게 헐어버리거나, 이미 정비한 소목의

---

32) 『의례』「기석례(旣夕禮)」: 男子不絶于婦人之手, 婦人不絶于男子之手. 乃行 <u>禱于五祀</u>. 乃卒, 主人啼, 兄弟哭.

질서를 갑작스럽게 바꾸는 경우와 같은 것이다. 제사를 지내야 하는 대상
이 아닌데도 제사를 지내는 것은 마치 예법상 제사를 지낼 수 없거나,
마땅히 제사를 지내지 않아야 하는데도 제사를 지내는 경우를 뜻한다.
노나라에서 무공(武公)에 대한 묘34)와 양공(煬公)의 묘35)를 세운 것은
이미 폐지한 제사를 다시 시행하는 경우이며, 희공(僖公)에 대해 앞 군주
보다 앞서서 합사를 한 것36)은 시행해야 하는 제사를 폐지한 경우에 해당
한다. 노나라에서 교(郊)제사와 체(禘)제사를 지내며 문왕(文王)을 배향
해서 제사를 지내고,37) 원거(爰居)38)에게 제사를 지낸 것39)은 마땅히 제
사를 지낼 수 없는 대상에게 제사를 지낸 것이다. '음(淫)'자는 "지나치
다."는 뜻이다. 지나친 예법으로 신을 섬겨서, 신이 흠향을 하지 않기 때

---

33) 단선(壇墠)은 제사를 지내는 제단을 뜻한다. '단선'의 '단(壇)'은 흙을 쌓아올려서
만든 제단을 뜻하고, '선(墠)'은 그 장소를 정결하게 청소하고, 평평하게 정비한
곳을 뜻한다.

34) 『춘추좌씨전』「성공(成公) 6년」 : 二月, 季文子以鞌之功立武宮, 非禮也.

35) 『춘추좌씨전』「정공(定公) 1년」 : 昭公出故, 季平子禱於煬公. 九月, 立煬宮.

36) 『춘추좌씨전』「문공(文公) 2년」 : 秋八月丁卯, 大事於大廟, 躋僖公, 逆祀也.

37) 『예기』「예운(禮運)」 012장 : 孔子曰: 嗚呼哀哉! 我觀周道, 幽厲傷之, 吾舍魯何
適矣? 魯之郊禘, 非禮也, 周公其衰矣. 杞之郊也, 禹也, 宋之郊也, 契也, 是天
子之事守也. 故天子祭天地, 諸侯祭社稷.

38) 원거(爰居)는 '바닷가에 사는 새[海鳥]'의 이름이다. 잡현(雜縣)이라고도 부른다.
한(漢)나라 무제(武帝) 때에는 낭사(琅邪) 지역에 이 새가 있었다고 전해진다.
『춘추좌씨전』「문공(文公) 2년」편에는 "作虛器, 縱逆祀, 祀爰居."라는 기록이 있
는데, 이에 대한 두예(杜預)의 주에서는 "海鳥曰爰居, 止於魯東門外, 文仲以爲
神, 命國人祀之."라고 풀이했다. 즉 '원거'는 해조(海鳥)의 이름인데, 노(魯)나라
에 찾아와 동쪽 문밖에 머물게 되니, 문중(文仲)이 이 새를 신(神)이라고 여기고,
사람들을 시켜서 이 새에게 제사를 지냈다는 뜻이다. 한편 『이아』「석조(釋鳥)」편
에는 "爰居, 雜縣."이라는 기록이 있는데, 이에 대한 형병(邢昺)의 소(疏)에서는
"爰居, 海鳥也, 大如馬駒, 一名雜縣. 漢元帝時, 琅邪有之."라고 풀이했다.

39) 『춘추좌씨전』「문공(文公) 2년」 : 仲尼曰, "臧文仲, 其不仁者三, 不知者三. 下展
禽, 廢六關, 妾織蒲, 三不仁也. 作虛器, 縱逆祀, 祀爰居, 三不知也."

문에, 복을 내려주는 일이 없게 되는 것이다.

集說 方氏曰: 可廢而廢, 可擧而擧者, 存乎義, 因所廢而莫敢擧, 因所擧而莫敢廢者, 存乎禮. 蓋禮有經, 義有權也.

방씨가 말하길, 폐지할 수 있어서 폐지를 하고, 시행할 수 있어서 시행하는 것은 의에 따라 결정되는 것이며, 폐지한 대상이기 때문에, 감히 제사를 시행하지 않고, 또한 제사를 시행하는 대상이기 때문에, 감히 폐지를 하지 않는 것은 예에 따라 결정되는 것이다. 무릇 예에는 경도(經道)가 있고, 의에는 권도(權道)가 있다.

【185】

大享不問卜, 不饒富.〈116〉 [本在"問禮對以禮"下.]

큰 제사 때에는 점을 쳐서 날짜를 묻지 않으며, 풍요롭게 지내지 않는다.
[본래는 "예에 맞게 질문해야 하고, 예에 맞게 대답해야 한다."[40]라고 한 문장 뒤에 수록되어 있었다.]

集說 呂氏曰: 冬至祀天, 夏至祭地, 日月素定, 故不問卜. 至敬不壇, 掃地而祭, 牲用犢, 酌用陶匏, 席用藁秸, 視天下之物, 無以稱其德, 以少爲貴焉, 故不饒富.

여씨가 말하길, 동지에는 하늘에게 제사를 지내고, 하지에는 땅에게 제사를 지내는데, 해와 달의 운행은 고정되어 있어서 미리 예측할 수 있기 때문에, 점을 쳐서 날짜를 묻지 않는 것이다. 지극히 공경을 다해야 하는 제사에서는 제단을 쌓지 않고, 그 장소만 청소하고서 제사를 지내며, 희생물로는 송아지를 사용하고, 술잔은 질그릇이나 표주박을 사용하며, 자리는 볏짚을 엮은 것으로 사용하니, 천하의 사물들 중에 천지의 덕에 걸

---

40) 『예기』「곡례하」 115장 : 在朝言禮, <u>問禮對以禮</u>.

맞은 것이 없으므로, 적은 것을 존귀하게 여기는 것이다. 그래서 풍요롭게 지내지 않는다.

附註 不饒富, 注說欠長. 一云: "當別取一義, 以不饒益於富者爲解, 如'不親惡'之類."

'불요부(不饒富)'에 대한 주의 설명은 다소 뛰어나지 못하다. 일설에는 "마땅히 별도로 다른 의미를 취해야 하니, 부유한 자에 대해서는 넉넉하게 늘려주지 않는다는 뜻으로 풀이해야 하며, 이것은 '악을 가까이 하지 않는다.'41)라고 한 부류와 같다."라 했다.

---

41) 『예기』「곡례하」 068장 : 天子不言出, 諸侯不生名, 君子<u>不親惡</u>. 諸侯失地名, 滅同姓名.

【186】

支子不祭, 祭必告于宗子. ⟨085⟩ [本在"士以羊豕"下.]

지자(支子)들은 본인이 제사를 모시지 않으니, 만약 불가피한 사정으로 제
사를 모시게 될 때에는 반드시 종자에게 그 사실을 보고해야만 한다. [본래는
"사는 양과 돼지를 사용한다."[1]라고 한 문장 뒤에 수록되어 있었다.]

集說 疏曰: 支子, 庶子也. 祖禰廟在適子之家, 庶子賤, 不敢輒祭.
若宗子有疾, 不堪當祭, 則庶子代攝可也, 猶必告于宗子然後祭.

소에서 말하길, '지자(支子)[2]'는 서자들이다. 조부와 부친의 묘는 적장자
의 집에 위치하고, 서자들은 적장자에 비해 상대적으로 신분이 낮으니,
감히 자기 마음대로 제사를 지낼 수 없다. 만약 종자가 병에 걸려서 제사
지내는 일을 감당할 수 없는 경우라면, 서자는 그를 대신해서 섭주(攝
主)[3]의 임무를 수행하는 것은 괜찮지만, 이러한 경우에도 여전히 종자에
게 이러한 사실을 보고해야만 하고, 그런 뒤에라야 제사를 지내게 된다.

集說 呂氏曰: 別子爲祖, 繼別爲宗, 百世不遷者, 大宗也. 繼禰, 繼
祖, 繼曾祖, 繼高祖, 五世則遷者, 小宗也. 宗子上繼祖禰, 族人兄弟
皆宗之, 冠娶妻必告, 死必赴, 況於祭乎? 所宗乎宗子者, 皆支子也,
支子不敢祭也. 如諸侯不敢祖天子, 大夫不敢祖諸侯. 尊者之祭, 非
卑者所敢尸也. 故宗子爲士, 庶子爲大夫以上, 牲祭於宗子之家, 祝
曰"孝子某爲介子某薦其常事", 則支子雖貴, 可以用其祿而不敢專其

---

1) 『예기』「곡례하」 084장 : 天子以犧牛, 諸侯以肥牛, 大夫以索牛, <u>士以羊豕</u>.
2) 지자(支子)는 적장자(嫡長子)를 제외한 나머지 아들들을 말한다.
3) 섭주(攝主)는 제주(祭主) 및 상주(喪主)의 일을 대신 맡아보는 자이다. 정식 제주
   및 상주는 종법제(宗法制)에 따라서, 종주(宗主)가 담당을 하였는데, 그에게 사정
   이 생겨서, 그 일을 주관하지 못할 때, '섭주'가 대신 그 일을 담당했다. 군주의
   경우에는 재상이 담당하기도 하였으며, 나머지의 경우에는 제주 및 상주와 항렬이
   같은 자들 중에서 담당을 하기도 했다.

事也. 宗子去在他國, 則支子攝主以祭, 其禮有殺.

여씨가 말하길, 부친의 지위를 이어받지 못하는 아들 중 별자(別子)[4]로 갈라져 나온 아들은 자신의 집안의 시조가 되니, 별자의 뒤를 계승하면, 그 자는 그 집안에서 종자가 되며, 100세대가 변하더라도 본래의 시조를 모시는 집안에서는 그 시조의 신주를 체천(遞遷)하지 않기 때문에, 이러한 집안의 적장자는 대종(大宗)이 된다. 대종이 모시고 있는 부친이 같은 집안, 조부가 같은 집안, 증조부가 같은 집안, 고조부가 같은 집안들은 5세대가 넘어가게 되면, 자신들의 선조는 체천이 되므로, 대종과의 관계가 끊어지게 되니, 이러한 자들은 소종(小宗)이 된다.[5] 대종이나 소종의 집안에서 종자(宗子)의 신분인 자들은 위로는 조부와 부친의 지위를 계승한 자이니, 족인(族人)과 형제들이 모두 그를 종주(宗主)로 받들게 된다. 따라서 관례나 혼례를 치를 때에도 반드시 그 소식을 알리며, 죽었을 때에도 반드시 부고를 알리게 되는데,[6] 하물며 제사를 지내는데 있어서는 어찌하겠는가? 종자를 종주로 받드는 자들은 모두 지자(支子)의 신분이 되니, 지자들은 감히 자기 마음대로 제사를 지낼 수가 없다. 예를 들어

---

4) 별자(別子)는 서자(庶子)와 같은 말로, 적정자 이외의 아들들을 뜻하는 말이다. 적장자는 대(代)를 이어받고, 나머지 '별자'들은 그 지위를 계승받지 못하므로, '별자'라고 부르는 것이다. 『예기』「대전(大傳)」편에는 "百世不遷者, 別子之後也, 宗其繼別子之所自出者."라는 기록이 있는데, 이에 대한 공영달(孔穎達)의 소(疏)에서는 "別子謂諸侯之庶子也. 諸侯之適子適孫繼世爲君, 而第二子以下悉不得禰先君, 故云別子."라고 풀이했다.

5) 『예기』「상복소기(喪服小記)」012장 : 別子爲祖, 繼別爲宗, 繼禰者爲小宗. 有五世而遷之宗, 其繼高祖者也. 是故祖遷於上, 宗易於下. 尊祖故敬宗, 敬宗所以尊祖禰也. / 『예기』「대전(大傳)」017장 : 別子爲祖, 繼別爲宗, 繼禰者爲小宗. 有百世不遷之宗, 有五世則遷之宗. 百世不遷者, 別子之後也. 宗其繼別子之, 所自出者, 百世不遷也. 宗其繼高祖者, 五世則遷者也. 尊祖故敬宗. 敬宗, 尊祖之義也.

6) 『예기』「문왕세자(文王世子)」034장 : 五廟之孫, 祖廟未毁, 雖爲庶人, 冠取妻, 必告, 死必赴, 練祥則告.

제후는 감히 천자를 시조로 삼아서 제사를 지낼 수 없고, 대부는 감히 제후를 시조로 삼아서 제사를 지낼 수 없는 것이다. 존귀한 자의 제사는 신분이 낮은 자가 감히 주관할 수 있는 것이 아니다. 그렇기 때문에 종자(宗子)의 신분이 사 계급이고, 서자의 신분이 대부 이상이 된 경우, 대부가 사용하는 희생물을 사용해서 종자의 집에서 제사를 지내며, 축관이 "효자 아무개가 대부가 된 개자(介子) 아무개를 대신하여, 정기적인 제사를 올립니다."라고 말하게 되니,[7] 지자의 신분이 비록 존귀하다고 하더라도, 자신이 받는 녹봉을 사용해서 감히 그 제사를 자기 마음대로 할 수 없는 것이다. 종자가 다른 나라에 떠나 있는 경우라면, 지자가 섭주(攝主)의 신분이 되어 제사를 지내게 되는데, 이러한 경우의 예법에서도 정상적인 경우보다 낮추는 점이 있는 것이다.[8]

【187】

齊[側階反]者, 不樂不弔.〈曲禮上-163〉 [本在"乘必以几"下.]

재계['齊'자는 '側(측)'자와 '階(계)'자의 반절음이다.]를 하는 자는 즐거워하지도 않고 슬퍼하지도 않는다. [본래는 "수레에 오를 때에는 반드시 안석을 지참하고 탄다."[9]라고 한 문장 뒤에 수록되어 있었다.]

---

7) 『예기』「증자문(曾子問)」050장: 曾子問曰: 宗子爲士, 庶子爲大夫, 其祭也, 如之何. 孔子曰: 以上牲, 祭於宗子之家, 祝曰, 孝子某, 爲介子某, 薦其常事.

8) 『예기』「증자문(曾子問)」051장: 若宗子有罪, 居於他國, 庶子爲大夫, 其祭也, 祝曰, 孝子某, 使介子某, 執其常事. 攝主, 不厭祭, 不旅, 不假, 不綏祭, 不配. / 이러한 경우에 정상적인 예법에 비해 낮추는 것은 첫 번째 염제(厭祭)를 지내지 않는 것이고, 두 번째 술잔을 돌리지 않는 것이며, 세 번째 해假)를 하지 않는 것이고, 네 번째 수제(綏祭)를 지내지 않는 것이며, 다섯 번째 배(配)를 하지 않는 것이다.

9) 『예기』「곡례상(曲禮上)」162장: 禮曰: 君子抱孫不抱子. 此言孫可以爲王父尸, 子不可爲父尸. 爲君尸者, 大夫士見之則下之. 君知所以爲尸者則自下之, 尸必式. 乘必以几.

集說 呂氏曰: 古之有敬事者必齊, 齊者, 致精明之德也. 樂則散, 哀則動, 皆有害於齊也. 不樂不弔者, 全其齊之志也.

여씨가 말하길, 고대에는 공경스러운 태도로 임해야 할 사안이 발생하게 되면, 반드시 재계를 하였으니, 재계를 한다는 말은 정성스럽고 맑은 덕성을 지극하게 한다는 뜻이다. 사람은 즐거워하게 되면 주위가 흩어지고, 슬퍼하게 되면 감정이 동요하게 되니, 이러한 모든 것들은 재계를 하는데 해로움을 가져다준다. 따라서 즐거워하지도 않고, 슬퍼하지도 않는다는 것은 곧 재계를 하는 뜻을 온전하게 보전하기 위함이다.

附註 不樂者, 不聽樂也. 注音洛, 未當.

'불악(不樂)'은 음악을 듣지 않는다는 뜻이다. 주의 음에서 '樂'자를 '洛(낙)'이라고 한 것은 합당하지 않다.

【188】

天子以犧牛, 諸侯以肥牛, 大夫以索牛, 士以羊豕.〈084〉[本在"淫祀無
福"下.]

천자의 제사에서는 희생물을 사용할 때 잡색이 섞이지 않은 순색의 소를
사용하며, 제후는 우리에서 키운 소를 사용하고, 대부는 구해온 소를 사용
하며, 사는 양과 돼지를 사용한다. [본래는 "음사를 지낸다고 하더라도, 신이 축복을
내려주는 일은 없다."1)라고 한 문장 뒤에 수록되어 있었다.]

(集說) 毛色純而不雜曰犧, 養於滌者曰肥, 求得而用之曰索.

희생물의 털색이 순일하여 잡색이 섞이지 않은 짐승을 '희(犧)'라 부르고,
척(滌)2)에서 기른 짐승을 '비(肥)'라 부르며, 기르지 않고 구해서 쓰는
짐승을 '색(索)'이라 부른다.

(集說) 疏曰: 此謂天子大夫士也. 若諸侯大夫卽用少牢, 士則用特牲,
其喪祭則大夫亦得用牛, 士亦用羊豕, 故雜記云, "上大夫之虞也少
牢, 卒哭成事祔皆大牢, 下大夫之虞也特牲, 卒哭成事祔皆少牢", 是
也.

소에서 말하길, 이 문장의 내용은 천자와 천자에게 소속된 대부 및 사에
해당하는 내용이다. 만약 제후에게 소속된 대부라면, 소뢰(少牢)를 사용
하게 되고, 제후에게 소속된 사라면, 특생(特牲)3)을 사용하게 되는데,

---

1) 『예기』「곡례하」 083장 : 凡祭, 有其廢之, 莫敢擧也, 有其擧之, 莫敢廢也, 非其
   所祭而祭之, 名曰淫祀. 淫祀無福.
2) 척(滌)은 짐승우리를 뜻한다. 본래 군주가 제사 때 사용하게 될 희생물들을 기르
   는 우리를 뜻한다. '척'이라고 부르는 이유는 그 장소를 청결하게 유지하기 때문이
   다. 『춘추공양전』「선공(宣公) 3년」편에는 "帝牲在于滌三月."이라는 기록이 있
   고, 이에 대한 하휴(何休)의 주에서는 "滌, 宮名, 養帝牲三牢之處也. 謂之滌者,
   取其蕩滌潔清."이라고 풀이했다.
3) 특생(特牲)은 한 종류의 가축을 희생물로 사용한다는 뜻이다. '특(特)'자는 동일

그들이 상제를 지내는 경우라면, 대부 또한 소를 희생물로 사용할 수 있고, 사 또한 양과 돼지를 사용할 수 있다. 그래서 『예기』「잡기(雜記)」편에서 "상대부의 우제(虞祭)에서는 소뢰(少牢)를 사용하고, 졸곡(卒哭)을 하여 일을 마무리 짓고서, 부제(祔祭)⁴⁾를 지낼 때에는 모두 태뢰(太牢)⁵⁾를 사용하며, 하대부의 우제에서는 특생(特牲)을 사용하고, 졸곡을 하여 일을 마무리 짓고서, 부제를 지낼 때에는 모두 소뢰(少牢)를 사용한다."⁶⁾라고 한 말이 바로 이러한 사실을 나타낸다.

【189】
凡祭宗廟之禮, 牛曰一元大武.〈086〉[本在"告于宗子"下.]
무릇 종묘 제례에 있어서, 사용되는 희생물 중 소의 경우에는 한 마리의

종류의 희생물을 한 마리 사용한다는 뜻이며, 특히 소를 사용할 때 사용하는 용어이기도 하다. 『춘추좌씨전』「양공(襄公) 9년」편에는 "祈以幣更, 賓以特牲."이라는 기록이 있고, 이에 대한 양백준(楊伯峻)의 주에서는 "款待貴賓, 只用一種牲畜. 一牲曰特."이라고 풀이했다. 그런데 어떠한 가축을 사용했는가에 대해서는 주석들마다 차이가 있다. 『국어(國語)』「초어하(楚語下)」편에는 "大夫擧以特牲, 祀以少牢."라는 기록이 있고, 이에 대한 위소(韋昭)의 주에서는 "特牲, 豕也."라고 풀이했다. 또한 『예기』「교특생(郊特牲)」편에 대한 육덕명(陸德明)의 제해(題解)에서는 "郊者, 祭天之名, 用一牛, 故曰特牲."이라고 풀이했다. 즉 '특생'으로 사용되는 가축은 '시(豕: 돼지)'도 될 수 있으며, 소도 될 수 있다.

4) 부제(祔祭)는 '부(祔)'라고도 한다. 새로이 죽은 자가 있으면, 선조(先祖)에게 '부제'를 올리면서, 신주(神主)를 합사(合祀)하는 것을 말한다. 『주례』「춘관(春官)·대축(大祝)」편에는 "付練祥, 掌國事."라는 기록이 있고, 이에 대한 정현의 주에서는 "付當爲祔. 祭於先王以祔後死者."라고 풀이하였다.

5) 태뢰(太牢)는 제사에서 쇠[牛], 양(羊), 돼지[豕] 3가지 희생물을 갖춘 것을 뜻한다. 『장자』「지악(至樂)」편에는 "具太牢以爲膳."이라는 기록이 있는데, 이에 대한 성현영(成玄英)의 소(疏)에서는 "太牢, 牛羊豕也."라고 풀이하였다.

6) 『예기』「잡기하(雜記下)」 026장 上大夫之虞也少牢, 卒哭成事附皆大牢, 下大夫之虞也犆牲, 卒哭成事附皆少牢.

발자국이 큰 소라고 부른다. [본래는 "종자에게 그 사실을 보고해야만 한다."[7]라고
한 문장 뒤에 수록되어 있었다.]

集說 此以下凡二十一物. 元, 頭也. 武, 足迹也. 牛肥則迹大.

이곳 구문부터 이하의 구문 내용은 제사 때 사용되는 21가지 물건들에
대한 것이다. '원(元)'자는 가축의 머리를 뜻한다. '무(武)'자는 발자국을
뜻한다. 소가 살찌게 되면 발자국도 커진다.

【190】

豕曰剛鬣.〈087〉

돼지의 경우에는 털이 뻣뻣한 돼지라고 부른다.

集說 豕肥則鬣剛.

돼지가 살찌게 되면, 털이 뻣뻣해진다.

【191】

豚曰腯[突]肥.〈088〉

작은 돼지의 경우에는 몸집이 살찌고['腯'자의 음은 '突(돌)'이다.] 탱탱한 작은
돼지라고 부른다.

集說 腯者, 充滿之貌.

'돌(腯)'이라는 말은 몸집이 충만한 모양을 뜻한다.

---

7) 『예기』「곡례하」 085장 : 支子不祭, 祭必告于宗子.

【192】

羊曰柔毛.〈089〉

양의 경우에는 털이 가늘고 부드러운 양이라고 부른다.

集說 羊肥, 則毛細而柔弱.

양이 살찌게 되면, 털이 가늘어지고 부드러워진다.

【193】

雞曰翰音.〈090〉

닭의 경우에는 소리가 울려 퍼지는 닭이라고 부른다.

集說 翰, 長也. 雞肥則鳴聲長.

'한(翰)'자는 "길다."는 뜻이다. 닭이 살찌게 되면, 울음소리가 길게 울려
퍼진다.

【194】

犬曰羹獻.〈091〉

개의 경우에는 국으로 끓여서 바치는 개고기라고 부른다.

集說 犬肥則可爲羹以獻. 凡煮肉皆謂之羹. 特牲禮云"羹飪", 穎考
叔曰"未嘗君之羹", 是也.

개가 살찌게 되면, 국으로 끓여서 바칠 수 있다. 무릇 고기를 삶은 요리를
모두 '갱(羹)'이라고 부른다. 『의례』「특생궤식례(特牲饋食禮)」편에서는
"국을 조리한다."[8]라고 했고, 영고숙은 "일찍이 군주가 먹는 고깃국은 먹

---

8) 『의례』「특생궤식례(特牲饋食禮)」: 請期. 曰, "羹飪." 告事畢. 賓出, 主人拜送.

어본 적이 없다."⁹⁾라고 한 말이 그 용례가 된다.

【195】

雉曰疏[踈]趾.〈092〉

꿩의 경우에는 발가락이 쭉 펴져서 발가락 사이가 널리 벌어진['疏'자의 음은 '踈(소)'이다.] 꿩이라고 부른다.

集說 雉肥則兩足開張, 故曰疏趾.

꿩이 살찌게 되면, 두 발이 벌어지며 길쭉하게 펴지게 된다. 그렇기 때문에 '발가락이 쭉 펴져서 발가락 사이가 널리 벌어진 꿩'이라고 부르는 것이다.

【196】

兎曰明視.〈093〉

토끼의 경우에는 시야가 밝은 토끼라고 부른다.

集說 兎肥則目開而視明, 故曰明視.

토끼가 살찌게 되면, 미간 사이가 벌어지게 되어 시야가 밝아지게 된다. 그렇기 때문에 '시야가 밝은 토끼'라고 부르는 것이다.

【197】

脯曰尹祭.〈094〉

포의 경우에는 제사에 바치는 반듯한 모양의 포라고 부른다.

---

9) 『춘추좌씨전』「은공(隱公) 1년」 : 公問之. 對曰, "小人有母, 皆嘗小人之食矣; <u>未嘗君之羹</u>, 請以遺之."

集說 尹, 正也. 脯欲剸割方正.

'윤(尹)'자는 "반듯하다."는 뜻이다. 포를 만들 때에는 납작하게 펼쳐 잘라서, 그 모양이 반듯하게 되도록 한다.

【198】

槀[考]魚曰商祭.〈095〉

말린['槀'자의 음은 '考(고)'이다.] 어포의 경우에는 건조하고 습한 정도를 적절하게 맞춘 어포라고 부른다.

集說 槀, 乾也. 商, 度也. 商度其燥濕之宜.

'고(槀)'자는 "말렸다."는 뜻이다. '상(商)'자는 "살핀다."는 뜻이다. 건조하고 습한 정도를 적절하게 맞춰서 말렸다는 뜻이다.

【199】

鮮[仙]魚曰脡[挺]祭.〈096〉

신선한['鮮'자의 음은 '仙(선)'이다.] 물고기의 경우에는 제사에 바치는 곧게 펴진['脡'자의 음은 '挺(정)'이다.] 물고기라고 부른다.

集說 脡, 直也. 魚之鮮者不餒敗, 則挺然而直.

'정(脡)'자는 "곧다."는 뜻이다. 신선한 물고기는 홀쭉하거나 변질되지 않았으니, 조리를 했을 때 펼쳐둔 것처럼, 그 모양이 곧게 된다.

【200】

水曰清滌.〈097〉

물의 경우에는 맑고 깨끗한 술이라고 부른다.

集說 水, 玄酒也. 水可漑濯, 故曰淸滌.

'수(水)'는 현주(玄酒)[10]를 뜻한다. 물로는 세척을 할 수 있기 때문에, "맑고 깨끗하다."라고 말한 것이다.

【201】

酒曰淸酌. 〈098〉

술의 경우에는 맑은 술로 따른 술잔이라고 부른다.

集說 古之酒醴, 皆有淸有糟, 未沛者爲糟, 旣沛者爲淸也.

고대에 사용했던 술은 모든 경우에 있어서 맑은 술도 있게 되고, 탁한 술도 있게 되는데, 거르지 않은 것은 탁한 술이 되고, 거른 술은 맑은 술이 된다.

【202】

黍曰薌[香]合. 〈099〉

메기장의 경우에는 향기롭고 찰진['薌'자의 음은 '香(향)'이다.] 메기장밥이라고 부른다.

---

10) 현주(玄酒)는 고대의 제례(祭禮)에서 술 대신 사용한 물[水]을 뜻한다. '현주'의 '현(玄)'자는 물은 흑색을 상징하므로, 붙여진 글자이다. '현주'의 '주(酒)'자의 경우, 태고시대 때에는 아직 술이 없었기 때문에, 물을 술 대신 사용했다. 따라서 후대에는 이 물을 가리키며 '주'자를 붙이게 된 것이다. '현주'를 사용하는 것은 가장 오래된 예법 중 하나이므로, 후대에도 이러한 예법을 존숭하여, 제사 때 '현주' 또한 사용했던 것이며, '현주'를 술 중에서도 가장 귀한 것으로 여겼다. 『예기』 「예운(禮運)」편에는 "故玄酒在室, 醴醆在戶."라는 기록이 있는데, 이에 대한 공영달(孔穎達)의 소(疏)에서는 "玄酒, 謂水也. 以其色黑, 謂之玄. 而太古無酒, 此水當酒所用, 故謂之玄酒."라고 풀이했다.

集說 黍熟則黏聚不散, 其氣又香, 故曰薌合.

메기장이 익게 되면, 그것으로 지은 밥은 차지게 되어 밥알이 흩어지지 않으며, 그 냄새 또한 향기롭다. 그렇기 때문에 "향기롭고 차지다."이라고 말한 것이다.

【203】
粱曰薌萁[基].〈100〉
수수의 경우에는 알갱이를 달고 있는 향기로운 줄기[‘萁’자의 음은 ‘基(기)’이다.] 라고 부른다.

集說 粱, 穀之强者, 其莖葉亦香, 故曰薌萁.

수수는 곡식 중에서도 알갱이가 딱딱한 것이며, 수수가 달린 줄기와 잎사귀 또한 향기롭다. 그렇기 때문에 ‘알갱이를 달고 있는 향기로운 줄기’라고 말한 것이다.

【204】
稷曰明粢[咨].〈101〉
조의 경우에는 신명과 소통하는 조[‘粢’자의 음은 ‘咨(자)’이다.]라고 부른다.

集說 稷, 粟也, 明則足以交神, 祭祀之飯, 謂之粢盛.

‘직(稷)’자는 조를 뜻하며, ‘명(明)’이라고 부른다면, 그것으로써 신명과 소통할 수 있다는 뜻이 되므로, 제사 때 밥을 차려내는 것을 "조를 담는다."라고 부르는 것이다.

【205】

稻曰嘉蔬.〈102〉

쌀의 경우에는 아름답고 무성한 쌀이라고 부른다.

集說 蔬, 與疏同. 立苗疏, 則茂盛. 嘉, 美也.

'소(蔬)'자는 소(疏)자와 동일하다. 벼를 심을 때 듬성듬성 심게 되면, 쌀 알이 무성하게 맺히게 된다. '가(嘉)'자는 "아름답다."는 뜻이다.

【206】

韭曰豐本.〈103〉

부추의 경우에는 뿌리가 풍성한 부추라고 부른다.

集說 其根本豐盛也.

부추의 뿌리는 풍성한 모양이기 때문이다.

【207】

鹽曰鹹鹺[才何反].〈104〉

소금의 경우에는 짠맛이 풍부한 소금['鹺'자는 '才(재)'자와 '何(하)'자의 반절음이다.]이라고 부른다.

集說 鹹鹺, 鹽味之厚也.

'함차(鹹鹺)'는 소금의 짠맛이 풍부하다는 뜻이다.

【208】

玉曰嘉玉.〈105〉

옥의 경우에는 흠이 없는 아름다운 보옥이라고 부른다.

集說 無瑕之玉也.

흠이 없는 옥을 뜻한다.

【209】

幣曰量幣.〈106〉

폐물의 경우에는 치수에 맞는 폐물이라고 부른다.

集說 中廣狹長短之度也.

폭과 길이가 치수에 맞는다는 뜻이다.

集說 疏曰: 此等諸號, 若一祭並有, 則擧其大者. 或惟有犬雞, 惟有魚兎, 則各擧其號, 故經備載其名.

소에서 말하길, 이곳에 기록된 이러한 호칭들의 경우, 만약 한 차례의 제사를 지내면서 모두 차려놓게 된다면, 그 중에서도 중대한 것에만 그 명칭을 쓰게 된다. 간혹 개나 닭만 차리게 되거나, 물고기나 토끼고기만 차리게 된다면, 각각 그것들의 호칭을 쓰게 된다. 그렇기 때문에 경문에서는 이러한 명칭들을 모두 기록하고 있는 것이다.

類編 右喪祭之禮.

여기까지는 '상제지례(喪祭之禮)'에 대한 내용이다.

類編 傳曰: "養生不足以當大事, 唯送死可以當大事." 喪祭, 民之卒事也, 故以喪祭之禮終焉.

전하는 말에서는 "산 자를 봉양하는 것은 중대한 일에 해당하기에는 부족하고, 오직 죽은 자를 전송하는 것이라야 중대한 일에 해당할 수 있다."[11]라 했다. '상제(喪祭)'는 백성들에게 있어서 마무리를 짓는 일이라 할 수 있다. 그렇기 때문에 상제의 예법으로 마무리를 지은 것이다.

---

11) 『맹자』「이루하(離婁下)」: 孟子曰, "養生者不足以當大事, 惟送死可以當大事."

禮記類編大全卷之三

『예기유편대전』3권

◇ 少儀第三 / 「소의」 3편

類編 此篇記少者事長之禮, 而雜記 · 曲禮之節, 今釐其錯亂而正之, 卽曲禮中事長及相見之禮也. 朱子曰: "註疏以爲細小威儀, 非也."

「소의」편은 나이가 어린 자가 어른을 섬기는 예법을 기록한 것으로, 『예기』「잡기(雜記)」편과 「곡례(曲禮)」편에서 기록한 예절에 해당하는데, 현재 착간되어 혼란스러운 기록들을 정리하여 바로잡으니, 「곡례」편에서 어른을 섬기고 서로 만나보는 예법에 해당한다. 주자는 "주소에서 자잘한 의례절차라고 여긴 것은 잘못되었다."라 했다.

類編 本居大傳之下. 凡二節.

본래는 『예기』「대전(大傳)」편 뒤에 수록되어 있었다. 모두 2개 절이다.

附註 石梁曰: "非幼少之少." 舊註亦云: "細小威儀." 恐未安. 少儀自是幼少者之儀節, 篇中雖雜記諸節, 而固多事長之禮. 少去聲.

석량왕씨가 말하길, "소의(少義)라고 할 때의 '소(少)'자는 어린아이라고 할 때의 소(少)자가 아니다."라 했다. 옛 주에서는 또한 "자잘한 의례절차"라고 했는데, 아마도 합당한 해석은 아닌 것 같다. 「소의」편 자체는 나이가 어린 자가 따라야 하는 의례절차들을 기록하고 있으며, 편 중에 비록 여러 예절들을 잡다하게 기록하고 있지만, 진실로 대부분은 어른을 섬기는 예에 해당한다. 따라서 '少'자는 거성으로 읽어야 한다.

「소의」편 문장 순서 비교		
『예기집설』	『예기유편대전』	
	구분	문장
001		曲禮上-049
002		曲禮上-050
003		曲禮上-039
004		曲禮上-040
005		063
006		玉藻-089後
007		016
008		曲禮上-064
009		014
010		曲禮上-065
011		曲禮上-066
012		曲禮上-067
013		曲禮上-071
014		曲禮上-072
015		曲禮上-073
016		曲禮上-074
017	事長之禮	曲禮上-057
018		曲禮上-077
019		曲禮上-051
020		075
021		曲禮上-033
022		曲禮上-052
023		曲禮上-053前
024		曲禮上-075
025		曲禮上-076
026		曲禮上-078
027		曲禮上-079
028		曲禮上-080
029		曲禮上-081
030		曲禮上-082
031		曲禮上-084
032		曲禮下-009
033		曲禮上-085
034		曲禮上-083

『예기집설』	『예기유편대전』	
	구분	문장
035		曲禮上-090
036		曲禮上-091
037		曲禮上-092
038		011
039		017
040		018
041		019
042		020
043		021
044		055
045		玉藻-090前
046		曲禮上-117
047		曲禮上-125
048		曲禮上-130
049		曲禮上-126
050		001
051		001
052		009
053		010
054		曲禮上-059
055		曲禮上-060
056		曲禮上-061
057		曲禮上-068
058		曲禮上-069
059	相見之禮	012
060		曲禮上-070
061		曲禮上-113
062		曲禮上-114
063		玉藻-028後
064		曲禮上-115
065		曲禮上-116
066		曲禮上-122後
067		曲禮上-124

「소의」편 문장 순서 비교		
『예기집설』	『예기유편대전』	
	구분	문장
068		玉藻-090後
069		074後
070		074前
071		023前
072		024
073		曲禮下-025
074		曲禮下-026
075		曲禮下-027
076		曲禮下-028
077		曲禮下-029
078		曲禮下-030
079		曲禮下-031
080		玉藻-077
		035
		034後
		內則-112後
		114後
		曲禮下-117
		曲禮下-118

◇ 어른을 섬기는 예절[事長之禮]

【001】

幼子, 常視毋誑[舉況反]. 〈曲禮上-049〉 [本在"不純采"下.]

어린아이에게는 항상 거짓되지 않고 속임['誑'자는 '舉(거)'자와 '況(황)'자의 반절음 이다.]이 없는 것만을 보여주어야 한다. [본래는 "채색으로 가선을 대지 않는다."[1]라 고 한 문장 뒤에 수록되어 있었다.]

集說 視, 與示同. 常示之以不可欺誑, 所以習其誠.

'시(視)'자는 "보여준다."는 뜻과 같다. 거짓말을 하거나 속임수를 부려서 는 안 된다는 것을 항상 보여주는 것은 진실됨을 익히게 하는 방법이다.

附註 通解移此條於內則生子章, 而此書內則無他記移補之文, 且 此句與下文韻叶, 不可分割, 仍存于篇首, 以明立敎.

『통해』에서는 이 조목을 『예기』「내칙(內則)」편의 생자장(生子章)으로 옮겼는데, 이 책에서는 「내칙」편에 대해 다른 기록을 옮기거나 보충한 문장이 없고, 또 이 구문은 아래문장과 협운이 되어 분할할 수 없어, 이 편의 첫 부분에 남겨두어서 가르침을 세운 뜻을 드러내었다.

---

1) 『예기』「곡례상(曲禮上)」 048장 : 孤子當室, 冠衣不純采.

【002】

童子, 不衣[去聲]裘裳, 立必正方, 不傾聽.〈曲禮上-050〉

어린아이들에게는 가죽으로 된 옷과 치마를 입히지['衣'자는 거성으로 읽는다.] 않고, 서 있을 때에는 반드시 바른 방향을 바라보게 하며, 어른이 말씀을 하면 삐딱하게 몸을 기울여서 듣지 않게 한다.

> **集說** 呂氏曰: 裘之溫, 非童子所宜; 裳之飾, 非童子所便. 立必正所向之方, 或東或西, 或南或北, 不偏有所向. 士相見禮云, "凡燕見於君, 必辨君之南面, 若不得, 則正方, 不疑君." 疑謂邪向之也.

여씨가 말하길, 가죽옷처럼 따뜻한 옷은 어린아이에게 맞지 않으며, 치마처럼 예식을 차리는 복장은 어린아이가 입기에는 편리하지 못하다. 서 있을 때에는 반드시 바라보는 방향을 바르게 해야 하니, 때에 따라 동쪽, 서쪽, 남쪽, 북쪽을 바라보게 되더라도, 정방향을 바라보게 하며, 비스듬하게 바라보지 않게 해야 한다. 『의례』「사상견례(士相見禮)」편에서는 "무릇 연회에서 군주를 뵐 때에는 반드시 군주가 남면하여 바라보게 되는 남쪽에 서야 하며, 만약 그렇게 할 수 없는 경우라면, 정방향을 보고 서 있어야 하지, 사선으로 서서 군주를 바라보아서는 안 된다."[1]라고 했다. 이 문장의 '의(疑)'자는 정방향이 아닌 곳에서 바라본다는 뜻이다.

【003】

年長以倍, 則父事之, 十年以長, 則兄事之, 五年以長, 則肩隨之.〈曲禮上-039〉 [本在"不稱老"下.]

상대방의 나이가 본인보다 2배나 많으면 부친을 대하듯 섬기고, 본인보다 10살이 많으면 형을 대하듯 섬기며, 본인보다 5살이 많으면 나란히 걷되

---

1) 『의례』「사상견례(士相見禮)」: 凡燕見于君, 必辯君之南面. 若不得則正方, 不疑君. 君在堂, 升見無方階, 辯君所在.

조금 뒤로 물러서서 따라간다. [본래는 "늙었다거나 노인이라는 말을 쓰지 않는다."²⁾라고 한 문장 뒤에 수록되어 있었다.]

集說 肩隨, 並行而差退也. 此泛言長少之序, 非謂親者.

'견수(肩隨)'는 나란히 걸어가되 조금 뒤로 물러나서 따라간다는 뜻이다. 이 문장의 내용은 나이에 따른 예절에 대해 포괄적으로 언급한 것으로, 친인척에 한정된 내용이 아니다.

【004】

群居五人, 則長者必異席. 〈曲禮上-040〉 [並曲禮]

모여 앉은 사람이 다섯 사람이 된다면, 그들 중 가장 연장자가 되는 자는 반드시 무리들과 자리를 따로 해서 앉는다. [모두 「곡례」편의 문장이다.]

集說 古者地敷橫席, 而容四人, 長者居席端. 若五人會, 則長者一人異席也.

고대에는 땅에 넓은 자리를 깔게 되면 네 사람이 앉게 되는데, 네 사람 중 가장 연장자가 되는 자는 자리의 끝단 쪽에 앉는다. 만약 다섯 사람이 모인 경우라면, 그들 중 가장 연장자 한 명은 다른 곳에 자리를 펴고 앉는다.

【005】

小子走而不趨, 擧爵則坐祭立飮. 〈063〉 [本在"不食圂腴"下.]

소자는 심부름을 할 때 달려가되 어른처럼 종종걸음으로 걷지 않는다. 술잔을 들게 되면, 무릎을 꿇고 술에 대한 제사를 지내고, 서서 술을 마신다. [본래는 "개나 돼지의 창자를 먹지 않는다."³⁾라고 한 문장 뒤에 수록되어 있었다.]

---

2) 『예기』「곡례상(曲禮上)」 038장 : 恒言不稱老.

集說 小子不敢與尊者竝禮, 故行步擧爵, 皆異於成人也.

소자는 감히 존장자와 함께 의례를 시행할 수 없기 때문에, 걸음걸이와
술잔을 드는 예절을 모두 성인들과 다르게 한다.

【006】

無事則立主人之北, 南面. 見[現]先生, 從人而入.〈玉藻-089〉[4] [玉藻. 本
在"聽事不麻"下.]

상사에 있어서 특별한 일이 없다면, 상주의 북쪽에 서서 남쪽을 바라본다.
선생님을 찾아뵐['見'자의 음은 '現(현)'이다.] 때에는 다른 사람을 따라서 들어간
다. [「옥조」편의 문장이다. 본래는 "상주의 심부름을 할 때에는 질을 두르지 않는다."라고
한 문장 뒤에 수록되어 있었다.]

集說 從人而見先生, 不敢以卑小煩長者爲禮也.

다른 사람을 따라서 선생님을 찾아뵙는 것은 신분이 미천하고 나이가 어
린 자가 감히 연장자를 번거롭게 만들지 않는 것을 예법으로 여기기 때문
이다.

【007】

尊長於己踰等, 不敢問其年. 燕見[現]不將命. 遇於道見則面, 不請所
之. 喪俟事不犆[特]弔.〈016〉[本在"志則否"下. 右通言.]

존장자의 나이가 부친이나 조부 항렬에 해당한다면, 감히 그 자의 나이에
대해서 물어보지 않는다. 사적으로 존장자를 찾아가 만나보는['見'자의 음은

---

3) 『예기』「소의」 062장 : 君子不食圂腴.
4) 『예기』「옥조(玉藻) 089장 : 童子不裘不帛, 不屨絇, 無緦服, 聽事不麻. 無事則
立主人之北, 南面. 見先生, 從人而入.

'現(현)'이다.] 경우에는 명령을 전달하는 자를 통해서 말을 전하지 않는다. 도로에서 우연히 존장자를 보았다면, 상대가 자신을 보면 면전으로 다가가 만나보되 감히 가는 곳을 묻지 않는다. 존장자의 상이 발생했을 때에는 해당 절차가 될 때까지 기다린 뒤에 조문을 하며, 해당 시기가 아닐 때 자기 홀로['犆'자의 음은 '特(특)'이다.] 조문하지 않는다. [본래는 "자신의 뜻에 따른 일이라면, 물어보아서는 안 된다."5)라고 한 문장 뒤에 수록되어 있었다. 여기까지는 통괄해서 말한 것이다.]

集說 踰等, 祖與父之行也. 不敢問年, 嫌若序齒也. 燕見不將命, 謂卑幼者燕私來見, 不使擯者傳命, 非賓主之禮也. 若遇尊長於道路, 尊者見己則面見之, 不見則隱避, 不欲煩動之也. 不請所之, 不問其所往也. 若於尊者之喪, 則待主人哭之時而往, 不非時特弔.

'유등(踰等)'은 상대가 조부나 부친 항렬에 해당한다는 뜻이다. 감히 그 나이를 묻지 않는 것은 나이에 따라 서열을 매기려고 한다는 혐의를 받기 때문이다. "사적으로 만나보는 경우라면 명령을 전달하는 자를 통하지 않는다."라고 했는데, 신분이 낮고 나이가 어린 자가 사적으로 찾아와서 만나보는 경우에는 부관을 시켜서 명령을 전달하도록 시키지 않으니, 빈객과 주인의 예법에 따르지 않기 때문이라는 뜻이다. 만약 우연히 도로에서 존장자를 만나보게 되었을 때, 존장자가 자신을 보았다면 면전으로 가서 만나보고, 보지 못했다면 길을 피하니, 존장자를 번거롭게 움직이도록 하고 싶지 않기 때문이다. "가는 곳을 청해 묻지 않는다."는 말은 가는 곳을 물어보지 않는다는 뜻이다. 만약 존귀한 자의 상인 경우라면, 주인이 곡을 할 때를 기다렸다가 찾아가니, 해당 시기가 아닐 때 자기 홀로 조문을 하지 않기 때문이다.

附註 不特弔, 註云: "待主人哭時." 或云: "待賓客來, 同時進弔, 不

---

5) 『예기』「소의」 015장 : 不貳問. 問卜筮, 曰: "義與志與?" 義則可問, 志則否.

獨弔也." 亦通.

'불특조(不特弔)'에 대해 주에서는 "주인이 곡할 때까지 기다린다."라 했
다. 혹자는 "빈객이 찾아오기를 기다렸다가 동시에 나아가 조문하며 홀로
조문하지 않는다."라 했는데, 이 또한 뜻이 통한다.

【008】

凡爲[去聲]長者糞之禮, 必加帚[之手反]於箕上, 以袂拘[溝, 又如字]而退. 其塵不及長者, 以箕自鄕[去聲]而扱[吸]之.〈曲禮上-064〉[曲禮. 本在"授坐不立"下.]

무릇 어른을 위해['爲'자는 거성으로 읽는다.] 청소하는 예법은 다음과 같으니, 청소를 하기 위해 이동할 때에는 반드시 쓰레받기 위에 빗자루['帚'자는 '之(지)'자와 '手(수)'자의 반절음이다.]를 얹어서 이동하고 자신의 소매로 빗자루를 가리고['拘'자의 음은 '溝(구)'이며, 또한 글자대로 읽기도 한다.] 빗자루로 쓸면서 어른이 계신 곳 반대방향으로 물러나며 청소한다. 청소할 때 발생하는 먼지가 어른에게 가지 않게 하기 위해서, 청소를 할 때는 빗자루를 자신의 방향으로['鄕'자는 거성으로 읽는다.] 쓸어서 쓰레받기에 담는다.['扱'자의 음은 '吸(흡)'이다. 「곡례」편의 문장이다. 본래는 "앉아 있는 자에게 물건을 건넬 때에는 서서 주지 않는다."[1]라고 한 문장 뒤에 수록되어 있었다.]

集說 糞, 除穢也. 少儀云, "埽席前曰拚", 義與糞同. 呂氏讀扱爲揷音, 然凡氣之出入, 噓則散, 吸則聚, 今以收歛爲義, 則吸音爲是.

'분(糞)'자는 더러운 것들을 청소한다는 뜻이다. 「소의(少儀)」편에서는 "자리 주변을 청소하는 것을 '분(拚)'이라 부른다."[2]라고 하였는데, '분(拚)'자의 의미는 분(糞)자와 동일하다. 여씨는 '급(扱)'자를 삽(揷)자로 해석하였다. 그러나 무릇 기가 출입할 때에는 내불면 흩어지고 들이마시면 모아진다. 지금 이곳 문장에서 언급하는 '급(扱)'자는 "수렴한다."는 뜻이 되므로, 흡(吸)자로 해석하는 것이 옳다.

集說 疏曰: 初持箕往時, 帚置箕上, 兩手擧箕. 當掃時, 一手捉帚, 擧一手衣袂以拘障於帚前, 且掃且遷, 故云拘而退. 扱, 歛取也. 以

---

1) 『예기』「곡례상(曲禮上)」 063장 : 並坐不橫肱, 授立不跪, <u>授坐不立</u>.

2) 『예기』「소의」 014장 : 氾埽曰埽, <u>埽席前曰拚</u>. 拚席不以鬛, 執箕膺擖.

箕自向斂取糞穢, 不以箕向尊者.

소에서 말하길, 최초 쓰레받기를 가지고 청소할 장소로 갈 때에는 빗자루를 쓰레받기 위에 얹어서, 양손으로 쓰레받기를 들고 간다. 청소할 때에는 한쪽 손으로는 빗자루를 들고, 나머지 한쪽 손으로는 옷소매를 잡아서 빗자루 앞을 가리며, 빗자루로 쓸면서 옮겨가는 것이다. 그렇기 때문에 "가리고 물러난다."라고 말한 것이다. '흡(扱)'자는 "쓸어 담는다."는 뜻이다. 빗자루질을 자기 방향으로 해서 쓰레기들을 쓸어 담으니, 빗자루질을 어른 방향으로 해서는 안 된다.

【009】

氾[泛]埽[去聲]曰埽, 埽席前曰拚[糞]. 拚席不以鬛[獵], 執箕膺擖[葉].
〈014〉 [本在"不訾重器"下.]

넓은 장소를[‘氾'자의 음은 ‘泛(범)'이다.] 쓰는[‘埽'자는 거성으로 읽는다.] 것을 ‘소(埽)'라 부르며, 자리 주변을 청소하는 것을 ‘분(拚)'이라[‘拚'자의 음은 ‘糞(분)'이다.] 부른다. 자리 주변을 청소할 때에는 큰 빗자루를[‘鬛'자의 음은 ‘獵(렵)'이다.] 이용하지 않고, 쓰레받기를 들었을 때 그 입구가[‘擖'자의 음은 ‘葉(엽)'이다.] 자신의 가슴 쪽을 향하도록 든다. [본래는 "남이 가지고 있는 보물을 헐뜯지 않는다."[3]라고 한 문장 뒤에 수록되어 있었다.]

集說 氾埽, 廣埽也. 拚, 除穢也. 鬛, 帚也. 席上不可用帚. 膺, 胸也. 擖, 箕舌也. 執箕而拚, 則以箕舌向己胸前, 不可持向尊者也.

‘범소(氾埽)'는 널리 쓴다는 뜻이다. ‘분(拚)'은 더러운 것을 제거한다는 뜻이다. ‘엽(鬛)'은 큰 빗자루이다. 자리 위에서는 큰 빗자루를 사용할 수 없다. ‘응(膺)'자는 가슴이다. ‘엽(擖)'은 쓰레받기의 입구이다. 쓰레받기를 잡고서 주변을 청소하게 되면, 쓰레받기의 입구가 자신의 가슴 전면

---

3) 『예기』「소의」013장 : 不疑在躬. 不度民械, 不願於大家, 不訾重器.

을 향하도록 하니, 존장자를 향하도록 잡을 수 없다.

【010】
奉[上聲]席如橋[如字]衡. 〈曲禮上-065〉 **[本在"自鄕而扱之"下.]**
자리를 들고['奉'자는 상성으로 읽는다.] 갈 때에는 마치 교량['橋'자는 글자대로 읽는
다.]처럼 높게 들고 저울처럼 수평이 되도록 든다. [본래는 "자신의 방향으로 쓸어
서 쓰레받기에 담는다."4)라고 한 문장 뒤에 수록되어 있었다.]

> 集說 如橋之高, 如衡之平, 乃奉席之儀也.
'여교형(如橋衡)'이라는 말은 교량이 높게 서 있는 것처럼 하고, 저울처럼
평형이 되도록 한다는 뜻이니, 곧 자리를 들고 갈 때의 예절에 해당한다.

【011】
請席何鄕, 請袵何趾. 〈曲禮上-066〉
어른이 앉고자 한다면 어느 방향으로 자리를 펼 것인지 여쭙고, 어른이
눕고자 한다면 어느 방향으로 발을 둘 것인지 여쭙는다.

> 集說 設坐席, 則問面向何方. 設臥席, 則問足向何方.
앉을 자리를 펴는 경우라면, 정면을 어느 방향으로 둘 것인지를 묻는다.
누울 자리를 펴는 경우라면, 발의 방향을 어느 쪽으로 둘 것인지를 묻는다.

> 集說 疏曰: 坐爲陽, 面亦陽也; 臥爲陰, 足亦陰也. 故所請不同.
소에서 말하길, 앉는다는 행위는 양에 해당하고, 신체 부위 중 얼굴 또한

---

4) 『예기』 「곡례상(曲禮上)」 064장 : 凡爲長者糞之禮, 必加帚於箕上, 以袂拘而退.
其塵不及長者, 以箕自鄕而扱之.

양에 해당한다. 그리고 눕는다는 행위는 음에 해당하고, 발 또한 음에
해당한다. 그렇기 때문에 묻는 내용이 서로 다른 것이다.

【012】

席南鄉北鄉, 以西方爲上; 東鄉西鄉, 以南方爲上.〈曲禮上-067〉

자리가 남향이나 북향으로 되어 있을 때에는 서쪽을 상석으로 삼고, 동향
이나 서향으로 되어 있을 때에는 남쪽을 상석으로 삼는다.

集說 朱子曰: 東向南向之席皆尙右, 西向北向之席皆尙左也.

주자가 말하길, 동향이나 남향으로 되어 있는 자리에서는 모두 오른쪽을
높이며, 서향이나 북향으로 되어 있는 자리에서는 모두 왼쪽을 높인다.

【013】

將卽席, 容毋怍. 兩手摳衣去齊[咨]尺, 衣毋撥[半末反], 足毋蹶[鐝].〈曲
禮上-071〉 [本在"客不先擧"下.]

장차 자리에 나아가 앉을 때에는 행동거지를 신중하고 조심스럽게 하여,
부끄러운 일이 생기게 해서는 안 된다. 양쪽 손으로는 치마를 걷어 올려서,
치마의 밑단['齊'자의 음은 '咨(자)'이다.]이 지면과 1척(尺) 정도 떨어지도록 하
고, 앉은 이후에는 옷을 펄럭거리게['撥'자는 '半(반)'자와 '末(미)'자의 반절음이다.]
해서는 안 되며, 발을 움직여서는['蹶'자의 음은 '鐝(궐)'이다.] 안 된다. [본래는
"빈객은 먼저 말을 꺼내지 않는다."[5]라고 한 구문 뒤에 수록되어 있었다.]

集說 劉氏曰: 將就席, 須詳緩而謹容儀, 毋使有失而可愧怍也. 仍
以兩手摳揭衣之兩旁, 使下齊離地一尺而坐, 以便起居, 免有躡躓失

---

5) 『예기』「곡례상(曲禮上)」 070장 : 主人不問, <u>客不先擧</u>.

容也. 坐後更須整疊前面衣衽, 母使撥開. 又古人以膝坐, 久則膝不
安, 而易以蹴動, 坐而足動, 亦爲失容, 故戒以母動也. 管寧坐席歲
久, 惟兩膝著處穿, 是足不動故然耳.

유씨가 말하길, 자신의 자리로 나아갈 때에는 매우 천천히 움직여서 용모
와 행동거지를 신중하게 해야만 하니, 실수를 유발하여, 부끄러운 일을
발생시켜서는 안 되기 때문이다. 그러므로 양손으로는 치마의 양쪽 옆면
을 살짝 걷어 올려서, 치맛자락이 지면으로부터 1척 정도 떨어지게 해서
자리에 앉으니, 이처럼 하는 이유는 일어서거나 앉을 때 편리하며, 또한
넘어져서 창피를 당하는 일을 없게끔 해주기 때문이다. 자리에 앉은 이후
에는 다시금 전면에 놓이는 옷자락과 소매를 가지런하게 포개어, 펄럭거
리게 해서는 안 된다. 또한 고대인들은 무릎을 꿇고 앉았었는데, 장시간
앉아 있게 되면, 무릎이 불편하게 되어, 발을 움직이기 쉽다. 그러나 앉아
있을 때 발을 움직이는 것 또한 단정치 못한 행동이다. 그렇기 때문에
움직여서는 안 된다고 주의를 주고 있는 것이다. 관녕(管寧)은 앉은 자세
로 오랜 기간을 보내서, 옷 중에서 땅에 닿게 되는 양쪽 무릎 부분만 뚫어
졌다고 하는데,[6] 발을 움직이지 않았기 때문에 이렇게 된 것이다.

【014】
先生書策琴瑟在前, 坐而遷之, 戒勿越. 〈曲禮上-072〉
선생의 서책이나 금슬 등의 악기가 자신 앞에 놓여 있으면, 무릎을 꿇고서
그것들을 한쪽으로 옮겨놓으며, 그 물건을 발로 넘지 않도록 주의한다.

集說 疏曰: 坐, 亦跪也. 弟子將行, 若遇師諸物或當己前, 則跪而遷
移之, 戒愼不得蹂越.

---

6) 이 고사는 황보밀(皇甫謐)이 지은 『고사전(高士傳)』에 나온다.

소(疏)에서 말하길, '좌(坐)'자 또한 "무릎을 꿇는다."는 의미이다. 제자들이 이동하려고 할 때, 만약 스승의 물건이 자기 앞에 놓여 있는 경우라면, 무릎을 꿇고서 그 물건들을 옮겨두고, 주의하여 그 물건을 발로 넘지 않도록 해야 한다.

【015】

虛坐盡[子忍反]後, 食坐盡前. 坐必安, 執爾顔. 長者不及, 毋儳[仕鑑反]言.〈曲禮上-073〉

아직 음식이 차려지지 않은 자리에 앉을 때에는 멀찌감치['盡'자는 '子(자)'자와 '忍(인)'자의 반절음이다.] 뒤로 물러나서 앉고, 음식이 차려진 자리에 앉을 때에는 바짝 당겨서 앉는다. 앉을 때에는 반드시 안정된 자세로 앉아야 하고, 자신의 얼굴색을 단정하게 가다듬는다. 어른이 말을 끝내지 않았다면, 어른의 말에 끼어들어서는['儳'자는 '仕(사)'자와 '鑑(감)'자의 반절음이다.] 안 된다.

集說 古者, 席地而俎豆在其前, 盡後, 謙也; 盡前, 恐汗席也. 儳, 暫也, 亦參錯不齊之貌. 長者言事未竟, 未及其他, 少者不可擧他事爲言, 暫然錯雜長者之說.

고대에는 자리를 펴고 음식을 담은 그릇들을 자리의 앞쪽에 두었다. 따라서 음식이 없을 때 멀찌감치 물러나 앉는 이유는 그것이 겸손한 태도이기 때문이며, 음식이 있을 때 바짝 당겨서 앉는 이유는 음식을 떨어트려서 자리를 더럽히게 될까 염려되기 때문이다. '참(儳)'자는 갑자기라는 뜻으로, 또한 갑작스럽게 끼어들어서 가지런하지 못한 모양을 뜻한다. 어른이 어떤 사안에 대해 언급을 하게 되어, 그 말이 아직 다 끝나지도 않았고, 또한 다른 사안에 대해서 언급하지도 않았는데, 나이 어린 사람이 다른 일을 가지고 불쑥 말을 꺼내게 된다면, 이것은 곧 갑작스럽게 어른의 말을 뒤섞어버리는 꼴이 된다.

【016】

正爾容, 聽必恭. 毋勦[初交反]說, 毋雷同. 必則古昔, 稱先王.〈曲禮上
-074〉

앉아 있을 때에는 용모와 행동거지를 단정하게 하고, 어른의 말을 들을
때에는 반드시 공손한 태도를 유지한다. 남의 말을 자신의 말처럼['勦'자는
'初(초)'자와 '交(교)'자의 반절음이다.] 해서는 안 되고, 남의 말에 부화뇌동해서는
안 된다. 말을 할 때에는 반드시 옛날의 교훈을 법도로 삼아서 하고, 선왕
의 도리에 빗대어야 한다.

集說 　上言執爾顔, 謂顔色無或變異; 此言正爾容, 則正其一身之容
貌也. 聽必恭, 亦謂聽長者之言也. 擊取他人之說以爲己說, 謂之勦
說; 聞人之言而附和之, 謂之雷同, 如雷之發聲而物同應之也. 惟法
則古昔, 稱述先王, 乃爲善耳.

앞 문장의 '집이안(執爾顔)'이라는 말은 안색이 변하거나 바뀌는 일이 있
어서는 안 된다는 뜻이며, 이곳 문장에서 '정이용(正爾容)'이라고 한 말
은 자신의 용모 및 행동거지 전반에 대해서 바르게 해야 한다는 뜻이다.
'청필공(聽必恭)'은 또한 연장자의 말을 경청한다는 뜻이다. 남이 한 말
을 가져다가 자신의 주장처럼 하는 것을 '초설(勦說)'이라고 부른다. 한
편 남의 말만 듣고, 자기 주관도 없이 그 말에 동화되는 것을 '뇌동(雷同)'
이라고 부르니, 마치 천둥이 치자, 만물이 모두 그 소리에 반응하는 모습
과 같은 것이다. 오직 옛날의 교훈을 법도로 삼고, 선왕의 도리에 빗대어
언급해야만, 옳은 말이 될 따름이다.

【017】

毋踐屨, 毋踖[迹]席, 摳[苦候反]衣趨隅, 必愼唯[上聲]諾.〈曲禮上-057〉[本
在"闔而勿遂"下.]

방안에 들어갈 때에는 남의 신발을 밟아서는 안 되고, 남의 자리를 밟아서

['踖'자의 음은 '迹(적)'이다.]는 안 되며, 옷자락을 걷어 올려서['摳'자는 '苦(고)'자와 '候(후)'자의 반절음이다.] 구석자리를 따라 신속하게 걸어가고, 대답['唯'자는 상성으로 읽는다.]을 할 때에는 반드시 신중하게 해야만 한다. [본래는 "완전히 닫지는 않는다."[7]라고 한 문장 뒤에 수록되어 있었다.]

集說 複下曰舃, 單下曰屨. 毋踐屨, 謂後來者不可踖先入者所脫之屨也. 踖, 猶躐也. 玉藻曰, "登席不由前爲躐席", 是登席當由前也. 摳, 提也. 摳衣, 與論語"攝齊"同. 欲便於坐, 故摳之. 趨隅, 由席角而升坐也. 唯諾, 皆應辭. 旣坐定, 又當謹於應對也.

여러 겹으로 된 신발을 '석(舃)'이라 부르고, 홑겹으로 된 신발을 '구(屨)'라 부른다. "신발을 밟아서는 안 된다."는 말은 뒤에 온 자가 앞서 들어간 자들이 벗어둔 신발을 밟아서는 안 된다는 뜻이다. '적(踖)'자는 "밟는다."는 뜻이다. 『예기』「옥조(玉藻)」편에서 "자리에 오를 때에는 앞으로 오르지 않으니, 엽석이 되기 때문이다."[8]라고 하였으니, 자리에 앉을 때에는 앞쪽으로 올라가야 한다는 뜻이다. '구(摳)'자는 "끌어 올린다."는 뜻이다. '구의(摳衣)'라는 말은 『논어』에 나온 '섭제(攝齊)'[9]라는 말과 같다. 앉을 때 편하도록 하기 위해서, 옷자락을 걷어 올리는 것이다. '추우(趨隅)'는 자리의 모퉁이를 통해서 자리에 올라가 앉는다는 말이다. '유(唯)'자와 '낙(諾)'자는 모두 응답하는 말들이다. 이미 자리를 잡고 앉았다면, 또한 대답하는 것에 대해서도 신중을 기해야만 하는 것이다.

---

7) 『예기』「곡례상(曲禮上)」056장 : 將入戶, 視必下, 入戶奉扃, 視瞻毋回, 戶開亦開, 戶闔亦闔, 有後入者, 闔而勿遂.

8) 『예기』「옥조(玉藻)」022장 : 登席不由前爲躐席.

9) 『논어』「향당(鄕黨)」 : 過位, 色勃如也, 足躩如也, 其言似不足者. 攝齊升堂, 鞠躬如也, 屛氣似不息者.

【018】

父召母諾, 先生召母諾, 唯而起.〈曲禮上-077〉 [本在"請益則起"下.]

부친이 부르거든 대답만 해서는 안 되고, 선생이 부르거든 대답만 해서는 안 되니, 대답을 하고 얼른 일어나서 그 앞으로 나아가야 하는 것이다. [본래는 "다시 질문하고자 할 때에도, 또한 자리에서 일어나서 말한다."10)라고 한 문장 뒤에 수록되어 있었다.]

集說 父以恩, 師以道, 故所敬同.

부친은 은혜를 베풀어주었고, 스승은 도리를 가르쳐주었기 때문에, 둘에 대해 공경하는 자세가 동일한 것이다.

集說 呂氏曰: 諾者, 許而未行也.

여씨가 말하길, '낙(諾)'이라는 것은 대답만 하고 움직이지 않는다는 뜻이다.

【019】

長者, 與之提携, 則兩手奉[上聲]長者之手, 負劍辟[僻]咡[二]詔之, 則掩口而對.〈曲禮上-051〉 [七段並曲禮. 本在"不傾聽"下.]

어른이 어린아이에게 손을 내밀어 이끌고 가려 하면, 어린아이는 두 손으로 어른의 손을 잡고['奉'자는 상성으로 읽는다.] 어른이 등 뒤에서 어린아이에게 몸을 굽혀 입가['咡'자의 음은 '二(이)'이다.]에 대고['辟'자의 음은 '僻(벽)'이다.] 말을 건네면, 어린아이는 입을 가리고 대답한다. [7개 단락은 모두 「곡례」편의 문장이다. 본래는 "몸을 기울여서 듣지 않게 한다."11)라고 한 문장 뒤에 수록되어 있었다.]

集說 劉氏曰: 長者或從童子背後而俯首與之語, 則童子如負長者

---

10) 『예기』「곡례상(曲禮上)」 076장 : 請業則起, 請益則起.
11) 『예기』「곡례상(曲禮上)」 050장 : 童子, 不衣裘裳, 立必正方, 不傾聽.

然; 長者以手挾童子於脇下, 則如帶劍然. 蓋長者俯與童子語, 有負
劍之狀, 非眞負劍也. 辟, 偏也. 咡, 口旁. 詔, 告語也. 掩口而對, 謂
童子當以手障口氣而應對, 不敢使氣觸長者也.

유씨가 말하길, 어른이 간혹 어린아이의 등 뒤에서 머리를 숙여 그에게
말을 건네게 된다면, 그 모습은 어린아이가 마치 등 뒤로 어른을 업고
있는 형상이 된다. 또한 어른이 아이를 안기 위해 손을 어린아이의 옆구
리에 끼우게 된다면, 그 모습은 마치 어린아이가 허리춤에 칼을 차고 있
는 형상이 된다. 따라서 어른이 몸을 굽혀서 어린아이에게 말을 건네게
되면, 마치 어린아이가 어른을 업고, 허리춤에는 칼을 차고 있는 것 같은
모습이 나타나게 된다는 말이지, 실제로 어른을 업고, 칼을 차고 있다는
뜻이 아니다. '벽(辟)'자은 "기울인다."는 뜻이다. '이(咡)'자는 입가를 뜻
한다. '조(詔)'자는 "말을 건넨다."는 뜻이다. "입을 가리고 대답한다."는
말은 어린아이는 마땅히 손으로 입 냄새를 막고서 대답을 해야 한다는
뜻으로, 감히 입 냄새를 어른에게 풍길 수 없기 때문이다.

【020】

洗盥執食飮者, 勿氣, 有問焉, 則辟[匹亦反]咡[二]而對.〈075〉 [本在"不辭
不歌"下.]

존장자를 위해 대야에 씻을 물을 들고 가거나 음식을 들고 갈 때에는 숨을
크게 내쉬어서는 안 되니, 숨기운이 존장자에게 닿지 않도록 해야 한다.
또 존장자가 질문을 하게 된다면, 입을['咡'자의 음은 '二(이)'이다.] 돌려서['辟'자
는 '匹(필)'자와 '亦(역)'자의 반절음이다.] 존장자를 향하지 않도록 한 뒤에 대답을
해야 한다. [본래는 "사양을 하지 않으며, 노래도 부르지 않는다."12)라고 한 문장 뒤에
수록되어 있었다.]

---

12) 『예기』「소의」074장 : 其未有燭而後至者, 則以在者告. 道瞽亦然. 凡飮酒, 爲
獻主者執燭抱燋, 客作而辭, 然後以授人. 執燭不讓 · 不辭 · 不歌.

奉進洗盥之水於尊長, 及執食飲以進之時, 皆不可使口氣直
衝尊者. 若此時尊者有問, 則偏其口之所向而對. 咡, 口旁也.

존장자에게 씻을 대야의 물을 받들고 나아가거나 음식을 들고서 나아갈
때에는 모두 자신의 숨기운이 직접적으로 존장자에게 닿게 해서는 안 된
다. 만약 이러한 시기에 존장자가 질문을 한다면, 그 입이 향하는 방향을
옆으로 돌려서 대답한다. '이(咡)'자는 입 주변을 뜻한다.

【021】

謀於長者, 必操几杖以從之. 長者問, 不辭讓而對, 非禮也.〈曲禮上
-033〉 [曲禮下同. 本在"告之以其制"下.]

어른에게 찾아가서 의논을 할 때에는 반드시 안석과 지팡이를 가지고서
찾아간다. 어른이 본인의 생각이 어떠냐고 물어보았는데, 먼저 사양하지도
않고 즉각 대답을 하는 것은 예가 아니다. [「곡례」편의 문장이며, 아래문장도 이와
같다. 본래는 "옛 고사를 들어서 일러준다."[13]라고 한 문장 뒤에 수록되어 있었다.]

集說 謀於長者, 謂往就長者而謀議所爲也. 長者之前, 當執謙虛,
不辭讓, 非事長之禮.

'모어장(謀於長)'은 어른한테 찾아가서, 시행해야 할 일들을 의논한다는
뜻이다. 어른 앞에서는 마땅히 겸허한 자세를 유지해야 하니, 사양하지
않는 것은 어른을 대하는 예법이 아니다.

集說 應氏曰: 操几杖以從, 非謂長者所無也. 執弟子之役, 其禮然
耳.

응씨가 말하길, 안석과 지팡이를 가지고 찾아가는 것은 그 어른에게 안석
과 지팡이가 없어서 가져간다는 뜻이 아니다. 제자(弟子)의 임무를 수행

---

13) 『예기』「곡례상(曲禮上)」 032장 : 越國而問焉, 必告之以其制.

할 때, 해당 예법이 그러할 따름이다.

【022】

從[去聲]於先生, 不越路而與人言. 遭先生於道, 趨而進, 正立拱手.
先生與之言則對, 不與之言, 則趨而退.〈曲禮上-052〉[本在"掩口而對"下.]

부친이나 형을 따라서[從'자는 거성으로 읽는다.] 길을 갈 때에는 길을 건너서
다른 사람과 대화를 하지 않는다. 부친이나 형을 길에서 만나게 되면, 빠른
걸음으로 걸어가서, 그 앞에 나아가 바른 자세로 서서 두 손을 가지런하게
모은다. 만약 부친이나 형이 본인에게 말을 건네게 되면 대답하고, 말을
건네지 않으면 빠른 걸음으로 물러난다. [본래는 "입을 가리고 대답한다."[14]라고
한 문장 뒤에 수록되어 있었다.]

集說 呂氏曰: 先生者, 父兄之稱, 有德齒可爲人師者, 猶父兄也, 故
亦稱先生. 以師爲父兄, 則學者自比於子弟, 故稱弟子.

여씨가 말하길, '선생(先生)'은 부친이나 형을 가리키니, 덕을 갖추고 있
으며 나이를 어느 정도 먹은 사람은 스승이 될 수 있으므로, 바로 부친이
나 형과 같은 자들이다. 그렇기 때문에 부친이나 형을 또한 '선생(先生)'
이라 부르는 것이다. 반대로 스승을 부친이나 형으로 여기게 되면, 학자
들은 자연히 스승의 자제에 비견된다. 그렇기 때문에 그들을 '제자(弟子)'
라고 부르는 것이다.

【023】

從[去聲]長者, 而上[上聲]丘陵, 則必鄉[去聲]長者所視.〈曲禮上-053〉[15) [右

---

14) 『예기』「곡례상(曲禮上)」051장: 長者, 與之提携, 則兩手奉長者之手, 負劍辟
   咡詔之, 則掩口而對.

灑掃應對進退.]

연장자를 따라서[從'자는 거성으로 읽는다.] 구릉에 오르게['上'자는 상성으로 읽는
다.] 되면, 반드시 연장자가 바라보는 곳을 향[鄕'자는 거성으로 읽는다.]한다.
[여기까지는 물뿌리고 청소하며, 응대하고 나아가고 물러나는 예절에 대한 내용이다.]

集説 高而有向背者爲丘, 平而人可陵者爲陵. 鄕長者所視, 恐有問,
則卽所見以對也.

지대가 높아서 앞쪽과 뒤쪽이 확연히 구분되는 곳을 '구(丘)'라고 부르고,
지대가 평탄하여 사람들이 쉽게 오를 수 있는 곳을 '능(陵)'이라고 부른
다. 연장자가 바라보는 곳을 함께 바라보는 이유는 아마도 질문이 있게
되면, 즉시 본 것대로 대답을 하기 위해서이다.

集説 石梁王氏曰: 先生, 年德俱高, 又能敎道人者. 長者, 則直以年
爲稱也.

석량왕씨가 말하길, '선생(先生)'은 나이와 덕성이 모두 높고, 또한 사람
을 가르쳐서 잘 인도할 수 있는 자들이다. '장자(長者)'는 단지 나이가
많은 자들을 가리키는 말일 뿐이다.

【024】

侍坐於先生, 先生問焉, 終則對.〈曲禮上-075〉[本在"古昔稱先王"下.]
선생을 모시고 앉아 있을 때, 선생이 자신에게 질문을 하게 되면, 그 말이
다 끝나고 나서 대답한다. [본래는 "옛날의 교훈을 법도로 삼아서 하고, 선왕의 도리에
빗대어야 한다."[16]라고 한 문장 뒤에 수록되어 있었다.]

---

15) 『예기』「곡례상(曲禮上)」053장 : 從長者, 而上丘陵, 則必鄕長者所視, 登城不
    指, 城上不呼.
16) 『예기』「곡례상(曲禮上)」074장 : 正爾容, 聽必恭. 毋勦說, 毋雷同. 必則古昔,

問終而後對, 欲盡聞所問之旨, 且不敢雜亂尊者之言也.

질문이 끝난 이후에 대답을 하는 이유는 묻는 요지를 다 듣고자 하기 때문이며, 또한 어른의 말에 끼어들어서, 말을 뒤섞을 수 없기 때문이다.

【025】

請業則起, 請益則起. 〈曲禮上-076〉

배움을 구하고자 질문할 때라면, 자리에서 일어나서 말하고, 대답해준 말에 깨닫지 못한 것이 있어서 다시 질문하고자 할 때에도, 또한 자리에서 일어나서 말한다.

請業者, 求當習之事; 請益者, 再問未盡之蘊. 起, 所以致敬也.

'청업(請業)'이라는 말은 마땅히 익혀야 하는 일들에 대해서 묻는다는 뜻이며, '청익(請益)'이라는 말은 아직 깨닫지 못한 것에 대해 재차 질문한다는 뜻이다. 일어나는 것은 공경함을 나타내는 행동이다.

【026】

侍坐於所尊敬, 無餘席. 見同等不起. 〈曲禮上-078〉 [本在"唯而起"下.]

존경하는 분을 모시고 앉을 경우에는 자신의 자리와 상대방의 자리에 공간이 없도록 가까이에 앉는다. 앉아 있을 때 자신과 신분이나 학업 정도가 대등한 자를 보게 되면, 자리에서 일어나지 않는다. [본래는 "대답을 하고 얼른 일어나서 그 앞으로 나아가야 하는 것이다."[17]라고 한 문장 뒤에 수록되어 있었다.]

稱先生.

17) 『예기』「곡례상(曲禮上)」 077장 : 父召無諾, 先生召無諾, 唯而起.

集說 所尊敬, 謂先生・長者及有德・有位之人也. 毋餘席, 謂己之
席與尊者之席相近, 則坐於其端, 不使有空餘處, 近則應對審也. 同
等之人, 與己無尊卑, 故不爲之起.

'소존경(所尊敬)'은 선생 및 연장자 또는 덕이나 높은 지위를 가지고 있
는 자들을 뜻한다. '무여석(毋餘席)'은 자신의 자리를 존경하는 자가 앉
은 자리에 가까이 붙인다는 뜻이니, 그 자리의 끝단에 앉되, 공간이 생기
지 않게끔 하는 것으로, 가까이 앉는 이유는 소상히 응답하기 위해서이
다. 동등한 자는 자신과 신분의 차이가 없는 자이다. 그러므로 그 때문에
일어나지 않는다.

【027】

燭至起, 食至起, 上客起. 〈曲禮上-079〉

등불이 방안으로 들어오면 자리에서 일어나고, 음식이 방안으로 들어오면
자리에서 일어나며, 신분이 높은 빈객이 들어오면 자리에서 일어난다.

集說 燭至而起, 以時之變也; 食至而起, 以禮之行也; 上客至而起,
以其非同等也.

등불이 들어와서 일어나는 이유는 밤낮이 바뀌었기 때문이며, 음식이 들
어와서 일어나는 이유는 예법에 따라 행동해야 하기 때문이고, 신분이
높은 빈객이 들어와서 일어나는 이유는 상대가 자신과 동등한 자가 아니
기 때문이다.

【028】

燭不見[現]跋[鈸]. 〈曲禮上-080〉

등불의 경우, 타고 남은 심지['跋'자의 음은 '鈸(발)'이다.]가 보이지['見'자의 음은
'現(현)'이다.] 않도록 한다.

集說 跋, 本也. 古者未有蠟燭, 以火炬照夜, 將盡則藏其所餘之殘本, 恐客見之, 以夜久欲辭退也.

'발(跋)'자는 심지를 뜻한다. 고대에는 밀랍으로 만든 초가 아직 없었기 때문에, 등불로 밤을 밝혔다. 그런데 그것이 다 타들어가게 될 때, 타다 남은 심지를 감추게 되는데, 그 이유는 아마도 빈객이 그것을 보게 되면, 밤이 깊었다고 생각하여 사양하고 물러가려고 할까 염려되기 때문이다.

【029】

尊客之前, 不叱狗.〈曲禮上-081〉

존귀한 신분을 가진 빈객 앞에서는 개를 혼내서 짖도록 하지 않는다.

集說 方氏曰: 不以至賤駭尊者之聽.

방씨가 말하길, 지극히 천한 미물 때문에, 존장자의 말을 경청하는 것에 방해가 되어서는 안 되기 때문이다.

【030】

讓食不唾[吐臥反].〈曲禮上-082〉

주인이 대접한 음식을 사양할 때에는 침을 뱉지['唾'자는 '吐(토)'자와 '臥(와)'자의 반절음이다.] 않는다.

集說 嫌於似鄙惡主人之饌也.

마치 주인이 차려내온 음식이 형편없다고 여기는 것처럼 보이게 될까 염려해서이다.

【031】

侍坐於君子, 君子問更端, 則起而對.〈曲禮上-084〉 [本在"侍坐者請出矣"
下.]

군자를 모시고 앉아 있을 때, 군자가 하던 이야기를 끝내고 화제를 바꿔서
질문하면, 모시고 앉아 있던 자는 자리에서 일어나 대답한다. [본래는 "모시고
앉아 있던 자들은 이제 그만 물러나도 되겠는지를 여쭙는다."¹⁸⁾라고 한 문장 뒤에 수록되어
있었다.]

集說 氏曰: 問更端則起而對者, 因事有所變而起敬也.

여씨가 말하길, 화제를 바꿔서 질문하면 일어나서 대답한다. 이처럼 행동
하는 이유는 사안에 바뀐 점이 있기 때문에 일어나서 공경하는 태도를
보이기 위함이다.

【032】

侍於君子, 不顧望而對, 非禮也.〈曲禮下-009〉 [本在"負薪之憂"下.]

군자를 모시고 앉아 있을 때, 주위를 둘러보지 않고 대답을 하는 것은 예가
아니다. [본래는 "땔나무를 짊어지게 되어 병이 든 상태입니다."¹⁹⁾라고 한 문장 뒤에 수록
되어 있었다.]

集說 呂氏曰: 顧望而後對者, 不敢先他人而言也.

여씨가 말하길, 주위를 둘러본 이후에 대답을 하는 이유는 감히 다른 사
람보다 앞서서 대답을 할 수 없기 때문이다.

---

18) 『예기』「곡례상(曲禮上)」 083장 : 侍坐於君子, 君子欠伸, 撰杖屨, 視日蚤莫, <u>侍
坐者請出矣.</u>
19) 『예기』「곡례하(曲禮下)」 008장 : 君使士射, 不能, 則辭以疾, 言曰某有<u>負薪之
憂.</u>

集說 應氏曰: 有察言觀色之意.

응씨가 말하길, 말의 뜻을 생각하고 기색을 살핀다는 의미가 포함되어 있는 것이다.

【033】

侍坐於君子, 若有告者曰: "少間[閑], 願有復也", 則左右屏[丙]而待.
〈曲禮上-085〉[本在"起而對"下.]

군자를 모시고 앉아 있을 때, 만약 어떤 자가 군자에게 "잠시 시간이 있으시면['間'자의 음은 '閑(한)'이다.] 원컨대 말씀드릴 것이 있습니다."라고 말하게 된다면, 나머지 사람들은 좌우로 물러나서['屏'자의 음은 '丙(병)'이다.] 대화가 다 끝날 때까지 기다린다. [본래는 "자리에서 일어나 대답한다."[20]라고 한 문장 뒤에 수록되어 있었다.]

集說 居左則屏於左, 居右則屏於右.

좌측에 있던 사람은 좌측으로 물러나고, 우측에 있던 사람은 우측으로 물러난다.

集說 鄭氏曰: 復, 白也. 言欲須少空閑, 有所白也. 屏, 猶退也.

정현이 말하길, '복(復)'자는 "아뢴다."는 뜻이다. 즉 잠시 시간이 있으면 아뢰고 싶은 것이 있다는 뜻이다. '병(屏)'자는 "물러난다."는 뜻이다.

集說 呂氏曰: 屏而待, 不敢干其私也.

여씨가 말하길, 물러나서 기다리는 이유는 감히 타인의 개인적인 일에 간여할 수 없기 때문이다.

---

20) 『예기』「곡례상(曲禮上)」 084장 : 侍坐於君子, 君子問更端, 則起而對.

【034】

侍坐於君子, 君子欠伸, 撰[須兗反]杖屨, 視日蚤莫, 侍坐者請出矣.〈曲
禮上-083〉[本在"讓食不唾"下.]

군자를 모시고 앉아 있을 때, 시간이 오래되어 군자가 하품을 하거나 기지
개를 펴거나 또는 지팡이나 신발을 잡으며['撰'자는 '須(수)'자와 '兗(연)'자의 반절
음이다.] 해가 아직 떠 있는지 아니면 저물었는지를 살핀다면, 군자가 피로해
하는 것이므로 모시고 앉아 있던 자들은 이제 그만 물러나도 되겠는지를
여쭙는다. [본래는 "음식을 사양할 때에는 침을 뱉지 않는다."[21]라고 한 문장 뒤에 수록되
어 있었다.]

集說 氣乏則欠, 體疲則伸. 撰, 猶持也. 此四者皆厭倦之容, 恐妨君
子就安, 故請退.

기가 부족해지면 하품을 하게 되고, 몸이 피로해지면 기지개를 펴게 된
다. '찬(撰)'자는 "잡는다."는 뜻이다. 이 네 가지 행동들은 모두 피로해하
는 모습들을 뜻하니, 아마도 군자가 쉬려고 하는 것을 방해하게 될까 염
려되기 때문에, 물러나도 되는지를 여쭙는 것이다.

【035】

侍坐於長者, 屨不上於堂, 解屨不敢當階.〈曲禮上-090〉[本在"暑毋褰裳"
下.]

어른을 모시고 앉아 있을 때에는 신발을 신은 채로 당 위에 오르지 않고,
신발을 벗어둘 때에도 감히 계단에 벗어두지 않는다. [본래는 "더울 때에도 하의
를 걷어 올리지 않는다."[22]라고 한 문장 뒤에 수록되어 있었다.]

---

21) 『예기』「곡례상(曲禮上)」 082장 : 讓食不唾.
22) 『예기』「곡례상(曲禮上)」 089장 : 冠毋免, 勞毋袒, 暑毋褰裳.

集說 侍長者之坐於堂, 故不敢以屨升. 若長者在室, 則屨得上堂而不得入室, "戶外有二屨", 是也. 解, 脫也. 屨有綦繫, 解而脫之, 不敢當階, 爲妨後升者.

이 내용은 당에서 어른을 모시고 앉아 있을 경우에 해당한다. 그렇기 때문에 감히 신발을 신은 채로 올라가지 않는 것이다. 만약 어른이 방안에 있는 경우라면, 신발을 신은 채로 당에 오를 수도 있지만, 신발을 신은 채로 방으로 들어갈 수는 없다. "방문 밖에 두 짝의 신발이 있다."[23]라고 한 말이 바로 이러한 뜻을 나타낸다. '해(解)'자는 "벗는다."는 뜻이다. 신발에는 들메끈이 달려 있으므로, 그것을 풀어서 신발을 벗게 되는데, 감히 계단에 벗어두지 않는 이유는 뒤이어 당에 오르는 자에게 방해가 되기 때문이다.

【036】

就屨, 跪而擧之, 屛[丙]於側.〈曲禮上-091〉

신발을 신을 때에는 무릎을 꿇고서 신발을 들며, 신발을 들고서 섬돌 곁으로 물러나서['屛'자의 음은 '丙(병)'이다.] 신는다.

集說 疏曰: 此侍者或獨暫退時取屨法也. 就, 猶著也. 初升時解置階側, 今下著之, 先往階側跪擧取之, 故云就屨跪而擧之也. 屛於側者, 屛退不當階也.

소에서 말하길, 이 문장은 어른을 모시고 앉아있던 자가 간혹 혼자서 잠시 어른의 곁에서 물러나는 일이 생길 때, 신발을 신는 방법에 대해 언급한 내용이다. '취(就)'자는 "착용한다."는 뜻이다. 애초부터 당에 오를 때 신발을 벗어서 계단 옆에 놓아두었으니, 이러한 상황에서는 계단으로 내

---

23) 『예기』「곡례상(曲禮上)」 055장 : 將上堂, 聲必揚, <u>戶外有二屨</u>, 言聞則入, 言不聞則不入.

려와서 신발을 신게 된다. 따라서 우선 계단 옆의 신발을 벗어둔 장소로 가서, 무릎을 꿇고 신발을 들어서 가져오게 된다. 그렇기 때문에 "신발을 신을 때에는 무릎을 꿇고서 신발을 든다."라고 말한 것이다. "곁으로 물러난다."라고 한 말은 곁으로 물러서서 계단에 서 있지 않는다는 뜻이다.

【037】

鄕長者而屨, 跪而遷屨, 俯而納屨.〈曲禮上-092〉 [並曲禮.]

연장자를 바라보는 방향에 서서 신발을 착용하되, 무릎을 꿇고 자신의 신발을 찾아서 들며 조금 이동하여, 몸을 숙이고서 신발을 착용하게 된다.

[모두 「곡례」편의 문장이다.]

集說 疏曰: 此明少者禮畢退去, 爲長者所送, 則於階側跪取屨稍移之, 面向長者而著之. 遷, 徙也, 就階側跪取稍移近前也. 俯而納者, 旣取因俯身向長者而納足著之. 不跪者, 跪則足向後不便, 故俯也. 雖不竝跪, 亦坐左納右, 坐右納左.

소에서 말하길, 이 내용은 나이가 어린 자가 의례에 참가했다가 그 의례가 모두 끝나서 물러나는 경우의 예법을 뜻하는데, 연장자로부터 전송을 받는 경우라면, 계단 곁에서 무릎을 꿇고 신발을 들며 조금 이동하여, 연장자를 바라보는 방향으로 서서 착용을 하게 된다. '천(遷)'자는 "이동한다."는 뜻이니, 계단 곁으로 가서 무릎을 꿇고 자기 신발을 든 다음 그 앞으로 조금 이동한다는 뜻이다. '부이납(俯而納)'이라는 말은 이미 신발을 들고 왔으므로, 그에 따라 연장자를 바라보는 방향에서 몸을 숙이고서, 발을 신발에 넣어서 신는다는 뜻이다. 이러한 경우 무릎을 꿇지 않는 이유는 무릎을 꿇게 된다면 발이 뒤로 향하게 되어, 신발을 신기에 불편하기 때문이다. 그래서 단지 몸을 숙이기만 하는 것이다. 비록 양쪽 무릎을 모두 꿇지는 않는다고 하지만, 신발을 신을 때에는 왼쪽 무릎을 꿇고서 오른쪽 신발을 신고, 그 다음으로는 오른쪽 무릎을 꿇고서 왼쪽 신발을 신는다.

【038】

排闔說[它括反]屨於戶內者, 一人而已矣. 有尊長在則否.〈011〉 [本在"卽席曰可矣"下.]

문짝을 열어두고 방문 안쪽에서 신발을 벗어두는[‘說’자는 ‘它(타)’자와 ‘括(괄)’자의 반절음이다.] 것은 가장 연장자 한 사람만 할 수 있을 뿐이며, 나머지 사람들은 할 수 없다. 만약 그보다 앞서 존장자가 자리를 잡고 있는 경우라면, 뒤에 들어오는 사람들은 이처럼 할 수 없고, 모두 방문 밖에 신발을 벗어둔다. [본래는 "자리로 나아가게 되면, 부관은 '재차 사양하지 않고 자리에 앉으셔도 괜찮습니다.'라고 아뢴다."[24]라고 한 문장 뒤에 수록되어 있었다.]

集說 闔, 門扇也. 推排門扇而脫屨於戶內者一人而已, 言止許最長者一人如此, 餘人不可也. 若先有尊長在堂或在室, 則後入之人皆不得脫屨於戶內, 故云有尊長在則否也.

‘합(闔)’은 문짝이다. 문짝을 밀쳐서 열어두고 방문 안에 신발을 벗어두는 일은 한 사람만 할 수 있을 뿐이니, 가장 연장자 한 사람만 이처럼 하는 것이 허용될 따름이며, 나머지 사람들은 할 수 없다는 뜻이다. 만약 그보다 앞서 존장자가 당 또는 실에 있는 경우라면, 뒤에 들어오는 사람들은 모두 방문 안에 신발을 벗어둘 수 없다. 그렇기 때문에 "존장자가 먼저 자리를 잡고 있는 경우라면 이처럼 하지 않는다."라고 말한 것이다.

---

24) 『예기』 「소의」 010장 : 卽席, 曰: "可矣."

【039】

侍坐弗使不執琴瑟.〈017〉 [本在"不殖弔"下.]

존장자를 모시고 앉아 있을 때, 존장자가 시키지 않았다면, 금슬 등의 악기를 제멋대로 잡고서 연주하지 않는다. [본래는 "자기 홀로 조문하지 않는다."25)라고 한 문장 뒤에 수록되어 있었다.]

集說 侍坐於尊者, 不使之執琴瑟, 則不得擅執而鼓之.

존장자를 모시고 앉아 있는 경우, 존장자가 그로 하여금 금슬 등의 악기를 잡도록 시키지 않는다면, 제멋대로 악기를 잡아서 연주할 수 없다.

【040】

不畫地, 手無容, 不翣也. 寢則坐而將命.〈018〉

존장자를 모시고 앉아 있을 때, 손으로 땅에 그림을 그려서는 안 되며, 손을 공손하지 못하게 놀려서는 안 되고, 덥다 하더라도 손으로 부채질을 해서는 안 된다. 존장자가 누워 계시다면 무릎을 꿇고서 말을 전달한다.

集說 無故而畫地, 亦爲不敬. 手容恭, 若擧手以爲容, 亦爲不恭. 時雖暑熱, 不得揮扇. 若當尊者寢臥之時而傳命, 必跪而言之, 不可直立以臨之也.

특별한 일이 없이 땅에 그림을 그리는 것 또한 불경스러운 태도가 된다. 손의 모습은 공손해야 하니, 만약 손을 들어서 어떤 모양새를 취한다면, 이 또한 공손하지 못한 태도가 된다. 그 시기가 비록 더운 계절이라 하더라도 손부채질을 할 수 없다. 만약 존장자가 누워 계신 때인데 말을 전달해야 한다면, 반드시 무릎을 꿇고서 말해야 하니, 서서 존장자를 대할

---

25) 『예기』「소의」016장 : 尊長於己踰等, 不敢問其年. 燕見不將命. 遇於道見則面, 不請所之. 喪俟事<u>不殖弔</u>.

수 없기 때문이다.

【041】
侍射則約矢.〈019〉

존장자를 모시고 활을 쏘는 경우라면, 모시는 자는 화살을 한꺼번에 가져간다.

集說 凡射必二人爲耦. 楅在中庭, 箭倚於楅, 上耦前取一矢, 次下耦又進取一矢, 如是更進, 各得四矢. 若卑者侍射, 則不敢更迭取之, 但一時幷取四矢, 故謂之約矢也.

무릇 활을 쏠 때에는 반드시 두 사람이 짝이 된다. 화살을 꽂아두는 복은 마당에 있고, 화살은 복에 담겨 있는데, 두 명 중 앞서 쏘는 사람이 먼저 하나의 화살을 가져가고, 그 다음으로 뒤이어 쏘는 나머지 한 사람이 또 한 나아가서 하나의 화살을 가져가는데, 이처럼 번갈아가며 나아가서 가져가게 된다면 각각 네 개의 화살을 가지게 된다. 만약 신분이 미천한 자가 존장자를 모시고 활을 쏘는 경우라면, 감히 교대로 화살을 가져갈 수 없으니, 단지 한꺼번에 네 개의 화살을 모두 가져간다. 그렇기 때문에 "화살을 한꺼번에 가져간다."라고 말한 것이다.

【042】
侍投則擁矢.〈020〉

존장자를 모시고 투호를 하는 경우라면, 모시는 자는 화살 네 개를 손에 쥐고 한다.

集說 投壺之禮, 亦賓主各四矢. 尊者則委四矢於地, 一一取而投之. 卑者不敢委於地, 故悉擁抱之也.

투호의 예법 또한 빈객과 주인이 각각 네 개의 화살을 가지고 한다. 존장자의 경우라면, 땅에 네 개의 화살을 내려놓고, 하나씩 들고서 던지게된다. 미천한 자는 감히 땅에 내려놓을 수 없기 때문에 모두 손에 쥐고한다.

【043】

勝則洗[蘇典反]而以請, 客亦如之. 不角, 不擢馬.〈021〉

승리한 자는 잔을 씻어서['洗'자는 '蘇(소)'자와 '典(전)'자의 반절음이다.] 술을 권해도 되는지를 청하고, 빈객에 대한 경우 또한 이처럼 한다. 벌주를 줄 때에는 뿔잔을 사용하지 않고, 일반잔을 사용하며, 투호에서 상대방의 마를 빼앗지 않는다.

集說 射與投壺之禮, 勝者之弟子酌酒置于豊上, 其不勝者跪而飲之. 若卑者得勝, 則不敢徑酌, 當前洗爵而請行觴也. 客若不勝, 則主人亦洗而請, 所以優賓也. 角, 兕觥也. 今飲尊者及客不敢用角, 但如常獻酬之爵也. 擢, 進而取之也. 馬者, 投壺之勝筭, 每一勝則立一馬, 至三馬而成勝. 若一朋得二馬, 一朋得一馬, 則二馬者, 取彼之一馬, 足成己之三馬. 今卑者雖得二馬, 不敢取尊者之一馬以成己勝也.

활쏘기나 투호의 예법에 있어서, 승리를 한 자의 제자는 술잔을 따라서 풍 위에 놓아두고, 이기지 못한 자는 무릎을 꿇고서 그 술을 마신다. 만약 신분이 미천한 자가 승리를 했다면, 감히 경솔하게 술을 따라서 권할 수 없으니, 마땅히 그보다 앞서 술잔을 씻고 술을 권해도 되는지 청해야 한다. 빈객이 만약 승리하지 못했다면, 주인 또한 술잔을 씻고서 술을 권해도 되는지 청하니, 빈객을 우대하기 때문이다. '각(角)'은 시굉이라는 뿔잔이다. 현재의 상황은 존귀한 자에게 술을 권하거나 빈객에게 권하게 되어, 뿔잔을 사용하지 않고 단지 일상적으로 술을 권할 때 사용하는 술잔을 이용한다. '탁(擢)'자는 나아가서 취한다는 뜻이다. '마(馬)'는 투호를 하여 승리 횟수를 셈하고, 매번 한 번 승리할 때마다 한 개의 마를 세우며, 세 개의 마가 서게 되면 최종 승리를 하게 된다. 만약 한쪽이 두 개의 마를 얻었고, 다른 한쪽이 한 개의 마를 얻었다면, 두 개의 마를 가진 자가 상대방의 마 한 개를 가져가서, 자기가 세워야 하는 세 개의 마를 만들 수 있다. 현재의 상황은 신분이 미천한 자가 비록 두 개의 마를 세웠지만, 감히 존귀한 자가 세운 한 개의 마를 가져다가 자기의 승리를 확정시킬 수 없다.

【044】

燕侍食於君子, 則先飯[上聲]而後已, 毋放飯, 毋流歠, 小飯而亟[棘]之, 數[朔]嚼[醮]毋爲口容. 客自徹, 辭焉則止. 〈055〉 [本在"隱情以虞"下.]

연회를 하며, 군자를 모시고 식사를 하는 경우라면, 군자보다 먼저 밥을 떠서 맛보고['飯'자는 상성으로 읽는다.] 군자보다 뒤에 식사를 끝낸다. 밥을 크게 떠서 먹어서는 안 되고, 물을 들이키듯 먹어서는 안 되며, 밥을 적게 떠서 신속히['亟'자의 음은 '棘(극)'이다.] 삼켜야 하고, 자주['數'자의 음은 '朔(삭)'이다.] 씹어서['嚼'자의 음은 '醮(초)'이다.] 입모양을 우스꽝스럽게 만들어서는 안 된다. 식사를 끝낸 뒤 빈객이 직접 상을 치우려고 하면, 주인은 사양하니, 그런 뒤에는 행동을 그친다. [본래는 "자신의 실정을 숨기고 상대의 실정을 파악해야 한다."[26]라고 한 문장 뒤에 수록되어 있었다.]

集說 先飯, 猶嘗食之禮也. 後已, 猶勸食之意也. 放飯·流歠, 見曲禮. 小飯則無噦噎之患. 亟之, 謂速咽下, 備或有見問之言也. 數嚼毋爲口容, 言數數嚼之, 不得弄口以爲容也. 若食訖而客欲自徹食器, 主人辭之則止也.

---

26) 『예기』「소의」 054장 : 賓客主恭, 祭祀主敬, 喪事主哀, 會同主詡. 軍旅思險, 隱情以虞.

먼저 밥을 먹는다는 말은 음식을 맛보는 예법과 같다. 뒤에 끝낸다는 말은 식사를 권유하는 뜻과 같다. '방반(放飯)'과 '유철(流歠)'에 대해서는 『예기』「곡례(曲禮)」편에 설명이 나온다. 밥을 적게 떠서 먹으면, 천천히 먹거나 목이 멜 걱정이 없다. '극지(亟之)'는 신속히 삼켜서 혹여 물어보는 말이 있을 때를 대비한다는 뜻이다. '삭초무위구용(數噍毋爲口容)'이라는 말은 자주 씹어 입을 오물거려서 우스꽝스러운 모습을 지어서는 안된다는 뜻이다. 식사를 끝냈는데 빈객이 직접 자신의 식기를 치우려고 할 때 주인이 사양을 해서 만류하면 멈춘다.

【045】

侍食於先生, 異爵者, 後祭先飯[上聲].〈玉藻-090〉[27] [玉藻. 本在"從人而入"下.]

나이나 작위가 높은 자를 모시고 식사를 할 경우, 그들보다 뒤에 음식에 대한 제사를 지내고, 그들보다 먼저 음식을 맛본다.['飯'자는 상성으로 읽는다. 「옥조」편의 문장이다. 본래는 "다른 사람을 따라서 들어간다."[28]라고 한 문장 뒤에 수록되어 있었다.]

集說 此言成人之禮. 先生, 齒尊於己者. 異爵, 爵貴於己者. 後祭, 示饌不爲己也. 先飯, 示爲尊貴者嘗之也.

이 내용은 성인이 따르는 예법을 말한 것이다. '선생(先生)'은 자신보다 나이가 많은 자를 뜻한다. '이작(異爵)'은 자신보다 작위가 존귀한 자를 뜻한다. '후제(後祭)'는 그 음식들이 자신을 위해서 차려진 것이 아님을

---

27) 『예기』「옥조(玉藻)」090장 : 侍食於先生, 異爵者, 後祭先飯. 客祭, 主人辭曰: "不足祭也." 客飱, 主人辭以疏. 主人自置其醬, 則客自徹之.

28) 『예기』「옥조(玉藻)」089장 : 童子不裘不帛, 不屨絇, 無緦服, 聽事不麻. 無事則立主人之北, 南面. 見先生, 從人而入.

드러내는 것이다. '선반(先飯)'은 존귀한 자를 위해서 먼저 맛을 본다는 뜻을 드러내는 것이다.

【046】

侍食於長者, 主人親饋, 則拜而食, 主人不親饋, 則不拜而食.〈曲禮上 -117〉 [本在"客不虛口"下.]

어른을 모시고서 음식을 먹을 때, 주인이 직접 음식을 차려서 내오면, 절을 하고서 음식을 먹으며, 주인이 직접 음식을 차려 내오지 않으면, 절을 하지 않고 음식을 먹는다. [본래는 "빈객은 입을 헹구지 않는다."[29]라고 한 문장 뒤에 수록되어 있었다.]

集說 饋, 進饌也.

'궤(饋)'자는 음식을 차려낸다는 뜻이다.

集說 方氏曰: 凡以稱禮之施而已.

방씨가 말하길, 어떤 때에는 절을 하고, 또 어떤 때에는 절을 하지 않는데, 이 모두는 주인이 시행하는 예에 맞게끔 행동하는 것일 뿐이다.

【047】

侍飲於長者, 酒進則起, 拜受於尊所. 長者辭, 少者反席而飲. 長者 舉未釂子妙反], 少者不敢飲.〈曲禮上-125〉 [本在"然後客坐"下.]

어른을 모시고 음주를 할 때 술이 나오면 자리에서 일어나서 술동이가 놓인 장소에서 절을 하고 받는다. 어른이 그렇게 하지 않아도 된다고 사양하면, 젊은이는 자신의 자리로 되돌아가서 술을 마신다. 어른이 술잔을 들었

---

29) 『예기』「곡례상(曲禮上)」 116장 : 主人未辯, 客不虛口.

는데, 만약 그 술잔을 모두 비우지['醮'자는 '子(자)'자와 '妙(묘)'자의 반절음이다.]
않았다면, 젊은이는 감히 술을 마시지 않는다. [본래는 "그런 연후에야 빈객은
다시 자리에 앉는다."30)라고 한 문장 뒤에 수록되어 있었다.]

集說 尊所, 置尊之所也. 飮盡爵曰醮.

'준소(尊所)'는 술동이가 놓인 장소이다. 술잔을 모두 비우는 것을 '조
(醮)'라고 부른다.

集說 呂氏曰: 古之飮酒, 貴賤長幼無不及. 鄕飮之禮, 堂下之賓, 樂
工及笙, 無不與獻. 特牲饋食禮, 賓·兄弟·弟子·公有司·私臣無
不與獻. 其獻也, 皆主人親酌授之. 此侍飮者, 亦長者親酌授之, 所
以有拜受于尊所之節也. 惟燕禮以宰夫爲獻主, 故君不親酌. 鄕飮·
射·饋食禮皆尊于房戶之間, 賓主共之也. 燕禮·大射皆尊于兩楹
之西, 尊面向君, 君專之也. 燕禮·鄕飮禮皆不云拜受於尊所, 以禮
與侍飮異也.

여씨가 말하길, 고대의 음주 예법에서는 신분의 귀천이나 나이에 상관없
이 모두 연회에 참여하였다. 향음주례에서는 당하에 머무는 빈객들과 그
곳에 위치한 악공들 및 생황 등의 관악기를 연주하는 자들까지도 모두
술잔을 주고받는 일에 참여하지 않은 적이 없었다. 『의례』「특생궤식례
(特牲饋食禮)」편에서는 빈객 무리들·형제·제자·공유사(公有司)31)·
개인 가신들까지도 모두 술잔을 주고받는 일에 참여하지 않은 적이 없었
다.32) 술잔을 따라줄 때에는 모든 경우에 있어서, 주인이 직접 잔에 술을

---

30) 『예기』「곡례상(曲禮上)」124장 : 卒食, 客自前跪, 徹飯齊以授相者, 主人興辭
於客, 然後客坐.

31) 공유사(公有司)는 사(士)가 맡았던 직책으로, 군주에게 특명을 받은 유사(有司)
이다. '유사'는 실무 담당자를 뜻한다.

32) 『의례』「특생궤식례(特牲饋食禮)」 : 衆賓及衆兄弟·內賓·宗婦·若有公有
司·私臣, 皆餕肴. / 효승(餕肴)은 희생물의 고기를 도마[俎]에 올려서 연회를

따라서 상대방에게 건넨다. 이곳 문장에서는 연장자를 모시고 음주를 한다고 하였는데, 이러한 경우에서도 또한 주인의 신분에 해당하는 연장자가 직접 잔에 술을 따라서 젊은이에게 건네는 것이니, 이러한 까닭으로 술동이가 놓인 곳으로 가서 절을 하고 술잔을 받는 규범이 있게 되는 것이다. 다만 『의례』「연례(燕禮)」편에서는 재부를 헌주로 삼았기 때문에,33) 군주가 직접 술잔을 따라주지 않는 것이다. 향음주례·사례(射禮)·특생궤식례·소뢰궤식례(少牢饋食禮)에서는 모두 술동이를 방문 사이에 설치하고, 빈객과 주인이 함께 그 술동이를 사용하였다. 연례·대사례(大射禮)에서는 모두 양쪽 기둥의 서쪽 편에 술동이를 설치하였고, 술동이가 향하는 쪽은 군주가 앉는 자리 방향이 되어서, 군주만이 그 술동이를 사용하였다. 연례·향음주례에는 모두 술동이가 있는 자리에서 절을 하며 술잔을 받는다고 언급하지 않았는데, 그 예법이 연장자를 모시고 음주를 할 때와는 다르기 때문이다.

【048】

御同於長者, 雖貳不辭, 偶坐不辭. 〈曲禮上-130〉 [本在"夫不祭妻"下]

연장자를 모시고 함께 식사를 하는 경우에는 비록 음식들을 많이 내온다 하더라도 사양을 하지 않으며, 다른 손님과 함께 동석하게 된다 하더라도 음식들을 많이 내오는 것에 대해서 사양하지 않는다. [본래는 "남편을 제사지낸 음식으로는 아내에 대한 제사를 지내지 않는다."34)라고 한 문장 뒤에 수록되어 있었다.]

集說 御, 侍也. 貳, 益物也. 侍食者雖獲殽饌之重, 而不辭其多者,

베푼다는 뜻이다.

33) 『의례』「연례(燕禮)」편의 "賓升自西階, 主人亦升自西階, 賓右北面至再拜, 賓答再拜."에 대한 정현의 주: "不親獻, 以其尊, 莫敢伉禮也. 至再拜者, 拜賓來至也. 天子膳夫爲獻主."

34) 『예기』「곡례상(曲禮上)」 129장 : 餕餘不祭. 父不祭子, 夫不祭妻.

以此饌本爲長者設耳. 偶者, 配偶之義. 因其有賓而己亦偶配於坐,
亦以此席不專爲己設, 故不辭也.

'어(御)'자는 "모신다."는 뜻이다. '이(貳)'자는 음식을 늘린다는 뜻이다.
연장자를 모시고 식사를 하는 자가 비록 고기 요리와 음식들이 거듭 나오
는 것을 받게 되더라도, 음식이 많다고 사양하지 않는 이유는 그 음식들
은 본래 연장자를 위해서 진설되는 것이기 때문이다. '우(偶)'라는 말은
배우자라고 했을 때의 우(偶)자의 뜻이다. 빈객이 있게 되어, 자신 또한
그 자리에 합석하여 앉게 된다면, 또한 이 자리가 오로지 자기만을 위해
마련된 것이 아니기 때문에, 사양하지 않는 것이다.

【049】

長者賜, 少者賤者不敢辭.〈曲禮上-126〉 [四段曲禮. 本在"少者不敢飮"下. 右
侍食.]

연장자나 존귀한 자가 하사를 해주면, 젊은이나 미천한 신분을 가진 자는
감히 사양하지 않는다. [4개 단락은 「곡례」편의 문장이다. 본래는 "젊은이는 감히 술을
마시지 않는다."[35]라고 한 문장 뒤에 수록되어 있었다. 여기까지는 모시고 식사하는 예절을
뜻한다.]

集說 辭而後受, 賓主平交之禮, 非少賤事尊貴之道.

사양한 이후에 받는 방식은 빈객과 주인의 신분이 평등할 때, 서로 교류
하며 시행하는 예법에 해당하는 것이니, 젊은이나 미천한 자가 존귀한
자를 섬기는 도리는 아니다.

類編 右事長之禮.

---

35) 『예기』「곡례상(曲禮上)」 125장 : 侍飮於長者, 酒進則起, 拜受於尊所. 長者辭,
少者反席而飮. 長者擧未釂, <u>少者不敢飮</u>.

여기까지는 '사장지례(事長之禮)'에 대한 내용이다.

類編 孔子曰: "君子事親孝, 故忠可移於君; 事兄弟, 故順可移於長." 故事君之下, 事長次之.

공자가 말하길, "군자는 부모를 효로 섬기기 때문에 충을 군주에게도 시행할 수 있고, 형을 공경으로 섬기기 때문에 연장자에게 공손함을 시행할 수 있다."[36]라 했다.

---

36) 『효경』「광양명장(廣揚名章)」: <u>子曰, "君子之事親孝, 故忠可移於君, 事兄悌, 故順可移於長</u>. 居家理, 故治可移於官. 是以行成於內, 而名立於後世矣."

◈ 서로 만나볼 때의 예절[相見之禮]

【050】

聞始見[現]君子者辭,〈001〉[此爲少儀首段.]

들건대, 처음 군자를 뵙는['見'자의 음은 '現(현)'이다.] 자는 말을 전하며, [이것은 「소의」편의 첫 단락이 된다.]

> **集說** 石梁王氏曰: 此句絶.
> 석량왕씨가 말하길, 이곳에서 구문을 끊는다.

【051】

曰: "某固願聞名於將命者." 不得階主. 適[敵]者曰: "某固願見." 罕見曰 "聞名." 亟[器]見曰: "朝夕." 瞽曰: "聞名."〈001〉

"아무개는 진실로 명령을 전달하는 자에게 제 이름이 전해지기를 원합니다."라고 말하니, 주인에게 직접적으로 전달할 수 없기 때문이다. 만약 신분이 대등한['適'자의 음은 '敵(적)'이다.] 자의 경우라면, "아무개는 진실로 명령을 전달하는 자를 만나보기를 원합니다."라고 말한다. 만약 만나본 지가 매우 오래된 경우라면, "명령을 전달하는 자에게 제 이름이 전해지기를 원합니다."라고 말하고, 자주['亟'자의 음은 '器(기)'이다.] 만나보는 사이라면, 군자에 대해서는 "아무개는 아침이나 저녁 문안인사를 드리고자 하여, 명령을 전달하는 자에게 제 이름이 전해지기를 원합니다."라고 말하고, 신분이 대등한 자에 대해서는 "아무개는 아침이나 저녁 문안인사를 드리고자 하여, 명령을 전달하는 자를 만나보기를 원합니다."라고 말한다. 찾아온 자가 장님인 경우라면, "아무개는 명령을 전달하는 자에게 제 이름이 전해지기를 원합니다."라고 말한다.

> **集說** 記謙言我嘗聞之於人云, 初見有德有位之君子者, 其辭云, 某固願通聞己名於將命之人. 固, 如固辭之固. 不曰願而曰固願, 慮主

人不卽見己, 而假此荐請之辭也. 將命者, 通客主言語出入之人也. 階者, 升進之喩. 主, 主人也. 言賓請見之辭, 不得徑指主人也. 適者, 賓主適體之人也. 則曰某固願見於將命者. 罕見, 謂久不相見也. 亦曰願聞名於將命者, 蓋疑疎闊之久, 未必主人肯見也. 亟見, 數見也. 於君子, 則曰某願朝夕聞名於將命者. 於敵者, 則曰某願朝夕見於將命者. 若瞽者來見, 無問貴賤, 惟曰某願聞名於將命者, 以無目, 故不言願見也.

『예기』를 기록한 자는 겸손하게 말하여, "내가 일찍이 남에게서 들었다."고 말한 것인데, 덕을 갖추고 있고 지위를 갖추고 있는 군자를 처음으로 만나 뵐 때에는 그 말에 있어서, "아무개인 저는 진실로 제 이름이 명령을 전달하는 자에게 전해지기를 원합니다."라고 말한다. '고(固)'자는 완강히 사양한다고 할 때의 고(固)자와 같다. "원합니다."라고 말하지 않고, "진실로 원합니다."라고 말한 것은 주인이 곧바로 자신을 만나보지 않을 것을 염려하여, 재차 청원할 때 쓰는 말을 빌려서 사용한 것이다. '장명자(將命者)'는 빈객과 주인의 말을 전달하는 사람이다. '계(階)'는 올라가 나아간다는 뜻을 비유한 말이다. '주(主)'자는 주인을 뜻한다. 즉 빈객이 만나 뵙기를 청원하는 말은 곧바로 주인에게 전달될 수 없다는 의미이다. '적자(適者)'자는 빈객과 주인의 신분이 대등한 경우를 뜻한다. 즉 이러한 경우에는 "아무개는 진실로 명령을 전달하는 자를 만나보기를 원합니다."라고 말한다. '한현(罕見)'은 오래도록 서로 만나보지 못했다는 뜻이다. 이러한 경우에는 또한 "명령을 전달하는 자에게 이름이 전달되기를 원합니다."라고 말하니, 소원하게 지낸 지가 오래되어, 주인이 기꺼이 만나보기를 기필할 수 없다고 의심되기 때문이다. '기현(亟見)'은 자주 만나본다는 뜻이다. 군자에 대해서는 "아무개는 아침이나 저녁 문안인사를 드리고자 하여, 명령을 전달하는 자에게 제 이름이 전달되기를 원합니다."라고 말한다. 만약 신분이 대등한 자에 대해서라면, "아무개는 아침이나 저녁 문안인사를 드리고자 하여, 명령을 전달하는 자를 만나보기를

원합니다."라고 말한다. 만약 장님이 찾아와서 만나보고자 할 때에는 그
의 신분을 따지지 않고, 단지 "아무개는 명령을 전달하는 자에게 이름이
전달되기를 원합니다."라고 말하니, 장님이기 때문에 만나보기를 원한다
고 말하지 않는다.

【052】

始入而辭, 曰: "辭矣." 〈009〉 [本在"有之矣"下.]

빈객과 주인이 비로소 문으로 들어가려고 할 때에는 주인은 사양을 해야
하니, 주인의 부관은 "빈객에게 사양해야 합니다."라고 아뢴다. [본래는 "간혹
무릎을 꿇는 경우도 있다."1)라고 한 문장 뒤에 수록되어 있었다.]

集說 賓始入門, 主人當辭讓令賓先入, 故擯者告主人曰辭矣, 謂當
致辭以讓賓也. 至階亦然. 此不言者, 禮可知也.

빈객이 처음으로 문으로 들어서려고 하면, 주인은 마땅히 사양을 하여,
빈객으로 하여금 먼저 들어가도록 해야 한다. 그렇기 때문에 부관은 주인
에게 아뢰며, "사양해야 합니다."라고 말하니, 마땅히 사양하여 빈객에게
양보를 해야 한다는 뜻이다. 계단에 이르게 되면 또한 이처럼 한다. 이곳
에서 이 사실을 언급하지 않은 것은 예법에 따라 그러한 사실을 알 수
있기 때문이다.

【053】

卽席, 曰: "可矣." 〈010〉

빈객과 주인이 자신의 자리로 나아가게 되면, 부관은 "재차 사양하지 않고
자리에 앉으셔도 괜찮습니다."라고 아뢴다.

---

1) 『예기』「소의」 008장 : 受立授立不坐, 性之直者則有之矣.

及主賓升堂各就席, 擯者恐賓主再辭, 故告之曰可矣. 言可卽席, 不須再辭也.

빈객과 주인이 당에 올라가서 각자 자신의 자리로 나아가게 되면, 부관은 빈객과 주인이 재차 사양하게 될 것을 염려하기 때문에, "괜찮습니다."라고 아뢴다. 즉 자리로 나아가면 재차 사양할 필요가 없다는 뜻이다.

【054】

凡與客入者, 每門讓於客. 客至於寢門, 則主人請入爲席, 然後出迎客. 客固辭, 主人肅客而入. 〈曲禮上-059〉 [本在"不踐閾"下.]

무릇 빈객과 함께 집으로 들어갈 경우에는 매 문마다 잠시 멈춰서 빈객에게 먼저 들어가도록 양보한다. 이러한 절차를 반복하여 빈객이 침문(寢門)2)에 도달하게 되면, 주인은 빈객에게 양해를 구하며 자신이 먼저 들어가서 자리를 마련하겠다고 청한다. 주인이 먼저 들어가서 자리를 편 이후에야 주인은 밖으로 다시 나와서 빈객을 맞이한다. 이때에도 주인은 빈객에게 먼저 들어갈 것을 권유하는데, 빈객이 고사하면, 주인은 빈객에게 숙배를 하고 먼저 들어간다. [본래는 "문턱을 밟지 않는다."3)라고 한 문장 뒤에 수록되어 있었다.]

讓於客, 欲客先入也. 爲, 猶布也.

빈객에게 양보하는 이유는 빈객이 먼저 들어가도록 하기 위함이다. '위(爲)'자는 "자리를 편다."는 뜻이다.

---

2) 침문(寢門)은 침문(寢門)이라고도 부른다. 노문(路門)을 가리킨다. '노문'은 궁실(宮室)의 건축물 중에서도 가장 안쪽에 있었던 정문을 뜻하는데, 여러 문들 중에서도 노침(路寢)과 가장 가까운 위치에 있었기 때문에, '노문'이라는 명칭이 생겼다. '침문'이라는 용어 또한 '노침'에 가까이 있었기 때문에 붙여진 명칭이다. 한편 가장 안쪽에 있었던 정문이었으므로, '침문'을 내문(內門)이라고도 부른다.
3) 『예기』「곡례상(曲禮上)」 058장 : 大夫士出入君門, 由闑右, 不踐閾.

疏曰: 天子五門, 諸侯三門, 大夫二門. 禮有三辭, 初曰禮辭,
再曰固辭, 三曰終辭.

소에서 말하길, 천자는 궁성에는 5개의 문을 세우고, 제후는 3개의 문을
세우며, 대부는 집에 2개의 문을 세운다. 예법에 따르면, 세 번 사양을
하게 되는데, 처음 사양하는 것을 '예사(禮辭)'라고 부르며, 두 번째 사양
하는 것을 '고사(固辭)'라고 부르고, 세 번째 사양하는 것을 '종사(終辭)'
라고 부른다.

집說 呂氏曰: 肅客者, 俯手以揖之, 所謂肅拜也.

여씨가 말하길, "빈객에게 숙(肅)한다."는 말은 손을 굽혀서 공수를 취한
뒤, 손을 들어 올리며 읍을 하는 것이니, 이른바 '숙배(肅拜)'4)라는 것이다.

【055】

主人入門而右, 客入門而左. 主人就東階, 客就西階, 客若降等, 則
就主人之階. 主人固辭, 然後客復就西階. 〈曲禮上-060〉

주인은 문으로 들어서면 오른쪽으로 가고, 빈객은 문으로 들어서면 왼쪽으
로 간다. 주인은 동쪽 계단으로 가고, 빈객은 서쪽 계단으로 가는데, 만약
빈객의 신분이 주인보다 낮다면, 서쪽 계단으로 가지 않고 주인이 오르는
동쪽 계단으로 간다. 주인이 고사를 하며 빈객의 행동을 만류하면, 그런
뒤에야 빈객은 다시 서쪽 계단으로 나아간다.

集說 入右, 所以趨東階. 入左, 所以趨西階. 降等者, 其等列卑於主
人也. 主人固辭者, 不敢當客之尊己也.

주인이 문으로 들어와서 오른쪽으로 가는 이유는 동쪽 계단으로 가기 위

---

4) 숙배(肅拜)는 구배(九拜) 중의 하나이다. 절을 하는 방법 중 하나로, 무릎을 가지
런히 모으고, 단지 손을 아래로만 내리며, 머리는 숙이지 않는 방법이다.

해서이다. 빈객이 문으로 들어와서 왼쪽으로 가는 이유는 서쪽 계단으로
가기 위해서이다. '강등(降等)'은 빈객이 주인보다 신분 등급이 낮다는
뜻이다. 주인이 고사를 하는 이유는 빈객이 주인을 높이는 행동을 감당할
수 없기 때문이다.

【056】

主人與客讓登, 主人先登, 客從之, 拾[涉]級聚足, 連步以上[上聲]. 上
於東階, 則先右足; 上於西階, 則先左足. 〈曲禮上-061〉

계단에 오를 경우 주인은 빈객에게 먼저 올라가라고 사양하는데, 빈객이
다시 사양을 하여 끝내 주인이 먼저 오르게 되면, 빈객이 뒤따라 올라간다.
다만 한 계단을 오를['拾'자의 음은 '涉(섭)'이다.] 때마다 양발을 모으니, 이런
방식으로 걸음을 이어가서 계단을 오르게['上'자는 상성으로 읽는다.] 된다. 동쪽
계단으로 오르는 경우에는 오른쪽 발을 먼저 떼고, 서쪽 계단으로 오르는
경우에는 왼쪽 발을 먼저 뗀다.

集說 讓登, 欲客先升也. 客不敢當, 故主人先而客繼之. 拾級, 涉階
之級也. 聚足, 後足與前足相合也. 連步, 步相繼也. 先右先左, 各順
入門之左右也.

주인이 빈객에게 먼저 올라가라고 권유하는 이유는 빈객이 먼저 올라가
게 하고자 해서이다. 그러나 빈객은 주인보다 먼저 계단에 오를 수 없기
때문에, 주인이 결국 먼저 올라가게 되고, 빈객이 뒤이어 오르게 된다.
'습급(拾級)'은 계단의 한 칸을 올라간다는 뜻이다. '취족(聚足)'은 뒷발
을 끌어다가 앞발과 나란히 되도록 모은다는 뜻이다. '연보(連步)'는 걸
음을 계속 이어간다는 뜻이다. 오른발을 먼저 떼거나 왼발을 먼저 떼는
것은 각각 문에 들어서서 왼쪽으로 가느냐 아니면 오른쪽으로 가느냐에
따른 것이다.

拾, 其刼反, 更也. 禮書中拾字甚多, 如拾踊之類, 何必作涉字?

‘拾’자는 ‘其(기)’자와 ‘刼(겁)’자의 반절음이니, 번갈아가며 한다는 뜻이다. 『예』의 서적 중에는 ‘拾’자가 매우 많이 나오니, 예를 들어 겁용(拾踊)과 같은 부류로, 하필이면 섭(涉)자로 기록한단 말인가?

【057】

若非飲食之客, 則布席, 席間函丈.〈曲禮上-068〉[本在"南方爲上"下.]

만약 음식을 대접하기 위해 초대한 빈객이 아니라면, 자리를 펼 때 자리 간격을 함장(函丈)[1]으로 한다. [본래는 "남쪽을 상석으로 삼는다."[2]라고 한 문장 뒤에 수록되어 있었다.]

集說 非飲食之客, 則是講說之客也.

음식을 대접하기 위해 초대한 빈객이 아니라면, 곧 강설을 하기 위해 초대한 빈객에 해당한다.

集說 疏曰: 古者飲食燕享, 則賓位在室外牖前, 列席南向, 不相對. 相對者, 惟講說之客. 席之制, 三尺三寸三分寸之一, 則兩席並中間空地共一丈也.

소에서 말하길, 고대에는 음식을 마련하여 향연을 베푸는 경우라면, 빈객의 자리는 방밖의 들창 앞에 마련하였고, 자리를 차례대로 나열하여, 모두 남쪽을 바라보도록 하였지 서로 마주보도록 설치하지 않았다. 자리를 서로 마주보도록 설치하는 경우는 오직 강설을 하기 위해 초대한 빈객에 한해서이다. 자리를 제작할 때에는 그 너비를 3척 3과 3분의 1촌의 길이로 하였으니, 두 개의 자리와 중간의 공간을 합치면 그 너비는 모두 1장의 길이가 된다.

---

1) 함장(函丈)의 '함(函)'자는 수용한다는 뜻이고, '장(丈)'자는 1장(丈)을 뜻하는 거리이다. 따라서 '함장'은 강학하는 자와 강학을 받는 자는 1장(丈)의 거리만큼 떨어져서 앉는다는 뜻이다. 후대에는 이 뜻에서 파생되어, 강학하는 좌석 및 스승을 뜻하는 용어로도 사용되었다. 『예기』「곡례상(曲禮上)」편에는 "若非飲食之客, 則布席, 席間函丈."이라는 용례가 있다.

2) 『예기』「곡례상(曲禮上)」 067장 : 席南鄕北鄕, 以西方爲上; 東鄕西鄕, 以南方爲上.

【058】

主人跪正席, 客跪撫席而辭. 客徹重[平聲]席, 主人固辭. 客踐席, 乃
坐.〈曲禮上-069〉[五段曲禮.]

주인이 빈객을 방안으로 인도하고 난 뒤 무릎을 꿇고서 빈객이 앉을 자리
를 바로잡으면, 빈객은 무릎을 꿇고 자리를 만지면서 사양하여 주인이 수
고롭게 자리를 바로잡는 행위를 멈추게 한다. 주인은 미리 빈객이 앉을
자리를 겹으로 포개 두는데, 빈객이 감히 그 자리에 앉을 수가 없어서, 포
개둔['重'자는 평성으로 읽는다.] 자리를 치우려고 하면, 주인은 재차 만류를 한
다. 빈객이 자리에 오르면, 주인은 곧 자신의 자리에 앉는다. [5개 단락은 「곡
례」편의 문장이다.]

> **集説** 跪而正席, 敬客也. 撫, 以手按止之也. 客不敢居重席, 故欲徹
> 之, 主人固辭則止. 客踐席將坐, 主人乃坐也.

주인이 무릎을 꿇고서 자리를 바로잡는 것은 빈객을 공경하게 대하는 행
동이다. '무(撫)'자는 손으로 누르며 제지한다는 뜻이다. 빈객은 감히 포
개져 있는 자리에 앉을 수가 없기 때문에, 그것을 걷어내려고 하는 것인
데, 주인이 재차 사양을 하게 되면, 걷어내려는 행동을 멈추게 된다. 빈객
이 자리에 올라가서 장차 앉으려고 하면, 이때 주인은 곧 자신의 자리에
앉게 된다.

【059】

問品味, 曰: "子亟[器]食於某乎?" 問道藝, 曰: "子習於某乎? 子善於某
乎?"〈012〉[本在"尊長在則否"下.]

어떤 음식을 좋아하는지 물을 때에는 "그대는 어떤 음식을 자주['亟'자의 음은
'器(기)'이다.] 먹습니까?"라고 말한다. 도예에 대해서 물을 때에는 "그대는
어떤 것을 익혔습니까?"라고 말하거나 "그대는 어떤 것을 잘합니까?"라고
말한다. [본래는 "존장자가 자리를 잡고 있는 경우라면, 이처럼 할 수 없다."³⁾라고 한 문장
뒤에 수록되어 있었다.]

集說 方氏曰: 人之情, 品味有偏嗜, 道藝有異尙, 問品味, 不可斥之
以好惡而昭其癖, 故曰子亟食於某乎. 問道藝, 不可斥之以能否而暴
其短, 故曰子習於某乎, 子善於某乎.

방씨가 말하길, 사람의 정감에 따르면, 음식에 있어서 편향된 취향이 있
고, 도예에 있어서도 숭상하는 것이 다른데, 어떤 음식을 좋아하는지 물
을 때에는 직접적으로 좋아하고 싫어하는 것을 가리켜서 그의 편벽된 습
관을 드러내서는 안 된다. 그렇기 때문에 "그대는 어떤 음식을 자주 먹습
니까?"라고 말한다. 도예에 대해서 물을 때에는 직접적으로 할 수 있는
것과 그렇지 못한 것을 가리켜서 그의 단점을 폭로해서는 안 된다. 그렇
기 때문에 "그대는 어떤 것을 익혔습니까?" 또는 "그대는 어떤 것을 잘합
니까?"라고 말한다.

【060】
主人不問, 客不先擧.〈曲禮上-070〉[本在"客踐席乃坐"下.]
주인이 먼저 질문을 하지 않으면, 빈객은 먼저 말을 꺼내지 않는다. [본래는
"빈객이 자리에 오르면, 주인은 곧 자신의 자리에 앉는다."4)라고 한 문장 뒤에 수록되어 있었
다.]

集說 席坐旣定, 主人以客自外至, 當先有所問, 客乃答之, 客不當
先擧言也.

빈객과 주인이 자리를 정해서 앉게 되면, 빈객은 외부에서 찾아왔으므로,
주인은 마땅히 그 연유에 대해서 먼저 질문을 던져야 하며, 그런 뒤에야
빈객은 그 질문에 대답을 하는 것이다. 따라서 빈객이 먼저 말을 꺼내서

---

3) 『예기』「소의」 011장 : 排闔說屨於戶內者, 一人而已矣. 有尊長在則否.
4) 『예기』「곡례상(曲禮上)」 069장 : 主人跪正席, 客跪撫席而辭. 客徹重席, 主人
固辭. 客踐席, 乃坐.

는 안 된다.

[061]

客若降等, 執食興辭, 主人興辭於客, 然後客坐.〈曲禮上-113〉 [本在"左朐右末"下.]

빈객이 만약 주인보다 작위나 연배가 낮다면, 주인과 대등하게 행동할 수가 없으므로, 음식이 들어오면 밥그릇을 잡고 자리에서 일어나고 주인에게 사양하는 말을 건넨다. 빈객이 사양하는 말을 건네게 되면, 주인도 자리에서 일어나서 사양하지 않아도 괜찮다는 말을 건넨다. 그런 이후에야 빈객은 다시 자신의 자리에 앉게 된다. [본래는 "굽힌 쪽을 좌측으로 가도록 하고, 끝부분을 우측으로 가도록 놓는다."5)라고 한 문장 뒤에 수록되어 있었다.]

集說 降等, 謂爵齒卑於主人也, 不敢當主賓之禮, 故食至則執之以起, 而致辭於主人. 主人見客起辭, 故亦起而致辭於客, 客乃復就其坐也.

'강등(降等)'이라는 말은 빈객의 작위나 나이가 주인보다 낮다는 뜻이니, 주인과 빈객이 대등했을 때 적용되는 예법을 감당할 수 없기 때문에, 음식이 도착하게 되면 밥그릇을 잡고 일어나서, 주인에게 사양하는 말을 건네는 것이다. 주인은 빈객이 일어나서 사양하는 말을 건네는 것을 보게 되었기 때문에, 그 또한 일어나서 빈객에게 사양하지 않아도 괜찮다고 말을 건네게 되니, 빈객은 그제야 다시 자신의 자리에 앉게 된다.

---

5) 『예기』 「곡례상(曲禮上)」 112장 : 凡進食之禮, 左殽右胾, 食居人之左, 羹居人之右. 膾炙處外, 醯醬處內, 葱㳷處末, 酒漿處右, 以脯脩置者, <u>左朐右末</u>.

【062】

主人延客祭, 祭食, 祭所先進, 殽之序, 徧祭之. 〈曲禮上-114〉 [三段曲禮.]

주인은 빈객을 인도하여 제사를 지내니, 음식을 먹을 때 지내게 되는 제사를 지내며, 먼저 올라온 음식들로 제사를 지낸다. 그리고 음식이 차려지는 순서에 따라 골고루 제사를 지낸다. [3개 단락은 「곡례」편의 문장이다.]

集說 古人不忘本, 每食必每品出少許置於豆間之地, 以報先代始爲飮食之人, 謂之祭. 延, 導之也. 祭食之禮, 主人所先進者則先祭之, 後進者後祭, 各以殽之次序而祭之徧也.

고대 사람들은 근본을 잊지 않았으므로, 매번 식사를 할 때마다 반드시 각각의 음식들을 조금씩 덜어내어, 두(豆) 사이에 놓아두고서 선대에 처음으로 음식을 만든 사람에게 보답을 했으니, 이것을 '제(祭)'라고 부른다. '연(延)'자는 그를 인도한다는 뜻이다. 음식을 먹을 때 제사지내는 예법에 따르면, 주인은 먼저 올라온 음식에 대해서는 그것들로 먼저 제사를 지내고, 이후에 올라온 음식에 대해서는 그 이후에 제사를 지내서, 각각 음식이 차려지는 순서에 따라 골고루 제사를 지내게 된다.

集說 朱子曰: 古人祭酒於地, 祭食於豆間, 有板盛之, 卒食徹去.

주자가 말하길, 고대인들은 땅에 술을 뿌려서 제사를 지냈고, 두(豆) 사이에 음식을 놓아두고서 제사를 지냈는데, 널빤지를 두어서, 그 위에 음식들을 올려두었다가, 식사를 다 끝내고나서 치웠다.

【063】

唯水漿不祭, 若祭爲已僕[虛涉反]卑.〈玉藻-028〉6) [玉藻. 本在"食於人不飽"
下.]

오직 물과 장에 대해서만은 제사를 지내지 않으니, 만약 이것들로 제사를
지내게 된다면, 자신을 너무 억누르고['僕'자는 '虛(허)'자와 '涉(섭)'자의 반절음이
다.] 낮추는 꼴이 된다. [「옥조」편의 문장이다. 본래는 "남에게서 식사를 대접받을 때에
는 배가 부르도록 먹지 않는다."라고 한 문장 뒤에 수록되어 있었다.]

集說 公食大夫禮, 賓祭觶漿, 臣敬君之禮, 此言水漿不祭, 禮各有
所施也. 水漿非盛饌之比, 若祭之則爲太僕畢矣. 已, 太也. 僕, 厭也.
謂太厭降卑微, 如有所畏迫也.

『의례』「공사대부례(公食大夫禮)」편에서는 빈객이 치와 장에 대해 제사
를 지낸다고 했는데, 신하가 군주를 공경하는 예에 해당하고, 이곳에서는
물과 장에 대해서는 제사를 지내지 않는다고 했는데, 예법에 따라 각각
합당하게 시행한 것이다. 물과 장은 성찬에 견줄 것이 아니다. 만약 그것으
로 제사를 지낸다면, 너무 자신을 낮추는 꼴이 된다. '이(已)'자는 너무라는
뜻이다. '엽(僕)'자는 "억누르다."는 뜻이다. 즉 너무 자신을 억눌러서 미천
하게 낮추는 것이니, 마치 두려워하며 겁내는 것처럼 하는 것이다.

【064】

三飯[上聲], 主人延客食胾, 然後辯[徧]殽〈曲禮上-115〉 [本在"徧祭之"下.]

빈객이 세 번 수저를 뜨고['飯'자는 상성으로 읽는다.] 나서 배가 부르다고 알리
면, 주인은 더 먹기를 권유하며, 빈객을 인도하여 살코기 요리를 먹게 한
다. 그런 뒤에는 뼈에 살점이 붙은 고기요리를 골고루['辯'자의 음은 '徧(편)'이

---

6) 『예기』「옥조(玉藻)」 028장: 凡侑食不盡食, 食於人不飽, 唯水漿不祭, 若祭爲
已僕卑.

다.] **먹는다.** [본래는 "골고루 제사를 지낸다."[7]라고 한 문장 뒤에 수록되어 있었다.]

集說 疏曰: "三飯, 謂三食也. 禮食三飱而告飽, 須勸乃更食. 三飯
竟, 而主人乃導客食菹也. 公食大夫禮云, '賓三飯以湆醬.' 鄭云: '每
飯歠湆, 以殽擩醬, 食正饌也.' 所以至三飯後乃食菹者, 以菹爲加,
故三飱前未食." 食菹之後, 乃可徧食殽也.

소에서 말하길, "'삼반(三飯)'은 세 번 밥을 뜬다는 뜻이다. 예사(禮食)에
서는 빈객이 세 번 수저를 뜨고 나서, 배가 부르다고 아뢰며, 주인이 더
먹기를 권하게 되어야만, 다시 수저를 뜬다. 세 번 수저 뜨는 일이 끝나게
되면, 주인은 곧 빈객을 인도하여 '자(菹)'를 먹게 한다. 『의례』「공사대부
례(公食大夫禮)」편에서는 '빈객이 세 번 수저를 뜨면서, 국과 장을 먹는
다.'[8]라고 하였고, 이 문장에 대한 정현의 주에서는 '매번 수저를 뜨면서
국을 떠먹고, 효(殽)를 장에 찍어서, 정찬을 먹는 것이다.'라고 하였다.
세 번 수저를 뜬 이후에야 곧 자를 먹게 되는 이유는 자가 이후에 추가적
으로 차려지는 음식이기 때문에, 세 번 수저를 뜨기 이전에는 먹지 못하
는 것이다."라고 했다. 자를 먹은 이후에는 곧 효를 골고루 먹을 수 있게
된다.

【065】

主人未辯, 客不虛口.〈曲禮上-116〉
주인이 아직 효(殽)를 골고루 먹지 않았다면, 빈객은 입을 헹구지 않는다.

---

7) 『예기』「곡례상(曲禮上)」114장 : 主人延客祭, 祭食, 祭所先進, 殽之序, 徧祭
之.

8) 『의례』「공사대부례(公食大夫禮)」: 賓坐, 遂卷加席. 公不辭. 賓三飯以湆醬.
宰夫執觶漿飮與其豐以進.

集說 疏曰: 虛口, 謂食竟而飮酒蕩口, 使淸潔及安食也. 用漿曰漱,
以潔淸爲義, 用酒曰酳, 酳訓演, 演養其氣也.

소에서 말하길, '허구(虛口)'는 식사가 끝난 뒤에, 술을 마셔서 입을 헹군
다는 뜻으로, 입안을 청결하게 하고, 소화가 잘 되도록 하는 것이다. 입안
을 헹굴 때 술 대신 음료를 사용하게 되면, 그것을 '수(漱)'라고 부르니,
"맑고 깨끗하게 한다."는 뜻이며, 술을 사용하게 되면, '윤(酳)'이라고 부르
니, 윤자는 "윤택하다."는 뜻으로, 그의 기운을 윤택하게 만든다는 의미
이다.

【066】
客絮羹, 主人辭不能亨[烹]. 客歠醢, 主人辭以窶[其羽反].〈曲禮上-122〉[9]
[本在"毋歠醢"下.]

빈객이 국의 간을 맞추게 되면, 주인은 조리['亨'자의 음은 '烹(팽)'이다.]를 제대
로 하지 못해서 미안하다고 말한다. 빈객이 젓갈을 마시게 되면, 주인은
집안이 가난하여['窶'자는 '其(기)'자와 '羽(우)'자의 반절음이다.] 맛을 제대로 내지
못해서 미안하다고 말한다. [본래는 "젓갈을 마셔서는 안 된다."라고 한 문장 뒤에
수록되어 있었다.]

集說 客或有絮羹者, 則主人以不能烹飪爲辭, 客或有歠醢者, 則主
人以貧窶乏味爲辭.

빈객이 혹여 자신의 국에 간을 맞추는 일이 생기면, 주인은 제대로 조리를
하지 못했음을 사과하게 되고, 빈객이 혹여 젓갈을 들이키는 일이 생기면,
주인은 집안이 가난하여 맛을 제대로 내지 못했음을 사과하게 된다.

---

9) 『예기』「곡례상(曲禮上)」 122장 : 毋嚃羹, 毋絮羹, 毋刺齒, 毋歠醢. 客絮羹, 主
人辭不能亨, 客歠醢, 主人辭以窶.

【067】

卒食, 客自前跪, 徹飯[去聲]齊[牋西反]以授相[去聲]者, 主人興辭於客, 然後客坐.〈曲禮上-124〉[曲禮. 本在"毋嘬炙"下.]

식사를 모두 마치면, 빈객은 자기가 앉아있던 자리 앞에서 무릎을 꿇고, 밥그릇['飯'자는 거성으로 읽는다.]과 젓갈['齊'자는 '牋(전)'자와 '西(서)'자의 반절음이다.] 등을 치우며 시중을 들던['相'자는 거성으로 읽는다.] 자에게 건네게 되니, 빈객이 이러한 행동을 취하면, 주인은 자리에서 일어나서 빈객에게 그렇게 하지 않아도 괜찮다는 말을 건네고, 그런 연후에야 빈객은 다시 자리에 앉는다. [「곡례」편의 문장이다. 본래는 "불고기 등은 한 입에 먹지 않는다."[10]라고 한 문장 뒤에 수록되어 있었다.]

集說 自, 從也. 齊, 醬屬也. 飯齊皆主人所親設, 故客欲親徹, 此亦謂降等之客耳. 敵者不親徹也.

'자(自)'자는 '~부터'이다. '저(齊)'자는 젓갈 종류이다. 밥과 젓갈류는 모두 주인이 직접 차려준 음식들이다. 그렇기 때문에 빈객이 직접 치우려고 하는 것인데, 이러한 경우는 또한 빈객의 등급이 주인보다 낮은 경우에만 해당할 따름이다. 주인과 신분이 대등한 경우에는 직접 상을 치우지 않는다.

【068】

客祭, 主人辭曰: "不足祭也." 客飧[孫], 主人辭以疏. 主人自置其醬, 則客自徹之.〈玉藻-090〉[11] [玉藻. 本在"先飯"下.]

빈객이 음식에 대한 제사를 지내려고 하면, 주인은 사양하며, "제사를 지내기에는 부족한 음식들입니다."라고 말한다. 빈객이 권유를['飧'자의 음은 '孫(손)'이다.] 하면, 주인은 사양하며 보잘것없는 음식들이라고 말한다. 주인이

---

10) 『예기』「곡례상(曲禮上)」 123장 : 濡肉齒決, 乾肉不齒決. 毋嘬炙.

11) 『예기』「옥조(玉藻) 090장 : 侍食於先生, 異爵者, 後祭先飯. 客祭, 主人辭曰: "不足祭也." 客飧, 主人辭以疏, 主人自置其醬, 則客自徹之.

직접 장을 진설하면, 빈객은 식사를 끝낸 뒤 직접 장을 치운다. [「옥조」편의 문장이다. 본래는 "먼저 음식을 맛본다."라고 한 문장 뒤에 수록되어 있었다.]

集說 盛主人之饌, 故祭; 而主人辭之, 謙也. 旣食而飧, 以爲美也; 而主人辭以粗疏, 亦謙也. 醬者, 食味之主, 故主人自設, 客亦自徹, 禮尙施報也.

주인이 차려낸 음식들을 융성하게 여기기 때문에, 음식들에 대한 제사를 지내는 것이고, 주인이 사양하는 것은 겸손의 미덕을 나타내기 때문이다. 음식을 먹고서 권하는 것은 맛있는 음식으로 여기기 때문이며, 주인이 사양하며 보잘것없는 음식이라고 말하는 것 또한 겸손의 미덕을 나타내기 때문이다. 장은 음식을 먹을 때 중심이 된다. 그렇기 때문에 주인이 직접 진설하는 것이고, 빈객 또한 식사를 한 뒤에 직접 치우는 것이니, 예법에서는 베풀고 보답하는 것을 숭상하기 때문이다.

【069】

凡飮酒, 爲獻主者執燭抱燋[側角反], 客作而辭, 然後以授人. 執燭不讓·不辭·不歌. 〈074〉12) [本在"贊亦然"下]

무릇 술을 마실 때 주인이 불을 붙인 횃불을 잡고 아직 불을 붙이지 않은 횃불을[燋'자는 '側(측)'자와 '角(각)'자의 반절음이다.] 잡으면, 빈객은 일어나서 물러나겠다고 사양하고, 그런 뒤에 주인은 상대에게 횃불을 건네준다. 횃불을 잡게 되면 사양하지 않고, 재차 서로에게 사양하지 않으며, 노래도 부르지 않는다. [본래는 "장님에게 말해줄 때에도 이처럼 한다."라고 한 문장 뒤에 수록되어 있었다.]

集說 獻主, 主人也. 人君則使宰夫燋未爇之炬也. 飮酒之禮, 賓主

---

12) 『예기』「소의」 074장 : 其末有燭而後至者, 則以在者告. 道贊亦然. 凡飮酒, 爲獻主者執燭抱燋, 客作而辭, 然後以授人. 執燭不讓·不辭·不歌.

有讓, 及更相辭謝, 又各歌詩以見意. 今以暮夜, 略此三事. 一說, 執燭在手, 故不得兼爲之.

'헌주(獻主)'는 주인을 뜻한다. 군주의 경우라면 재부를 시켜서 아직 다 타지 않은 횃불에 불을 붙이게 한다. 음주를 하는 예법에서 빈객과 주인은 양보를 하는데, 서로에게 거듭 사양을 하는데 이르면, 또한 각자 시가를 노래로 불러서 그 뜻을 나타낸다. 현재는 날이 저물어서, 이러한 세 가지 사안을 생략하는 것이다. 일설에는 횃불을 손으로 잡고 있기 때문에, 이러한 일들을 함께 시행할 수 없다고 주장한다.

【070】

其未有燭而後至者, 則以在者告. 道瞽亦然. 〈074〉 13) [本在"其名爲罔"下.]

아직 횃불을 붙이지 않았는데 날이 저문 후에 방으로 들어오는 자가 있다면, 방안에 있는 사람이 누구인지를 알려준다. 장님에게 말해줄 때에도 이처럼 한다. [본래는 "의복의 이름과 뜻을 알지 못한다면 무지한 사람이 된다."14)라고 한 문장 뒤에 수록되어 있었다.]

【071】

請見不請退. 〈023〉 15) [本在"執轡然後步"下.]

존장자에 대해서는 만나 뵙기를 청하되, 물러나고자 청해서는 안 된다. [본래는 "고삐를 잡은 뒤에는 말이 몇 발자국 이동하도록 하여 상태를 살핀다."16)라고 한 문장

---

13) 『예기』「소의」 074장: <u>其未有燭而後至者, 則以在者告. 道瞽亦然.</u> 凡飮酒, 爲獻主者執燭抱燋, 客作而辭, 然後以授人. 執燭不讓・不辭・不歌.

14) 『예기』「소의」 073장: 衣服在躬, 而不知<u>其名爲罔</u>.

15) 『예기』「소의」 023장: <u>請見不請退.</u> 朝廷曰退, 燕遊曰歸, 師役曰罷.

16) 『예기』「소의」 022장: 執君之乘車則坐. 僕者右帶劍, 負良綏, 申之面, 拖諸幦. 以散綏升, <u>執轡然後步.</u>

뒤에 수록되어 있었다.]

集說 方氏曰: 跂慕則來, 厭斁則去, 人之情也. 請見不請退, 嫌有厭斁之心也.

방씨가 말하길, 흠모하면 찾아오고 싫어하면 떠나는 것이 사람의 일반적인 감정이다. "뵙기를 청하되 물러나기를 청하지 않는다."는 말은 싫어하는 마음이 있다는 오해를 사기 때문이다.

[072]

侍坐於君子, 君子欠伸·運笏·澤劍首·還[旋]屨·問日之蚤莫, 雖請退可也. 〈024〉 [本在"師役曰罷"下.]

군자를 모시고 앉아 있을 때, 군자가 하품 또는 기지개를 켜거나 홀을 움직이거나 검의 머리 부분을 만지작거린다거나 신발을 신을 수 있도록 돌려놓거나['還'자의 음은 '旋(선)'이다.] 해가 떠 있는지 아니면 저물었는지를 물어본다면, 비록 물러나기를 청하더라도 괜찮다. [본래는 "병역이나 부역을 하던 곳이라면 '파(罷)'라 부른다."[17]라고 한 문장 뒤에 수록되어 있었다.]

集說 運, 轉動之也. 澤, 玩弄而生光澤也. 還屨, 謂轉權正之, 示欲著也. 餘見曲禮.

'운(運)'자는 움직인다는 뜻이다. '택(澤)'자는 만지작거려서 광택을 낸다는 뜻이다. '선구(還屨)'는 위치를 돌려서 바르게 한다는 뜻이니, 신고자 한다는 뜻을 나타내는 것이다. 나머지 설명은 『예기』 「곡례(曲禮)」편에 나온다.

---

17) 『예기』 「소의」 023장 : 請見不請退. 朝廷曰退, 燕遊曰歸, 師役曰罷.

【073】

大夫士見於國君, 君若勞[去聲]之, 則還辟[闢], 再拜稽首.〈曲禮下-025〉
[本在"三月而復服"下.]

대부와 사가 상대방 나라에 빙문을 가서, 그 나라의 군주를 뵙게 되었는데, 군주가 만약 그의 노고를 치하['勞'자는 거성으로 읽는다.]하게 된다면, 뒷걸음질 치며 물러나서 재배를 하며 머리를 조아린다. [본래는 "3개월이 지나고서야 평상시처럼 의복을 입게 된다."[18]라고 한 문장 뒤에 수록되어 있었다.]

集說 此言大夫士出聘他國, 見於主君, 君若勞問其道路之勤苦, 則還轉退避, 乃再拜稽首也.

이 문장은 대부와 사가 다른 나라에 찾아가서 빙문을 하게 되어, 상대방 나라의 군주를 찾아뵌 상황으로, 군주가 만약 그의 긴 여정에 대한 노고를 위로하며 질문을 하게 되면, 뒷걸음질 치며 물러나서 곧 재배를 하며 머리를 조아린다는 뜻이다.

【074】

君若迎拜, 則還[旋]辟, 不敢答拜.〈曲禮下-026〉 [本在"還辟再拜稽首"下.]

만약 상대방 나라의 군주가 빙문으로 찾아온 빈객을 맞이하며 절을 하면, 빈객은 뒤로 물러나니['還'자의 음은 '旋(선)'이다.] 감히 답배를 하지 않는다. [본래는 "뒷걸음질 치며 물러나서[재배를 하며 머리를 조아린다."[19]라고 한 문장 뒤에 수록되어 있었다.]

---

18) 『예기』「곡례하(曲禮下)」 024장 : 大夫士去國, 踰竟, 爲壇位, 鄕國而哭. 素衣, 素裳, 素冠, 徹緣, 鞮屨, 素幦, 乘髦馬. 不蚤鬋, 不祭食, 不說人以無罪, 婦人不當御. 三月而復服.

19) 『예기』「곡례하(曲禮下)」 025장 : 大夫士見於國君, 君若勞之, 則還辟, 再拜稽首.

聘賓初至主國大門外, 主君迎而拜之, 賓則退郤, 不敢答拜而
抗賓主之禮也.

빙문으로 온 빈객이 처음으로 상대방 나라의 대문 밖에 도착하게 되었는
데, 상대방 군주가 그를 맞이하며 절을 하면 빈객은 뒤로 물러나니, 감히
답배를 해서 빈객과 주인이 대등하게 시행하는 예법을 따르지 않는다.

【075】

大夫士相見, 雖貴賤不敵, 主人敬客, 則先拜客, 客敬主人, 則先拜
主人.〈曲禮下-027〉

대부나 사가 서로 만나보게 되면, 비록 신분의 등급이 대등하지 않더라도,
주인이 빈객을 공경하면 먼저 빈객에게 절을 하고, 빈객이 주인을 공경하
면 먼저 주인에게 절을 한다.

敬而先拜, 謂大夫士聘於他國而見其卿大夫士也. 同國則否.

"공경하며 먼저 절을 한다."는 말은 대부나 사가 다른 나라에 빙문을 가
서, 그 나라의 경이나 대부, 사 등을 만나볼 때를 뜻한다. 자신의 나라에
서는 이처럼 하지 않는다.

【076】

凡非弔喪, 非見[現]國君, 無不答拜者.〈曲禮下-028〉

무릇 상사에 조문을 하는 경우가 아니거나 군주를 찾아뵙는['見'자의 음은 '現
(현)'이다.] 경우가 아니라면, 답배를 하지 않는 경우가 없다.

弔喪而不答主人之拜者, 以爲助執喪事之凡役而來, 非行賓
主之禮也. 故士喪禮, 有賓則拜之, 賓不答拜, 是也. 士見本國之君,
尊卑遼絕, 故君不答拜. 此二者之外無不答拜也.

상사에 조문을 하게 되면, 주인이 절한 것에 답배를 하지 않는데, 그 이유는 이때의 손님은 상사를 치를 때 소요되는 잡다한 일들을 도와주기 위해서 찾아온 것이니, 빈객과 주인 사이에서 시행되는 의례가 적용되는 경우가 아니기 때문이다. 그러므로 『의례』「사상례(士喪禮)」편에서 "빈객이 있으면 절을 한다."[20]고 했는데, 빈객이 답배를 하지 않았던 것도 바로 이러한 이유 때문이다. 사가 자기 나라의 군주를 알현하게 되면, 신분의 차이가 너무 많이 나기 때문에, 군주가 답배를 하지 않는다. 이 두 가지 경우 외에는 답배를 하지 않는 경우가 없다.

【077】
大夫見於國君, 國君拜其辱, 士見於大夫, 大夫拜其辱, 同國始相見, 主人拜其辱.〈曲禮下-029〉

대부가 군주를 찾아뵙게 되면, 군주는 그의 노고를 위로하며 절을 하고, 사가 대부를 찾아뵙게 되면, 대부는 그의 노고를 위로하며 절을 하고, 같은 나라에 살고 있지만 처음으로 서로 만나보는 경우라면, 주인은 빈객의 노고를 위로하며 절을 한다.

集說 君拜大夫之辱, 大夫拜士之辱, 皆謂初爲大夫‧初爲士而來見也. 此後朝見, 則有常禮矣. 士相見禮, 士見國君, 君答拜者, 亦以其初爲士而敬之也. 主人拜辱, 拜其先施也. 此謂尊卑相等者. 言同國, 則異國亦當然矣.

군주가 대부의 노고에 대해 절을 하고, 대부가 사의 노고에 대해 절을 하는 것은 모두 처음으로 대부의 신분이 되었거나 처음으로 사의 신분이 되어, 찾아와 만나보는 경우를 뜻한다. 이러한 일이 있은 이후 일반적으

---

20) 『의례』「사상례(士喪禮)」 : 乃赴于君. 主人西階東, 南面命赴者, 拜送. 有賓則拜之.

로 조회 때 만나보는 경우에는 그에 대한 일상적인 예법이 있다. 『의례』
「사상견례(士相見禮)」편에서 사가 군주를 찾아뵈었는데 군주가 답배를
한다[21]는 이유 또한 처음으로 사의 신분이 되어, 그를 공경스러운 태도로
대해주기 때문이다. 주인이 찾아온 자의 노고에 절을 하는 것은 그가 먼
저 찾아온 행위에 대해 절을 하는 것이다. 이러한 경우는 서로의 신분
차이가 동등한 경우이다. 같은 나라라고 말했다면, 서로 다른 나라에 속
해 있는 경우에도 마땅히 이처럼 했던 것이다.

【078】

君於士, 不答拜也, 非其臣, 則答拜之. 大夫於其臣, 雖賤, 必答拜
之.〈曲禮下-030〉

군주는 사에 대해서 본래 답배를 하지 않지만, 그가 자신의 신하가 아니라
면 답배를 한다. 대부는 자신의 가신에 대해서 비록 그가 미천한 신분이라
하더라도 반드시 답배를 한다.

集說 君於士雖不答拜, 然不以施之他國之士者, 以其非己之臣也.
大夫答賤臣之拜, 避國君之體也.

군주는 사에 대해서 비록 답배를 하지 않지만, 이러한 규정을 다른 나라
의 사에게까지 적용시키지 않는데, 그 이유는 그가 자신의 신하가 아니기
때문이다. 대부는 미천한 신분의 신하에게도 그가 절을 하면 답배를 하
니, 군주가 시행하는 예법보다 낮추기 때문이다.

---

21) 『의례』「사상견례(士相見禮)」: 始見于君, 執摯至下, 容彌蹙. 庶人見於君, 不
爲容, 進退走. 士·大夫則奠摯, 再拜稽首. 君答壹拜.

【079】

男女相答拜也. 〈曲禮下-031〉 [六段曲禮.]

남자와 여자는 서로 답배를 한다. [6개 단락은 「곡례」편의 문장이다.]

集說 男女嫌疑之避, 亦多端矣. 然拜而相答, 所以爲禮, 豈以行禮 爲嫌哉? 故記者明言之.

남자와 여자 사이에서는 의혹을 사게 될 일에 대해서 피해야 것들이 또한 많다. 그런데 절을 하게 되면 서로 답배를 하는 것이 바로 예법을 따르는 것인데, 어찌 예법에 따르는 것에 혐의를 두겠는가? 그렇기 때문에 『예기』 를 기록한 자가 이 사실을 명확하게 기재한 것이다.

【080】

士於大夫, 不敢拜迎而拜送. 士於尊者, 先拜進面, 答之拜則走. 〈玉藻 -077〉 [本在"不俟車"下.]

사는 대부에 대해서, 대부가 답배할 것을 염려하여, 감히 절을 하며 맞이하 지 않지만, 절을 하고 전송하는 절차는 시행한다. 사가 존귀한 자에게 찾아 갈 때에는 먼저 문밖에서 절을 하고, 그 뒤에 나아가서 얼굴을 마주하는데, 만약 상대방이 밖으로 나와서 자신이 절을 한 것에 대해서 답배를 하려고 한다면, 그 자리를 피하여 절을 하지 못하도록 만든다. [본래는 "수레가 올 때까 지 가다리지 않고 신속히 간다."22)라고 한 문장 뒤에 수록되어 있었다.]

集說 士於大夫, 尊卑有間, 若大夫詣士, 士不敢拜而迎之, 恐其答 拜也. 去則拜送者, 禮, 賓出則主人再拜送之, 賓不答拜, 禮有終止故 也. 士若見於大夫, 則先拜於門外, 然後進而見面. 若大夫出迎而答

---

22) 『예기』「옥조(玉藻)」076장 : 凡君召以三節, 二節以走, 一節以趨, 在官不俟屨, <u>在外不俟車</u>.

其拜, 則走避之.

사가 대부를 대하는 경우 신분의 차이가 있으니, 만약 대부가 사의 집에
도달하였다면, 사는 감히 절을 하며 그를 맞이하지 않으니, 그가 답배를
하게 될까를 염려했기 때문이다. 대부가 떠나게 되면 절을 하며 전송을
하는데, 예법에 따르면, 빈객이 밖으로 나가게 되면, 주인은 재배를 하고
그를 전송하며, 빈객은 답배를 하지 않으니, 예법에도 끝맺음이 있게 되
기 때문이다. 사가 만약 대부를 알현하게 된다면, 먼저 문밖에서 절을
하고, 그런 뒤에 나아가서 얼굴을 마주하게 된다. 만약 대부가 밖으로
나와 맞이하여, 사가 절한 것에 답배를 하게 된다면, 달아나서 그 자리를
피한다.

【081】

**婦人吉事, 雖有君賜, 肅拜. 爲尸坐, 則不手拜肅拜. 爲喪主則不手
拜.**〈035〉 [本在"介者不拜"下.]

부인은 길한 일에 있어서, 비록 군주의 하사품처럼 중대한 사안일지라도
숙배를 한다. 부인이 시동이 되어서 앉게 된다면, 수배를 하지 않고 숙배를
한다. 부인이 상주가 되었다면, 수배를 하지 않는다. [본래는 "갑옷을 착용한
자는 절을 하지 않는다."[23]라고 한 문장 뒤에 수록되어 있었다.]

集說 肅拜, 如今婦人拜也. 左傳三肅使者, 亦此拜. 手拜, 則手至地
而頭在手上, 如今男子拜也. 婦人以肅拜爲正, 故雖君賜之重, 亦肅
拜而受. 爲尸, 虞祭爲祖姑之尸也. 爲喪主, 夫與長子之喪也. 爲喪
主則稽顙, 故不手拜. 若有喪而不爲主, 則手拜矣. 或曰: "爲喪主不
手拜, 則亦肅拜也."

---

23) 『예기』「소의」034장 : 執玉執龜筴不趨, 堂上不趨, 城上不趨. 武車不式, <u>介者
不拜</u>.

'숙배(肅拜)'는 마치 오늘날의 부인들이 하는 절의 방식과 같다. 『좌전』에서는 "세 차례 사신에게 숙배를 했다."고 했는데, 이 또한 여기에서 말하는 절의 방식에 해당한다. '수배(手拜)'24)는 손을 땅에 대고, 머리를 손등 위에 올리는 방식으로, 마치 오늘날 남자들이 하는 절의 방식과 같다. 부인들은 숙배를 절의 정규 방식으로 삼는다. 그렇기 때문에 비록 군주의 하사품처럼 중대한 것에 대해서도 숙배를 하고 받는다. "시동이 되다."라는 말은 우제를 치르며, 조고의 시동이 되었다는 뜻이다. "상주가 되다."라는 말은 남편 및 장자의 상을 치르는 경우를 뜻한다. 상주가 된 여자는 이마가 땅에 닿도록 조아리는 절을 하기 때문에 수배를 하지 않는다. 만약 상이 발생했지만 상주를 맡지 않은 여자라면 수배를 한다. 어떤 자는 "상주가 되어서 수배를 하지 않는다면, 또한 숙배를 하는 것이다."라고 했다.

【082】

介者不拜.〈034〉25) [本在"武車不式"下]

갑옷을 착용한 자는 절을 하지 않는다. [본래는 "전쟁용 수레에 타서는 식을 잡고서 예의를 표하는 일을 하지 않는다."라고 한 문장 뒤에 수록되어 있었다.]

集説 介, 甲也.

'개(介)'자는 갑옷을 뜻한다.

---

24) 수배(手拜)는 무릎을 꿇고서 절을 하는 방법 중 하나이다. 양쪽 손을 먼저 땅바닥에 대고, 동시에 머리를 내리되 손등 위에 도달하면 그치게 된다.

25) 『예기』「소의」 034장 : 執玉執龜筴不趨, 堂上不趨, 城上不趨. 武車不式, 介者不拜.

【083】

凡男拜, 尚左手.〈內則-112〉26) [本在"七十致仕"下.] 凡女拜, 尚右手.〈114〉
27) [本在"奔則爲妾"下. 內則.]

무릇 남자가 절을 할 때에는 좌측 손을 위로 올린다. [본래는 "70세가 되면 벼슬
에서 물러난다."라고 한 문장 뒤에 수록되어 있었다.] 무릇 여자가 절을 할 때에는
우측 손을 위로 올린다. [본래는 "여자가 직접 그 집에 가게 되면 첩이 된다."라고 한
문장 뒤에 수록되어 있었다. 「내칙」편의 문장이다.]

集說 尙左尙右, 陰陽之別.

왼손을 위로 하고 오른손을 위로 하는 것은 음양에 따른 구별이다.

【084】

凡摯, 天子鬯, 諸侯圭, 卿羔, 大夫鴈, 士雉, 庶人之摯匹[木]. 童子委
摯而退. 野外軍中無摯, 以纓·拾·矢, 可也.〈曲禮下-117〉 [曲禮下同. 本
在"不餼富"下.]

무릇 예물의 경우, 천자는 창주를 사용하며, 제후들은 규(圭)나 벽(璧)을
사용하고, 경은 새끼양을 사용하며, 대부는 기러기를 사용하고, 사는 꿩을
사용하며, 서인들이 사용하는 예물은 집에서 키운 오리['匹'자의 음은 '木(목)'이
다.]이다. 어린아이들은 본래 예물을 건네는 경우가 없지만, 간혹 그러한
상황이 되면, 가지고 간 예물을 땅에 내려놓고, 물러나와 그 자리를 피해서
빈객과 주인이 시행하는 의례절차를 밟지 않는다. 본래 야외에서 만나보거
나 군대 안에서 만나볼 때에는 예물을 가져가지 않지만, 당시 자신이 소장
하고 있는 말에 매다는 끈, 활 쏠 때 사용하는 활팔찌, 화살 등을 예물로

---

26) 『예기』「내칙(內則)」 112장 : 四十始仕, 方物出謀發慮, 道合則服從, 不可則去.
五十命爲大夫, 服官政. 七十致仕. 凡男拜, 尙左手.

27) 『예기』「내칙(內則)」 114장 : 十有五年而笄, 二十而嫁. 有故, 二十三年而嫁.
聘則爲妻, 奔則爲妾. 凡女拜, 尙右手.

사용해서 상대방에게 주는 것은 괜찮다. [「곡례」편의 문장이며 아래문장도 이와 같다. 본래는 "풍요롭게 지내지 않는다."[28]라고 한 문장 뒤에 수록되어 있었다.]

集說 摯, 與贄同, 執物以爲相見之禮也. 鬯, 釀秬黍爲酒曰秬鬯, 和以鬱金之草則曰鬱鬯, 不以鬱和之則直謂之鬯, 言其芬香條暢於上下也. 天子無客禮而言摯者, 用以禮見於神而已. 圭, 命圭也. 公桓圭, 侯信圭, 伯躬圭, 子穀璧, 男蒲璧, 此不言璧, 略也. 羔, 取其群而不失類, 且潔素也. 鴈, 取其知時, 且飛有行列也. 雉, 取其性之耿介, 且文飾也. 匹, 讀爲鶩, 野鴨曰鳧, 家鴨曰鶩, 不能飛騰, 如庶人之終守耕稼也. 童子不敢與成人爲禮, 或見師友而執摯, 則奠委于地, 而自退避之也. 纓, 馬之繁纓, 卽馬鞅也. 拾, 射韝也. 矢, 箭也. 或野外, 或軍中, 隨所有用之也.

'지(摯)'자는 지(贄)자와 동일하니, 물건을 가지고 가서 이로써 서로 만나 볼 때의 예물로 삼는 것이다. '창(鬯)'에 대해서 설명하자면, 검은색의 찰 기장으로 빚어서 만든 술은 '거창(秬鬯)'이라고 부르며, 그 술에 울금이라는 풀을 섞게 되면, '울창(鬱鬯)'이라고 부르는데, 울금을 섞지 않았다면, 단지 '창(鬯)'이라고만 부르니, 창(鬯)이라는 말은 그 술의 향기가 상하로 퍼진다는 뜻이다. 천자에게는 빈객으로 찾아가는 예법이 없는데도, 이곳 경문에서 예물에 대해 언급하고 있는 것은 이것을 예물로 삼아서 신을 찾아뵙는 것을 뜻할 따름이다. '규(圭)'는 명규(命圭)[29]이다. 제후들 중 공작은 환규(桓圭)[30]를 사용하고, 후작은 신규(信圭)[31]를 사용하며, 백

---

28) 『예기』「곡례하(曲禮下)」 116장 : 大享不問卜, <u>不饒富</u>.

29) 명규(命圭)는 명규(命珪)라고도 부른다. '명규'는 본래 천자가 제후 및 대신(大臣) 들에게 지급하였던 규(圭)를 뜻한다. 임명을 한다는 뜻에서 '명(命)'자를 붙여서 부르는 것이다. 신하들의 등급에 따라 지급하던 '명규'는 그 크기와 무늬가 각각 달랐다.

30) 환규(桓圭)는 조회 때 천자 및 각 신하들이 잡게 되는 육서(六瑞) 중의 하나이다. 공작이 잡던 규(圭)이다. 한 쌍의 기둥을 '환(桓)'이라고 부르는데, 이 무늬를 '규'에

작은 궁규(躬圭)³²⁾를 사용하고, 자작은 곡벽(穀璧)³³⁾을 사용하며, 남작은 포벽(蒲璧)³⁴⁾을 사용하는데, 이곳 문장에서 '벽(璧)'에 대해 언급하지 않은 이유는 문장을 생략해서 기록했기 때문이다. 새끼양을 사용하는 것은 양은 무리를 이루어 자신들의 무리에서 떨어지지 않는다는 점과 청결하고 흰빛을 낸다는 점에서 착안한 것이다. 기러기를 사용하는 것은 기러기가 계절을 알고 있다는 점과 비행을 할 때 대오를 갖춰서 나는 점에서 착안한 것이다. 꿩을 사용하는 것은 꿩의 성질이 정직하다는 점과 화려한 무늬가 있다는 점에서 착안한 것이다. '필(匹)'자는 '목(鶩)'자로 읽으니,

---

새겼기 때문에, '환규'라고 부른다. '규'의 길이는 9촌(寸)으로 만들었다.

31) 신규(信圭)는 신규(身圭)이다. '신(信)'자와 '신(身)'자의 소리가 비슷하기 때문에 잘못 전이된 것이다. '신규'는 후작이 들게 되는 규(圭)이다. 사람의 형상을 새겨 넣었기 때문에 '신규'라고 부르는 것이며, 그 무늬는 궁규(躬圭)에 비해 세밀하다. 신중하게 행동하여 자신의 몸을 잘 보호하고자 이러한 형상을 새겨 넣은 것이다. 그리고 '신규'의 길이는 7촌(寸)이 된다. 『주례』「춘관(春官)·대종백(大宗伯)」편에는 "侯執信圭. 伯執躬圭."라는 기록이 있고, 이에 대한 정현의 주에서는 "信當爲身, 聲之誤也. 身圭·躬圭, 蓋皆象以人形爲琢飾, 文有麤縟耳. 欲其愼行以保身. 圭皆長七寸."이라고 풀이했다.

32) 궁규(躬圭)는 백작이 들게 되는 규(圭)이다. 사람의 형상을 새겨 넣었기 때문에 '궁규'라고 부르는 것이며, 그 무늬는 신규(信圭)에 비해 거칠다. 신중하게 행동하여 자신의 몸을 잘 보호하고자 이러한 형상을 새겨 넣은 것이다. 그리고 '궁규'의 길이는 7촌(寸)이 된다. 『주례』「춘관(春官)·대종백(大宗伯)」편에는 "侯執信圭. 伯執躬圭."라는 기록이 있고, 이에 대한 정현의 주에서는 "信當爲身, 聲之誤也. 身圭·躬圭, 蓋皆象以人形爲琢飾, 文有麤縟耳. 欲其愼行以保身. 圭皆長七寸."이라고 풀이했다.

33) 곡벽(穀璧)은 조회 때 천자 및 각 신하들이 잡게 되는 육서(六瑞) 중의 하나이다. 자작이 잡던 벽(璧)이다. 곡식을 무늬로 새겨 넣었기 때문에 '곡(穀)'자를 붙여서 '곡벽'이라고 부르는 것이다. '벽'의 지름은 5촌(寸)이었다.

34) 포벽(蒲璧)은 조회 때 천자 및 각 신하들이 잡게 되는 육서(六瑞) 중의 하나이다. 남작이 잡던 벽(璧)이다. '포(蒲)'는 자리를 짜는 왕골을 뜻하는데, 왕골이 만개하여 꽃을 피운 모습을 무늬로 새겨 넣었기 때문에 '포벽'이라고 부르는 것이다. '벽'의 지름은 5촌(寸)이었다.

야생 오리를 '부(鳧)'라고 부르며, 집에서 사육한 오리를 '목(鶩)'이라고 부르는데, 이것을 예물로 사용하는 이유는 그것들이 높이 날아오르지 못하는 점이 마치 서인들이 종신토록 자신의 경작지를 지키며 일을 하는 것과 같기 때문이다. 어린아이는 감히 성인과 함께 이러한 의례를 시행할 수 없는데, 간혹 스승이나 친구들을 만나보게 되어 예물을 가져가게 된다면, 땅에 내려놓고 스스로 물러나서 그 자리를 피하게 된다. '영(纓)'은 말에 매다는 반영(繁纓)35)이니, 곧 말에 매다는 거슴걸이 끈에 해당한다. '습(拾)'은 활을 쏠 때 팔에 끼우는 팔찌이다. '시(矢)'는 화살이다. 간혹 만나보는 장소가 야외이거나 군대 안이라고 한다면, 가지고 있는 물건에 따라서 예물로 사용한다.

附註 庶人之摯匹, 如孟子"一匹雛"之匹, 如字讀.
'서인지지필(庶人之摯匹)'이라고 할 때의 '필(匹)'자는 『맹자』에서 "한 마리의 병아리"라고 할 때의 '필(匹)'과 같으니, 글자대로 읽는다.

---

35) 반영(繁纓)에서의 '반(繁)'은 말에 채우는 복대이고, '영(纓)'은 거슴걸이이다. 『예기』 「예기(禮器)」편에는 "大路繁纓一就, 次路繁纓七就."라는 기록이 있는데, 이에 대한 공영달(孔穎達)의 소(疏)에서는 "繁謂馬腹帶也. 纓, 鞅也."라고 풀이했다.

【085】

婦人之摯, 棋[矩]·榛·脯·脩·棗·栗.〈曲禮下-118〉

부인들이 사용하는 예물은 호깨나무 열매['棋'자의 음은 '矩(구)'이다.] 개암나무
열매, 육포, 조미육포, 대추, 밤이다.

> 集說 棋, 形似珊瑚, 味甜美, 一名石李. 榛, 似栗而小. 脯, 卽今之
> 脯也. 脩, 用肉煆治加薑桂乾之. 脯形方正, 脩形稍長. 幷棗栗六物,
> 婦初見舅姑, 以此爲摯也. 左傳: "女摯不過榛·栗·棗·脩, 以告虔
> 也."

호깨나무 열매는 그 모습이 산호(珊瑚)와 비슷하고, 감미로운 맛이 나는
데, 석리(石李)라고도 부른다. 개암나무 열매는 밤과 비슷한데 보다 작은
것이다. '포(脯)'는 곧 오늘날의 육포에 해당한다. '수(脩)'는 고기를 건조
시키며 생강이나 계피 등의 조미를 가미하여 말린 것이다. 포(脯)는 형태
가 정사각형이고, 수(脩)는 형태가 사각형이지만 조금 더 길다. 이러한
물건들과 대추와 밤을 합치면 여섯 가지 물건이 되는데, 며느리가 처음으
로 시부모를 찾아뵐 때, 이것들을 예물로 삼는 것이다. 『좌전』에서는 "여
자가 사용하는 예물은 개암나무 열매·밤·대추·조미육포에 불과한데,
이로써 공경의 뜻을 아뢰는 것이다."[1]라고 했다.

> 類編 右相見之禮.

여기까지는 '상견지례(相見之禮)'에 대한 내용이다.

> 類編 易曰: "物不可以苟合." 君子之所愼者, 交際也, 故相見·獻遺
> 之禮次之. 上文旣言君臣·父子·男女·長幼之禮, 相見·獻遺, 卽
> 朋友之交, 五常之道備矣.

---

1) 『춘추좌씨전』「장공(莊公) 24년」: 男贄, 大者玉帛, 小者禽鳥, 以章物也. <u>女贄,</u>
<u>不過榛·栗·棗·脩, 以告虔也.</u>

『역』에서는 "사물은 구차하게 합할 수 없다."[2]라 했다. 군자가 신중을 기하는 것은 교제할 때이다. 그렇기 때문에 서로 만나보거나 물건을 헌상하거나 보내는 예법을 그 다음에 수록한 것이다. 앞에서는 이미 군신·부자·남녀·장유 관계에서의 예법을 언급하였는데, 서로 만나보거나 물건을 헌상하고 보내는 것은 곧 붕우간의 사귐에 해당하니, 오상의 도가 갖춰진 것이다.

類編 此兩節宜入於曲禮事君之下.

이 두 문절은 마땅히 『예기』「곡례(曲禮)」편 중 군주를 섬기는 내용 뒤로 들어가야 한다.

---

2) 『역』「서괘전(序卦傳)」: 嗑者, 合也, <u>物不可以苟合而已</u>. 故受之以賁.

| 저자소개 |

최석정(崔錫鼎, 1646~1715)
· 조선 후기의 문신이자 학자이다.
· 본관은 전주(全州)이고 초명은 석만(錫萬)이며, 자는 여시(汝時)·여화(汝和)이
고, 호는 명곡(明谷)·존와(存窩)이며, 시호는 문정(文貞)이다.

| 역자소개 |

정병섭鄭秉燮
· 1979년 출생
· 2002년 성균관대학교 유교철학과 졸업
· 2004년 성균관대학교 대학원 유학과 석사
· 2013년 성균관대학교 대학원 유학과 철학박사
· 『역주 예기집설대전』·『역주 예기보주』·『역주 예기천견록』을 완역하였다.
· 『의례』, 『주례』, 『대대례기』 번역과 한국유학자들의 예학 관련 저작들의 번역
을 계획 중이다.

· 『예기유편대전(禮記類編大全)』의 표점과 원문은 한국유경편찬센터(http://ygc.
skku.edu)의 자료를 사용하였다.

譯註
禮記類編大全 ❶

초판 인쇄   2020년 2월   1일
초판 발행   2020년 2월 18일

저   자 | 최 석 정(崔錫鼎)
역   자 | 정 병 섭(鄭秉燮)
펴 낸 이 | 하 운 근
펴 낸 곳 | 學古房

주   소 | 경기도 고양시 덕양구 통일로 140 삼송테크노밸리 A동 B224
전   화 | (02)353-9908   편집부(02)356-9903
팩   스 | (02)6959-8234
홈페이지 | hakgobang.co.kr
전자우편 | hakgobang@naver.com, hakgobang@chol.com
등록번호 | 제311-1994-000001호

ISBN   979-11-6586-133-9 94150
           979-11-6586-132-2 (세트)

값 : 34,000원

※ 파본은 교환해 드립니다.